組織再編税制と株主資本の実務

共編
緑川正博／竹内陽一

著者代表
掛川 雅仁／神谷 紀子／長谷川敏也

共著者
浅野 洋／小林磨寿美／武地義治
中尾 健／内藤 卓／尾方宏行

清文社

はしがき

　ここ数年の税制改正で最もインパクトがあったのは、平成13年の法人税法の改正でした。当時の改正により、合併・会社分割・現物出資・事後設立に係る組織再編税制が創設され、同時に、税法上の株主資本の取扱いが大きく変わりました。また、この改正を土台として、平成14年には、連結納税制度が導入されています。

　その背景には、平成9年の独占禁止法の改正による持株会社制度の解禁に始まる、一連の商法改正がありました。特に、平成11年の株式交換・株式移転制度の創設、平成12年の会社分割制度の創設、平成13年の自己株式取得の原則自由化（金庫株の解禁）、純資産規制の撤廃に伴う額面株式制度の廃止などにより、企業再編や会社の資本政策の手法のバリエーションが大幅に広がりました。

　こうした商法上の諸条件が整った上での平成13年の法人税法の大改正は、企業再編実務の高度化・複雑化を一気に押し進める原動力となったといっても過言ではありません。

　その後も毎年のように商法・税法ともに大きな改正が続きましたが、会社法制の現代化の流れの中で、新会社法が平成17年7月に公布されました。これにより、平成18年5月の施行までの間に、法務省令、企業会計基準、中小企業の会計に関する指針、税制なども相次いで改正・整備されるに至りました。

　特に、この間、企業再編に係る詳細な会計基準、すなわち、平成15年に公表された「企業結合に係る会計基準」及び平成17年に公表された「事業分離等に関する会計基準」「企業結合会計基準及び事業分離等会計基準に関する適用指針」が、平成18年4月1日以後に適用開始となりました。これらの会計基準の公表・適用開始に合わせる形で、新会社法の法務省令（会社法施行規則、会社計算規則など）が公表されており、今後の企業再編においては、これらの会計基準に従った会計処理が求められるようになります。そのほか、株主資本・自己株式に係る様々な会計基準についても、制定・改定がなされました。

　これまで、主として税法基準に従ってきた中小企業においても、中小企業の

会計に関する指針が公表され、会計基準・会社計算規則等に従った処理が求められ、今後、中小企業の組織再編行為・株主資本に係る取引においても大きく影響することになります。

　平成18年の税制改正においては、組織再編税制について、これまで租税特別措置法において手当されていた株式交換・株式移転制度が法人税法にとり入れられました。それによって、連続する組織再編における税制適格要件の見直しがなされています。

　更に、資本の概念が大きく変わりました。これまでの「資本積立金額」の概念がなくなり、株主資本のうち株主による払込資本相当額を、「資本金等の額」として捉えることとなりました。また、自己株式について、従前、税務上は有価証券として捉えていましたが、資本金等の額の控除額として捉えることとなるなど、考え方が変更されました。

　このように、企業再編と株主資本に係る法務、会計、税務の取扱いは、新会社法の施行を契機として大きく変わりました。

　本書は、新しくなった組織再編及び会社と株主の根本的な接点である株主資本の実務について、『実践ガイド　企業組織再編の法律と税務』の後継書として、全面的に見直し、内容を刷新したものです。本書の著者メンバーは、最先端の法務・会計・税務の知識に精通した実務家から構成され、著者一同、最新の情報とノウハウをご提供できるものと確信しております。前書と同様に、多くの方々に親しまれ、活用していただけることを願っております。

　本書の刊行につきましては、前書と同様に、清文社の小泉定裕氏及び宇田川真一郎氏に大変お世話になりました。心から感謝申し上げます。

平成18年11月

編　者

―目　次―

Ⅰ　組織再編の商法・会社法　　（神谷　紀子）
　Ⅰ－1　株式交換・株式移転制度（平成11年商法改正）　1
　Ⅰ－2　会社分割制度の創設　3
　Ⅰ－3　自己株式規制の変容　5
　Ⅰ－4　額面株式の廃止　8
　Ⅰ－5　吸収型再編の概要　9
　Ⅰ－6　略式組織再編・簡易組織再編・差損が生じる組織再編　13
　Ⅰ－7　吸収合併　18
　Ⅰ－8　吸収分割　23
　Ⅰ－9　株式交換　29
　Ⅰ－10　吸収型再編における株主資本　33
　Ⅰ－11　分割会社の会計処理　43
　Ⅰ－12　新設型組織再編の概要　45
　Ⅰ－13　新設合併　48
　Ⅰ－14　新設分割　52
　Ⅰ－15　株式移転　56
　Ⅰ－16　新設型組織再編における株主資本　60

Ⅱ　会社法・計算規則、会計基準と税務上の株主資本　　（長谷川　敏也）
　Ⅱ－1　概要　67
　Ⅱ－2　純資産の部　72
　Ⅱ－3　税務上の資本金等の額　78
　Ⅱ－4　株主資本等変動計算書　93
　Ⅱ－5　会計基準又は中小企業会計指針による決算書の作成　98
　Ⅱ－6　企業結合・分離会計の導入　106

Ⅲ　企業組織再編税制の概要　　（神谷　紀子）
　Ⅲ－1　企業組織再編税制のフレームワーク　113

Ⅲ—2　合併における税制適格要件の概要　119
Ⅲ—3　適格合併の要件(1)　100％グループ内適格合併　124
Ⅲ—4　適格合併の要件(2)　50％超100％未満のグループ内適格合併　126
Ⅲ—5　適格合併の要件(3)　共同事業要件適格合併　129
Ⅲ—6　適格合併の留意点(1)　利益積立金額の引継ぎ　138
Ⅲ—7　適格合併の留意点(2)　みなし事業年度　139
Ⅲ—8　適格合併の留意点(3)　株主の課税　141
Ⅲ—9　税法上の分社型分割と分割型分割の定義　145
Ⅲ—10　会社分割における税制適格要件の概要　147
Ⅲ—11　適格分割の要件(1)　100％グループ内適格分割　152
Ⅲ—12　適格分割の要件(2)　50％超100％未満のグループ内適格分割　157
Ⅲ—13　適格分割の要件(3)　共同事業要件適格分割　160
Ⅲ—14　適格分割の留意点(1)　利益積立金額の引継ぎ　167
Ⅲ—15　適格分割の留意点(2)　みなし事業年度　171
Ⅲ—16　適格分割の留意点(3)　株主の課税　174
Ⅲ—17　現物出資　177
Ⅲ—18　事後設立　182

Ⅳ　株式交換・株式移転の税務　（掛川　雅仁）
　Ⅳ—1　株式交換・株式移転に係る平成18年度税制改正の概要　185
　Ⅳ—2　株式交換・株式移転における完全子法人株主の旧株の譲渡損益の取扱い　189
　Ⅳ—3　株式交換・株式移転の税制適格要件の範囲と特徴　193
　Ⅳ—4　具体的な税制適格要件（株式交換）　196
　Ⅳ—5　具体的な税制適格要件（株式移転）　204
　Ⅳ—6　株式交換・株式移転後に適格合併、適格組織再編が見込まれる場合の税制適格要件の加重　210
　Ⅳ—7　非適格株式交換等に係る株式交換完全子法人等の有する資産の時価評価　224
　Ⅳ—8　親法人の子法人株式の取得価額等と増加資本金等の額　231
　Ⅳ—9　組織再編成に係る行為又は計算の否認への追加等　234

Ⅳ—10　連結納税の開始・加入に伴う資産の時価評価の適用除外　236
Ⅳ—11　連結繰越欠損金とみなされる欠損金額　238

Ⅴ　組織再編等と株主の税務　（武地　義治）
Ⅴ—1　取得価額①（合併等）　239
Ⅴ—2　取得価額②（株式交換、株式移転）　244
Ⅴ—3　取得価額③（種類株式）　247

Ⅵ　税制適格要件の概要　（竹内　陽一）
Ⅵ—1　適格要件としての合併等対価　250
Ⅵ—2　100％支配グループの再編　256
Ⅵ—3　間接保有法人の問題点　260
Ⅵ—4　50％超グループの適格要件　262
Ⅵ—5　共同事業要件の適格要件　269
Ⅵ—6　共同事業要件で株主50人未満の場合の株主継続保有要件　273
Ⅵ—7　適格再編等の株主の税務　279
Ⅵ—8　三角合併等の取扱い　281

Ⅶ　共通支配下及びパーチェス法の会計と税務（合併・会社分割）
　　　　　　　　　　　　　　　　　　　　（長谷川　敏也）
Ⅶ—1　グループ内合併の会計処理と税務　285
Ⅶ—2　共通支配下合併の設例　294
Ⅶ—3　分割型分割と分社型分割の概要　298
Ⅶ—4　会社分割の会計と税務　301
Ⅶ—5　非按分型分割と種類株式　309
Ⅶ—6　合併類似適格分割型分割　312
Ⅶ—7　パーチェス法の会計処理と税務（合併）　314
Ⅶ—8　パーチェス法の会計処理と税務（分割）　317
Ⅶ—9　非適格合併等の税務処理　319

Ⅷ 適格合併等・未処理欠損金額の引継ぎ等　（武地　義治）

- Ⅷ－1　適格合併と未処理欠損金額の引継ぎ　324
- Ⅷ－2　被合併法人から引き継ぐことのできない未処理欠損金額　330
- Ⅷ－3　合併類似適格分割型分割と未処理欠損金額の引継ぎ　335
- Ⅷ－4　適格合併と自社欠損金の控除制限　337
- Ⅷ－5　適格合併と含み損の活用規制　341
- Ⅷ－6　買収した欠損等法人を利用する租税回避行為への対応措置　348
- Ⅷ－7　特定株主等によって支配された欠損等法人の欠損金の繰越しの不適用制度　350
- Ⅷ－8　特定株主等によって支配された欠損等法人の資産の譲渡等損失額の損金不算入制度　358

Ⅸ 合併・交換比率の算定及び自己株式買受価額の算定実務　（長谷川　敏也）

- Ⅸ－1　合併比率・交換比率　361
- Ⅸ－2　収益還元方式及びＤＣＦ方式　366
- Ⅸ－3　自己株式の買受価額　370

Ⅹ 組織再編等と株式の評価　（小林　磨寿美）

- Ⅹ－1　現物出資等受入差額　373
- Ⅹ－2　課税時期の直前に合併した場合の取扱い　377
- Ⅹ－3　課税時期の直前に分割した場合の取扱い　380
- Ⅹ－4　会社法改正と類似業種比準方式等の改正　381

Ⅺ 自己株式の取得・消却・処分等　（神谷　紀子）

- Ⅺ－1　自己株式の取得手続の概要　384
- Ⅺ－2　自己株式の取得・保有（いわゆる「金庫株」）の会計と税務の概要　387
- Ⅺ－3　自己株式を取得する法人の税務　391
- Ⅺ－4　自己株式を保有する場合の同族会社の判定　397
- Ⅺ－5　株式を発行法人に譲渡する場合（金庫株）における株主の税務　400

- XI—6　相続株式取得の特例（措法9の7　他）　403
- XI—7　平成18年4月1日前に取得している自己株式とその付随費用に関する取扱い　410
- XI—8　2以上の種類株式を発行している会社の自己株式の取得　413
- XI—9　合併等があった場合の種類資本金額の調整　417
- XI—10　財産評価基本通達183と自己株式の取扱い　419
- XI—11　自己株式の無償取得　422
- XI—12　自己株式取得の事例　425
- XI—13　その他資本剰余金を財源とする自己株式の消却　431
- XI—14　その他資本剰余金に十分な財源がない場合の自己株式の消却　434
- XI—15　自己株式の処分　438
- XI—16　分配可能額の計算　441
- XI—17　剰余金の配当における法人税法の取扱い　457
- XI—18　類似業種比準方式の「1株当たりの配当金額」と資本剰余金の配当　464

XII　種類株式の実務　（中尾　健）

- XII—1　種類株式の概要　468
- XII—2　種類株式と法人税　469
- XII—3　種類株式と相続税評価額　478
- XII—4　種類株式と所得税　480
- XII—5　既存株式の種類株式への変更等　485
- XII—6　種類株式の新規発行　487
- XII—7　種類株式の時価発行　489
- XII—8　種類株式発行法人の組織再編　493
- XII—9　人的属性種類株式　497
- XII—10　持分会社への組織変更　498
- XII—11　株式会社への組織変更　500

XIII　特例有限会社　　（浅野　洋）
　　XIII—1　特例有限会社の概要　　504
　　XIII—2　特例有限会社の組織再編　　511
　　XIII—3　特例有限会社の株式　　514
　　XIII—4　特例有限会社の資本　　517

XIV　組織変更　　（浅野　洋）
　　XIV—1　組織変更の手続　　520
　　XIV—2　組織変更後持分会社の社員資本及び組織変更後株式会社の株主資本　　523
　　XIV—3　組織変更における税務上の取扱い　　528

XV　組織再編成と消費税等　　（小林　麿寿美）
　　XV—1　組織再編成と消費税法上の資産の譲渡等　　533
　　XV—2　最後事業年度の消費税等の取扱い　　536
　　XV—3　合併の場合の消費税等の納税義務の免除の特例　　538
　　XV—4　分割等の場合の消費税等の納税義務の免除の特例　　542
　　XV—5　中間納付の要否判断　　550
　　XV—6　承継法人につき対価の返還や貸倒れが生じた場合　　552
　　XV—7　合併、分割型分割、分社型分割等と届出書　　553
　　XV—8　組織再編成と消費税届出書　　560

XVI　組織再編成と会社法上の手続　　（内藤　卓・尾方　宏行）
　　XVI—1　吸収合併する際の手続　　562
　　XVI—2　吸収分割する際の手続　　573
　　XVI—3　新設分割を行う際の手続　　583
　　XVI—4　株式交換を行う際の手続　　593
　　XVI—5　持分会社が組織変更を行う際の手続　　596

〈凡例〉

会　法	会社法	消　令	消費税法施行令
整　法	会社法の施行に伴う関係法律の整備等に関する法律	消　規	消費税法施行規則
		消基通	消費税法基本通達
		相　法	相続税法
会　規	会社法施行規則	相基通	相続税法基本通達
会計規	会社計算規則	財基通	財産評価基本通達
法　法	法人税法	通　法	国税通則法
法　令	法人税法施行令	措　法	租税特別措置法
法　規	法人税法施行規則	措　令	租税特別措置法施行令
法基通	法人税基本通達		
所　法	所得税法	措　規	租税特別措置法施行規則
所　令	所得税法施行令		
所　規	所得税法施行規則	商登法	商業登記法
消　法	消費税法		

〈引用例〉　法法22③一＝法人税法第22条第3項第1号

＊平成18年11月30日現在の法令通達による。

I 組織再編の商法・会社法

Q I 1 ■株式交換・株式移転制度（平成11年商法改正）

平成11年の商法改正によって株式交換・株式移転制度が導入されましたが、これらはどのような組織再編の方法ですか。

A

(1) 株式交換と株式移転は、100％の親子会社関係を形成するための組織再編の方法です。株式交換においては、完全親会社は株式会社と合同会社、完全子会社は株式会社に限られます。一方、株式移転においては、完全親会社及び完全子会社は、株式会社に限られます。

(2) 株式交換では、複数の会社のいずれか1つが完全親会社となり、他の会社が完全子会社となります。

(3) 株式移転では、当事会社は1つでも複数でもよく、当事会社が完全子会社となって、その頭上に完全親会社が設立されます。

解説

1　平成11年商法改正

平成11年には、「商法等の一部を改正する法律」（平成11年法律第125号）が成立し、本格的な企業組織再編のための法整備が大きく前に進みました。すなわち、株式交換及び株式移転制度が導入されたのです。

2　株式交換制度

株式交換（改正前商法352～363）は、アメリカの法制度に倣って導入された制度です。複数の会社が株式交換契約を締結して、各会社において所定の手続をとれば、完全親会社となる会社（買収会社）は完全子会社となる会社（対象会社）の株式の全部を取得することになります。この制度は、被交換会社の個々の株主の意思にかかわりなく、集団的な決定によって、完全親子会社関係（100％の持株関係）を創設することができる制度です。

各当事会社においては、原則として株主総会の特別決議を経なければなりま

せん。完全子会社となる会社の株主は、株式交換によって、完全子会社となる会社の株式を提供して、代わりに完全親会社の株式を受け取ります。株式交換においては、完全子会社となる会社の株式に移転があるだけで、当事会社の資産状態に直接の影響はありませんから、原則としては、債権者保護手続は必要ありません。

3　株式移転制度

　株式移転（改正前商法364～372）は、株式交換の変形であるともいえますが、我が国に独特の制度です。

　株式交換では、完全親会社となる会社が取引の時点で存在することが必要であり、この会社が交換会社として他の会社と株式交換契約を締結します。これに対して、株式移転では、完全親会社となる会社が株式移転と同時に設立されて、その会社の下で移転会社が完全子会社となります。既存の会社からみれば、会社を新しく設立して、その新設会社の完全子会社になる取引です。株式移転は、既存の会社が頭上に持株会社を作って自分が完全子会社になろうとする場合に活用されます。

　複数の会社が株式移転を同時に行って（同時株式移転）、共同の持株会社の傘下に入ることもできます。

■会社分割制度の創設

平成12年の商法改正によって会社分割制度が導入されましたが、これらはどのような組織再編の方法で、どのような類型があるのでしょうか。

(1) 平成9年から平成12年にかけて、旧商法では、企業組織再編の手法が整備されました。企業組織再編法制の仕上げとして、平成12年には会社分割法制が整備されました。

(2) 会社分割では、分割会社が事業に関して有する権利義務の全部又は一部を他の会社に承継させます。承継を受ける会社を分割に際して新しく設立する場合を「新設分割」といい、承継を受ける会社が既存の会社である場合を「吸収分割」といいます。

(3) 新設分割と吸収分割のそれぞれについて、権利義務を承継する会社、つまり設立会社(新設分割の場合)又は承継会社(吸収分割の場合)は、営業を承継する対価として、株式等を発行しなければなりません。平成17年改正前商法は株式をどのように割り当てるかによって、分割会社に割り当てる場合には、「物的分割」といい、分割会社の株主に割り当てる場合には、「人的分割」と分類していました。会社法においては、人的分割が直接的には規定されなくなり、人的分割は、物的分割と同時に、分割会社の株主に設立会社又は承継会社の株式を現物配当するものと整理されました(会法758八ロ、763十二ロ)。

解説

1 会社分割制度の導入

平成9年から平成12年にかけて、旧商法において、企業組織再編のための様々な手法が整備されました。具体的には、平成9年には合併手続が簡易化され、情報開示が充実されました。また、平成11年には、株式交換・株式移転制度が導入され、平成12年には、企業組織再編法制の仕上げとして、「商法等の一部を改正する法律」(平成12年法律第90号)において、会社分割制度が導入されました。

I 組織再編の商法・会社法　3

2　会社法における会社分割の類型

　会社分割には、大きく分けて、新設分割と吸収分割の2つの種類があります。新設分割とは、会社（分割会社）がその事業に関して有する権利義務の全部又は一部を新設会社に承継させるものです（会法2三十）。吸収分割とは、複数の会社による契約であり、分割会社の事業に関して有する権利義務の全部又は一部を承継会社に承継させるものです（会法2二十九）。

　新設分割と吸収分割のそれぞれについて、物的分割と人的分割の型があります。新設会社又は承継会社が、営業を承継する対価として新株を発行するのですが、それを分割会社に割り当てるのか（物的分割）、分割会社の株主に割り当てるのか（人的分割）の違いがあります。

　平成17年改正前商法においては、物的分割と人的分割が規定されていましたが、会社法においては、人的分割が直接的には規定されなくなりました。会社法においては、人的分割は、物的分割と同時に現物配当を行うものであると整理されました。すなわち、物的分割によって分割会社が取得した承継会社又は新設会社の株式を、全部取得条項付種類株式の対価として、又は剰余金の配当として、分割会社の株主へ分配することによって、人的分割と同様の結果を得ることができます。なお、この場合には、剰余金の配当に関する財源規制規定は適用されません（会法792、812）。

Q13 ■自己株式規制の変容

ここ数年で、自己株式に関する商法・会社法の規制は大幅に緩和されたそうですが、どのように変わってきたのかを説明してください。

A
(1) 我が国の商法は、伝統的に、会社が自己株式を取得することを原則として禁止していました。取得を認める必要性が高い4つの場合に限って、自己株式取得を例外的に認めるという規制を行ってきました。
(2) ところが、平成6年の商法改正から、取得が許容される事由が、次第に追加されていきました。平成6年には、株式譲渡制限会社で譲渡請求があったときに会社が買受人になる場合など4つの事由が、自己株式取得が可能な場合として追加されました。平成9年には、ストック・オプション制度の導入に伴い、その目的での取得を許容する商法改正が行われました。更に同年には、「株式の消却の手続に関する商法の特例に関する法律(株式消却特例法)」が制定され、公開会社では、定款で授権をしておけば、取締役会の決議だけで自己株式が取得できるようになりました。
(3) 平成13年6月の商法改正では、自己株式に関する規制が大幅に緩和されました。自己株式取得は、原則禁止の立場から、手続規制と財源規制に従いさえすれば、自由に行うことができる立場に転換されました。また、従来は、会社は、取得した自己株式を処分又は消却する義務を負っていましたが、その義務もなくなりました。これによって、自己株式の保有が可能になりました(いわゆる「金庫株の解禁」)。
(4) 更に、平成15年7月の商法改正では、自己株式買受けの規制が更に緩和され、定款で授権しておけば、取締役会決議での買受けが可能になりました。

解説

1 改正前商法の概要

我が国の商法は、次の4つの弊害を防止するため、原則として自己株式取得を禁止していました。

① 会社債権者の保護:資本や法定準備金を財源にして、有償で自己株式が

取得されると、会社債権者を害します。
- ㋺　株主の平等：自己株式を取得する方法や取得価額によっては、株主間に不平等をもたらします。
- ㋩　支配の公正：自己株式取得が、会社の支配権を維持するために用いられるおそれがあります。
- ㋥　株式取引の公正：自己株式取得が、相場操縦や内部者取引に利用されるおそれがあります。

　ただし、自己株式取得を認める必要性が高い4つの場合に限っては、例外的に取得が許容されていました。それは、①株式消却による場合、②合併又は営業の全部の譲受けによる場合、③会社の権利の実行に当たり目的を達するために必要な場合、④株式買取請求権に応じる場合でした（平13改正前商法210）。

　平成6年以降の改正で、取得が許容される事由が、次第に追加されていきました。平成6年には、⑤譲渡制限会社で譲渡請求があった場合の株式の先買（平13改正前商法210五・204ノ3ノ2）、⑥譲渡制限会社株主の相続による場合（平13改正前商法210ノ3）、⑦正当な事由に基づき使用人に譲渡する場合（平13改正前商法210ノ2）、⑧定時総会決議に基づく利益消却による場合（平13改正前商法212ノ2）の自己株式取得が認められました。平成9年には、⑨ストック・オプションの導入に伴って、その目的による自己株式取得が追加され（平13改正前商法210ノ2）、⑩新たに「株式の消却の手続に関する商法の特例に関する法律（株式消却特例法）」が制定されました。また、⑪平成10年には、株式消却特例法が改正され、時限的に資本準備金を財源とする自己株式の取得が認められました（株式消却特例法3の2）。

2　平成13年改正商法の概要

　規制緩和の流れの到達点として、平成13年6月には、自己株式の取得を原則禁止から原則自由へと転換する抜本的な改正が行われました。改正法は、自己株式取得に伴う弊害には、事前に一律的に禁止するのではなく、必要な規制を設けることで対処しています。また、会社は、取得した自己株式を処分又は消却する義務を負っていましたが、その義務が撤廃されました。これによって、自己株式の保有が可能になりました（いわゆる「金庫株の解禁」）。この改正では、自己株式の取得、保有及び処理の各場面が別個独立のものとして、整理さ

れました。なお、この平成13年商法改正によって、その役目を終えたと考えられた株式消却特例法は、廃止されました。

3 平成15年改正商法の概要

平成15年7月には、議員立法で商法が改正され、自己株式の買受け規制が更に緩和されています。この改正により、定款をもって、取締役会決議による自己株式の買受けを行う旨を定めた場合においては、その定款の定めに基づき、取締役会の決議により自己株式の買受けができることになりました（旧商法211ノ3①二）。

4 会社法における自己株式の取得

会社法第155条は、株式会社が自己株式を取得することができる13の場合を列挙しています。取得が許容される事由は、その性質から、①会社と株主との合意に基づく取得、②株主又は会社からの請求等に基づく強制的な取得、③組織再編行為による取得、④その他の事由による取得に分類することができます。

手続の詳細については、XI-1～XI-3を参照してください。

Q14 ■額面株式の廃止

平成13年の商法改正によって、株式に額面制度がなくなりましたが、どのような理由があったのですか。

A
(1) 従来の商法では、資本充実・維持の原則から「資本≧額面×発行済額面株式総数」となるように、種々の場面で規制がなされていました。株式の券面額は、出資単位に関する規制があったことと、この不等式を成立させるべき規定があったため、その意味を有してきました。

平成13年6月の商法改正では、これらの規制が完全に撤廃されました。よって、額面株式制度自体もその必要性がなくなり、商法上の規定から撤廃されました。

(2) 我が国では、株式の額面という概念が完全に廃棄されました。会社法においても、額面制度は廃棄されており、「額面株式・無額面株式」という概念は、過去のものとなりました。

解説

我が国では、伝統的に額面株式が利用されてきました。額面制度における額面の意義は、発行価額の最低限を画すること、資本組入額の最低限を画すること、そして資本の額に関する「資本≧額面×発行済額面株式総数」の不等式を成立させることにありました。

他方で、個々の会社の額面には、歴史的な意味合いしかなく、株価は券面額にかかわらず、企業の経済的な価値から決定されます。また、額面には株式の価値に関する情報が何も入っていないばかりか、額面を基準とする「1割配当」などという表現に象徴されるように、投資家に誤解を与えるものでした。

平成13年商法改正では、純資産額に関する規制が撤廃されて、上述の額面の意義は失われ、株式の額面・無額面の区別が廃止されました。企業組織再編に際しての資本増加額についても、額面を基準とした最低限の規制がなくなり、受入財産の純資産額を資本増加額の上限とする規制のみが残されました（旧商法357、367、374ノ5、374ノ21、413ノ2）。

会社法においても、額面制度は廃棄されており、「額面株式・無額面株式」という概念は、完全に過去のものとなりました。

Q15 ■吸収型再編の概要

会社法における吸収型再編について、その全体像について説明してください。

A
(1) 会社法が規定する組織再編行為には、合併、会社分割、株式交換及び株式移転があります。そのうち、吸収型再編とは、吸収合併、吸収分割、株式交換をいいます。

会社法は、第5編第2章から第4章において、各組織再編行為の実体的規定を置き、第5章において、これらの組織再編行為を「吸収型再編」と「新設型再編」とに分類し、それぞれの手続規定を置いています。

(2) 吸収型再編では、各当事会社が「契約」を作成し、締結することから開始されます。会社法は、吸収型再編について、①株主総会の承認、②反対株主の株式買取請求、③債権者保護手続、④事前・事後の開示手続等の手続規制を置いています。

(3) 吸収型再編では、吸収合併等の契約で定めた効力発生日に、組織再編の効力が生じます。そのため、吸収合併等の登記は、第三者への対抗要件となります。

解説

1 組織再編についての会社法の構造

会社法が規定する組織再編には、合併、会社分割、株式交換及び株式移転があります。更に、それぞれの組織再編には、既存の会社の権利義務又は株式を他の既存の会社に承継又は取得させる「吸収型再編」と、新たに会社を設立し、その会社に権利義務を承継又は株式を取得させる「新設型再編」があります。（下図参照）

【吸収型再編と新設型再編】

	吸収型再編	新設型再編
合　　併	吸収合併	新設合併
会社分割	吸収分割	新設分割
株式交換・移転	株式交換	株式移転

Ⅰ　組織再編の商法・会社法

会社法は、第5編の第2章において「合併」を、第3章において「会社分割」を、第4章において「株式交換及び株式移転」を規定しています。第2章から第4章においては、組織再編に際して締結する契約又は作成する計画の記載事項、効力、効力発生日等、組織再編の実体について規定しています。

　組織再編の手続については、第5章第2節及び第3節に規定があります。会社法は、各組織再編の類型と当事会社の類型ごとに分類し、それぞれ共通する規定を置いています。第5章第2節は吸収型再編の手続について、第3節は新設型再編の手続について規定し、第2節第1款では、消滅会社等の組織再編によって権利義務又は株式を移転する側の会社について、第2節第2款では、存続会社等の権利義務を受け入れる側の会社の手続について規定を置いています。

【組織再編の手続規定】

① 吸収型組織再編

吸収型組織再編	移転側会社（会法782〜793）	受入側会社（会法794〜802）
吸収合併	吸収合併消滅会社	吸収合併存続会社
吸収分割	吸収分割会社	吸収分割承継会社
株式交換	株式交換完全子会社	株式交換完全親会社

② 新設型組織再編

新設型組織再編	移転側会社（会法803〜813）	新設会社（会法814〜816）
新設合併	新設合併消滅会社	新設合併設立会社
新設分割	新設分割会社	新設分割設立会社
株式移転	株式移転完全子会社	株式移転完全親会社

　以上のように、会社法は契約又は計画、効力などの実体的規定を各組織再編ごとに置いていますが、組織再編の手続については、組織再編を吸収型と新設型に、当事会社を移転側会社と受入側会社に分類し、それぞれに共通した手続規定を置いています。

2　吸収型再編の手続の概要

① 株主総会の承認決議

　吸収型組織再編をするためには、当事会社は契約を締結し、効力発生日の前日までに株主総会の承認決議を経なければなりません（会法783、795）。原則と

して、株主総会の特別決議が必要とされます（会法309②十二）。

② 反対株主等の株式買取請求権

当該組織再編に反対の株主には、株式買取請求権が与えられます。反対株主が株式買取請求をする期間は、効力発生日の20日前から前日までの間です（会法785、797）。消滅会社等が新株予約権を発行している場合には新株予約権者にも、新株予約権買取請求権が与えられます（会法787）。

③ 債権者保護手続

組織再編手続は、会社債権者にも多大な影響を与える可能性があるため、原則として組織再編当事会社の債権者には、異議を述べる機会が与えられます（会法789、799）。当事会社は、(a)吸収合併等の組織再編をする旨、(b)組織再編の相手方となる会社の商号及び住所、(c)当事会社の計算書類に関する事項を官報に公告し、かつ、知れたる債権者には各別に催告する必要があります。定款において、官報以外の方法によって公告すると定めた会社は、官報と定款で定めた方法によって公告したときには、知れたる債権者への各別の催告をする必要はありません。債権者が異議を述べることができる期間内に異議を述べなかった場合には、当該組織再編について承認したものとみなされます。

④ 事前・事後の情報開示

株主や債権者等が組織再編について適切に対応するためには、一定の情報が与えられている必要があります。当事会社は、合併契約の内容と会社法施行規則で定めた事項について、事前に開示し、株主及び債権者の閲覧・謄写に供することになります（会法782、794、会規182、191）。

効力発生日以降は、遅滞なく、存続会社等は、当該組織再編の効力発生日、登記した日、手続経過等の重要事項を記載した書面を作成し、本店に備え置かなければなりません（会法801、会規200）。これには、株主等に合併無効の訴え等を提起するための前提となる情報を与える趣旨があります。

3　吸収型組織再編の効力発生日

吸収型再編では、吸収合併等の契約で定めた効力発生日に、組織再編の効力が生じます（会法750）。そのため、株主総会の承認を効力発生日の前日までに得ることはもちろんのこと、反対株主の株主買取請求や債権者保護手続も、効力発生日の前日までに終了している必要があります。効力発生日までに、債権

者保護手続等が終了していないときには、効力発生日が到来しても、組織再編の効力は生じません（会法750④）。この場合には、効力発生日を変更しなければなりません。

　従来の商法では、吸収合併の法的効力は、登記の時に発生するとされていました。そのため、登記ができない休日に組織再編の効力を発生させることができなかったり、事実上の効力発生日と登記をした法的な効力発生日が異なるといった弊害がありました。そこで、会社法は、吸収型組織再編においては、効力発生日と登記の日を切り離しました。吸収型組織再編について登記は、効力発生要件ではなく、第三者への対抗要件としての位置付けになります。

　これに対して、新設型組織再編においては、設立の登記の日が効力発生日とされています（会法754）。

Q I 6 ■略式組織再編・簡易組織再編・差損が生じる組織再編

略式組織再編、簡易組織再編及び差損が生じる組織再編について、会社法の概要を教えてください。

A
(1) 組織再編をする際には、原則として株主総会の特別決議による承認が必要とされます。略式組織再編や簡易組織再編は、その例外として、一定の要件を満たした場合には、株主総会の承認決議が不要となる制度です。

(2) 略式組織再編とは、特別支配関係にある会社間での吸収型組織再編で、特別支配を受ける会社の株主総会の承認決議を要しないで行うものです。特別支配会社とは、ある株式会社の総株主の議決権の90％以上を、直接又は間接に有している会社をいいます（会法468①）。特別支配を受けている会社では、たとえ株主総会を開催したところで、特別支配会社の意向どおりの結果になるからであると説明されています。

(3) 簡易組織再編とは、組織再編に際して承継される純資産額が軽微である場合において、株主総会の承認決議を省略することができる場合です。

(4) 組織再編の際に差損が生じる場合には、取締役は合併契約等の承認を受ける株主総会において、その旨を説明しなければなりません（会法795②）。差損の発生理由、処理方法を説明した上で、株主の承認を受けなければならないとされています。

解説

1 概要

組織再編をする際には、原則として株主総会の特別決議による承認が必要とされます。略式組織再編や簡易組織再編は、その例外として、一定の要件を満たした場合には、株主総会の承認決議が不要となる制度です。

略式組織再編とは、特別支配関係のある会社間で組織再編を行う場合において、株式会社である被支配会社における株主総会の承認決議を要しないこととするもので、会社法において、新たに導入された制度です（会法784①、796①）。

簡易組織再編は、当事会社にとって規模が小さい組織再編について、株主総

会の承認を省略することを認めるものです（会法784③、796③）。改正前商法においても、簡易組織再編は認められていましたが、会社法では簡易組織再編が認められる要件が、5％基準から20％基準に緩和されました。

2　略式組織再編

　略式組織再編によって、株主総会決議を省略できるのは、特別支配会社から支配を受けている会社（被支配会社）です。特別支配会社とは、ある株式会社の総株主の議決権の90％以上を、直接又は間接的に保有している会社です（会法468）。被支配会社の定款で、議決権割合を加重することも可能です。

　被支配会社の株主総会が省略される理由は、開催されたとしても承認される可能性が高く、株主総会の開催を要求する意味が乏しいと説明されています。

　次ページの表にあるように、被支配会社が特別支配会社との間で、事業譲渡、事業譲受（会法468）、吸収型組織再編（吸収合併、吸収分割、株式交換）を行う場合に、略式組織再編の対象となります。

　ただし、吸収合併又は株式交換の対価の全部又は一部が譲渡制限株式等である場合であって、消滅会社又は完全子会社が公開会社であり、かつ、種類株式発行会社でないときは、消滅会社又は完全子会社の株主総会は省略できません（会法784①ただし書）。また、消滅会社等の株主に対して交付する金銭等が譲渡制限株式で、存続会社等が公開会社でない場合には、存続会社等の株主総会は省略できません（会法796①ただし書）。

　略式組織再編によって、株主総会決議が省略される場合には、①反対株主に株主買取請求権（会法785、797）、②法令・定款違反の場合又は対価が著しく不当な場合には、株主に差止請求権が与えられます（会法784②、796②）。

【略式組織再編】

吸収型再編	吸収合併	消滅会社	○
		存続会社	○
	吸収分割	分割会社	○
		承継会社	○
	株式交換	完全親会社	○
		完全子会社	○
事業譲渡・譲受		譲渡会社	○
		譲受会社	○

○：他方の当事会社が特別支配会社のときに、株主総会決議の省略可能。

3 簡易組織再編

　簡易組織再編は、小規模な組織再編等について、株主総会の承認決議の省略を認める制度です。簡易組織再編の要件を満たすような、小規模な組織再編は、株主に及ぼす影響も小さいからです。

　組織再編等の当事会社のうち、資産を移転する側の会社（事業譲渡会社、吸収・新設分割の分割会社）は、移転する資産の帳簿価額の合計額が、当該会社の総資産額の20％以下である場合に簡易手続をとることができます（会法784③、805）。

　資産を受け入る側の会社（事業譲受会社、吸収合併存続会社、吸収分割承継会社、株式交換完全親会社）は、支払う対価が純資産額の20％以下であるときには、株主総会は必要ありません（会法796③）。組織再編の移転側の会社は、簡易組織再編の要件の基準が「総資産額」であるのに対して、受入側の会社の基準は、「純資産額」であることに注意が必要です。

　ただし、受入側の会社では、上記の基準を満たした場合においても、以下の場合には株主総会を省略することはできません。①組織再編の際に差損が生じる場合、②消滅会社等の株主に対して交付する金銭等が譲渡制限株式で、存続会社等が公開会社でない場合、③株主への通知又は公告の日から2週間以内に、反対する旨の通知をした株主が法務省令で定める一定数に達した場合には、株主総会決議を省略できません。法務省令が定める一定数については、原則として6分の1超（会規197一）です。これは、株主総会特別決議で議案が否決される可能性が生ずる議決権を行使できる株式の数（1/2×1/3）です。ただし、株

I　組織再編の商法・会社法　15

主総会決議の定足数や決議要件について、定款で別段の定めを置くことができることから、その場合には、株主総会で組織再編に係る議案を否決される可能性が生じる株式数以上になります（会規197二、三）。

【簡易組織再編】

吸収型再編	吸収合併	消滅会社	×	
		存続会社	○	対価が純資産の20%以下
	吸収分割	分割会社	○	移転資産が総資産の20%以下
		承継会社	○	対価が純資産の20%以下
	株式交換	完全親会社	○	対価が純資産の20%以下
		完全子会社	×	
新設型再編	新設合併	消滅会社	×	
		新設会社	×	
	新設分割	分割会社	○	移転資産が総資産の20%以下
		設立会社	×	
	株式移転	完全親会社	×	
		完全子会社	×	
事業譲渡・譲受		譲渡会社	○	移転資産が総資産の20%以下
		譲受会社	○	対価が純資産の20%以下

4　差損が生じる組織再編

　組織再編の際に差損が生じる場合には、取締役は合併契約等の承認を受ける株主総会において、その旨を説明しなければなりません（会法795②）。差損の発生理由、処理方法を説明した上で、株主の承認を受けなければならないとされています。また、簡易組織再編の要件を満たす場合でも、差損が生じる場合には、株主総会決議を省略することはできません。

　組織再編に際して差損が生じる場合とは、吸収合併では、①存続会社が消滅会社から承継する承継債務額が承継資産額（合併後増加額）（会規195②）を超える場合、又は②存続会社が消滅会社の株主に対して交付する合併対価の帳簿価額が、承継資産額から承継債務額を控除して得た額を超える場合です。ただし、②の合併対価については、存続会社の株式等（会法107②二ホ。以下同じ。）を除きます。

承継債務額及び承継資産額の算出方法については、会社法施行規則第195条に規定があり、連結配当規制の適用会社であるか否かに分けて、具体的に定められています（会規195①～④）。

　吸収分割において差損が生じる場合とは、吸収合併の場合に準じて、①承継会社が分割会社から承継する承継債務額（会規195①）が承継資産額（分割後増加額）（会規195②）を超える場合、又は②承継会社が分割会社に対して交付する分割対価の帳簿価額が承継資産額から承継債務額を控除して得た額を超える場合です。ただし、②の分割対価については、承継会社の株式等を除きます。

　株式交換において差損が生じる場合とは、完全親会社が完全子会社の株主に対して交付する対価（完全親会社の株式等を除く）の帳簿価額が、完全親会社が承継する完全子会社の株式の額として会社法施行規則第195条第5項に定める額を超える場合です。

■吸収合併

Q I 7 吸収合併の手続の概要について、教えてください。

A
(1) 吸収合併とは、「会社が他の会社とする合併であって、合併により消滅する会社の権利義務の全部を合併後存続する会社に承継させるもの」です（会法2二十七）。

(2) 吸収合併をする当事会社は、吸収合併契約を締結し、効力発生日の前日までに株主総会による承認、債権者保護手続を終了しなければなりません。また、吸収合併契約に関する書面等を事前・事後に備え置かなければなりません。反対株主には、株式買取請求権、消滅会社の一定の新株予約権者は、新株予約権買取請求権が与えられます。

(3) 吸収合併に関する手続が終了すると、効力発生日に吸収合併の効力が発生します。存続会社は、効力発生日に消滅会社の権利義務を承継します（会法750①）。効力が発生した日から2週間以内に、消滅会社については解散の登記、存続会社については、変更の登記を申請します。合併の効力発生後は、消滅会社を代表すべき者は存在しないため、存続会社の代表者が両方の登記を申請します。

解説

1 吸収合併契約

吸収合併とは、会社が他の会社とする合併であって、合併により消滅する会社の権利義務の全部を合併後存続する会社に承継させるものです（会法2二十七）。株式会社、合同会社、合資会社、合名会社は、消滅会社又は存続会社として自由に合併することができます。

吸収合併の当事会社は、吸収合併契約を締結します（会法748）。吸収合併契約には、以下の事項を定めなければなりません。

【吸収合併契約】

①	合併当事会社に関する事項		存続会社の商号、住所
			消滅会社の商号、住所
②	合併対価に関する事項	株　　式	株式数、株式数の算定方法
			存続会社の資本金、準備金の額
			種類株式発行会社にあっては、株式の種類、種類毎の数
		社　　債	社債の種類、種類毎の各社債金額、合計額又は算定方法
		新株予約権	新株予約権の内容、数又は算定方法
		新株予約権付社債	社債の種類、種類毎の各社債金額、合計額又は算定方法
			新株予約権の内容、数又は算定方法
		その他財産	その財産の内容、数若しくは額又は算定方法
③	消滅会社の株主への対価の割当てに関する事項		
④	消滅会社が新株予約権（※）を発行しているときは、新株予約権者に交付する存続会社の新株予約権又は金銭に関する事項	新株予約権	新株予約権の内容、数又は算定方法
		金　　銭	金銭の額又は算定方法
⑤	効力発生日		

（※）新株予約権が、新株予約権付社債に付された新株予約権であるときは、存続会社がその新株予約権付社債についての社債に係る債務を承継する旨、承継に係る社債の種類、種類毎の各社債金額、合計額又は算定方法についても定めます。

2　吸収合併の手続

① 株主総会の承認手続

　各当事会社は、吸収合併の効力発生日の前日までに株主総会の特別決議によって、合併契約の承認を受けなければなりません（会法783①、795①、309②十二）。ただし、以下の場合には、特別決議では足りず、所定の承認手続が必要です。すなわち、(a)合併対価の全部又は一部が譲渡制限株式等であって、消滅会社が種類株式発行会社ではない公開会社であるときは、消滅会社の株主総会では特殊決議が必要です。(b)合併対価の全部又は一部が譲渡制限株式等であって、消滅会社が種類株式発行会社であるときは、譲渡制限株式の割当てを受ける種類の株式の種類株主総会の特殊決議も必要です。(c)合併対価の全部又は一部が持分等であり、消滅会社が種類株式発行会社ではない株式会社であるときは、総株主の同意を得なければなりません（会法783②～④）。(d)合併対価が譲

渡制限株式の場合に、存続会社が種類株式発行会社であるときには、譲渡制限株式の種類株主を構成員とする種類株主総会の特別決議も必要になります（会法795④一、324②六）。

　また、差損が生じる合併を行う場合には、存続会社の取締役は、株主総会においてその旨の説明を、消滅会社の資産に存続会社株式が含まれるときにも、株式に関する事項を説明しなければなりません（会法795②③）。

② 　吸収合併契約等の書面の備置き

　吸収合併の存続会社は、吸収合併契約の備置開始日から効力発生日後6か月を経過する日までの間、吸収合併契約の内容等を記載した書面又は電磁的記録を本店に備え置かなければなりません（会法794①、会規191）。消滅会社は、これらの書類等を効力発生日まで備え置きます（会法782①一、会規182）。

　消滅会社の備置開始日とは、次の(a)から(d)のうちで、いずれか早い日をいいます（会法782②）。(a)吸収合併契約が株主総会の承認決議を受けるときは、株主総会の日2週間前の日、(b)株主に通知又は公告をした日のいずれか早い日、(c)新株予約権を発行している場合には、新株予約権者に通知又は公告をした日のいずれか早い日、(d)債権者への公告又は催告をした日のいずれか早い日です。

　存続会社の備置開始日とは、次の(a)から(c)のうちで、いずれか早い日をいいます（会法794②）。(a)吸収合併契約が株主総会の承認決議を受けるときは、株主総会の日2週間前の日、(b)株主に通知又は公告をした日のいずれか早い日、(c)債権者への公告又は催告をした日のいずれか早い日です。

　当事会社の株主及び債権者は、それぞれの会社に対して、営業時間内はいつでも、会社が備え置いた書面等の閲覧等を請求できます（会法782③、794③）。

③ 　債権者保護手続

　吸収合併の消滅会社及び存続会社は、それぞれ債権者保護手続をとる必要があります（会法789、799）。当事会社は、以下の事項を官報に公告し、かつ、知れたる債権者には、各別に催告します。定款で公告方法を官報以外の方法と定めている会社は、官報公告と所定の公告をすれば、各別の催告は不要です。公告又は催告事項は、(a)吸収合併をする旨、(b)相手方の当事会社の商号及び住所、(c)決算公告の掲載について等、当事会社の計算書類に関する事項（会規188、199）、(d)債権者が一定期間内に異議を述べることができる旨です。なお、(d)の

債権者が異議を述べることができる期間は、1か月を下ることができません。

債権者が(d)の期間内に異議を述べなかった場合には、債権者は吸収合併を承認したものとみなされます。債権者が異議を述べた場合には、当該債権者に対して弁済、相当の担保提供又は相当の財産の信託をしなければなりません。吸収合併しても、当該債権者を害するおそれがないときは、これらの措置は不要です。

④　株主・新株予約権者への通知

吸収合併の当事会社は、それぞれの株主に効力発生日の20日前までに、(a)吸収合併をする旨、(b)相手方の当事会社の商号及び住所を通知しなければなりません（会法785③、797③）。会社が公開会社の場合、又は株主総会決議によって承認を得た場合には、通知に代えて公告をすることができます（会法785④、797④）。株主への通知又は公告を行う趣旨は、株主に吸収合併が進行中である旨を知らせること、反対株主に株式買取請求権を行使する機会を与えるためです。

同様の趣旨から、消滅会社が新株予約権を発行している場合には、効力発生日の20日前までに、新株予約権者に(a)吸収合併をする旨、(b)相手方の当事会社の商号及び住所を通知しなければなりません。

⑤　反対株主の株式買取請求

吸収合併に反対の株主は、効力発生日の20日前から前日までに株式買取請求に係る株式数を明らかにして、株式買取請求をすることができます（会法785⑤、797⑤）。

吸収合併について、株主総会又は種類株主総会の承認を要する場合には、当該株主総会又は種類株主総会で議決権を行使することができる株主は、総会に先立って吸収合併に反対する旨を通知し、総会においても反対の意思表示をしなければなりません（会法785②一、797②一）。

株式買取の効力は、存続会社については、代金の支払の時に生じ（会法798⑤）、消滅会社については、合併の効力発生日に生じます（会法786⑤）。消滅会社の反対株主による買取請求に係る株式は、効力発生日に消滅会社の自己株式となり、消滅します。

⑥　新株予約権者の新株予約権買取請求

吸収合併契約における新株予約権の承継に関する事項（会法749①四、五）

が、新株予約権の発行時における新株予約権の承継に関する条件（会法236①ハイ）と合致しない場合には、消滅会社の新株予約権者は、消滅会社に対して新株予約権買取請求をすることができます（会法787①一）。当該新株予約権者は、効力発生日の20日前から前日までに、買取請求に係る新株予約権の内容及び数を明らかにして、買取請求をします（会法787⑤）。

なお、新株予約権付社債に付された新株予約権について、買取請求をするときは、別段の定めがある場合を除いて、社債についても買い取ることを請求しなければなりません。

3　吸収合併の効力発生後の手続

吸収合併は、吸収合併契約で定めた効力発生日に効力が生じます（会法750①）。

存続会社は、消滅会社の権利義務を承継し、消滅会社は解散によって消滅します。消滅会社の財産は、存続会社に包括的に承継されるため、解散後の消滅会社は、清算手続をとる必要はありません。

効力発生日に債権者保護手続が終了していないときには、吸収合併の効力は生じません（会法750⑥）。この場合には、当事会社の合意によって、効力発生日を変更しなければなりません。効力発生日の前日までに、変更後の効力発生日を公告しなければなりません（会法790②）。

① 事後的な開示手続

吸収合併の効力発生後遅滞なく、存続会社は、吸収合併によって承継した消滅会社の権利義務について等を記載等した書面等を開示して、株主又は債権者の閲覧に供します（会法801①）。存続会社は、効力発生日から6か月間、書面等を本店に備え置きます（会法801③）。

② 登記手続

会社が吸収合併したときには、効力発生日から2週間以内に、本店所在地において登記をしなければなりません。具体的には、消滅会社は、解散の登記、存続会社は変更の登記をします。吸収合併の効力発生によって、消滅会社は解散、消滅していますので存在しません。存続会社の代表者は、消滅会社を代表して解散登記も申請します。

Q I 8 ■吸収分割

会社法における吸収分割の手続の概要を教えてください。

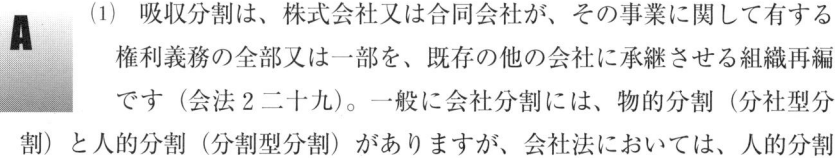

A
(1) 吸収分割は、株式会社又は合同会社が、その事業に関して有する権利義務の全部又は一部を、既存の他の会社に承継させる組織再編です（会法2二十九）。一般に会社分割には、物的分割（分社型分割）と人的分割（分割型分割）がありますが、会社法においては、人的分割が直接規定されなくなりました。

(2) 吸収分割のために、当事会社がとる手続の大枠は、吸収合併の手続と共通します。しかし、債権者保護手続等、吸収分割に特有な規制もありますので、注意が必要です。

(3) 吸収分割によって、承継会社は効力発生日に、吸収分割契約の定めに従って、分割会社の権利義務を承継します（会法759①）。

解説

1 吸収分割の概要

① 吸収分割と新設分割

会社分割とは、ある会社が事業に関して有する権利義務の全部又は一部を他の会社に承継させる組織再編です。会社分割には、事業に関して有する権利義務の全部又は一部を既存の会社に承継させる吸収分割と、新たに設立した会社に承継させる新設分割があります。事業を分割する会社を分割会社、承継する会社を吸収分割では承継会社、新設分割では新設会社といいます。吸収分割の分割会社は、株式会社又は合同会社に限られますが（会法757）、承継会社として権利義務を承継することは、株式会社、合同会社、合資会社、合名会社のいずれの会社も可能です。

② 物的分割と人的分割

商法においては、会社分割の対価となる株式等が、分割会社に交付される場合を物的分割又は分社型分割、分割会社の株主に直接交付される場合を人的分割又は分割型分割と分類していました。

会社法においては、人的分割が直接的には規定されなくなりました。人的分割は、物的分割と同時に剰余金の配当等（株式等の現物配当）を行うものとして整理されました（会法758八イ、ロ、763十二イ、ロ）。すなわち、承継会社又は新設会社から分割会社から分割会社に対価である株式等が交付され、交付された株式等が分割会社から、(a)全部取得条項付種類株式の取得対価として、(b)剰余金の配当として、株主に対して分配されます。これによって、人的分割と同様の結果を得ることができます。なお、分割会社から株式等が配当されるときには、分割社債権者の異議手続が必要とされる一方で（会法789①二、801①二）、剰余金の分配規制は適用されません（会法792）。

株式会社を承継会社とする吸収分割をするときには、分割当事会社は、吸収分割契約を締結します。吸収分割契約には、以下の事項を定めなければなりません（会法758）。

存続会社が消滅会社のすべての資産及び負債を承継する吸収合併とは異なり、吸収分割では、分割の対象となる事業に関する分割会社の権利義務が承継会社に移転するため、承継する権利義務について、吸収分割契約において明らかにされます。

【吸収分割契約】

① 分割当事会社に関する事項		分割会社の商号、住所
		承継会社の商号、住所
② 分割により承継会社が承継する権利義務、株式に関する事項		分割会社から承継する資産、債務、雇用契約、その他の権利義務に関する事項
		分割会社又は承継会社の株式を承継会社に承継させるときは、当該株式に関する事項
③ 分割対価に関する事項	株　　式	株式数、株式数の算定方法
		承継会社の資本金、準備金の額
		種類株式発行会社にあっては、株式の種類、種類毎の数
	社　　債	社債の種類、種類毎の各社債金額、合計額又は算定方法
	新株予約権	新株予約権の内容、数又は算定方法
	新株予約権付社債	社債の種類、種類毎の各社債金額、合計額又は算定方法
		新株予約権の内容、数又は算定方法
	その他財産	当該財産の内容、数若しくは額又は算定方法
④ 承継会社が分割会社の新株予約権者に対して、承継会社の新株予約権を発行するときは、その新株予約権に関する事項	新株予約権（※）	新株予約権の内容、数又は算定方法、新株予約権の割当てに関する事項
⑤ 効力発生日		
⑥ 分割会社が効力発生日に一定の行為をするときは、その旨		全部取得条項付種類株式の取得
		剰余金の配当

（※）新株予約権が、新株予約権付社債に付された新株予約権であるときは、承継会社がその新株予約権付社債についての社債に係る債務を承継する旨、承継に係る社債の種類、種類毎の各社債金額、合計額又は算定方法についても定めます。

2　吸収分割の手続

　吸収分割の手続の流れは、吸収合併の場合と多くが共通します。すなわち、吸収分割契約について、①株主総会の承認を受け（会法783、795）、②債権者保護手続をとらなければなりません（会法789、799）。③反対株主や一定の新株予約権者には、買取請求権が与えられます（会法785、797）。また、当事会社は、④事前・事後の開示手続をとる必要があります。ここでは、吸収分割の手続のうち、吸収合併と異なる部分を中心に説明をします。

① 株主総会の承認

吸収合併と同様に、当事会社は原則として、株主総会の特別決議による承認を得なければなりません（会法783、795）。吸収合併の消滅会社では、株主総会特別決議では足りない場合もありますが（会法783②〜④）、吸収分割の分割会社では、常に株主総会特別決議で足ります。

② 債権者保護手続

吸収分割の承継会社のすべての債権者は、承継会社に対して異議を述べることができます（会法799①二）。

他方で、分割会社の債権者は、一定の場合のみ異議を述べることができます。すなわち、以下の場合に、分割会社の債権者は異議を述べることができます（会法789①二）。

(a) いわゆる人的分割の場合

会社法第758条第8号に掲げる事項について、吸収分割契約に定めがある場合には、分割会社のすべての債権者が異議を述べることができます。

(b) 分割後に分割会社に対して債務の履行を請求できない債権者

吸収分割後に、分割会社に対して債務の履行を請求できない分割会社の債権者は、異議を述べることができます。分割会社に対して、債務の保証人として承継会社と連帯して負担する保証債務の履行を請求できるときには、異議を述べることはできません。

分割会社は、異議を述べることができる債権者に対しては、官報公告及び各別の催告をしなければなりません。官報以外の公告方法を定款で定めている会社は、各別の催告を省略することができる点については、吸収合併の場合と同様ですが、不法行為によって生じた分割会社の債権者に対しては、各別の催告は省略できません（会法789③）。

分割会社の債権者のうち、吸収分割について異議を述べることができる債権者が、各別の催告を受けなかった場合には、(a)吸収分割契約において分割後に分割会社に債務の履行を請求できないとされているときであっても、分割会社が効力発生日に有していた財産の価額を限度として、分割会社に対して債務の履行を請求できます（会法759②）。(b)吸収分割契約において分割後に承継会社に債務の履行を請求できないとされているときであっても、承継会社が承継し

た財産の価額を限度として、承継会社に対して債務の履行を請求できます（会法759②）。

③　株式買取請求権・新株予約権買取請求権

吸収分割の当事会社は、それぞれの株主に対して通知又は公告しなければならない点は、吸収合併と同様です（会法785、797）。吸収分割に反対の株主は株式買取請求権が与えられます。しかし、分割会社にとっての簡易分割をする場合には、分割会社株主には、株式買取請求権は与えられません（会法785①二）。

株式買取の効力は、代金の支払の時に発生します（会法786⑤、798⑤）。分割会社は、分割の効力発生によって消滅しないので、合併の消滅会社の場合とは異なり、効力は、代金の支払の時に生じます（会法786⑤）。

分割会社が新株予約権を発行している場合には、一定の場合には新株予約権者に通知又は公告すること、新株予約権買取請求権が与えられることは、吸収合併と同様です。

④　事前・事後の開示手続

吸収分割の当事会社は、吸収分割契約の備置開始日から効力発生後6か月を経過する日までの間、吸収分割契約の内容等を記載した書面又は電磁的記録を本店に備え置かなければなりません（会法782①二、794①、会規183、192）。当事会社の株主及び債権者は、それぞれの会社に対して、営業時間内はいつでも書面等の閲覧等を請求することができます（会法782③、794③）。

分割会社は、吸収分割の効力発生後に遅滞なく、承継会社と共同して、承継会社が承継した権利義務、効力発生日、分割手続の経過、登記日などの吸収分割についての重要事項を記載等した書面又は電磁的記録を作成しなければなりません（会法791①一、会規189）。

分割会社及び承継会社は、効力発生日から6か月間、上記の吸収分割について記載した書面又は電磁的記録を、本店に備え置かなければなりません（会法791②、801③二）。吸収合併と同様に、当事会社の株主及び債権者は当該書面等の閲覧を請求することができます。吸収分割では、株主、債権者のほか利害関係人も閲覧等を請求することができます（会法791③、801⑤）。

I　組織再編の商法・会社法　27

3　吸収分割の効力発生

　吸収分割によって、承継会社は効力発生日に、吸収分割契約の定めに従って、分割会社の権利義務を承継します（会法759①）。分割会社には、分割の対価として承継会社の株式等が交付され、分割会社は、吸収分割契約の定めに従って、承継会社の株主、社債権者、新株予約権者、新株予約権付社債についての社債権者及び新株予約権者のいずれかになります（会法759④）。

　吸収分割の当事会社は、効力発生日から2週間以内に、本店所在地において変更登記を申請しなければなりません（会法923、932）。

Q I 9 ■株式交換

会社法における株式交換の手続の概要を教えてください。

A
(1) 株式交換は、株式会社が、その発行済株式の全部を他の株式会社又は合同会社に取得させる組織再編です（会法2三十一）。株式交換は、既存の会社相互間で、完全親子会社関係を創設するために用いられる手続です。

(2) 株式交換のために、当事会社がとる手続の大枠は、吸収合併の手続に準じて考えることができます。しかし、株式交換によって当事会社の財産に変動はないため、債権者保護手続は、一定の限られた場合にのみ要求されます（会法789、799）。

すなわち、①新株予約権付社債が完全親会社に承継されるときには、完全子会社の新株予約権付社債権者、完全親会社の全債権者について債権者保護手続が必要です。②株式交換の対価が完全親会社の株式以外の場合には、完全親会社で債権者保護手続が必要です。

(3) 完全親会社は、株式交換の効力発生日に、完全子会社の発行済株式の全部を取得します（会法769①）。これによって、完全親子会社関係が創設されます。

解説

1 株式交換の概要

株式交換は、株式会社が、その発行済株式の全部を他の株式会社又は合同会社に取得させる組織再編です（会法2三十一）。株式交換及び株式移転は、完全親子会社関係を創設するために用いられる手続です。既存の会社相互間で完全親子会社関係を創設する手続が、株式交換です。株式交換によって完全子会社となる会社は、株式会社に限られます。完全親会社となり、完全子会社の発行済株式の全部を取得する会社は、株式会社又は合同会社に限られます。

株式交換をするためには、当事会社は株式交換契約を締結しなければなりません。株式交換契約には、以下の事項を定めなければなりません（会法768

①)。

【株式交換契約】

①	当事会社に関する事項		株式交換完全子会社の商号、住所
			株式交換完全親会社の商号、住所
②	株式交換対価に関する事項	株　式	株式数、株式数の算定方法
			完全親会社の資本金、準備金の額
			種類株式発行会社にあっては、株式の種類、種類毎の数
		社　債	社債の種類、種類毎の各社債金額、合計額又は算定方法
		新株予約権	新株予約権の内容、数又は算定方法
		新株予約権付社債	社債の種類、種類毎の各社債金額、合計額又は算定方法
			新株予約権の内容、数又は算定方法
		その他財産	当該財産の内容、数若しくは額又は算定方法
③	完全子会社の株主に対する株式交換対価の割当てに関する事項		
④	完全親会社が完全子会社の新株予約権者に対して、完全親会社の新株予約権を発行するときは、その新株予約権に関する事項	新株予約権（※）	新株予約権の内容、数又は算定方法、新株予約権の割当てに関する事項
⑤	効力発生日		

（※）新株予約権が、新株予約権付社債に付された新株予約権であるときは、完全親会社がその新株予約権付社債についての社債に係る債務を承継する旨、承継に係る社債の種類、種類毎の各社債金額、合計額又は算定方法についても定めます。

2　株式交換の手続

　株式交換のために、当事会社がとる手続の大枠は、吸収合併の手続に準じて考えることができます。すなわち、株式交換契約について、①株主総会の承認を受け（会法783、795）、②反対株主や一定の新株予約権者には、買取請求権が与えられます（会法785、797）。また、当事会社は、③事前・事後の開示手続をとる必要があります（会法782、794）。しかし、株式交換によっては、当事会社の財産に変動はないため、④債権者保護手続は、一定の限られた場合にのみ要求されます（会法789、799）。ここでは、株式交換の手続のうち、吸収合併と異なる部分を中心に説明をします。

① 株主総会の承認

　吸収合併と同様に、当事会社は原則として、株主総会の特別決議による承認

を得なければなりません（会法783、795）。しかし、株式交換の対価が譲渡制限株式等である場合など、一定の場合には、株主総会特別決議では足りず、所定の手続をとる必要がありますが、吸収合併の承認手続に準じて考えることができます。

② 株式買取請求権・新株予約権買取請求権

株式交換の当事会社は、効力発生日の20日前までに、それぞれの株主に対して通知又は公告しなければならない点は、吸収合併・吸収分割と同様です（会法785、797）。株式交換に反対の株主は株式買取請求権が与えられます。完全子会社に係る株式買取の効力は、株式交換の効力発生日に生じます（会法786⑤）。完全子会社が買い取った株式は、効力発生日に完全子会社を経て完全親会社に移転します。

株式交換完全子会社が新株予約権を発行している場合には、一定の場合には新株予約権者に通知又は公告すること、新株予約権買取請求権が与えられることは、吸収合併と同様です（会法787、788）。

③ 事前・事後の開示手続

株式交換の当事会社は、株式交換契約の備置開始日から効力発生後6か月を経過する日までの間、株式交換契約の内容等を記載した書面又は電磁的記録を本店に備え置かなければなりません（会法782①三、794①、会規184、193）。

以下に掲げる者は、それぞれの会社に対して、上記の書面等の閲覧等を請求できます。

　(a)　完全子会社が備え置く書面等……完全子会社の株主及び新株予約権者
　(b)　完全親会社が備え置く書面等……完全親会社の株主及び異議を述べることができる債権者

完全子会社は、株式交換の効力発生後に遅滞なく、完全親会社と共同して、完全親会社が取得した完全子会社の株式数、効力発生日、株式交換手続の経過などの株式交換についての重要事項を記載等した書面又は電磁的記録を作成しなければなりません（会法791①二、会規190）。

完全子会社及び完全親会社は、効力発生日から6か月間、上記の株式交換について記載した書面又は電磁的記録を、本店に備え置かなければなりません（会法791②、801③三）。効力発生日に完全子会社の株主又は新株予約権者で

あった者は、完全子会社に対して、営業時間内はいつでも、書面等の閲覧等の請求ができます（会法791④）。また、完全親会社の株主又は異議を述べることができる債権者は、完全親会社に対して、営業時間内はいつでも、書面等の閲覧等の請求ができます（会法801④）。

④　債権者保護手続

　株式交換によって、当事会社の財産には原則として変動がないので、一定の場合を除いて、株式交換に際しては、債権者保護手続を要求していません。しかし、以下の債権者は、それぞれの会社に異議を述べることができ、当事会社には、債権者保護手続が要求されます。

(a)　完全子会社の債権者

　完全子会社の新株予約権者が交付を受ける新株予約権が新株予約権付社債に付された新株予約権である場合に、当該新株予約権付社債の社債権者は、異議を述べることができます（会法789①三）。

(b)　完全親会社の債権者

　ⓐ株式交換の対価が、完全親会社の株式等のみである場合以外の場合、ⓑ完全子会社の新株予約権者が交付を受ける新株予約権が新株予約権付社債に付された新株予約権である場合に、完全親会社が当該新株予約権付社債についての社債に係る義務を承継する場合に、完全親会社の債権者は、異議を述べることができます（会法799①三）。

3　株式交換の効果

　完全親会社は、株式交換の効力発生日に、完全子会社の発行済株式の全部を取得します（会法769①）。これによって、完全親子会社関係が創設されます。

　完全子会社の株主は、効力発生日に、株式交換契約の割当てに関する定めに従って完全親会社の株主、社債権者、新株予約権者、新株予約権社債の社債権者及び新株予約権者のいずれかになります（会法769③）。

Q I 10 ■吸収型再編における株主資本

吸収型再編をしたときの、存続会社等、受入側の会社の株主資本の計算について説明してください。

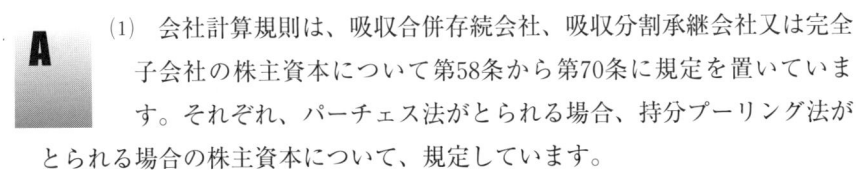

A

(1) 会社計算規則は、吸収合併存続会社、吸収分割承継会社又は完全子会社の株主資本について第58条から第70条に規定を置いています。それぞれ、パーチェス法がとられる場合、持分プーリング法がとられる場合の株主資本について、規定しています。

(2) 吸収合併に際しての株主資本については、パーチェス法が適用される吸収合併の場合、共通支配下取引の吸収合併の場合、親会社が子会社を吸収する吸収合併の場合、持分プーリング法が適用される吸収合併の場合に分けて規定があります。

(3) 吸収分割に際しての株主資本については、パーチェス法が適用される吸収分割の場合、共通支配下取引の吸収分割の場合、親会社が子会社を吸収する吸収分割の場合に分けて規定があります。

解説

1 持分プーリング法とパーチェス法

吸収合併において、存続会社が消滅会社の権利義務を承継する際の会計処理の方法には、持分プーリング法とパーチェス法があります。吸収分割においても、承継会社が分割会社の権利義務を承継するとき、更に株式交換においても、完全親会社が取得した完全子会社の株式の会計処理の方法にも、持分プーリング法とパーチェス法があります。

持分プーリング法は、存続会社又は承継会社が資産負債を承継する際に評価替えを行わず、消滅会社又は分割会社の帳簿価額をそのまま引き継ぐ方式です。株式移転では、完全子会社の株式を、完全子会社の簿価純資産価額に基づいて評価します。パーチェス法は、売買による取得がなされたと同様に、承継時点の時価で承継する資産負債を再評価します。株式移転では、完全子会社の株式を、完全子会社の時価に基づいて評価します。

会社計算規則は、吸収合併存続会社、吸収分割承継会社又は完全子会社の株

I 組織再編の商法・会社法

式資本について第58条から第70条に規定を置いています。それぞれ、パーチェス法がとられる場合、持分プーリング法がとられる場合の株主資本について、規定しています。

2 吸収合併に際しての株主資本

① パーチェス法が適用される吸収合併

パーチェス法が適用される吸収合併では、存続会社の株主資本は、以下のように定めます（会計規58）。

(a) 資本金の額

吸収合併直前の存続会社の資本金の額 ＋ 「株主払込資本変動額※」の範囲内で吸収合併契約で定めた額

※「株主払込資本変動額」とは、吸収型再編対価時価のうち、存続会社の株式に係るものから、吸収型再編対価時価として処分する自己株式の帳簿価額を減じた額をいいます（会計規58①一ロ）。

(b) 資本準備金の額

株主払込資本変動額がプラスの場合に限り、株主払込資本変動額から増加する資本金の額を控除した範囲内で、吸収合併契約で定めた額が増加します。

吸収合併直前の存続会社の資本準備金の額 ＋ 「株主払込資本変動額－資本金増加額」の範囲内で吸収合併契約で定めた額

(c) その他資本剰余金

株主払込資本変動額がプラスの場合に限り、株主払込資本変動額から増加する資本金・資本準備金の額を控除した額が増加します。

吸収合併直前の存続会社の資本剰余金の額 ＋ {株主払込資本変動額 －（資本金増加額 ＋ 資本準備金増加額）}

(d) 利益準備金・その他利益剰余金

利益準備金・その他利益剰余金については、変動はありません。

② 共通支配下関係にある場合の吸収合併

会社計算規則第59条は、吸収合併の存続会社と消滅会社が共通支配下関係にあるものとして計算すべき場合の存続会社の株主資本について規定しています。共通支配下関係にある場合とは、例えば、子会社同士の吸収合併のように、存続会社と消滅会社が同一の株主に支配されている場合等をいいます（会計規2三十一）。

組織再編対価の全部が存続会社株式の場合には、会社の選択により、会社計算規則第61条（持分プーリング法による処理）を適用することもできます。同規則第59条に基づく存続会社株主資本の計算は、以下のとおりです。
　(a)　資本金の額

吸収合併直前の存続会社の資本金の額 ＋ 「株主払込資本変動額※」の範囲内で吸収合併契約で定めた額

　※「株主払込資本変動額」とは、吸収型再編簿価株主資本額から吸収型再編対価簿価を減じた額から、吸収型再編対価時価として処分する自己株式の帳簿価額を減じた額をいいます（会計規59①一ロ）。

　(b)　資本準備金の額

　株主払込資本変動額がプラスの場合に限り、株主払込資本変動額から増加する資本金の額を控除した範囲内で、吸収合併契約で定めた額が増加します。

吸収合併直前の存続会社の資本準備金の額 ＋ 「株主払込資本変動額－資本金増加額」の範囲内で吸収合併契約で定めた額

　(c)　その他資本剰余金

　株主払込資本変動額がプラスの場合に限り、株主払込資本変動額から増加する資本金・資本準備金の額を控除した額が増加します。

（吸収合併直前の存続会社の資本剰余金の額 ＋ 株主払込資本変動額）－｛（資本金増加額＋資本準備金増加額）＋抱合せ株式の帳簿価額｝

　(d)　利益準備金・その他利益剰余金

　利益準備金・その他利益剰余金については、原則として変動はありません。
　ただし、吸収型再編簿価株主資本額がマイナスの場合には、その額を利益剰余金から控除します。

③　親会社が子会社を吸収する吸収合併

　親会社が子会社を吸収合併する場合の株主資本については、会社計算規則第60条に規定があります。ただし、親会社に支配株主がいる場合には、共通支配下関係にある吸収合併となり、同規則第59条が適用されます。

　親会社が子会社を吸収合併する場合の株主資本の計算方法については、存続会社の子会社以外の者（少数株主部分）との取引と、存続会社の子会社（中間子会社部分）との取引の2つの会計処理の混合型であると考えられます。少数株主部分については、パーチェス法を適用した場合と同様の処理（会計規58参

照)が、中間子会社部分については、共通支配下の取引を適用した場合の処理(会計規59参照)が行われます。

具体的な株主資本の計算は、以下のとおりです。

(a) 資本金の額

少数株主部分株主払込資本変動額及び中間子会社部分株主払込資本変動額がプラスの場合に限り、吸収合併契約で定めた額が変動します。

吸収合併直前の　　少数株主部分株主払込資本　　中間子会社部分株主払込資本
存 続 会 社 の ＋ 変動額(※1)の範囲内で ＋ 変動額(※2)の範囲内で
資 本 金 の 額　　合併契約で定めた額　　　　合併契約で定めた額

※1 「少数株主部分株主払込資本変動額」とは、少数株主に交付された吸収型再編対価時価から少数株主に交付された吸収型再編対価として処分する自己株式の帳簿価額を控除した額をいいます(会計規60①一)。

※2 「中間子会社部分株主払込資本変動額」とは、次の(Ⅰ)から(Ⅱ)を差し引いた額です。
(Ⅰ) 吸収型再編簿価株主資本額に中間子会社割合(会計規2③四十)を乗じた額から、親会社グループの子会社に交付する吸収型再編対価簿価を減じた額
(Ⅱ) 親会社グループの子会社に吸収型再編対価として処分する自己株式の帳簿価額

(b) 資本準備金の額

少数株主部分株主払込資本変動額及び中間子会社部分株主払込資本変動額がプラスの場合に限り、少数株主部分株主払込資本変動額及び中間子会社部分株主払込資本変動額から増加する資本金の額を控除した範囲内で、吸収合併契約で定めた額が増加します。

吸収合併直前　　　⎛少数株主部　　資本金⎞の範囲内で吸
の存続会社の ＋ ⎜分株主払込 － 増加額⎟収合併契約で
資本準備金の額　⎝資本変動額　　　　　⎠定めた額

　　　　　　　　⎛中間子会社　　資本金⎞の範囲内で吸
　　　　　　＋ ⎜部分株主払込 － 増加額⎟収合併契約で
　　　　　　　　⎝資本変動額　　　　　⎠定めた額

(c) その他資本剰余金

少数株主部分株主払込資本変動額及び中間子会社部分株主払込資本変動額がプラスの場合に限り、少数株主部分株主払込資本変動額及び中間子会社部分株主払込資本変動額から増加する資本金・資本準備金の額を控除した額が増加します。

$$\text{吸収合併直前の存続会社の資本剰余金の額} + \left(\text{少数株主部分払込資本変動額} - \text{資本金増加額} - \text{資本準備金増加額} \right) + \left(\text{中間子会社部分払込資本変動額} - \text{資本金増加額} - \text{資本準備金増加額} \right)$$

(d) 利益準備金・その他利益剰余金

利益準備金・その他利益剰余金については、原則として変動はありません。

ただし、吸収型再編簿価株主資本額がマイナスの場合には、吸収型再編簿価株主資本額に中間子会社割合を乗じた額を利益剰余金から控除します。

④ 持分プーリング方式が適用される吸収合併

持分プーリング方式が適用される吸収合併では、存続会社が消滅会社の株主資本の各項目を引き継ぎます。存続会社の株主資本は、具体的には、以下のように定めます（会計規61）。

(a) 資本金の額

存続会社が消滅会社の資本金の額を引き継ぎます。

$$\text{吸収合併直前の存続会社の資本金の額} + \text{吸収合併直前の消滅会社の資本金の額}$$

(b) 資本準備金の額

存続会社が消滅会社の資本準備金の額を引き継ぎます。

$$\text{吸収合併直前の存続会社の資本準備金の額} + \text{吸収合併直前の消滅会社の資本準備金の額}$$

(c) その他資本剰余金

$$\text{吸収合併直前の存続会社の資本剰余金の額} + \text{吸収合併直前の消滅会社の資本剰余金の額} - \text{吸収型再編対価として処分する自己株式の帳簿価額} - \text{存続会社又は消滅会社が有する消滅会社株式の帳簿価額}$$

(d) 利益準備金

消滅会社の利益準備金の額だけ、変動します。

$$\text{吸収合併直前の存続会社の利益準備金の額} + \text{吸収合併直前の消滅会社の利益準備金の額}$$

(e) その他利益剰余金

消滅会社の利益剰余金の額だけ、変動します。

$$\text{吸収合併直前の存続会社の利益剰余金の額} + \text{吸収合併直前の消滅会社の利益剰余金の額}$$

I 組織再編の商法・会社法

3 吸収分割に際しての株主資本

① パーチェス法が適用される吸収分割

パーチェス法が適用される吸収分割においては、承継会社の株主資本は、吸収合併における存続会社の株主資本に準じて、以下のように定めます（会計規63）。

(a) 資本金の額

吸収分割直前の承継会社の資本金の額 ＋ 「株主払込資本変動額※」の範囲内で吸収分割契約で定めた額

※「株主払込資本変動額」とは、吸収型再編対価時価のうち、承継会社の株式に係るものから、吸収型再編対価時価として処分する自己株式の帳簿価額を減じた額をいいます（会計規64①一ロ）。

(b) 資本準備金の額

株主払込資本変動額がプラスの場合に限り、株主払込資本変動額から増加する資本金の額を控除した範囲内で、吸収分割契約で定めた額が増加します。

吸収分割直前の承継会社の資本準備金の額 ＋ (株主払込資本変動額 － 資本金増加額) の範囲内で吸収分割契約で定めた額

(c) その他資本剰余金

株主払込資本変動額がプラスの場合に限り、株主払込資本変動額から増加する資本金・資本準備金の額を控除した額が増加します。

吸収分割直前の承継会社の資本剰余金の額 ＋ {株主払込資本変動額 －(資本金増加額 ＋ 資本準備金増加額)}

(d) 利益準備金・その他利益剰余金

利益準備金・その他利益剰余金については、変動はありません。

② 共通支配下関係にある場合の吸収分割

当事会社が共通支配下関係にある吸収分割において、承継会社の株主資本は、共通支配下関係のある吸収合併の存続会社の株主資本（会計規59）に準じて決定します（会計規63）。

すなわち、株主払込資本変動額が0以上の額であるときは、その株主払込資本変動額の範囲内で、吸収分割契約の定めに従って定めた額が、資本金、資本準備金、その他資本剰余金となります。利益準備金及び利益剰余金は、吸収分割によって原則として変動しませんが、吸収型再編簿価株主資本がマイナスであるときは、その額を利益剰余金から控除します。

なお、共通支配下関係における吸収分割において、分割対価の全部が承継会社株式であり、その全部を分割会社株主へ配当する場合（分割型吸収分割の場合）には、会社計算規則第66条の適用ができます。同条は、変動させるべき株主資本の各項目について、承継会社で適当に定めることができる旨を規定しています。

　承継会社は、(a)資本金の額、(b)資本準備金の額、(c)その他資本剰余金の額、(d)利益準備金の額、(e)利益剰余金の額を任意に定めることができますが、以下の要件を満たさなければなりません（会計規66②）。

　第一に、承継会社が定めた変動額の合計額は、吸収型再編簿価株主資本額と同一の額である必要があります。第二に、承継会社が定めた各変動額は、分割会社の株主資本における各項目の変動額と対応していなければなりません。第三に、承継会社の資本金・準備金は、マイナスとして受け入れ、減少させることはできません。

③　親会社が子会社とする分割型吸収分割

　親会社が子会社と分割型吸収分割する場合の株主資本については、会社計算規則第65条に規定があります。

　親会社が子会社を吸収合併する場合に準じて、少数株主部分の取引と、中間子会社部分の取引の2つの会計処理の混合型であると考えられます。少数株主部分については、パーチェス法を適用した場合と同様の処理（会計規63参照）が、中間子会社部分については、共通支配下の取引を適用した場合の処理（会計規64参照）が行われます。

　具体的な株主資本の計算は、以下のとおりです。

(a)　資本金の額

　少数株主部分株主払込資本変動額及び中間子会社部分株主払込資本変動額がプラスの場合に限り、吸収分割契約で定めた額が変動します。

吸収分割直前　少数株主部分株主払込資　中間子会社部分株主払込資
の承継会社の＋本変動額（※1）の範囲＋本変動額（※2）の範囲内
資本金の額　　内で分割契約で定めた額　で分割契約で定めた額

※1　「少数株主部分株主払込資本変動額」とは、少数株主に交付された吸収型再編対価時価から少数株主に交付された吸収型再編対価として処分する自己株式の帳簿価額を控除した額をいいます（会計規65①一ロ）。

I　組織再編の商法・会社法　39

※2 「中間子会社部分株主払込資本変動額」とは、次の(Ⅰ)から(Ⅱ)を差し引いた額です。
(Ⅰ) 吸収型再編簿価株主資本額に中間子会社割合（会計規2③四十）を乗じた額から、分割会社が承継会社の子会社に交付する吸収型再編対価簿価を減じた額
(Ⅱ) 親会社グループの子会社に吸収型再編対価として処分する自己株式の帳簿価額

(b) 資本準備金の額

少数株主部分株主払込資本変動額及び中間子会社部分株主払込資本変動額がプラスの場合に限り、少数株主部分株主払込資本変動額及び中間子会社部分株主払込資本変動額から増加する資本金の額を控除した範囲内で、吸収分割契約で定めた額が増加します。

$$\begin{array}{l}\text{吸収分割直前の}\\\text{承継会社の資本}\\\text{準備金の額}\end{array} + \left(\begin{array}{l}\text{少数株主}\\\text{部分株主払込}\\\text{資本変動額}\end{array} - \begin{array}{l}\text{資本}\\\text{金増}\\\text{加額}\end{array}\right)\begin{array}{l}\text{の範囲内で}\\\text{分割契約で}\\\text{定めた額}\end{array} + \left(\begin{array}{l}\text{中間子会社部}\\\text{分株主払込}\\\text{資本変動額}\end{array} - \begin{array}{l}\text{資本}\\\text{金増}\\\text{加額}\end{array}\right)\begin{array}{l}\text{の範囲内で}\\\text{分割契約で}\\\text{定めた額}\end{array}$$

(c) その他資本剰余金

少数株主部分株主払込資本変動額及び中間子会社部分株主払込資本変動額がプラスの場合に限り、少数株主部分株主払込資本変動額及び中間子会社部分株主払込資本変動額から増加する資本金・資本準備金の額を控除した額が増加します。

$$\begin{array}{l}\text{吸収分割直前の}\\\text{承継会社の資本}\\\text{剰余金の額}\end{array} + \left(\begin{array}{l}\text{少数株主}\\\text{分払込資本}\\\text{変動額}\end{array} - \begin{array}{l}\text{資本}\\\text{金増}\\\text{加額}\end{array} - \begin{array}{l}\text{資本}\\\text{準備金}\\\text{増加額}\end{array}\right) + \left(\begin{array}{l}\text{中間子会社}\\\text{部分払込資}\\\text{本変動額}\end{array} - \begin{array}{l}\text{資本}\\\text{金増}\\\text{加額}\end{array} - \begin{array}{l}\text{資本}\\\text{準備金}\\\text{増加額}\end{array}\right)$$

(d) 利益準備金・その他利益剰余金

利益準備金・その他利益剰余金については、原則として変動はありません。

ただし、吸収型再編簿価株主資本額がマイナスの場合には、吸収型再編簿価株主資本額に中間子会社割合を乗じた額を利益剰余金から控除します。

4　株式交換に際しての株主資本

① パーチェス法が適用される株式交換

パーチェス法が適用される株式交換においては、完全親会社の株主資本は、吸収合併における存続会社の株主資本に準じて、以下のように定めます（会計規68）。ただし、債権者保護手続（会法799）をとらない場合には、株主払込資本変動額をその他資本剰余金にすることは、認められません。すべて、資本金又は資本準備金に計上しなければなりません。

(a) 資本金の額

株式交換直前の完全
親会社の資本金の額 ＋ 「株主払込資本変動額※」の範囲
内で株式交換契約で定めた額

※「株主払込資本変動額」とは、吸収型再編対価時価のうち、完全親会社の株式に係るものから、吸収型再編対価時価として処分する自己株式の帳簿価額を減じた額をいいます（会計規68①一ロ）。

(b) 資本準備金の額

株主払込資本変動額がプラスの場合に限り、株主払込資本変動額から増加する資本金の額を控除した範囲内で、株式交換契約で定めた額が増加します。

株式交換直前の完全親
会社の資本準備金の額 ＋ (株主払込資本変動額 － 資本金増加額) の範囲内で株式交換契約で定めた額

債権者保護手続（会法799）をとらない場合は、株主払込資本変動額に株式発行割合を乗じて得た額から、資本金の増加額を減じて得た額は、資本準備金として計上しなければなりません。

(c) その他資本剰余金

株主払込資本変動額がプラスの場合に限り、株主払込資本変動額から増加する資本金・資本準備金の額を控除した額が増加します。ただし、債権者保護手続が必要です（会法799）。

株式交換直前の完全親
会社の資本剰余金の額 ＋ {株主払込資本変動額 － (資本金増加額 ＋ 資本準備金増加額)}

(d) 利益準備金・その他利益剰余金

利益準備金・その他利益剰余金については、変動はありません。

② 完全子会社の株式を完全子会社簿価評価額で算定する株式交換

完全子会社の株式の取得原価を完全子会社株式簿価評価額で算定する場合とは、持分プーリング法が適用される場合、共通支配下の取引に該当する場合、又は逆取得に該当する場合をいいます（会計規69）。完全親会社の株主資本は、以下のように定めます。

(a) 資本金の額

株式交換直前の完全
親会社の資本金の額 ＋ 「株主払込資本変動額※」の範囲内
で株式交換契約で定めた額

※「株主払込資本変動額」とは、次の(i)(ii)の合計額から(iii)(iv)の合計額を減じた額をいいます（会計規69①一ロ）。

(i) 完全子会社簿価株主資本額から吸収型再編対価簿価を差し引いて得た額。マイナスの場合は、0とする。
(ii) 完全親会社が完全子会社の株式を有している場合の「組織再編により生じた株式の特別勘定」等適切な科目をもって計上する負債の額から差し引く株式の帳簿価額
(iii) 吸収型組織再編対価として処分する自己株式の帳簿価額
(iv) 効力発生日前に完全親会社が有する完全子会社株式の帳簿価額

(b) 資本準備金の額

株主払込資本変動額がプラスの場合に限り、株主払込資本変動額から増加する資本金の額を控除した範囲内で、株式交換契約で定めた額が増加します。

$$\text{株式交換直前の完全親会社の資本準備金の額} + \left(\text{株主払込資本変動額} - \text{資本金増加額}\right) \text{の範囲内で株式交換契約で定めた額}$$

債権者保護手続（会法799）をとらない場合は、株主払込資本変動額に株式発行割合を乗じて得た額から、資本金の増加額を減じて得た額は、資本準備金として計上しなければなりません。

(c) その他資本剰余金

株主払込資本変動額がプラスの場合に限り、株主払込資本変動額から増加する資本金・資本準備金の額を控除した額が増加します。

$$\text{株式交換直前の完全親会社の資本剰余金の額} + \left\{\text{株主払込資本変動額} - \left(\text{資本金増加額} + \text{資本準備金増加額}\right)\right\}$$

(d) 利益準備金

利益準備金については、変動はありません。

(e) 利益剰余金

利益剰余金は、次のⓐからⓑを控除した額が変動します。

ⓐ 完全子会社簿価株主資本額がマイナスとなる場合は、その完全子会社簿価株主資本額

ⓑ 完全親会社が完全子会社の株式を有している場合の「組織再編により生じた株式の特別勘定」等適切な科目をもって計上する負債の額から差し引く株式の帳簿価額

Q11 ■分割会社の会計処理

会社分割における分割会社の会計処理について、説明してください。

A
(1) 会社分割における会計処理については、受入側の分割承継会社では、「企業結合に係る会計基準」を、分割会社では、「事業分離に関する会計基準」を適用します。

(2) 分割会社においては、移転する事業について移転損益を認識するか、否かが重要です。分割会社が移転した事業に関する投資が清算されたとみる場合には、移転損益を認識します。分割に際して分割会社が受け取った対価が、移転した事業と明らかに異なる場合等には、分割会社が移転した事業に関する投資が清算されたとみなされます。

(3) 移転した事業に関する投資が継続しているとみる場合には、投資の移転損益は認識されません。分割に際して分割会社が受け取った対価が、子会社や関連会社となる分離先企業の株式のみであるときには、移転した事業に関する投資が継続しているとみなされます。

解説

1　総説

会社分割における会計処理については、受入側である分割承継会社では、「企業結合に係る会計基準」を、移転側である分割会社では、「事業分離に関する会計基準（企業会計基準第7号）」を適用します。

「事業分離に関する会計基準」の10項〜30項は、「分離元企業の会計処理」として、分割会社等の会計処理を規定しています。具体的には、受取対価が、①現金等の財産のみである場合、②分離先企業の株式のみである場合、③現金等の財産と分離先企業の株式である場合に分類して、規定しています。

2　投資が清算されたとみる場合の会計処理

分割会社においては、移転する事業について移転損益を認識するか否かが重要です。分割会社が移転した事業に関する投資が清算されたとみる場合には、移転損益を認識します。移転した事業に関する投資が継続しているとみる場合

には、投資の移転損益は認識されません。

投資が清算されたとみる場合とは、会社分割に際して分割会社が、現金など、移転した事業と明らかに異なる資産を対価として受け取る場合等をいいます（事業分離に関する会計基準10(1)）。

投資が清算されたとみる場合の会計処理は、分離元企業が分離先企業から受け取った対価は時価で評価され、移転した事業の適正な帳簿価額との差額が、移転損益として計上されます。

3　投資が継続されたとみる場合の会計処理

移転した事業に関する投資が継続しているとみる場合には、投資の移転損益は認識されません。移転した事業に関する投資が継続しているとみなされる場合とは、分割に際して分割会社が受け取った対価が、子会社や関連会社となる分離先企業の株式のみであるときです。

投資が継続されたとみる場合の会計処理は、分割会社等の分離元企業が、承継会社等である分離先企業から受け取った対価を、移転した事業の適正な帳簿価額に基づいて算定するため、財務諸表上、移転損益は認識されません。

分割会社の移転損益の認識等については、会社計算規則には同規則第30条、第71条を除き規定がありません。

（郡谷　大輔　他　編著「会社法の計算詳解」455～459頁　中央経済社）

Q12 ■新設型組織再編の概要

会社法における新設型組織再編について、その概要を教えてください。

A
(1) 新設型再編には、新設合併、新設分割、株式移転があり、会社を新たに設立して、当該会社に既存の会社の権利義務を承継させる又は株式を取得させる組織再編です。そのため、会社法においては会社設立の一態様であると整理されています。

(2) 新設型組織再編は、当事会社が契約を締結（新設合併の場合）又は計画を作成する（新設分割、株式移転）ことから開始し、組織再編の効力は新設会社が設立登記をすることによって生じます。吸収型組織再編と異なり、新設型組織再編は登記が効力要件とされます。

解説

1 新設型再編の概要

新設型再編は、組織再編によって会社を新たに設立し、その会社に既存会社の権利義務を承継させる（新設合併、新設分割）又は株式を取得させる（株式移転）ものです。会社法においては、新設型再編は、会社設立の一態様として整理されています（郡谷　大輔　他　編著「論点解説　新会社法 ― 千問の道標」710頁　商事法務）。組織再編行為の特殊性に鑑みて、設立に関する規定の一部については、適用が除外されています（会法814、816）。例えば、事後設立や財産引受についての規制等は、新設型再編については適用されません。しかし、以下の設立に関する規定は新設型再編においても、適用されます。

① 定款の記載事項・記録事項（会法27一～三、29）

ただし、設立会社の定款は、消滅会社等が作成することになります（会法814②）。

② 定款の備置き、閲覧（会法31）
③ 設立時の取締役の員数等（会法39）
④ 設立時代表取締役等の選定（会法47、48）
⑤ 会社の成立（会法49）

2　新設型再編と吸収型再編の手続上の違い

　吸収型再編の手続は、吸収合併等の契約を締結した一方の当事会社が、他方の会社の権利義務等を承継することになります。新設型再編においては、組織再編によって設立された会社が権利義務等を承継します。設立会社は、設立の登記をしたときに成立し、新設型再編の効力も、登記の時に生じます。設立登記が、新設型再編の効力要件になります。

　設立の登記をしないと、会社が成立しないことから、実際に新設型再編の手続を行うのは、消滅会社等になります。設立会社は、組織再編の効力発生後に事後的な手続を行うことになります。

3　新設型再編の手続

　新設型再編をするためには、当事会社が契約を締結し（新設合併）、又は計画を作成しなければなりません（新設分割、株式移転）。新設型再編の手続としては、吸収型再編と同様に、①新設合併契約、新設分割計画又は株式移転計画の株主総会による承認、②反対株主の株式買取請求、③債権者保護手続、④事前・事後の情報開示が、原則として必要とされます。効力発生前においては、消滅会社等が手続を行い、新設会社は設立登記後の手続を行います。③債権者保護手続は、新設分割や株式移転において必要とされない場合もありますので、それぞれの再編の類型に従って、新設型再編の手続の詳細をみていくことにします。

4　新設型再編の効力発生

　新設型組織再編においては、設立の登記の日が効力発生日とされています（会法754）。これに対して、吸収型組織再編では、吸収合併等の契約で定めた効力発生日に、組織再編の効力が生じます（会法750）。従来の商法では、吸収合併の法的効力は、登記の時に発生するとされていました。そのため、登記ができない休日に組織再編の効力を発生させることができなかったり、事実上の効力発生日と登記をした法的な効力発生日が異なるといった弊害がありました。そこで、会社法は、吸収型組織再編においては、効力発生日と登記の日を切り離しました。吸収型組織再編について登記は、効力発生要件ではなく、第三者への対抗要件としての位置付けになります。

　新設型再編の効力発生日は、このような見直しが行われていないため、登記

ができない休日に組織再編の効力を発生させることは、できないと考えられます（ただし、法人税基本通達1-4-1参照）。

Q13 ■新設合併

会社法における新設合併の概要について、教えてください。

A

(1) 新設合併とは、2以上の会社がする合併であって、合併により消滅する会社の権利義務の全部を合併により設立する会社に承継させるものをいいます（会法2二十八）。

(2) 新設合併の手続も吸収合併と同様に、消滅会社は、①新設合併契約の株主総会による承認、②債権者保護手続、③反対株主の株式買取、新株予約権者の新株予約権買取、④事前・事後の開示手続をとらなければなりません。大枠については、吸収合併の手続に準じて考えることができます。

(3) 新設合併の効力は、新設会社の設立の登記の日に効力が発生し、新設会社は消滅会社の権利義務を承継します（会法754①）。

解説

1　新設合併の概要

　新設合併とは、2以上の会社がする合併であって、合併により消滅する会社の権利義務の全部を合併により設立する会社に承継させるものをいいます（会法2二十八）。株式会社、合同会社、合資会社、合名会社は、合併の当事会社となることができます。

　新設合併の当事会社は、新設合併契約を締結します。新設合併契約には、以下の事項を定めなければなりません（会法753）。

【新設合併計画】

①	合併当事会社に関する事項	消滅会社	消滅会社の商号、住所
		新設会社	新設会社の目的、商号、本店所在地、発行可能株式総数
			上記の他、定款で定める事項
			設立時役員について
②	合併対価に関する事項	株　　式	株式数、株式数の算定方法
			新設会社の資本金、準備金の額
			種類株式発行会社にあっては、株式の種類、種類毎の数
		社　　債	社債の種類、種類毎の各社債金額、合計額又は算定方法
		新株予約権	新株予約権の内容、数又は算定方法
		新株予約権付社債	社債の種類、種類毎の各社債金額、合計額又は算定方法
			新株予約権の内容、数又は算定方法
③	消滅会社の株主への対価の割当に関する事項		
④	消滅会社が新株予約権を発行しているときは、新株予約権者に交付する存続会社の新株予約権又は金銭に関する事項	新株予約権（※）	新株予約権の内容、数又は算定方法
		金　　銭	金銭の額又は算定方法

(※) 新株予約権が、新株予約権付社債に付された新株予約権であるときは、新設会社がその新株予約権付社債についての社債に係る債務を承継する旨、承継に係る社債の種類、種類毎の各社債金額、合計額又は算定方法についても定めます。

2　新設合併の手続

　新設合併の手続も、吸収合併と同様に、①新設合併契約の株主総会による承認、②債権者保護手続、③反対株主の株式買取、新株予約権者の新株予約権買取、④事前・事後の開示手続をとらなければなりません。大枠については、吸収合併の手続に準じて考えることができます。しかし、新設合併では、合併の効力発生前にこれらの手続は、もっぱら消滅会社がとります。新設会社は、設立の登記をして初めて、成立するからです。

① 株主総会の承認

　消滅会社は、原則として株主総会特別決議によって、新設合併契約の承認を受けなければなりません（会法804①、309②十二）。ただし、以下の場合には、特別決議では足りず、所定の承認決議が必要です。すなわち、(a)合併対価の全

部又は一部が譲渡制限株式等であって、消滅会社が種類株式発行会社ではない公開会社であるときは、消滅会社の株主総会では特殊決議が必要です。(b)新設会社が持分会社である場合には、消滅会社の総株主の同意が必要です。(c)合併対価の全部又は一部が譲渡制限株式等であって、消滅会社が種類株式発行会社であるときには、譲渡制限株式等の割当てを受ける種類の株式の種類株主を構成員とする種類株主総会の特殊決議を得なければなりません（会法804③、324③二）。

② 債権者保護手続

消滅会社のすべての債権者は、当該新設合併に対して異議を述べることができるので、新設合併の当事会社は、債権者保護手続をとらなければなりません。具体的な手続については、吸収合併における債権者保護手続と同様です（会法810）。

③ 株式買取請求権・新株予約権買取請求権

消滅会社は、株主総会の決議の日から2週間以内に、株主に対し、(a)新設合併をする旨、(b)新設会社の商号及び住所を通知又は公告しなければなりません（会法806③④）。新設合併を承認するために、総株主の同意が必要な場合には、通知又は公告する必要はありません。新設合併に反対する株主には、株式買取請求権が与えられます（会法806）。具体的な株式買取の手続については、吸収合併の場合と同様です。

消滅会社が新株予約権を発行している場合には、新設合併契約における新株予約権の承継に関する事項（会法753①十、十一）が、新株予約権の発行時における新株予約権の承継に関する条件（会法236①ハイ）と合致しない場合には、消滅会社の新株予約権者は、消滅会社に対して新株予約権買取の請求ができます（会法808）。新株予約権者に新設合併の手続が進行中である旨を知らせ、新株予約権買取請求権を行使する機会を与えるため、消滅会社は、株主総会決議の日から2週間以内に、新株予約権者に通知又は公告しなければなりません（会法808）。

④ 事前・事後の開示手続

消滅会社は、新設合併契約の備置開始日から新設会社の成立日まで、新設合併契約の内容等を記載した書面等を、本店に備え置かなければなりません（会

法803①一)。消滅会社の株主及び債権者は、営業時間内はいつでも、書面等の閲覧等の請求ができます（会法803③）。

　新設会社は、成立の日の後、遅滞なく、新設合併により承継した権利義務等を記載した書面を作成し（会法815①）、成立の日から6か月間、本店に備え置かなければなりません。これは、新設会社の株主及び債権者の閲覧に供するためです（会法815③④）。

3　新設合併の効力発生

　会社が新設合併をしたときは、必要とされる手続のすべてが終了した日又は消滅会社の合意によって定めた日のいずれか遅い日から2週間以内に、本店所在地において、登記をしなければなりません。消滅会社は、解散の登記、新設会社は、設立の登記を申請します（会法922、932）。

　新設合併の効力は、新設会社の設立の登記による成立の日に効力が発生し、新設会社は消滅会社の権利義務を包括的に承継します（会法754①）。

Q I 14 ■新設分割

会社法における新設分割の概要について、教えてください。

A
(1) 新設分割とは、1又は2以上の株式会社又は合同会社がその事業に関して有する権利義務の全部又は一部を、分割により設立する会社に承継させる組織再編をいいます（会法2三十）。

(2) 新設分割の手続も吸収分割と同様に、分割会社は、①新設分割計画の株主総会による承認、②債権者保護手続、③反対株主の株式買取、新株予約権者の新株予約権買取、④事前・事後の開示手続をとらなければなりません。

(3) 新設会社の設立の登記によって、新設分割の効力が発生します。新設会社は、設立の登記の日に、新設分割計画の定めに従って、分割の対象となった分割会社の権利義務の全部又は一部を承継します（会法764①）。

解説

1 新設分割の概要

新設分割とは、1又は2以上の株式会社又は合同会社がその事業に関して有する権利義務の全部又は一部を、分割により設立する会社に承継させる組織再編をいいます（会法2三十）。一般には、吸収分割と同様に新設分割にも、物的分割と人的分割の類型がありますが、会社法においては、人的分割は直接的には規定されなくなりました。人的分割は、物的分割と同時に剰余金の配当（株式等の現物配当）等を行うものとして整理されました（会法758八ロ、763十二ロ）。当事会社がこれらの行為を行うときには、その旨を新設分割計画で定める必要があります（会法763十二）。

分割会社となることができる会社は、株式会社、合同会社に限られますが、新設会社として設立する会社は、いずれの会社でもよいとされています。

新設分割の当事会社は、新設分割計画を作成しなければなりません。新設分割計画には、以下の事項を定めなければなりません（会法763）。

【新設分割計画】

① 新設会社に関する事項		新設会社の目的、商号、本店所在地、発行可能株式総数
			上記の他、新設会社の定款で定める事項
			設立時役員について
② 分割により新設会社が承継する権利義務、株式に関する事項		分割会社から承継する資産、債務、雇用契約、その他の権利義務に関する事項
③ 分割対価に関する事項	株　　式	株式数、株式数の算定方法
		新設会社の資本金、準備金の額
		種類株式発行会社にあっては、株式の種類、種類毎の数
	社　　債	社債の種類、種類毎の各社債金額、合計額又は算定方法
	新株予約権	新株予約権の内容、数又は算定方法
	新株予約権付社債	社債の種類、種類毎の各社債金額、合計額又は算定方法
		新株予約権の内容、数又は算定方法
④ 2以上の株式会社又は合同会社が共同して新設分割をするときは、分割会社に対する分割対価の割当てについて		
⑤ 承継会社が分割会社の新株予約権者に対して、承継会社の新株予約権を発行するときは、当該新株予約権に関する事項	新株予約権（※）	新株予約権の内容、数又は算定方法、新株予約権の割当てに関する事項
⑥ 分割会社が効力発生日に一定の行為をするときは、その旨		全部取得条項付種類株式の取得
			剰余金の配当

（※）新株予約権が、新株予約権付社債に付された新株予約権であるときは、新設会社がその新株予約権付社債についての社債に係る債務を承継する旨、承継に係る社債の種類、種類毎の各社債金額、合計額又は算定方法についても定めます。

2　新設分割の手続

　新設分割の手続も吸収分割と同様に、分割会社は、①新設分割計画の株主総会による承認、②債権者保護手続、③反対株主の株式買取、新株予約権者の新株予約権買取、④事前・事後の開示手続をとらなければなりません。新設分割手続の大枠については、吸収分割や新設合併に準じて考えることができます。ここでは、新設分割に特有の手続についてを中心にして、説明します。

① 　株主総会の承認

　分割会社は、株主総会の特別決議によって、新設分割の承認を受けなければ

なりません（会法804①、309②十二）。

② 債権者保護手続

　分割会社の債権者は、新設分割について異議を述べることができない場合があります。どのような債権者が異議を述べることができるかについては、吸収分割の分割会社の債権者と同様に考えることができます。

　すなわち、以下の場合に、分割会社の債権者は異議を述べることができます（会法810②二）。

　(a)　いわゆる人的分割の場合

　会社法第763条第12号に掲げる事項について、新設分割計画に定めがある場合には、分割会社のすべての債権者が異議を述べることができます。

　(b)　分割後に分割会社に対して債務の履行を請求できない債権者

　吸収分割後に、分割会社に対して債務の履行を請求できない分割会社の債権者は、異議を述べることができます。分割会社に対して、債務の保証人として承継会社と連帯して負担する保証債務の履行を請求できるときには、異議を述べることはできません。

　分割会社は、異議を述べることができる債権者に対しては、債権者保護手続をとらなければなりませんが、具体的な手続の内容は、吸収分割における債権者保護手続に準じて考えることができます（会法810②～⑤）。

③　株式買取請求権・新株予約権買取請求権

　分割会社は、新設分割が承認された株主総会決議の日から２週間以内に、株主に対して通知又は公告します（会法806③④）。

　簡易分割の場合を除いて、反対株主には株式買取請求権が与えられます（会法806）。

　分割会社が新株予約権を発行している場合には、一定の場合に新株予約権買取請求権が与えられます。分割会社は、新株予約権者に対して、株主総会決議の日から２週間以内に通知又は公告をする必要があります。

④　事前・事後の開示手続

　分割会社は、新設分割計画の備置開始日から設立会社の成立の日後６か月を経過する日までの間、新設分割計画の内容等を記載した書面等を、本店に備え置かなければなりません（会法803）。

分割会社は、新設会社が成立した日後、遅滞なく、新設会社と共同して、新設会社が承継した権利義務等、新設分割について記載した書面等を作成し（会法811①一）、分割会社及び新設会社は、新設会社の成立の日から6か月間、当該書面等を、本店に備え置かなければなりません（会法811②、815③二）。それぞれの会社の株主、債権者、利害関係人は、書面等の閲覧の請求ができます（会法811③、815⑤）。

3　新設分割の効力発生

　新設分割の当事会社は、必要とされる手続のすべてが終了した日又は分割会社が定めた日のいずれか遅い日から2週間以内に、その本店所在地において登記をしなければなりません。分割会社は、新設分割による変更の登記、新設会社は設立の登記を申請します（会法924、932）。新設会社の設立の登記によって、新設会社は成立し、新設分割の効力も発生します。

　新設分割によって、新設会社は成立の日に、新設分割計画の定めに従って、分割の対象となった分割会社の権利義務の全部又は一部を承継します（会法764①）。分割会社には、分割の対価として新設会社の株式等が交付され、分割会社は、新設分割計画の定めに従って、新設会社の株主、社債権者、新株予約権者、新株予約権付社債についての社債権者及び新株予約権者のいずれかになります（会法764④⑤）。

Q15 株式移転

会社法における株式移転の概要について、教えてください。

A

(1) 株式移転とは、1又は2以上の株式会社が、その発行済株式の全部を新たに設立する株式会社に取得させる組織再編です（会法2三十二）。

(2) 株式移転の手続では、完全子会社は、①株式移転計画の株主総会による承認、②債権者保護手続、③反対株主の株式買取、新株予約権者の新株予約権買取、④事前・事後の開示手続をとらなければなりません。

(3) 株式移転によって、完全親会社は、その成立の日に、完全子会社の発行済株式の全部を取得します（会法774①）。これによって、完全親子会社関係が創設されます。

解説

1　株式移転の概要

株式移転とは、1又は2以上の株式会社が、その発行済株式の全部を新たに設立する株式会社に取得させる組織再編です（会法2三十二）。株式交換及び株式移転は、完全親子会社関係を創設するための手続です。既存の会社と新たに設立した会社との間で完全親子会社関係を創設する手続が、株式移転です。株式移転によって完全子会社となる既存の会社は、株式会社に限られます。また、完全親会社となり、完全子会社の発行済株式の全部を取得する新設会社も、株式会社に限られます。

株式移転をするためには、当事会社は株式移転計画を締結しなければなりません。この株式移転計画には、以下の事項を定めなければなりません（会法772①）。

【株式移転計画】

① 完全親会社に関する事項		完全親会社の目的、商号、本店所在地、発行可能株式総数
		上記の他、完全親会社の定款で定める事項
		設立時役員について
② 分割により新設会社が承継する権利義務、株式に関する事項		分割会社から承継する資産、債務、雇用契約、その他の権利義務に関する事項
③ 株式移転対価に関する事項	株　　式	株式数、株式数の算定方法
		完全親会社の資本金、準備金の額
		種類株式発行会社にあっては、株式の種類、種類毎の数
	社　　債	社債の種類、種類毎の各社債金額、合計額又は算定方法
	新株予約権	新株予約権の内容、数又は算定方法
	新株予約権付社債	社債の種類、種類毎の各社債金額、合計額又は算定方法
		新株予約権の内容、数又は算定方法
④ 完全子会社の株主に対する株式移転対価の割当について		
⑤ 完全親会社が完全子会社の新株予約権者に対して、完全親会社の新株予約権を発行するときは、当該新株予約権に関する事項	新株予約権（※）	新株予約権の内容、数又は算定方法、新株予約権の割当てに関する事項

（※）新株予約権が、新株予約権付社債に付された新株予約権であるときは、完全親会社がその新株予約権付社債についての社債に係る債務を承継する旨、承継に係る社債の種類、種類毎の各社債金額、合計額又は算定方法についても定めます。

2　株式移転の手続

　株式移転の手続では、完全子会社は、①株式移転計画の株主総会による承認、②債権者保護手続、③反対株主の株式買取、新株予約権者の新株予約権買取、④事前・事後の開示手続をとらなければなりません。これらの手続は、もっぱら完全子会社が行い、完全親会社は、株式移転の効力が発生した後の事後的な手続にのみ関与します。

①　株主総会の承認

　完全子会社は、株主総会の特別決議によって、株式移転計画の承認を得なければなりません（会法804①、309②十二）。また、以下の場合には、特別決議では足りず、所定の承認決議を受ける必要があります。(a)完全子会社が、種類株式発行会社ではない公開会社であって、株式移転対価の全部又は一部が譲渡

制限株式等であるときには、株主総会の特殊決議が必要です。(b)株式移転対価の全部又は一部が譲渡制限株式等であって、完全子会社が種類株式発行会社であるときには、譲渡制限株式等の割当てを受ける種類の株式の種類株主を構成員とする種類株主総会の特殊決議を得なければなりません（会法804③、324③二）。

② 債権者保護手続

　株式移転によって、当事会社の財産には原則として変動がないので、一定の場合を除いて、株式移転に際しては、債権者保護手続を要求していません。しかし、一定の完全子会社の債権者は、完全子会社に異議を述べることができ、完全子会社は、債権者保護手続をとる必要があります。具体的な債権者保護手続の内容は、株式交換の完全子会社における手続と同様です。

　完全子会社に対して異議を述べることができる債権者は、完全子会社の新株予約権者が交付を受ける新株予約権が新株予約権付社債に付された新株予約権である場合には、当該新株予約権付社債の社債権者は、異議を述べることができます（会法810①三）。

③ 株式買取請求権・新株予約権買取請求権

　完全子会社は、株式移転計画が承認された株主総会決議の日から2週間以内に、株主に対して通知又は公告します（会法806③④）。反対株主には、株式買取請求権が与えられます（会法806）。

　完全子会社が新株予約権を発行している場合には、一定の場合に新株予約権買取請求権が与えられます。完全子会社は、新株予約権者に対して、株主総会決議の日から2週間以内に通知又は公告をする必要があります（会法808）。

④ 事前・事後の開示手続

　完全子会社は、株式移転計画の備置開始日から効力発生後6か月を経過する日までの間、株式移転計画の内容等を記載した書面又は電磁的記録を本店に備え置かなければなりません（会法803①三）。

　完全子会社の株主及び新株予約権者は、完全子会社に対して、上記の書面等の閲覧等を請求できます（会法803③）。

　完全子会社は、完全親会社の成立後遅滞なく、完全親会社と共同して、完全親会社が取得した完全子会社の株式数、株式移転手続の経過などの株式移転に

ついての重要事項を記載等した書面又は電磁的記録を作成しなければなりません（会法811①二）。

　完全子会社及び完全親会社は、効力発生日から6か月間、上記の株式移転について記載した書面又は電磁的記録を、本店に備え置かなければなりません（会法811②、815③三）。完全親会社成立の日に完全子会社の株主又は新株予約権者であった者は、完全子会社に対して、営業時間内はいつでも、書面等の閲覧等の請求ができます（会法811④）。また、完全親会社の株主新株予約権者は、完全親会社に対して、営業時間内はいつでも、書面等の閲覧等の請求ができます（会法815④）。

3　株式移転の効果

　株式移転によって、完全親会社は、その成立の日に、完全子会社の発行済株式の全部を取得します（会法774①）。これによって、完全親子会社関係が創設されます。

　完全子会社の株主は、親会社の成立の日に、株式移転計画の割当てに関する定めに従って完全親会社の株主、社債権者、新株予約権者、新株予約権社債の社債権者及び新株予約権者のいずれかになります（会法774②③）。

Q I 16 ■新設型組織再編における株主資本

新設型再編をしたときの、新設会社等の株主資本の計算について説明してください。

A
(1) 会社計算規則は、新設合併設立会社、新設分割設立会社又は株式移転設立完全親会社の株主資本について第76条から第83条に規定を置いています。

(2) 新設合併に際しての株主資本については、パーチェス法が適用される新設合併の場合、共通支配下取引の新設合併の場合、持分プーリング法が適用される新設合併の場合に分けて、規定があります。

(3) 新設分割に際しての株主資本については、単独新設分割の場合における株主資本、分割型新設分割の場合、共同新設分割の場合に分けて、規定があります。

(4) 株式移転における完全親会社の株主資本については、会社計算規則第83条に規定があります。同条は、株式移転完全子会社を(i)簿価評価完全子会社、(ii)時価評価完全子会社、(iii)混合評価完全子会社の3つに区分して、規定しています。

解説

1 持分プーリング法とパーチェス法

新設合併において、新設会社が消滅会社の権利義務を承継する際の会計処理の方法には、持分プーリング法とパーチェス法があります。新設分割においても、新設会社が分割会社の権利義務を承継するとき、更に株式移転においても、完全親会社が取得した完全子会社の株式の会計処理の方法にも、持分プーリング法とパーチェス法があります。

持分プーリング法は、新設会社が資産負債を承継する際に評価替えを行わず、消滅会社又は分割会社の帳簿価額をそのまま引き継ぐ方式です。株式移転では、完全子会社の株式を、完全子会社の簿価純資産価額に基づいて評価します。パーチェス法は、売買による取得がなされたと同様に、承継時点の時価で承継する資産負債を再評価します。株式移転では、完全子会社の株式を、完全

子会社の時価に基づいて評価します。

会社計算規則は、新設合併設立会社、新設分割設立会社又は完全子会社の株式資本について第76条から第83条に規定を置いています。

2 新設合併に際しての株主資本

① パーチェス法が適用される新設合併

パーチェス法が適用される新設合併では、消滅会社のうち1つは、新設合併取得会社（会計規2③六十一）となり、当該会社の資産負債については簿価で引き継がれ（持分プーリング法）、他方の消滅会社の資産負債は、時価で引き継がれます（パーチェス法）。

設立会社の株主資本については、会社計算規則第76条に規定があります。第1項では、原則的な処理方法を、第2項では、例外的な処理方法を規定しています。合併対価の全部が設立会社株式であって、合併契約において第2項の処理方法によるもの定めた場合には、例外的な処理方法が用いられます。

【原則的な処理方法（第1項）】

新設合併取得会社の資産負債について簿価で引継ぎ、差額を株主払込資本として処理する方法です。

(a) 資本金の額

新設合併取得会社部分株主払込資本額（※）の範囲内で、新設合併契約で定めた額と新設型再編対価時価の範囲内で新設合併契約で定めた額との合計額

(※) 新設合併取得会社部分株主払込資本額とは、次の(i)から(ii)を減じた額です（マイナスの場合には、0とする）。

(i) 新設合併取得会社から承継する新設型再編対価簿価株主資本額（マイナスの場合には、0とする）

(ii) 新設合併取得会社の株主に交付する新設型再編対価簿価

(b) 資本準備金の額

新設合併取得会社部分株主払込資本額と新設型再編対価時価の合計額から資本金の額を控除した範囲内で、新設合併計画で定めた額

(c) その他資本剰余金

新設合併取得会社部分株主払込資本額と新設型再編対価時価の合計額から資本金・資本準備金の額を控除した額

(d) 利益準備金・その他利益剰余金

利益準備金・その他利益剰余金については、原則として変動はありません。ただし、新設合併取得会社から承継する新設型再編簿価株主資本額がマイナスであれば、利益剰余金がその額だけマイナスになります。

【例外的な処理方法（第2項）】

合併対価の全部が設立会社株式であって、合併契約において第2項の処理方法によるもの定めた場合には、例外的な処理方法が用いられます。新設合併取得会社の資産負債について簿価で引き継ぎ、株主資本の各項目についても簿価で引き継ぐ方法です。

(a) 資本金の額

$$\begin{pmatrix}新設合併取得\\会社の資本金\end{pmatrix} + \begin{pmatrix}新設型再編対価時価の範囲\\内で、合併契約で規定した額\end{pmatrix}$$

(b) 資本準備金の額

$$\begin{pmatrix}新設合併取得会\\社の資本準備金\end{pmatrix} + \begin{pmatrix}新設型再編対価時価から資本金を控除\\した範囲内で、合併契約で規定した額\end{pmatrix}$$

(c) その他資本剰余金

$$\begin{pmatrix}新設合併取得会\\社の資本剰余金\end{pmatrix} + \begin{pmatrix}新設型再編対価時価から資本\\金・資本準備金を控除した範\\囲内で、合併契約で規定した額\end{pmatrix} - \begin{pmatrix}新設合併取得会社の\\自己株式の帳簿価額\end{pmatrix}$$

(d) 利益準備金・その他利益剰余金

新設合併取得会社の利益準備金・その他利益剰余金の額をそのまま引き継ぎます。

② 共通支配下取引の新設合併

共通支配下関係にある新設合併では、各当事会社（消滅会社）は、株主資本承継消滅会社と非株主資本承継消滅会社とに分かれます。

株主資本承継消滅会社は、株主が受ける対価の全てが設立会社株式である消滅会社のうち、株主資本承継消滅会社となると定めた会社です。株主資本承継消滅会社は、株主資本の各項目が設立会社の株主資本に引き継がれます（会計規77①イ）。非株主資本承継消滅会社は、株主資本承継消滅会社と非株式交付消滅会社（株主が受ける新設型再編対価に設立会社株式を含まない消滅会社及び再編対価がない消滅会社）以外の会社です。非株主資本承継消滅会社は、株主資本の各項目が設立会社の株主資本に引き継がれます（会計規77①ロ）。非

株主資本承継消滅会社の株主資本の処理は、会社計算規則第76条第1項における新設合併取得会社の処理と同様です。

具体的には、株主資本の各項目を以下のように定めます（会計規77）。

(a) 資本金の額

$\begin{pmatrix}株主資本承継消\\滅会社の資本金\end{pmatrix} + \begin{pmatrix}非承継会社部分株主払込資本額の範\\囲内で、合併契約で規定した額\end{pmatrix}$

(b) 資本準備金の額

$\begin{pmatrix}株主資本承継消滅\\会社の資本準備金\end{pmatrix} + \begin{pmatrix}非承継会社部分株主払込資本額から資本金を\\控除した範囲内で、合併契約で規定した額\end{pmatrix}$

(c) その他資本剰余金

$\begin{pmatrix}株主資本承\\継消滅会社\\の資本剰余金\end{pmatrix} + \begin{pmatrix}非承継会社部分株主払込資本額か\\ら資本金・資本準備金を控除した\\範囲内で、合併契約で規定した額\end{pmatrix} - \begin{pmatrix}株主資本承継消滅会社が有\\する自己株式及び他の新設\\合併消滅会社株式の帳簿価額\end{pmatrix}$

(d) 利益準備金・その他利益剰余金

原則として、株主資本承継消滅会社の利益準備金・その他利益剰余金の額をそのまま引き継ぎます。ただし、非株主資本承継消滅会社から承継する新設型再編簿価株主資本額がマイナスであれば、その額をその他利益剰余金から控除します。

③ 持分プーリング法が適用される新設合併

持分プーリング法が適用される新設合併における株主資本は、すべての消滅会社の帳簿価格を引き継ぐ処理が行われます（会計規78）。消滅会社が合併直前に有していた自己株式、他の消滅会社株式の帳簿価額は、その他資本剰余金から控除します。

(a) 資本金の額

各消滅会社の資本金の額の合計額になります。

(b) 資本準備金の額

各消滅会社の資本準備金の額の合計額になります。

(c) その他資本剰余金

各消滅会社の資本剰余金の額の合計額から、各社の自己株式と他の新設合併消滅会社株式の帳簿価額の合計額を控除した額になります。

(d) 利益準備金・その他利益剰余金

I 組織再編の商法・会社法

各消滅会社の利益準備金・その他利益剰余金の額の合計額になります。

3 新設分割に際しての株主資本

① 単独新設分割の場合における株主資本

単独新設分割の場合における株主資本は、会社計算規則第80条に基づいて処理されます。単独新設分割の場合には、原則として完全親子会社関係が作られるため、簿価で評価されます。

(a) 資本金の額

設立時株主払込資本額（※）の範囲内で、新設分割計画に従って定めた額

（※）設立時株主払込資本額とは、新設型再編簿価株主資本額から新設型再編対価簿価を減じて得た額です。設立時株主払込資本額がマイナスの場合には、0になります。

(b) 資本準備金の額

設立時株主払込資本額から資本金の額を減じて得た額の範囲内で、新設分割計画に従って定めた額

(c) その他資本剰余金

設立時株主払込資本額から資本金・資本準備金の合計額を減じて得た額

(d) 利益準備金・その他利益剰余金

利益準備金・その他利益剰余金は、原則として0ですが、新設型再編簿価株主資本額がマイナスの場合には、その他利益剰余金は、マイナスとなります。

② 分割型新設分割の場合

分割型新設分割で、分割対価の全部が設立会社株式である場合には、会社計算規則第81条の適用があります。同条は、変動させるべき株主資本の各項目について、設立会社で適当に定めることができる旨を規定しています。

設立会社は、(a)資本金の額（0以上の額）、(b)資本準備金の額（0以上の額）、(c)その他資本剰余金の額、(d)利益準備金の額（0以上の額）、(e)利益剰余金の額を任意に定めることができます。ただし、この場合においては、分割会社の株主資本項目を対応して定めなければなりません（会計規81②）。

③ 共同新設分割の場合における株主資本

共同新設分割の場合における株主資本については、会社計算規則第82条に規定があり、以下のとおり計算します。

ⓐ 仮に各分割会社が、単独新設分割して会社（仮会社）を設立するものと

みなして、いったん計算します。ここでは、会社計算規則第80条、第81条に基づいて処理します。
ⓑ 各仮会社が新設合併することで設立される会社が、新設分割設立会社となるものとみなして、計算を行います。ここでは、新設合併における株主資本の処理に従って、計算します。

4　株式移転に際しての株主資本

株式移転における完全親会社の株主資本については、会社計算規則第83条に規定があります。同条は、株式移転完全子会社を(i)簿価評価完全子会社、(ii)時価評価完全子会社、(iii)混合評価完全子会社の3つに区分して、規定しています。

(i) 簿価評価完全子会社

簿価評価完全子会社とは、株式移転完全子会社の株主について、株式移転設立親会社が付すべき帳簿価額を株式移転完全子会社簿価株主資本額をもって算定する場合の株式移転完全子会社です（会計規2③六十四）。また、株式移転完全子会社簿価株主資本額とは、株式移転に際して株式移転設立完全親会社の取得する株式移転完全子会社の株式の帳簿価額の算定の基礎となる株式移転完全子会社の財産の帳簿価額を評価すべき適切な日における株式移転完全子会社の資産に係る帳簿価額から負債に係る帳簿価額を減じて得た額をいいます（会計規2③六十三）。これは、株式移転を持分プーリング法で処理する場合等を想定しています。

(ii) 時価評価完全子会社

時価評価完全子会社とは、当該株式移転完全子会社の株式の取得原価を新設型再編対価の時価その他当該株式移転完全子会社の株式の時価を適切に算定する方法をもって測定すべき場合における当該株式移転完全子会社をいいます（会計規2③六十六）。なお、新設型再編対価は、株式移転の直前に株式移転完全子会社が新株予約権を発行している場合にあっては、当該新株予約権の新株予約権者に対して交付する新株予約権（新株予約権付社債についての社債を含む。）を含みます。これは、パーチェス法で処理する株式移転を想定しています。

(iii) 混合評価完全子会社

混合評価完全子会社は、簿価評価完全子会社及び時価評価完全子会社以外の

Ⅰ　組織再編の商法・会社法　　65

株式移転完全子会社をいい（会計規2③六十五）、株式移転が共通支配下の取引等に該当し、親会社持分については持分プーリング法で、少数株主部分については、パーチェス法で処理する場合を想定しています。

具体的な株主資本項目は、以下のとおり計算します。
　(a)　資本金の額

設立時株主払込資本額（※）の範囲内で、株式移転計画に従って定めた額

（※）設立時株主払込資本額は、それぞれの会社の区分に基づいた以下に掲げる額の合計額をいいます（設立時株主払込資本額がマイナスの場合には、0になります）。
　(i)簿価評価完全子会社の株式移転完全子会社簿価株主資本額から新設型再編対価簿価を減じて得た額（当該額がマイナスの場合には、0になります）
　(ii)時価評価完全子会社の株主に対して交付する新設型再編対価時価（その時価評価完全子会社の株主に交付する完全親会社株式に限ります）
　(iii)以下に掲げる額の合計額
　　・混合評価完全子会社の株式移転完全子会社簿価株主資本額のうち、完全親会社の設立時株主払込資本額を定めるに当たって算入するべき額から、混合評価完全子会社株主に交付する新設型再編対価簿価のうち完全親会社の設立時株主払込資本額を定めるに当たって控除するべき額を減じて得た額
　　・混合評価完全子会社の株主に対して交付する新設型再編対価時価（完全子会社株主に交付する完全親会社株式に係るものに限る）のうち、親会社の資本額を定めるに当たって算入すべき額

　(b)　資本準備金の額

設立時株主払込資本額から資本金の額を減じて得た額の範囲内で、株式移転計画に従って定めた額

　(c)　その他資本剰余金

設立時株主払込資本額から資本金・資本準備金の合計額を減じて得た額

　(d)　利益準備金

設立時利益準備金は、0です。

　(e)　その他利益剰余金

簿価評価完全子会社又は混合評価完全子会社の株式移転完全子会社簿価株主資本額がマイナスである場合には、その額を利益剰余金のマイナスとして処理します。

II　会社法・計算規則、会計基準と税務上の株主資本

Q II-1

■概要

平成18年施行の会社法により、中小企業の会計処理が大きく変化したといわれていますが、先行して公表されている会計基準の改正、会社法及び会社計算規則の概要を教えてください。

A

1　会計基準の改正

企業会計審議会、企業会計基準委員会（ASBJ）からは、退職給付会計、減損会計等に引き続き、次の重要な会計基準が公表されています。

① 「企業結合会計基準」（平成15年10月に公表）
② 「役員賞与に関する会計基準」（平成17年11月公表）
③ 「貸借対照表の純資産の部の表示に関する会計基準」（平成17年12月公表）
④ 「株主資本等変動計算書に関する会計基準」（平成17年12月公表）
⑤ 「事業分離等に関する会計基準」（平成17年12月公表）
⑥ 「ストック・オプション等に関する会計基準」（平成17年12月公表）
⑦ 「繰延資産の会計処理に関する当面の取扱い」（平成18年8月公表）
⑧ 「自己株式及び準備金の額の減少等に関する会計基準」（平成18年8月改訂）

2　会社計算規則

計算関係では、先ず会社法は、第431条において「株式会社の会計は、一般に公正妥当と認められる企業会計の慣行に従うものとする。」、第432条において「株式会社は法務省令で定めるところにより、適時に、正確な会計帳簿を作成しなければならない。」と規定しました。更に会社計算規則第3条において、「企業会計の基準その他の企業会計の慣行をしん酌しなければならない。」とされました。この場合の「企業会計の基準その他の企業会計の慣行」には上記1の会計基準だけでなく、下記3の「中小企業の会計に関する指針」も含まれます。従って、今後は中小企業といえども、これら会計のルールに従った会計処理が行われなければなりません。

計算規則の主なポイントは次のとおりです。

(1) 計算書類の整備

　計算書類は①貸借対照表②損益計算書③株主資本等変動計算書④個別注記表の４つから構成されることとしています（会法435、会計規91）。

　勘定科目体系を財務諸表等規則に準拠させています。また資産の評価を規律し、負債についても評価規定を設けています（会計規５、６）。

　会計基準に合わせて「純資産の部」「株主資本等変動計算書」を創設し、各項目の金額を規律し、また新株予約権を負債の部から純資産の部へ移動しています。更に創立費、新株発行費の資本控除を認めています（会計規10、12）が、当分の間、適用しないこととされています。

　損益計算書は各部の表示規定が今回削除され、末尾の表示も併せて変更（当期未処分利益の計算を切り離す）しています。会社法の計算書類は親会社子会社単位ではなく、関係会社単位で統一されました。（会計規106、109）

(2) 企業結合会計基準に沿った株主資本の算定

　企業結合に関する会計基準及びその適用指針に沿った内容で株主資本が算定されます。

　合併等の組織再編行為については、「企業結合会計基準」「事業分離等に関する会計基準」が整備されたことにより、承継する財産に時価を付すのか（パーチェス法）、適正な帳簿価額を引き継ぐのか（共通支配下の取引・持分プーリング法等）のいずれかの方法によって会計処理がなされるべきことが明確となり、それを受けて会社計算規則は適宜の評価替えを認めないことを明らかにしています（会計規８）。

　例えば、当該株式会社と共通支配下にある者が出資した場合において、当該出資者が出資財産について付していた帳簿価額がマイナスであるとき（簿価債務超過の事業を出資するときなど）は、株式を発行した場合に、当該株式会社の資本金・資本準備金は増加せず、当該マイナス部分について利益剰余金が減少する（会計規74④他）こととしています。

　また合併においては従来、承継する資産を負債が上回る場合、任意的にのれんの計上や財産の評価替えによりプラスにして承継する処理をとってきました。しかし、会社法創設後は、持分プーリング法等を採用した場合に、任意の評価替えやのれん計上は認められません。この場合には、そのまま合併差損の

計上をしてよい（吸収型再編簿価株主資本額がマイナスであるときはその他利益剰余金を控除する規定）とされました。

(3) 分配可能額

剰余金の分配可能額は、大きく3段階の算定手続からなっています（会法446、461、会計規178、186）。

① 第1段階　期末日の剰余金の額の算定

期末日の剰余金は、その他資本剰余金とその他利益剰余金の合計額に一致します。

② 第2段階　期末日の翌日から配当の効力発生日までの、期中の剰余金の変動を加減算

自己株式の処分差損益、資本金・準備金の減少差益、自己株式の消却額、剰余金の配当など変動要因は全部で8つ規定されています。

③ 第3段階　効力発生日の剰余金の額に一定の調整を加えて剰余金の分配可能額を算定

効力発生日における自己株式の帳簿価額と、期末日の翌日から配当の効力発生日までの期間内に自己株式を処分した場合の処分価額その他法務省令で定める各勘定科目に計上した額の合計額を控除して求めると規定しています。法務省令は全部で10項目の規定を置いています。

(4) 連結配当規制

最終事業年度の末日から次の最終事業年度の末日までの間の分配可能額の算定において、連結剰余金の水準を勘案するという趣旨の規制を自ら選択できる制度が創設されました。この取扱いを定めることができるのは、ある事業年度に係る連結計算書類を作成しているもの（連結計算書類作成会社）に限ります。連結配当規制適用会社になるかどうかは計算書類の作成に際して予め定めるものと規定されており、注記表の注記事項とされていますので留意が必要です（会計規143）。

単体の剰余金に比較して連結の剰余金が少ない株式会社（連結計算書類作成会社）においては、連結剰余金の水準をも斟酌した配当政策が、取締役の善管注意義務の観点から要求されるものと解されることから、連結剰余金の水準を勘案して分配可能額の算定を行うニーズが存在します。

なお、連結配当規制適用会社となる2つのメリットは次のとおりです。
① 親会社を存続会社、子会社を消滅会社とする吸収合併等をする場合において、合併差損等が生じる場合であっても、合併差損等はないものとして簡易組織再編も適用できますし、取締役の株主総会における説明義務も課されません。株式総会の開催コストを考えたときに、連結配当規制適用会社となることが大きなメリットになるケースもあり得ます（会規195③〜⑤）。
② 会社法においても旧商法時代と同様、子会社による親会社株式の取得は原則禁止という枠組みに変化はありませんが、例外の範囲が広がっており、その中に、連結配当規制適用会社を親会社とする子会社間での取得があります（会規23十二）。

(5) 利益剰余金と資本剰余金の区別

利益剰余金の資本組入れを認めない（利益剰余金と資本剰余金の区別）こととしました（会計規45）。

(6) 過年度財務諸表の遡及修正

過年度財務諸表の遡及修正、修正再表示の株主への提供ができるようになりました。（会計規161）。

3　中小企業の会計に関する指針

従来、中小企業が適用することができる「公正ナル会計慣行」とは何かが十分には明確になっていないと指摘されてきました。その中で、中小企業庁が、「中小企業の会計に関する研究会報告書」を、日本税理士会連合会が「中小会社会計基準」を、日本公認会計士協会が「中小会社の会計のあり方に関する研究報告」をそれぞれまとめ、その普及を図ってきましたが、平成17年8月1日、これら3つの報告を統合する「中小企業の会計に関する指針」（以下「中小企業会計指針」）が発表されました。

更には平成18年4月、会社法、会社計算規則、会計基準に合わせた文言の見直しや企業結合会計の導入に伴う改訂等がなされています。

また、平成18年度施行の会社法において、取締役と共同して計算書類の作成を行う「会計参与制度」が導入されました。中小企業会計指針は、とりわけ会計参与が取締役と共同して計算書類を作成するに当たって拠ることが適当な会

計のあり方を示すものであり、計算規則第3条の会計慣行に中小企業会計指針が適合することになると考えられています。

企業会計基準（計算省令）、中小企業会計指針、法人税法準拠の主な差異はⅡ-5を参照してください。

Q II 2 ■純資産の部

従来の「資本の部」が「純資産の部」に変りましたが、作成上の実務ポイント及び税務上の取扱いとの差異を教えてください。

A

1　純資産の部の表示に関する会計基準

平成17年12月9日、企業会計基準委員会から、企業会計基準第5号「貸借対照表の純資産の部の表示に関する会計基準」、企業会計基準適用指針第8号「貸借対照表の純資産の部の表示に関する会計基準等の適用指針」が発表されました。また会社計算規則第108条、中小企業の会計に関する指針（以下「中小企業会計指針」）67～70項でもこれに準拠しています。

従来の会計実務との主な相違点は次のとおりです。

① 資本の部が廃止され、純資産の部とする。
② 新株予約権を負債の部から純資産の部へ、少数株主持分を負債と資本の中間における独立の項目から同じく純資産の部へ変更する。
③ その他資本剰余金の区分をなくし、一本で表示する。
④ 「当期未処分利益（当期未処理損失）」区分を廃止し、「繰越利益剰余金」にて表示する。

純資産の部の表示

〈個別貸借対照表の「純資産の部」の記載例〉

(中小企業会計指針より)

旧「資本の部」の記載例	「純資産の部」の記載例
資本の部 Ⅰ 資本金 Ⅱ 資本剰余金 　1 資本準備金 　2 その他資本剰余金 　　自己株式処分差益 　　… Ⅲ 利益剰余金 　1 利益準備金 　2 任意積立金 　　別途積立金 　　… 　3 当期未処分利益 Ⅳ 自己株式 Ⅴ その他有価証券評価差額金 　(株式等評価差額金) 　　　　　　　　　資本合計	純資産の部 Ⅰ 株主資本 　1 資本金 　2 資本剰余金 　　(1) 資本準備金 　　(2) その他資本剰余金 　　　　　　　　　資本剰余金合計 　3 利益剰余金 　　(1) 利益準備金 　　(2) その他利益剰余金 　　　　××積立金 　　　　繰越利益剰余金 　　　　　　　　　利益剰余金合計 　4 自己株式 　　　　　　　　　株主資本合計 Ⅱ 評価・換算差額等 　　その他有価証券評価差額金 　　　　　　　　　評価・換算差額等合計 Ⅲ 新株予約権 　　　　　　　　　純資産合計

2 「純資産の部」の会計実務(「中小企業会計指針」より)と税務実務のポイント

(1) 資本金

資本金は、設立又は株式の発行に際して株主となる者が払込み又は給付した財産の額(払込金額)のうち、資本金として計上した額(会法445)です。税務上の「資本金の額」もこの金額を指します(法令8)。

会社法では、株式について発行価額という概念がなくなり、また、新株の発行と自己株式の処分の手続が一体化され「募集株式の発行等」とされました。

(2) 資本剰余金

剰余金は、払込資本を構成する資本剰余金と留保利益を表す利益剰余金に区分されます。資本剰余金は、資本取引から生じた剰余金であり、以下の2つに区分します。

① 資本準備金

増資による株式の払込金額のうち資本金に組み入れなかった株式払込剰余金等、会社法第445条第2項により、資本準備金として積み立てることが必要と

されているもの及びその他資本剰余金から配当する場合で、利益準備金と合わせて資本金の額の4分の1に達していないとき計上しなければならないもの（会法445④）等です。
② その他資本剰余金
　資本剰余金のうち、会社法で定める資本準備金以外のものです。資本金及び資本準備金の取崩しによって生じる剰余金（資本金及び資本準備金減少差益）及び自己株式処分差益が含まれます。
③ 税務上の資本金等の額
　会計の純資産の部に対応した税務上の株主資本の部は、資本金等の額と利益積立金額の合計額です（法法２十六、法令８、２十八、９）。
　会計上の資本剰余金合計と税務上の資本金等の額、同様に利益剰余金合計と利益積立金額は、払込資本と留保利益という概念は同一ですが、当該金額は一致しない場合が多くなり、申告調整が必要となります。詳細はⅡ-3を参照してください。
(3) 利益剰余金
　利益剰余金は、利益を源泉とする剰余金（すなわち利益の留保額）であり、以下の2つに区分されます。
① 利益剰余金
　その他利益剰余金から配当する場合、資本準備金の額と合わせて資本金の額の4分の1に達していないときは、達していない額の利益剰余金配当割合（配当額のうちその他利益剰余金から配当する割合）か配当額の10分の1の額の利益剰余金配当割合のいずれか小さい額を計上しなければなりません（会法445④）。
　利益準備金の額の減少により生じた「剰余金」は、減少の法的手続が完了したとき（会法448、449）に、その他利益剰余金（繰越利益剰余金）に計上します。
② その他利益剰余金
　その他利益剰余金のうち、任意積立金（会社が独自の判断で積み立てるもので、特に目的を限定しない別途積立金、目的を限定した修繕積立金等及び税法上の特例を利用するために設ける圧縮積立金や特別償却準備金等）のように、

株主総会又は取締役会の決議に基づき設定される項目については、その内容を示す項目をもって区分し、それ以外については、「繰越利益剰余金」に区分します。

なお、株主資本等変動計算書において、前期末のその他利益剰余金に当期純損益や配当額などの当期の変動額を加減して当期末のその他利益剰余金が示されることになります。

③ 税務上の利益積立金額

会計上の資本剰余金合計と税務上の資本金等の額、同様に利益剰余金合計と利益積立金額は、払込資本と留保利益という概念は同一ですが、当該金額は一致しない場合が多くなり、申告調整が必要となります。詳細はⅡ-3を参照してください。

(4) 評価・換算差額等

評価・換算差額等は、その他有価証券評価差額金や繰延ヘッジ損益等、資産又は負債に係る評価差額を当期の損益にしていない場合の評価差額（税効果考慮後の額）をその内容を示す項目をもって計上することになります。

法人税法上は、「株主の拠出部分と課税済利益の留保部分が資本の部を構成するという考え方を維持することとされています。従って会社法・企業会計との間に差異が生ずる部分について、新株予約権は純資産の計算上負債に含まれること（法令8①十六イ等）及び繰延ヘッジ損益の額は資産又は負債の帳簿価額に含まれること（法令121の5④）」が明示されました（財務省広報「ファイナンス」別冊「平成18年度　税制改正の解説」245頁）。

評価・換算差額等は、会計上は損益計算書を経由しないで、資産又は負債の時価をもって帳簿価額を改訂したものであり、税務上は改訂前の帳簿価額でとらえますので、法人税別表四を経由せず別表五でのみの申告調整が必要となります。

(5) 自己株式

① 取得及び保有

自己株式の取得は、実質的に資本の払戻しとしての性格を有しているため、取得価額をもって純資産の部の株主資本の末尾において控除項目として表示します。自己株式の取得に関する付随費用は、営業外費用として計上します。

② 自己株式の処分

自己株式の処分の対価と自己株式の帳簿価額との差額が差益の場合は、「その他資本剰余金」として計上します。差損の場合は、「その他資本剰余金」から減額し、控除しきれない場合には、「その他利益剰余金（繰越利益剰余金）」から減額します。自己株式の処分は、募集株式と同じ手続となりました（会計規37）。

③ 自己株式の消却

自己株式の消却手続が完了した時点において、消却する自己株式の帳簿価額を「その他資本剰余金」から減額し、控除しきれない場合は、「その他利益剰余金（繰越利益剰余金）」から減額します。

従来の会計基準は、消却したときは、その他資本剰余金から減額するか、その他利益剰余金から減額するかは、取締役会決議に従って会計処理をしていましたが、自己株式処分差損と自己株式を消却したときに発生する損失を会計基準、会社計算規則とも同じ扱いとし、その損失額をその他資本剰余金をまず優先して減額し、残高がない場合はその他利益剰余金から減額することとしました。

④ 税務上の自己株式

自己株式については、平成18年4月1日以後、税務上資産として取り扱わないこととし、その帳簿価額をもたないこととされました。従って、会計上、上記①〜③の各場面において会計と税務の申告調整が必要となります。

㋑ 平成18年4月1日保有の自己株式

これには①平成13年9月までに取得の買受けによる自己株式、②平成13年4月以後の組織再編成により取得した自己株式、③平成13年10月以後に買受けにより取得した自己株式がありますが、①②については、会計上の帳簿価額について資本金等の額を減額させます。③については、取得時に会計上の帳簿価額を修正しているので、税務上の帳簿価額について、資本金等の額を減額させます。

【税務上の仕訳例】　18.4.1付で処理　資本金等の額／　自己株式

㋺ 平成18年4月1日以後取得の自己株式

法人税法第24条第1項第4号、6号のみなし配当が生じる自己株式の取得に

については、所定の計算による利益積立金額と資本金等の額を減額します。

それ以外の自己株式の取得については、法人税法施行令第8条第1項第21号に列記されていますが、会計上の帳簿価額、帳簿価額にみなし配当額を加算した額、又は時価相当額等について、資本金等の額を減額します。

【税務上の仕訳例】　資本金等の額　／　現金預金
　　　　　　　　　　利益積立金額／

すなわち、平成18年4月1日以後の自己株式の取得については、取得の都度、取得資本金額を計算して、取得時に資本金等の額と利益積立金額を減少させ、税務上は株数のみを認識して帳簿価額はありません。

詳しくはⅪ章を参照してください。

上記をまとめると、次の図のとおり対比できます。

会計の純資産の部と税務上の株主資本の部

会計の純資産の部	税務上の株主資本の部	
純資産の部 Ⅰ　株主資本 　1　資本金 　2　新株式申込証拠金	資本金等の額	資本金の額
3　資本剰余金 　　(1)　資本準備金 　　(2)　その他資本剰余金 　　　　　　　　　　資本剰余金合計		資本金の額以外の資本金等の額 （従来の資本積立金額）
4　利益剰余金 　　(1)　利益準備金 　　(2)　その他利益剰余金 　　　　××積立金 　　　　繰越利益剰余金 　　　　　　　　　　利益剰余金合計	利益積立金額	
5　自己株式 　6　自己株式申込証拠金 　　　　　　　　　　株主資本合計	自己株式の帳簿価額＝0	
Ⅱ　評価・換算差額等 　1　その他有価証券評価差額金　・・・	対応する資産の帳簿価額は税務上の帳簿価額ではない	
2　繰延ヘッジ損益　　　　　　　・・・	繰延ヘッジ損益の額は資産又は負債の帳簿価額に含まれない（法法61の6、法令121の5④）	
3　土地再評価差額金　　　　　　・・・ 　　　　　　　　　評価・換算差額等合計	対応する資産の帳簿価額は税務上の帳簿価額ではない	
Ⅲ　新株予約権 　　　　　　　　　　　純資産合計	税務上は負債	

Q II-3 ■税務上の資本金等の額

会計上の株主資本と税務上の資本の部が異なると聞いています。具体的に税務上の取扱いはどのようになっているのでしょうか。

A

会社法（会社計算規則）、中小企業会計指針上の「純資産の部」の構成は前Ⅱ-2のとおりですが、法人税法では、平成18年度改正において所要の整備が行われました。

解説

1 資本金等の額の増減

税務上の株主資本の部の増減は、法人税法施行令第8条、第9条にそのすべてが記載されています。

(1) 株式の発行又は自己株式の譲渡

自己株式の譲渡は、会計では自己株式の処分（自己株式基準）、会社法においては株式の交付とされます（会計規36）。会社法において、新株の発行と自己株式の処分は株式の交付とされたので、税務上は株式の発行と自己株式の譲渡について同じ取扱いとなりました（法令8①一）。

(2) 株式の交付と資本金等の額

① 払込みの場合は、払込みを受けた金銭の金額が資本金等の額となります（会計規37①一イ）。

② 外国通貨の場合は、払込期日をきめた場合は払込期日の為替相場算出額、払込期間を決めた場合は払込みを受けた日の為替相場算出額とします（会計規37①一イ）。この場合、会計上の金額と税務上の金額は同額です。ただし、特例として適格事後設立に該当する場合は、帳簿価額修正損益について資本金等の額の増減で対応して修正します（法令8①十、十八）。

③ 現物出資財産の給付の場合は、現物出資財産の給付期日又は給付を受けた日の価額とします。（会計規37①一ロ）。

④ 現物出資の場合において、事業分離等会計基準により持分プーリング法、持分プーリング法に準じた処理方法又は適正な帳簿価額により計上する方法により現物出資財産の現物出資会社の帳簿価額を付すべき場合は、

その帳簿価額となります（会計規37①一ハ）。
⑤ 上記④の場合において、給付財産額は０未満である場合にあっても、０未満の額として計算し、差額は利益剰余金から控除します。
⑥ 現物出資の場合、会計は、給付資産の時価又は簿価で受入れますが、税務は、原則は給付資産の時価で受け入れ（法令８①一）、特例として法人税法第62条の８適用の事業の現物出資である場合は、交付株式の時価をもって増加資本金等の額を決定し、給付資産及び負債の時価計算上、負債調整勘定及び差額資産（又は差額負債）調整勘定を計算することとなります（法令８①九）。また、適格現物出資に該当する場合は、給付資産の帳簿価額により、資本金等の額を計算します（法令８①八）。
⑦ 債権の現物出資の場合は、自己宛債権の時価により受け入れることとなり、自己宛債権の時価と混同により消滅する債務者の債務金額が一致しないときは、債務消滅益が計上されることになります。いわゆるDES（デッド・エクイティ・スワップ）は債権の現物出資であり、資本等取引といえども取引は適正な価額で行うべきですが、実際には、毀損しているはずの債権の額面どおりの金額で債務者側が受け入れる処理が多く行われてきた実態がありました。今回の改正では、債務者側の処理を、債務免除を受けた上で弁済の見込みのある債権の出資を受けるのと同じ結果になるよう、時価処理とする一方、時価と券面額との差額は債務消滅益となるが、DESが会社更生などに伴い行われる場合には期限切れ欠損金との相殺の対象とすることとされました（法法59①一、②一、法令８①一、会法207、会計規５④、37）。

2　組織再編が行われた場合の株主資本

(1)　概要

法人税法上、組織再編が行われた場合の株主資本の概要は次のとおりです。

類型	法法62の８（注）	承継法人の資本金等の額
非適格合併	適用あり	交付した合併法人株式の時価合計額
非適格分割	適用あり	交付した分割承継法人株式の時価合計額
	適用なし	時価純資産価額－分割交付金等の額

適格合併・適格分割型分割	——	簿価純資産価額から増加利益積立金額を減算した金額
適格分社型分割	——	簿価純資産価額
適格現物出資	——	移転資産の直前の帳簿価額

(注) 法人税法第62条の8「適用あり」とは、移転法人の事業及びその事業の主要な資産・負債の概ね全額が移転する（法令123の10）場合のことをいいます。

(2) 合併

① 合併法人の株主資本（資本金等の額）

　　イ　適格合併では、 資本金等の額＝移転資産簿価純資産価額－引継利益積立金額

（法令8①五）

　　ロ　非適格合併では、 資本金等の額＝交付株式時価 （法令8①五）

② 被合併法人の処理

　　イ　適格合併では簿価引継ぎ

　　ロ　非適格合併では、資産及び負債を時価で譲渡して、交付株式等を時価で取得し、株主等に交付したものとすることになります（法法62）。

　非適格の場合、合併により移転する負債に含まれる未納法人税等の計算に注意することになります（法令123）。

③ 被合併法人の株主の処理

　　イ　適格の場合は譲渡損益を繰り延べ、取得価額を引き継ぎます（法法61の2①②）。

　　ロ　非適格（金銭交付なし）は、譲渡損益は繰延べですが、旧株の取得価額にみなし配当額を加算します（法法61の2①②、24①一）。

　　ハ　非適格（金銭交付あり）は、時価で譲渡損益とみなし配当を計算し、時価で新株を取得します（法法61の2①②、24①一）。

【合併法人の法人税法上の株主資本】

合併法人	増加額	適格	資本金等の額	簿価純資産額－引継利益積立金（法令8①五）
			利益積立金額	被合併法人から引き継ぐ利益積立金額（法令9①二）
		非適格	資本金等の額	交付株式の時価（法令8①五）

（イ）適格合併・適格分割	（ロ）非適格合併・非適格分割	（ハ）非適格分割
（適格分社型分割は、増加利益積立金額なし）	（法法62の8適用）	（法法62の8不適用）

移転資産 （簿価）	移転負債 （簿価）
	増加資本金等の額 （差額）
	増加利益積立金額（簿価×移転割合） （法令9①二、三）

移転資産 （時価）	移転負債 （時価）
	差額＝のれん （負債調整勘定）
	増加資本金等の額 （交付株式の時価）
差額＝のれん （資産調整勘定）	

移転資産 （時価）	移転負債 （時価）
	増加資本金等の額 （差額）

（（イ）～（ハ）の図は、財務省主税局作成資料）

④　非適格合併等における差額のれんの概念（法法62の8）

　企業結合会計基準の導入、会社法の創設に対応し、平成18年度税制改正により、法人税法第62条の8が新設されました。

　税務上も、時価評価が必要な非適格合併等により資産等の移転を受けた場合には、移転前には税務上計上されていない引き継いだ従業者の退職給付債務（「退職給与債務引受額」）及び将来債務（再編の日から3年以内に履行が見込まれるもの、「短期重要債務見込額」）を負債調整勘定として負債計上することが明確化されました。当該負債調整勘定のうち、退職給与債務引受額に該当する部分は退職給与の支給等に応じて取り崩して益金算入することになります。また、短期重要債務見込額に該当する部分は、当該債務が履行されるか3年が経過する場合には、取り崩して益金算入します。

　また、移転資産・負債の対価の額が移転資産・負債（退職給与引受額・短期重要債務見込額を含む）の時価純資産額を超えるときは、その超過額を「資産調整勘定」として資産計上し、移転資産・負債の対価の額が移転資産・負債の時価純資産額に満たないときは、その不足額を「負債調整勘定」として負債計上します。

　計上された資産調整勘定は、当初の計上額を60で除して計算した金額に当該事業年度の月数を乗じて計算した金額を取り崩し損金算入します。計上された

負債調整勘定（退職給与引受額・短期重要債務見込額を除く）は同様に5年で取り崩し益金算入します。

(3) 分割型分割

「分割法人」とは、分割によりその有する資産及び負債の移転を行つた法人をいい（法法2十二の二）、「分割承継法人」とは、分割により分割法人から資産及び負債の移転を受けた法人をいいます（法法2十二の三）。

「分割型分割」とは、分割により分割承継法人の株式その他の資産が分割の日において分割法人の株主等にのみ交付される場合の分割をいいます（法法2十二の九）。これに対し、「分社型分割」とは、分割により分割承継法人の株式その他の資産が分割法人にのみ交付される場合の分割をいいます（法法2十二の十）。更に、分割により分割承継法人の株式その他の資産を分割法人と分割法人の株主等の双方に交付する場合もあります。

一方、会社法では、旧商法における人的分割については、物的分割と剰余金の配当（分割承継法人の株式の現物配当）という複数の異なる手続を同時に行うものと整理され、分割型分割が維持されています。

剰余金の分配規制は適用されません（会法758、792）。

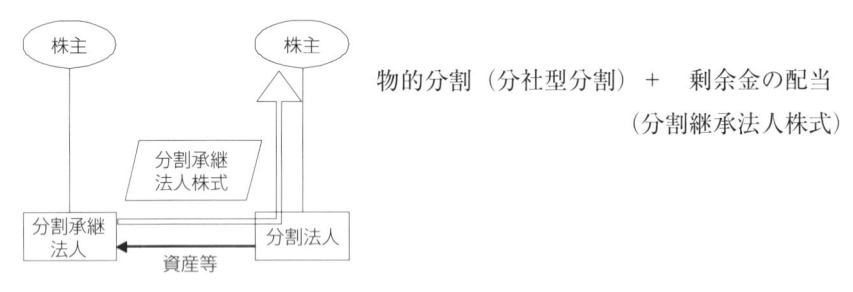

物的分割（分社型分割）＋　剰余金の配当
　　　　　　　　　　　　　（分割継承法人株式）

（出典：（社）日本租税研究協会　平成18年4月25日会員懇談会資料）

① 分割型分割の分割承継法人等の資本金等の額

　　イ　適格は、 資本金等の額＝移転資産簿価純資産価額－引継利益積立金額

（法令8①六）

　　ロ　非適格は、 資本金等の額＝移転純資産時価－分割交付金銭等の額 （法令8①六）

ハ　法人税法第62条の8適用の場合は、 資本金等の額＝交付株式時価 となります。

この法人税法第62条の8適用を受ける非適格分割とは、移転法人の事業及びその事業の主要な資産・負債の概ね全額が移転（一部賃借を含む）するものをいいます（法令123の10）。

② 分割法人の処理

分割法人においては、会計上は、剰余金の配当として、承継法人株式の簿価相当額の剰余金を減少させます。

税務上は、

適格分割型分割（法令8①十七、9①九）においては、「移転純資産帳簿価額－（法令9①九）の利益積立金額」として、まず利益積立金額を減少させ、次いで、承継法人と同額の資本金等の額を減少させることになります。

$$（法令9①九）の利益積立金額＝利益積立金額 \times \frac{移転純資産簿価 ㋺}{前期末純資産簿価 ㋑}$$

（小数点3位未満端数四捨五入）

非適格分割型分割（法令8①十六）においては、分割法人は下記算式の資本金等の額を減少させ、かつ、みなし配当相当額の利益積立金額を減少させ、法人税法第62条の計算により分割法人の移転資産負債の譲渡損益を計算します。

$$期末時資本金等の額 \times \frac{㋺}{㋑}$$（小数点3位未満端数切上げ）

③ 株主の処理

イ　適格では譲渡損益は繰延べとなり、取得価額を改訂します（法法61の2①四、法令23①二、119①六）。

ロ　非適格「金銭等交付なし」では、譲渡損益を繰り延べ、承継法人株式の取得価額にみなし配当額を加算します（法法61の2①四、24①二、法令23①二、119①六）。

ハ　非適格「金銭等交付あり」では、時価で譲渡損益とみなし配当を計算し、承継法人株式を時価で取得します（法法61の2①四、一、24①二、法令23①二、119の8①）。

$$みなし配当＝交付金金銭等の額－資本金等の額 \times \frac{㋺}{㋑}$$（小数点3位未満端数切上げ）

みなし配当金額と譲渡原価の合計額と交付金銭等の差額が譲渡損益となります。

譲渡原価＝株式の帳簿価額×$\dfrac{ロ}{イ}$　（小数点３位未満端数切上げ）

分割法人株式について、この金額を控除し、この金額は、適格分割型分割においては、承継法人株式取得価額となります。

【分割型分割】

分割承継法人	増加額	適格	資本金等の額	簿価純資産額－引継利益積立金額（法令８①六）
			利益積立金額	分割法人から引き継ぐ利益積立金額（法令９①三）
		非適格	資本金等の額	時価純資産額－分割交付金銭等の額（法令８①六）（法法62の８不適用）
			資本金等の額	交付株式の時価（法令８①六）（法法62の８適用）
分割法人	減少額	適格	資本金等の額	簿価純資産額－減少利益積立金額（法令８①十七）
			利益積立金額	分割承継法人へ引き継ぐ利益積立金額（法令９①九）
		非適格	資本金等の額	分割減少資本金等の額（法令８①十六）
			利益積立金額	交付株式等の時価－分割減少資本金等の額（法令９①六）

適格分割型分割の場合の分割法人の会計
　承継法人株式　　　　　　××　　簿価純資産額　××
　資本剰余金又は利益剰余金　××　　承継法人株式　××

【分社型分割】

分割承継法人	増加額	適格	資本金等の額	簿価純資産額（法令８①七）
		非適格	資本金等の額	時価純資産額－分割交付金銭等の額（法令８①七）（法法62の８不適用）
			資本金等の額	交付株式の時価（法令８①七）（法法62の８適用）

(4)　株式交換・移転
① 株式交換・移転における完全親法人増加資本金等の額
　イ　適格の場合の増加資本金等の額については、完全子法人の株主数によって、次のとおりとなります（法令８①十一、十二）。
・適格(株主数50人未満)は、完全子法人株式受入簿価（旧株主完全子法人株式簿価合計額）
・適格(株主数50人以上)は、完全子法人株式受入簿価（完全子法人簿価純資産価額）
　ロ　非適格の増加資本金等の額は、完全子法人株式時価となります。

株式交換・株式移転では、資本金等の額は、会計では、移転を受けた完全子法人株式の取得価額から交付した完全親法人株式以外の資産の価額及び交付した新株予約権の完全子法人における帳簿価額（非適格株式交換等の場合には時価）を減算した金額となります。完全子法人株式の取得価額（法令119①九、十一）は、適格株式交換・株式移転（完全子法人の株主50人未満）では、完全子法人株式の旧株主における帳簿価額の合計額となり、適格株式交換・株式移転（完全子法人の株主50人以上）では、完全子法人の簿価純資産価額（既取得株式に対応する部分を除く）となり、非適格株式交換・株式移転では、完全子法人株式の時価合計額となります。

(イ) 適格株式交換・株式移転 (株主50人未満)	(ロ) 適格株式交換・株式移転 (株主50人以上)	(ハ) 非適格株式交換・株式移転
完全子法人株式 (旧株主における簿価の合計額) (法令119①九イ、十一イ) / 増加資本金等の額 (左と同額)	完全子法人株式 (完全子法人の簿価純資産価額) (法令119①九ロ、十一イ) / 増加資本金等の額 (左と同額)	完全子法人株式 (時価) (法令119①二十二) / 増加資本金等の額 (左と同額)

（図（イ）～（ハ）は、財務省主税局資料によります。）

（注1）　従前は完全親会社となる会社から交付を受けた金銭等の額が完全親会社から割当てを受けた株式の交換時における価額＋交付金銭等の合計額に占める割合が5％以下であることが課税繰延の要件とされていましたが、この要件は廃止され、交付金銭等がないこと等が適格の要件となりました。

（注2）　株式交換が適格株式交換に該当する場合には完全子会社の資産の時価評価による含み損益課税は行われず、かつそれが連結子法人として連結納税制度に加入する場合においても同様に資産の時価課税は行われません（法法62の9、61の12①二）。

② 完全子法人の処理

　完全子法人について、適格の場合は、課税関係はありませんが、非適格の場合は、完全子法人は、法人税法第62条の9（非適格株式交換等に係る株式交換完全子法人等の有する資産の時価評価損益）により、時価評価資産について、時価評価損益を計上することとなりますので留意が必要です。

　この計算後の完全子法人の簿価純資産価額と、受入後の完全親会社の有する完全子法人株式の簿価は一致しない場合があります。

③ 株式交換・移転における株主の処理

　株主は、適格及び非適格金銭等交付なしは、株式の譲渡損益は繰延べとな

り、旧株の取得価額を引き継ぎます。なお、みなし配当はありません（法法61の2⑦⑧）。

非適格金銭等交付ありは、新株（親法人株式）を時価で取得することになります（法法61の2①）。

【株式交換・株式移転】

完全親法人	増加額	適　格	資本金等の額	株主50人未満	旧株主帳簿価額合計額（法令119①九イ、十一イ、8①十一、十二）
				株主50人以上	完全子法人の簿価純資産価額（法令119①九ロ、十一ロ、8①十一、十二）
		非適格	資本金等の額	完全子法人株式時価（法令119①二十二、8①十一、十二）

3　減資及び資本の払い戻し

(1) 減資（資本金の額の減少）

　資本金（資本準備金又は資本剰余金）の減少（法令8①十三）及び資本準備金又は資本剰余金を減少して資本金の増加（法令8①十五）については、単に、「資本金等の額」の合計額の中で、会社法の処理に対応して修正するものです。

　なお、資本金及び資本準備金の減少とともに金銭を交付すること（株式の消却を伴わない有償減資）は会社法上は廃止され（会法447、448、会計規50）、資本金を減少して資本剰余金を増加し、その資本剰余金を原資に剰余金の配当を行うという2つの行為に区分されました。

(2) 資本の払戻し

① 資本の払戻しにより減少する資本金等の額及び利益積立金額

　会社法では、有償減資という制度がなくなり、減資の決議と剰余金の配当の決議を同時に行い、減資の効力発生日以後に剰余金の配当として株主に対して払い戻す制度として整理されました。ただし、そのような行為をした場合も、資本剰余金からの配当とし、資本金等の額の減少とそれを超えて払い戻した場合に、その超過額がみなし配当として取り扱われることとなります。

　資本の払戻し（資本剰余金の減少に伴う剰余金の配当で分割型分割以外のもの）により金銭その他の資産を交付した場合には、減少する資本金等の額（減資資本金額）はプロラタ計算（次の算式）し、また減少する利益積立金額はその交付した金額から減資資本金額を控除した金額とされます（法令8①十九、

9①七、法法24①三）。

$$減資資本金額 = 直前資本金等の額 \times \frac{資本剰余金減少額 ㋺}{直前期末簿価純資産価額 ㋑}$$

（小数点3位未満端数切上げ、以下同じ）

② 株主の処理

　この株式発行法人の資本金等の額の減少額は、株主にとっては、株式の譲渡収入金額であり、利益積立金額の減少額は、みなし配当額と同額です（法法24①三、法令23①三）。

$$払戻等対応資本金額等 = 直前資本金等の額 \times \frac{㋺}{㋑}$$

なお、株主の譲渡原価の計算については

$$譲渡原価 = 所有株式帳簿価額 \times \frac{㋺}{㋑}$$

となります（法法61の2⑫、法令119の9）。

　株式発行法人は、法人の株主へこの払戻等対応額と減少資本剰余金額の通知義務があります（法令119の9②）。

　このように利益剰余金からの配当（法法23）と、資本剰余金の額の減少に伴う剰余金の配当（法法24①三）とでは、課税関係が異なりますので留意が必要です。

4　自己株式の取得等

(1)　自己株式の取得等（法令8①二十）

　法人税法第24条第1項第4号（自己株式の取得）の事由が生じたとき、普通株式のみの場合は㋑で、種類株式発行法人の場合は㋺で、取得資本金額を計算し、同額の資本金等の額を減少させ、かつ、交付金銭等から㋑又は㋺の金額を控除した額の利益積立金額を減少させます。

【会計上の仕訳】（取得資本金額20、交付金銭100の場合。源泉所得税20%）

　自己株式　　100　／　現金預金　　84
　　　　　　　　　　　　預り金　　　16

【税務上の仕訳】

　資本金等の額　20　／　現金預金　　84
　利益積立金額　80　／　預り金　　　16

Ⅱ　会社法・計算規則、会計基準と税務上の株主資本　　87

この場合、株主においては、

資本金等の額減少額＝株式の譲渡収入金額

利益積立金額減少額＝みなし配当額

となり（法令9①八、23①四）、譲渡原価は総平均法等によって計算することになります（法法61の2①、24①四）。なお、分母からは自己株式を除きます。

　イ　取得資本金額＝資本金等の額×$\dfrac{\text{取得自己株式数}}{\text{発行済株式総数}}$

　ロ　取得資本金額＝種類資本金額×$\dfrac{\text{取得種類株式数}}{\text{同じ種類の種類株式総数}}$

(2) 持分会社における出資の払戻し

　持分会社においては、出資の口数はなく、各社員ごとに当該出資額が管理されていますが、その当該出資額により取得資本金額を計算し、上記(1)と同様となります（法法61の2⑬、24①五）。

　なお、持分会社においては、自己持分の取得はありません。持分会社が自己持分の移転を受けた場合には消滅することになります（会法587）。

取得資本金額＝資本金等の額×$\dfrac{\text{当該出資額}}{\text{出資総額}}$

(3) 金銭交付等組織変更

　会社法においては、株式会社から持分会社（合名会社・合資会社・合同会社）への組織変更、持分会社から株式会社への組織変更が認められています（会法743、2二十六）。

　組織変更については、会社法上、総株主又は総社員の同意が必要とされ、一部の株主又は社員について、株式又は出資に代えて金銭等を交付することができます（会法744①五、746①七）。

　この場合は、自己株式の取得と同様の課税関係が発生し、株主等についてみなし配当課税となり、株式発行法人及び株主の処理は、上記(1)(2)と同一となります（法法24①六、61の2①又は⑬、24①四又は五）。

(4) それ以外の自己株式の取得（法令8①二十一、23③）

　下記の形態で自己株式を取得した場合は、下記の対価の額等を全額、資本金等の額で減少させます。

① 法令23③三に定める取得（対価による取得）
　㋑　市場購入
　㋺　店頭売買購入
　㋩　事業全部の譲り受け
　㋥　被合併法人株主等の買取請求に基づく買取り
　㋭　単元未満株式等の買取り
　㋬　種類株式交換に際しての端株の買取り
　㋣　合併等による移転
② 法令8①二十一に掲げる取得
　㋑　自己株式の移転による取得（適格合併等）は、帳簿価額で取得し取得の対価額等の資本金等の額を減少させます（二十一イ）。
　㋺　剰余金の現物配当等での自己株式の交付は、時価で取得し、資本金等の額を減少させます（二十一ロ）。
　㋩　自己株式の取得（適格合併抱合株式みなし割当）は、帳簿価額で取得し、資本金等の額を減少させます（二十一ハ(1)）。
　㋥　自己株式の取得（非適格合併抱合株式みなし割当）は、時価で取得し、帳簿価額＋みなし配当額の資本金等の額を減少させます（二十一ハ(2)）。
　㋭　自己株式の取得（金銭交付等非適格合併抱合株式みなし割当て）は、時価で取得し、資本金等の額を減少させます（二十一ハ(3)）。
　㋬　自己株式の取得（適格分割型分割抱合株式割当て）は、帳簿価額で取得し、資本金等の額を減少させます（二十一ニ(1)）。
　㋣　自己株式の取得（非適格分割型分割抱合株式割当て）は、帳簿価額＋みなし配当額で取得し、資本金等の額を減少させます（二十一ニ(2)）。
　㋠　自己株式の取得（金銭交付等非適格分割型分割抱合株式割当て）は、時価で取得し、資本金等の額を減少させます（二十一ニ(3)）。
　㋷　組織変更に際して、持分会社等の社員（株主）として保有する出資（株式）に代えて金銭等の対価として組織変更前の持分会社（株式会社）が有していた自己株式の交付を受けた場合は、時価で取得し、資本金等の額を減少させます（二十一ホ）。

(5) 抱合せ株式及び自己株式の無償取得

　会社法第749条第1項及び第753条第1項第6号において、合併において、抱合株式について割り当てることは、廃止されました。

　分割型分割については、会社法第758条第1項第8号ロ、及び第763条第1項第12号ロにおいて、剰余金の配当とされたので、抱合株式については、剰余金の配当となり、承継法人が分割法人の株主である場合は、承継法人は自己株式を取得することになりました。

　自己株式の無償取得については、会計は、自己株式の数のみの増加として処理することとされました（自己株式適用指針39～44）。

　税務は、資産の定義において、有価証券を「自己が有する自己の株式又は出資を除く」と定義したので（法法2①二十一）、株式発行法人にとって、自己株式は資産に該当しないこととなりました。また発行法人側は、法人税施行令第8条第1項第20号によれば、資本金等の額から控除する金額は交付金銭の額を超える場合にはこれを減算する、とあり、結果として、自己株式を取得しても無償の場合には資本金等の額は減少しないこととなります。また交付金銭等がなければ利益積立金額も減少しません（法令9①八）。従って、会計と同様、税務上も自己株式の数のみの増加として処理されます。

(6) 自己株式の処分

　以上(1)～(5)のとおり、税務上は自己が有する自己の株式を資産として取り扱わなくなり、会社法上も新株の発行と金庫株の処分の手続が募集株式の発行等と一体化されました。

　従って、自己株式を処分（譲渡）する場合には、同額が資本金等の額となります（法令8①一）。

【会計上の仕訳】（処分自己株式簿価60、払込金銭100場合）

　　現金預金　100　／　自己株式　60
　　　　　　　　　　　その他資本剰余金　40

【税務上の仕訳】

　　現金預金　100　／　資本金等の額　100

　なお、以上の税務上の資本金等の額及び利益積立金額の増減をまとめると次

の表のとおりです。

【税務上の資本金等の額及び利益積立金額の増減】　　　　（法＝法人税法）

	資本金等の額 （法令8条）		利益積立金額 （法令9条）		備考
	増	減	増	減	
株式の発行	1				
自己株式の譲渡（自己株式の処分）	1				
新株予約権の行使と株式の交付	2				
取得条項付新株予約権の行使と株式の交付	3				
協同組合等徴収加入金	4				
非適格合併	5				
適格合併	5		2		
非適格分割型分割	6				
適格分割型分割	6		3		
非適格分社型分割	7				
適格分社型分割	7				
適格現物出資	8				
法法62の8①該当現物出資	9				
適格事後設立	10	18			
非適格株式交換	11				法61の2①、⑦
適格株式交換	11				法61の2⑦
非適格株式移転	12				法61の2①、⑧
適格株式移転	12				法61の2⑧
資本金の額の減少	13				
財団等医療法人の設立時受贈等金額	14				
資本準備金の資本組入れによる資本金増加額		15			
非適格分割型分割において分割法人		16		6	
適格分割型分割において分割法人		17		9	
資本の払戻し等（資本剰余金の配当等）		19		7	法24①三、61の2⑫
自己株式の取得（金庫株）		20		8	法24①四

持分又は出資の払戻し（持分会社）					法24①五、61の2⑬
組織変更に際して一部の株主等に株式等に代えて金銭等が交付された場合					法24①六
自己株式の移転による取得（適格合併等帳簿価額）		21イ			
剰余金の現物配当等での自己株式の交付（時価）		21ロ			
自己株式の取得（適格合併抱合株式みなし割当）		21ハ(1)			法61の2③、24②
自己株式の取得（非適格合併抱合株式みなし割当）		21ハ(2)			法61の2②、24②、24①一
自己株式の取得（金銭交付等非適格合併抱合株式みなし割当）		21ハ(3)			法61の2①、24②
自己株式の取得（適格分割型分割抱合株式割当）		21ニ(1)			法61の2④
自己株式の取得（非適格分割型分割抱合株式割当）		21ニ(2)			法61の2④、24①二
自己株式の取得（金銭交付等非適格分割型分割抱合株式割当）		21ニ(3)			法61の2①、④
組織変更に際して、株式に代えて金銭等の対価として自己株式の交付を受けた場合（時価）		21ホ			法61の2①

Q II 4 ■株主資本等変動計算書

会社法の施行に伴い、従来の「利益処分案」は廃止され、株主資本等変動計算書が計算書類とされましたが、その実務ポイントを教えてください。

A

1 利益処分手続の廃止と株主資本等変動計算書

(1) 利益処分案の廃止

会社法では旧商法第283条に相当する利益処分手続が定められていません。利益処分案は、会社法上、制度として廃止されました。平成18年5月期決算から、利益処分案は作成不要となり、それに代わるものとして、株主資本等変動計算書の作成が必要となります。

旧商法において、利益処分案（又は損失処理案）の中で行われてきた手続がいくつかありました。例えば、配当、任意積立金の積立て又は取崩し、配当可能利益の資本組入れ、法定準備金の取崩しによる欠損填補、役員賞与などは、いずれも利益処分案のなかに記載して、定時株主総会においてその利益処分案の承認を得ることにより、それらの処理が行われてきました。

(2) 会社法における手続

上記のような利益処分案の中で一括で行われてきた手続は、会社法においては、剰余金の配当（会法454）、資本の部の計数の変動（会法447、448、450から452）、役員賞与（会法361①等）など他の手続に分解・整理されました。これらの手続は決算の確定手続とは切り離して随時行うことができるものとされます。

剰余金の配当であれば、「剰余金の配当に関する件」という形で株主総会に議案を上程し、その承認をもって行うことになります。注意点としては、株主に対する金銭等の分配（利益の配当、中間配当、資本及び準備金の減少に伴う払戻し）及び自己株式の有償取得を「剰余金の分配」として整理し、統一的に剰余金の分配規制をかけています。また株主総会等の決議により回数に制限なく株主に剰余金を配当することができるようにされました（会法453）。

また、任意積立金の積立てを行うのであれば、「剰余金の処分に関する件」としてその内容を示す議案を株主総会に上程し、その承認によって行います。

臨時株主総会でも構いません。

　役員賞与は、役員の報酬等の中に定められました（会法361）ので、報酬決議を根拠として支給します。役員賞与も従来の利益処分ではなく職務執行の対価として決議します。報酬限度額の範囲内で支給するか又は、報酬限度額の枠内かどうかとは関係なく個別議案で役員賞与支給の件として決議して支給します。報酬限度額を通常の役員報酬と役員賞与の分を含めて限度額とする議案を決議し、翌期以降は総会の決議なしに、取締役会の決議だけで、限度額範囲で支給するという手法が多様されるものと思われます。

(3)　株主資本等変動計算書

　会社計算規則において株主資本等変動計算書等が規定され、その対応として平成17年12月27日、企業会計基準委員会から、企業会計基準第6号「株主資本等変動計算書に関する会計基準」、企業会計基準適用指針第9号「株主資本等変動計算書に関する会計基準等の適用指針」が発表されました。この会計基準は、会社法において新しい計算書類として導入された「株主資本等変動計算書」の作成方法を定めたものです。会社法に規定された計算書類であるため、すべての株式会社が作成しなければなりません。

2　実務ポイント

　株主資本等変動計算書は、貸借対照表の純資産の部の一会計期間における変動額のうち、主として、株主に帰属する部分である株主資本の各項目の変動事由を報告するものです。

　実務ポイントは以下のとおりです。

(1)　利益処分案は廃止され、貸借対照表の純資産の部の期中の変動はすべて株主資本変動計算書に記載することとなり、会計期間と同一期間の増減を表すことになりました。

(2)　利益処分賞与は廃止され、役員賞与は、会計上費用となりました。繰越利益剰余金の計算上、前期末決算に係る定時株主総会の決議による利益剰余金の配当金額は、当該進行事業年度の利益剰余金減少額として取り扱われることとなりました。特定同族会社の留保金課税の計算における確定配当が翌期対応になってしまう点については、株主資本等変動計算書において、配当に関する注記を行うことで、そのような影響が生じないように措置されました

（法法67④）ので、この注記事項は、税務との関連において重要な意義を有しています。（会計規136）。

(3) 利益の資本組入れ（旧商法293ノ2）は廃止され、資本金、資本準備金、資本剰余金はこのグループ内で相互に係数の変動を行うことができます。利益準備金、利益剰余金も同様に相互に計数の変動ができます。

(4) 資本剰余金と利益剰余金の混同は禁止されました（自己株式基準19、60）。その例外は、
　① 欠損補填に資本剰余金を充てることができます。
　② 会計では、資本剰余金に負の残高はないので、負の残高が生じる場合に利益剰余金を充てることになります（自己株式基準12、会計規50③）。

(5) 別表四では、社外流出③において賞与がなくなり、配当について当該事業年度の株主総会等決議に係る利益剰余金の配当を記載することとなりました。

(6) 別表五㈠では利益処分の列が廃止され、未納法人税等の確定額のみが繰り上がって当期利益積立金額の期末残高に影響します。

(7) 別表五㈠では、資本積立金額の記載については、資本金の額を含めて資本金等の額の増減を記載することとなりました（平18改法令附4①）。

(8) 種類株式を発行した場合は、従来の普通株式も種類株式となり、資本金等の額は合計で把握した上で、種類株式ごとに種類資本金等の額を管理することとなりました（別表五㈠付表）。

(9) 圧縮積立金・特別償却準備金等の積立て・取崩しの実務の見直し

　従来、利益処分案に圧縮積立金、特別償却準備金などの税務上の積立金の積立て又は取崩しを記載し、その承認を前提として、当期の法人税申告書の別表調整で当期の税務計算に反映する方法がとられてきました（利益処分方式）。

　利益処分案が廃止されることにより、今後（平成18年5月期決算以降）は、税務上の積立金は、決算手続として会計処理を行うこととなります。決算の日付で圧縮積立金などの税務上の積立金の積立て及び取崩しを当期末の貸借対照表に反映させることになります。一方、当期の株主資本等変動計算書に税務上の積立金の積立額及び取崩額を記載し、当期の税務申告書において加算・減算を行うことができます。

会社計算規則では、税務上の積立金の積立て及び取崩しは、法令の規定に基づく剰余金の項目の増減であり、会社計算規則第181条第1項にいう「株主総会の決議を経ないで剰余金の項目に係る額の増加又は減少をすべき場合」に該当します（会計規181①②）。

〈**株主資本等変動計算書**（純資産の各項目を横に並べる様式による場合）〉

（単位：百万円）

	株主資本								自己株式	株主資本合計	純資産
	資本金	資本剰余金			利益剰余金						
		資本準備金	その他資本剰余金	資本剰余金合計	利益準備金	その他利益剰余金		利益剰余金合計			
						圧縮積立金	繰越利益剰余金				
前期末残高	10,000	1,000	100	1,100	500	500	4,500	5,500	0	16,600	16,600
当期変動額											
新株の発行	1,000	1,000		1,000						2,000	2,000
剰余金の配当							▲1,000	▲1,000		▲1,000	▲1,000
剰余金の配当に伴う利益準備金の積立					100		▲100	▲100		—	—
圧縮積立金の積立て						100	▲100	—		—	—
圧縮積立金の取崩し						▲300	300				
当期純利益							2,000	2,000		2,000	2,000
自己株式の取得									▲500	▲500	▲500
自己株式の処分			▲100	▲100					350	250	250
当期変動額合計	1,000	1,000	▲100	900	100	▲200	1,100	900	▲150	2,750	2,750

配当に関する注記例（中小企業会計指針より）

「基準日が当期に属する配当のうち、配当の効力発生日が翌期になるもの

　X08年6月X日開催の定時株主総会の議案として普通株式の配当に関する事項を次のとおり提案しております。

　（ア）　当金の総額　50百万円
　（イ）　1株当たり配当額　15円
　（ウ）　基準日　X08年3月31日
　（エ）　効力発生日　X08年7月X日

なお配当原資については利益剰余金とすることを予定しています。」
（税務申告書に添付する場合）
「X08年6月X日開催の定時株主総会において上記の議案は承認可決されております。（○月○日加筆）」

Q II 5 ■会計基準又は中小企業会計指針による決算書の作成

中小企業であっても、今後は会計基準又は中小企業会計指針に従った決算書の作成が望まれるようになったようですが、具体的に従来の税法準拠の決算書とどこが異なるのでしょうか。また繰延資産の会計処理が変わったそうですが、併せてご教示ください。

A
(1) 前記Ⅱ-1で記載のとおり、今後は、会社法第431条「株式会社の会計は、一般に公正妥当と認められる企業会計の慣行に従うものとする。」、同法第432条第1項「株式会社は、法務省令で定めるところにより、適時に、正確な会計帳簿を作成しなければならない。」、会社計算規則第3条「企業会計の基準その他の企業会計の慣行をしん酌しなければならない。」という規定の中で、決算書等を作成しなければなりません。

(2) 日本税理士会連合会、日本公認会計士協会など関係四団体による「中小企業の会計に関する指針」(以下「中小企業会計指針」) が公表されています (平成18年4月改訂)。また、平成18年度施行の会社法において、取締役と共同して計算書類の作成を行う「会計参与制度」が導入されました。中小企業会計指針は、とりわけ会計参与が取締役と共同して計算書類を作成するに当たって拠ることが適当な会計のあり方を示すものであり、会社計算規則第3条の会計慣行に中小企業会計指針が適合することになると考えられます。

解説

1　会社計算規則の資産・負債の評価の規律

(1) 資産の評価

資産の評価に関する会社計算規則の最も重要な規定は第5条であり、次のとおりです。

① 原則（取得原価）

資産については、この省令又は法以外の法令に別段の定めがある場合を除き、会計帳簿にその取得価額を付さなければならない。

② 減価償却

償却すべき資産については、事業年度の末日（事業年度の末日以外の日にお

いて評価すべき場合にあっては、その日。以下この項において同じ。）において、相当の償却をしなければならない。

③　強制評価減、減損

次の各号に掲げる資産については、事業年度の末日において当該各号に定める価格を付すべき場合には、当該各号に定める価格を付さなければならない。

一　事業年度の末日における時価がその時の取得原価より著しく低い資産（当該資産の時価がその時の取得原価まで回復すると認められるものを除く。）　事業年度の末日における時価

二　事業年度の末日において予測することができない減損が生じた資産又は減損損失を認識すべき資産　その時の取得原価から相当の減額をした額

④　貸倒引当金

取立不能のおそれのある債権については、事業年度の末日においてその時に取り立てることができないと見込まれる額を控除しなければならない。

⑤　償却原価法等

債権については、その取得価額が債権金額と異なる場合その他相当の理由がある場合には、適正な価格を付すことができる。

⑥　低価法、時価法、その他

次に掲げる資産については、事業年度の末日においてその時の時価又は適正な価格を付すことができる。

一　事業年度の末日における時価がその時の取得原価より低い資産

二　市場価格のある資産（子会社及び関連会社の株式並びに満期保有目的の債券を除く。）

三　前2号に掲げる資産のほか、事業年度の末日においてその時の時価又は適正な価格を付すことが適当な資産

(2)　負債の評価

同様に、負債の評価に関する会社計算規則の最も重要な規定は第6条であり、次のとおりです。

①　原則（債務額）

負債については、この省令又は法以外の法令に別段の定めがある場合を除き、会計帳簿に債務額を付さなければならない。

②　引当金その他

次に掲げる負債については、事業年度の末日においてその時の時価又は適正な価格を付すことができる。

一　次に掲げるもののほか将来の費用又は損失（収益の控除を含む。）の発生に備えて、その合理的な見積額のうち当該事業年度の負担に属する金額を費用又は損失として繰り入れることにより計上すべき引当金（株主に対して役務を提供する場合において計上すべき引当金を含む。）

　　イ　退職給付引当金（使用人が退職した後に当該使用人に退職一時金、退職年金その他これらに類する財産の支給をする場合における事業年度の末日において繰り入れるべき引当金をいう。）

　　ロ　返品調整引当金（常時、販売する棚卸資産につき、当該販売の際の価額による買戻しに係る特約を結んでいる場合における事業年度の末日において繰り入れるべき引当金をいう。）

③　（償却原価法）

二　払込みを受けた金額が債務額と異なる社債

④　（時価法その他）

三　前2号に掲げる負債のほか、事業年度の末日においてその時の時価又は適正な価格を付すことが適当な負債

2 企業会計基準（計算省令）、中小企業会計指針、法人税法準拠の主な差異

【「会社計算規則」と「中小企業の会計に関する指針」及び税務の比較表】

	項　目	会社計算規則・会計基準の内容	現会計指針の主な内容	税法準拠
1	様式	勘定科目体系が定められている（会計規106以下）。株主資本等変動計算書、個別注記表。資本の部が純資産の部へ変更	同　左	利益処分概念がなくなり、株主資本等変動計算書対応実務となる。
2	金銭債権	取得価額での評価及び償却原価法を認める（会計規5⑤）。また低価法の適用を容認（会計規5⑥）	同　左	原則として原価法
3	貸倒損失・貸倒引当金	回収不能、取立て不能な債権はそれぞれ貸倒損失、貸倒引当金として計上する。	税務上の損金算入限度額での計上も容認されるが、明らかに取立不能見込み額に満たない場合には不可	税務上の損金算入限度額での計上
4	売買目的有価証券	時価で判断	同　左	税務上の時価評価であるので現行実務との差はないか。
5	その他有価証券	重要性がある場合は時価評価し、評価差額（税効果考慮後）は純資産の部「その他有価証券評価差額金」に振替	同　左	原則として原価法
6	有価証券の減損	取得価額に比べて著しく（50％以上）下落した場合に減損処理を行う。（強制）	重要な差異がなければ、税務上の損金算入限度額での計上も容認される。	原則として原価法
7	固定資産の減価償却	毎期継続して規則的に償却を行う。（強制）	税務上の損金算入限度額での計上も容認される。（強制）	税務上の損金算入限度額以内
8	固定資産の特別償却	租税特別措置法の特別償却の内一時償却は重要性のない場合を除きその他利益剰余金の区分における積立、取崩（税効果考慮後）により特別償却準備金として計上	同　左	租税特別措置法の特別償却を利益処分方式（準備金）ではなく、償却費としているケースがある。

9	固定資産の減損	物理的、機能的減損が生じたとき、または未利用の資産で時価が著しく下落した場合は減損する。グルーピングやキャッシュフロー法にて算定（強制）。（会社計算規則ではいかなる場合にいかなる額の減損損失を認識すべきかまでは規定していない）	減損会計基準におけるグルーピングやキャッシュフロー法までは要求されていない。資産の使用状況に大幅な変更があった場合に減損の可能性について検討する。従って通常の業務に使用している固定資産については考慮しないことも認めている。	減損は原則として有税。ただし災害等固定資産の実体が減失した場合は帳簿価額の切り下げ（法法33②）、有姿除却（法基通7－7－2）等の規定がある。
10	ゴルフ会員権の減損	時価が著しく下落している場合又は発行会社の財政状態が著しく悪化した場合は減損処理を行う。（強制）	同　左	減損は原則として有税
11	金銭債務	原則債務額、債務額を付すことが適当でない負債については時価又は適正な価額（会計規6①②）	原則債務額	原則債務額
12	賞与引当金	翌期に支給する賞与の予定額のうち、当期の負担に属する部分の金額は賞与引当金として計上しなければならない	同左。旧税法「支給対象期間基準」による引当も認められる。	税法で損金算入を認めていない
13	退職給付引当金	期末時要支給退職給付の総額を一定の割引率及び予想残存勤務期間に基づいて計上する。	原則として簡便法（期末自己都合要支給額100%を退職給付債務とする方法）で計上。特則として適用時差異として10年以内の費用化が認められる。	税法で損金算入を認めていない
14	税金費用・税金債務	現金主義ではなく発生主義で債務計上。源泉所得税等も「法人税・住民税及び事業税」に含めて計上する。	同左	現金主義や租税公課勘定処理も可能
15	税効果会計	繰延税金資産の回収可能性の判断は厳格かつ慎重に行う（フローチャート）。重要性のない場合には計上しなくてもよい（注1）	同左	税法では認められていない
16	注記	公開会社か否か、会計監査人設置会社か否かで注記内容が異なる。（注2）	同左	現行税法に対応するための注記が必要

| 17 | 役員賞与 | 利益処分方式がなくなり、発生した会計期間の費用。翌期の株主総会決議の場合は原則として引当金計上 | 同左 | 予め定めることによって確定時期に確定額を支給する役員賞与は損金算入（改正） |

注1　税効果会計

繰延税金資産の回収可能性についての判断基準（中小企業会計指針63）

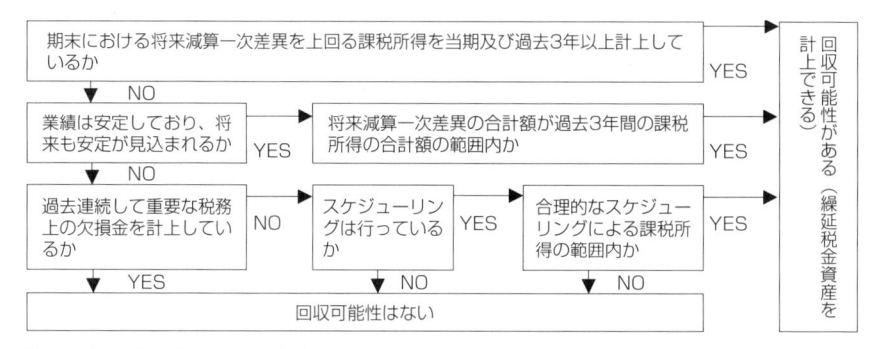

```
期末における将来減算一次差異を上回る課税所得を当期及び過去3年以上計上しているか
  │NO                                                                          YES→
  ▼
業績は安定しており、将来も安定が見込まれるか ─YES→ 将来減算一次差異の合計額が過去3年間の課税所得の合計額の範囲内か ─YES→
  │NO                                                                          
  ▼
過去連続して重要な税務上の欠損金を計上しているか ─NO→ スケジューリングは行っているか ─YES→ 合理的なスケジューリングによる課税所得の範囲内か ─YES→
  │YES                                              │NO                        │NO
  ▼                                                ▼                          ▼
             回収可能性はない
```

→ 回収可能性がある（繰延税金資産を計上できる）

注2　個別注記表（中小企業会計指針82）

会計監査人設置会社以外

	注記項目	非公開会社	公開会社
1	継続企業の前提に関する注記	×	×
2	重要な会計方針に係る事項に関する注記	○	○
3	貸借対照表に関する注記	×	○
4	損益計算書に関する注記	×	○
5	株主資本等変動計算書に関する注記	○	○
6	税効果会計に関する注記	×	○
7	リースにより使用する固定資産に関する注記	×	○
8	関連当事者との取引に関する注記	×	○
9	一株当たり情報に関する注記	×	○
10	重要な後発事象に関する注記	×	○
11	連結配当規制適用会社に関する注記	×	×
12	その他の注記	○	○

3　繰延資産の会計処理の変更

(1) 新しい繰延資産の会計処理

　　会社計算規則では、繰延資産として計上することが適当であると認められる

ものを繰延資産として計上することを認めていますが（会計規106③五）、旧商法施行規則のように、項目、償却方法、償却期間の定めを置いていません。そこで平成18年8月11日、企業会計基準委員会は、「繰延資産の会計処理に関する当面の取扱い」を公表しました。繰延資産の額は剰余金の分配可能額の算定にも影響を及ぼします。

繰延資産としては、株式交付費（新株の発行又は自己株式の処分に係る費用）、社債発行費等（新株予約権発行費を含む）創立費、開業費、開発費の5項目を繰延資産として取り扱うことができる、という規定になり、従来の建設利息及び社債発行差金が廃止されています。なお、税法固有の繰延資産は、会計上は「長期前払費用」等として計上することになっています（中小企業会計指針43）。

これらの項目については原則として費用処理ですが、繰延資産として計上し、効果の及ぶ期間で償却することも認めています。

また償却については、年数を基準とした償却ではなく、計上月から月数等を基準とした償却、すなわち、年割償却から月割償却へ変更されています。

(2) 具体的な繰延資産の範囲と処理方法

① 株式交付費

会社法では、新株の発行と自己株式の処分の募集手続は募集株式の発行等として同一の手続によることとされ、両者は「株式交付費」として整理されています。　原則支出時に営業外費用処理しますが、資金調達活動（組織再編を含む）として株式を交付するような場合には、資産計上し、株式交付のときから3年以内の効果の及ぶ期間で定額法償却することが認められます。

② 社債発行費（新株予約権の発行に係る費用を含む）

原則支出時に営業外費用処理しますが、資金調達活動（組織再編を含む）などの財務活動に係るものは、①と同様に資産計上し、償還までの期間にわたり利息法により償却（継続適用を条件として定額法を採用できる）することが認められます。

③ 創立費、開業費

原則支出時営業外費用処理。5年以内の効果の及ぶ期間で定額法償却ができます。

④ 研究費及び開発費

　原則支出時売上原価・販売費及び一般管理費処理。5年以内の効果の及ぶ期間で定額法その他の合理的方法により償却することが認められます。

⑤ 社債発行差金の取扱い

　会社計算規則では、払い込みを受けた金額が債務額と異なる社債については、事業年度の末日における適正な価格を付すことができるとされたことから（会計規6②二）、これまで繰延資産として取り扱われてきた社債発行差金に相当する額は、社債金額から直接控除することとされました。なお、社債を社債金額よりも低い価額又は高い価額で発行した場合には、償却原価法に基づいて算定された価額をもって貸借対照表価額としなければならないこととされています。

■企業結合・分離会計の導入

Q II 6
組織変更、合併、会社分割、株式交換及び株式移転に関する会社法の規定により、その詳細が組織再編行為に関する計算規則に委任されています。そして計算規則は「企業結合会計基準」「事業分離等に関する会計基準」との整合性を意図していますので、それら会計基準の内容について教えてください。

A

1 組織再編の会計（企業結合会計及び事業分離会計）の概要

従来、日本の会計基準では、合併の処理についての会計基準がなく、商法の範囲内（いわゆる「時価以下主義」）で幅広い会計処理が行われてきました。合併に際しては税務に注意しておけば、企業にとって有利な会計処理ができたわけです。また、のれん（営業権）の償却方法についても、5年以内であれば任意となっていました。しかし、欧米で企業結合の会計基準が公表され、近年、日本でもM&Aが増加傾向にあることから、企業結合会計基準等の必要性が出てきたのです。

そこで「企業結合会計基準」（平成15年10月公表）「事業分離等に関する会計基準」「企業結合会計基準及び事業分離等会計基準に関する適用指針」（平成17年12月公表）が公表され、平成18年4月より適用されていますのでこの理解が先ず必須となります。

2 要点

この組織再編の会計（企業結合会計及び事業分離会計）についての要点は「中小企業会計指針」において次のとおりまとめられています。

(1) 企業結合

企業結合が行われた場合、結合企業に適用すべき会計処理は、企業結合の会計上の分類に基づき決定されます。

会計上の分類は、

① 取得（一方の会社が他の会社を支配したと認められる企業結合）
② 持分の結合（いずれの会社も他の会社を支配したとは認められない企業結合）
③ 共同支配企業の形成（共同支配となる企業結合）

④　共通支配下の取引等（親会社と子会社、あるいは子会社と子会社の企業結合などグループ内の組織再編）

の4つです。

(2)　結合企業が被結合企業から受け入れる資産及び負債

　結合企業が被結合企業から受け入れる資産及び負債は、企業結合が取得と判定された場合には時価を付し、それ以外の場合には被結合企業の適正な帳簿価額を付すことになります。

　ただし、取得と判定された場合であっても、中小企業会計指針では、結合企業（取得企業）が受け入れる資産及び負債について、以下のいずれかの要件を満たす場合には、被結合企業（被取得企業）の適正な帳簿価額を付すことができる、と緩和されています。

①　企業結合日の時価と被結合企業の適正な帳簿価額との間に重要な差異がないと見込まれるとき
②　時価の算定が困難なとき

　また、取得以外の企業結合の場合には、被結合企業の適正な帳簿価額を付さなければなりません。ここで、適正な帳簿価額とは、一般に公正妥当と認められる企業会計の基準その他の企業会計の慣行を斟酌して算定された帳簿価額をいいます。従って、企業会計の基準等に照らして帳簿価額に誤りがある場合には、その引継ぎに際して修正を行うことになります。

　このように、結合企業が受け入れる資産及び負債を時価以下の範囲で適宜に評価替えするような会計処理は認められません。

　企業結合が取得と判定された場合及び共通支配下の取引等のうち少数株主との取引（親会社と子会社が合併する場合で、少数株主が保有する子会社株式を交換する取引など）に該当する場合には、結合企業が交付する株式等の財は時価で測定しなければなりません。

　しかしここでも中小企業会計指針では緩和（持分プーリングの適用の余地を拡大）し、「ただし、株式等の財の時価の算定が困難な場合には、資産及び負債の時価を基礎とした評価額（時価の算定が困難な場合には適正な帳簿価額による純資産額）を用いることができる。」としています。

(3) 事業分離

事業分離が行われた場合、分離元企業に適用すべき会計処理は、分離元企業にとって移転した事業に対する投資が継続しているかどうかに基づき決定されます。

投資が継続している場合(受取対価が株式のみで、その株式が子会社株式又は関連会社株式に該当する場合)には、損益は発生せず、投資が清算された場合(受取対価が現金の場合など)には、原則として移転損益が発生します。

〈企業結合の会計上の分類〉

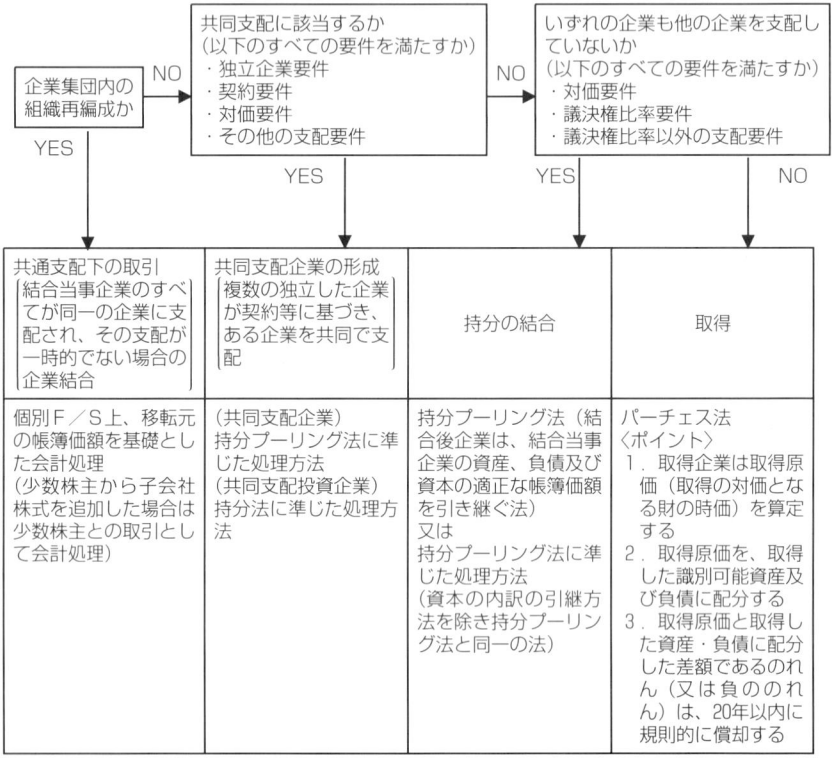

企業集団内の組織再編成か	共同支配に該当するか(以下のすべての要件を満たすか)・独立企業要件・契約要件・対価要件・その他の支配要件		いずれの企業も他の企業を支配していないか(以下のすべての要件を満たすか)・対価要件・議決権比率要件・議決権比率以外の支配要件	
	NO →	YES	NO →	
YES ↓	↓ YES		↓ YES	↓ NO
共通支配下の取引(結合当事企業のすべてが同一の企業に支配され、その支配が一時的でない場合の企業結合)	共同支配企業の形成(複数の独立した企業が契約等に基づき、ある企業を共同で支配)	持分の結合	取得
個別F/S上、移転元の帳簿価額を基礎とした会計処理(少数株主から子会社株式を追加した場合は少数株主との取引として会計処理)	(共同支配企業)持分プーリング法に準じた処理方法(共同支配投資企業)持分法に準じた処理方法	持分プーリング法(結合後企業は、結合当事企業の資産、負債及び資本の適正な帳簿価額を引き継ぐ法)又は持分プーリング法に準じた処理方法(資本の内訳の引継方法を除き持分プーリング法と同一の法)	パーチェス法〈ポイント〉1.取得企業は取得原価(取得の対価となる財の時価)を算定する2.取得原価を、取得した識別可能資産及び負債に配分する3.取得原価と取得した資産・負債に配分した差額であるのれん(又は負ののれん)は、20年以内に規則的に償却する

(出典:阿部泰久(財)日本税務研究センター『税研 2006.3』21頁)

(4) 会計基準と税法基準の相違

組織再編税制では、組織再編成により資産を移転した場合には、原則として時価による譲渡として処理し、税務上の適格要件を満たす場合には簿価引継ぎ

で処理するものとされています（法法62、62の２）。

　他方会計基準では上記チャートの判定手続に従って時価（パーチェス法）と簿価引継ぎ（持分プーリング法）のいずれかが適用されることになるので、会計と税務で処理結果が異なる可能性があります。この差異については、法人税申告書で申告調整を行うことになりますので、実務上留意が必要です。

　企業結合が「持分の結合」と判断された場合には、結合当事企業は適正な帳簿価額を算定しなければなりません。この場合の「適正な帳簿価額」とは、一般に公正妥当と認められる企業会計の基準に準拠した帳簿価額であるとされ、従って会計処理や評価の誤りがある場合には引継ぎ前にその修正を行うことになります（適用指針130）。

　従って金融商品会計基準、固定資産の減損会計が適用されていない場合には修正を行った上で帳簿価額を引き継ぐことになりますが、結合当事会社が非公開企業の場合等は困難な論点になります。

３　合併・分割における会社法、会計基準、税法処理

(1)　合併における会社法、会計基準

　会社計算規則においては、会計基準との整合性をとって、組織再編を①取得、②持分の結合、③共同支配企業の形成、④共通支配下の取引等の４種に分類し処理を規定しています。中心的には、のれんと株主資本及び社員資本について規定し、その他の会計処理は、一般に公正妥当な会計慣行によるものされています。

　この結果、会計処理は、取得（パーチェス法）、持分の結合（持分プーリング法）を基本とし、共同支配企業の形成（持分プーリング法に準ずる方法）、共通支配下の取引（持分プーリング法に準ずる特別な方法）により処理することになります。

　また、合併対価については、施行後１年間の凍結期間があるものの、被合併法人の株主へ合併法人の株式及び出資以外の資産を交付することも認められました。

　上記のとおり、会社計算規則において、合併におけるのれんと資本増減関係について、規定があります。

　のれん全体について………第11条

吸収合併におけるのれん………第12条から第15条
　　新設合併におけるのれん………第21条から第23条
　　吸収合併における株主資本及び社員資本………第58条から第62条
　　新設合併における株主資本及び社員資本………第76条から第79条
 (2) 法人税法における合併処理
　法人税法においては、適格合併と非適格合併の2区分しか存在しません。適格合併とされる場合には、持分プーリング法と同様な処理となり、非適格合併とされる場合には、パーチェス法と同様な処理になります。
 (3) 分割
　会社分割においても合併と同様のことが言えます。会社計算規則では、たとえば吸収分割におけるのれんの計上は、「取得」＝時価で評価する場合＝パーチェス法（会計規16）、共通支配下関係にある場合（会計規17）、子会社と分割型吸収分割をする場合（会計規18）、「持分の結合」＝のれんの計上の禁止＝持分プーリング法（会計規19）、共同支配企業の形成（会計規25）に分けられ、株主資本についても同様にそれぞれの場合に分けて規定されています（会計規63～67）。
　この他、各組織再編行為が行われた場合ののれんと株主資本の関係は次の表のとおり会社計算規則に規定されています。

【各種の組織再編成行為と企業結合会計基準等との関係】

組織再編行為等	経済的実態	のれん 会社計算規則	のれん 企業結合会計基準等適用指針	株主資本 会社計算規則	株主資本 企業結合会計基準等適用指針
吸収合併	取得	12条	30項、51項	58条	79項、80項
吸収合併	持分の結合	—	—	61条	134項、135項、136項
吸収合併	共通支配下の取引（親存続の親子合併を除く）	13条	243項、251項	59条	210項、247項、251項、254項
吸収合併	共通支配下の取引（親存続の親子合併）	14条	206項	60条	206項
吸収合併	逆取得	—	—	62条	84項
吸収合併	共同支配企業の形成	—	—	62条	185項、186項
吸収分割	取得	16条	30項、51項	63条	79項、80項
吸収分割	持分の結合	—	—	67条	154項、155項
吸収分割	共通支配下の取引（子から親の分割型分割を除く）	17条	231項	64条・66条	214項、227項、231項、234項、256項
吸収分割	共通支配下の取引（子から親への分割型分割）	18条	218項	65条	218項
吸収分割	逆取得	—	—	67条	84項
吸収分割	共同支配企業の形成	—	—	67条	193項
株式交換	取得	—	—	68条	111項、112項
株式交換	持分の結合	—	—	69条	164項、165項
株式交換	共通支配下の取引	20条	—	69条	236項
株式交換	逆取得	—	—	—	118項
株式交換	共同支配企業の形成	—	—	—	—
新設合併	取得	21条	30項、51項	76条	—
新設合併	持分の結合	—	—	78条	134項、135項、136項

新設合併	共通支配下の取引	22条	—	77条	—
	逆取得	—		—	
	共同支配企業の形成	—	—	条	
新設分割	取 得	24条、25条、26条	30項、51項	80条、81条、82条	79項、80項
	持分の結合		—		129項、154項、155項
	共通支配下の取引		—		261項、264項
	逆取得	—	—	—	—
	共同支配企業の形成	24条、25条、26条	—	80条、81条、82条	193項
株式移転	取 得	27条、28条	30項、51項	83条	122項
	持分の結合		—		164項、165項
	共通支配下の取引		—		239項、258項
	逆取得	—	—	—	—
	共同支配企業の形成	—	—		—
現物出資	取 得	—		37条1項1号イ・ロ	79項、80項
	持分の結合	—	—		129項
	共通支配下の取引	—	—	37条1項1号ハ	—
	逆取得	—	—		84項
	共同支配企業の形成	—	—		—
事業譲受	取 得	29条1項	30項、51項	—	—
	持分の結合	—	—	—	—
	共通支配下の取引	29条2項	224項（親→子）	—	—
	逆取得	—	—	—	—
	共同支配企業の形成	—	—	—	—

（出典：『T&Amaster 2006.3.27』郡谷大輔）

III 企業組織再編税制の概要

Q III-1 ■企業組織再編税制のフレームワーク

企業組織再編税制の基本的な考え方について教えてください。

A
(1) 企業組織再編税制は、平成12年の商法改正で「会社分割」という新しい組織法上の制度が認められたことを受けて、平成13年の税制改正で、合併・会社分割・現物出資・事後設立の四態様に係る税務について、企業組織再編税制として創設されました。

(2) 株式交換・株式移転制度については、平成11年の商法改正を受けて、同年の税制改正で、租税特別措置法において手当てされました。

その後、平成18年の税制改正において、法人税本法の企業組織再編税制の中に取り込まれました。

(3) 企業組織再編税制では、その適格要件を①企業グループ内の組織再編と、②共同事業を行うための組織再編の2つに大別しています。

解説

1 税法からみた会社分割の性格

会社分割は、平成18年の会社法施行により、すべてが物的分割として捉えられ、いわゆる人的分割については「物的分割＋剰余金の配当」として捉えられることになりました。

税法では、平成13年の企業組織再編税制の創設以来、実は、分割型分割については、既に会社法と同様の考え方をすることにより、株主に対する課税関係を説明していました。従って、会社法上は、会社分割はすべて物的分割として説明されますが、税法上の「分社型分割」「分割型分割」という2つの考え方は、平成18年税制改正以後もそのまま存置されます。

組織再編税制は、創設以来、当事法人の課税関係と株主の課税関係を考える

とき、①分社型分割と現物出資、②分割型分割と合併、といった組み合わせにより類似した経済効果と課税関係が説明されます。この考え方は、会社法施行後の課税関係についても同様です。平成18年税制改正以後は、3つ目のカテゴリーとして、③株式交換と株式移転が加えられました。

上記①及び②について、平成12年の政府税制調査会の資料を基にみてみましょう。

図①-1　新設型現物出資と新設型分社型分割

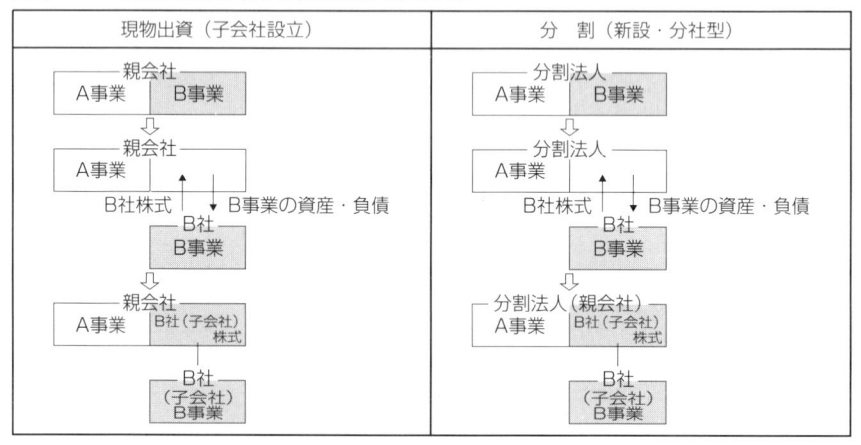

図①-1では、現物出資によって子会社を設立する場合と、分社型（新設）分割によって子会社を設立する場合とでは、全く同じ結果となります。

図①-2　現物出資による増資と吸収型分社型分割

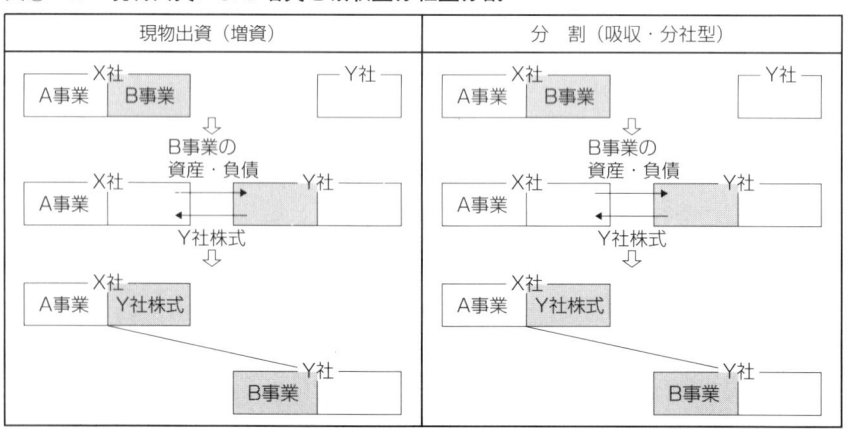

また、図①-2では、現物出資による増資によっても、吸収型分社型分割によっても結果は同じになります。このように、現物出資と、吸収型分社型分割は、大変よく似た手法であるといえます。

図②　吸収型合併と吸収型分割型分割

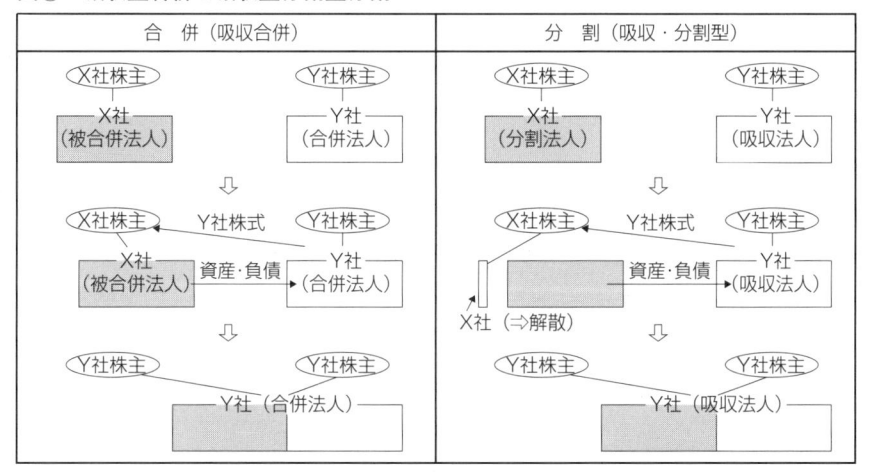

合　併（吸収合併）	分　割（吸収・分割型）
X社株主　　　Y社株主 X社（被合併法人）　→　Y社（合併法人） ⇩ X社株主　Y社株式　Y社株主 X社（被合併法人）　資産・負債　Y社（合併法人） ⇩ Y社株主　　Y社株主 　Y社（合併法人）	X社株主　　　Y社株主 X社（分割法人）　→　Y社（吸収法人） ⇩ X社株主　Y社株式　Y社株主 　　資産・負債　Y社（吸収法人） X社（⇒解散） ⇩ Y社株主　　Y社株主 　Y社（吸収法人）

　図②においては吸収型分割型分割によって分割法人の営業の全部を分割承継法人に分割し、その後直ちに分割法人が解散・消滅すれば、吸収合併と何ら変わらない結果となります。

　上記の図のうち特に分割型分割の図は、平成12年当時の資料の抜粋ですから、旧商法の捉え方によるので、再編により発行される吸収法人Ｙ社の新株がＸ社の株主に直接渡されるような図になっています。しかし、税法上は、その当時からＸ社の資産・負債をＹ社に分割する対価として、いったんＹ社の新株をＸ社が受け取り、その新株をＸ社からＸ社の株主に渡すという捉え方をしています。

組織再編税制導入時(平成13年)の商法の考え方と税務の考え方

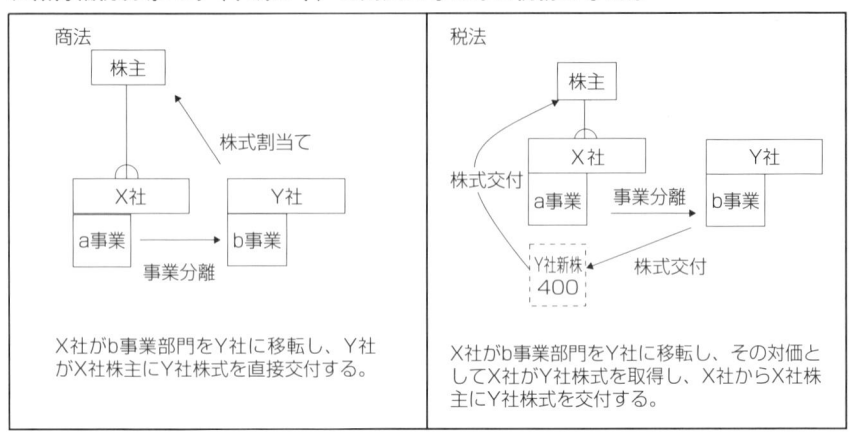

商法	税法
X社がb事業部門をY社に移転し、Y社がX社株主にY社株式を直接交付する。	X社がb事業部門をY社に移転し、その対価としてX社がY社株式を取得し、X社からX社株主にY社株式を交付する。

　会社法施行後は、分割型分割については、会社法上「物的分割＋剰余金配当」という考え方になり、従前からの税法の考え方と同様の捉え方になりました。

　なお、合併における新株発行についても、税法は、従前から、分割型分割と同様の考え方で捉えています。

　このように、分社型分割は現物出資と、分割型分割は合併と類似していることがわかります。税法でも、この点に着目し、会社分割の税制においては、常に会社分割を分社型と分割型に分けて考え、「分社型分割と現物出資」、「分割型分割と合併」といった組み合わせで法律構成されています。

2　平成13年に企業組織再編税制が整備された背景

　企業組織再編税制が整備された平成13年頃の経済状況は、バブル経済崩壊後の不況が依然として続いている状況でした。そのような時代において、企業が組織を変革し、生き残りをかけていくためには、2つの方向性が考えられました。1つは、資本関係で結ばれたグループ企業全体を円滑に運営していく方向です。いわゆる持株会社組織の中での事業を再構築し、機動的に経営改革を進めて行く場合などです。もう1つは、従来の資本関係の枠を越え、より大きな競争単位として複数の企業が共同で事業を進めていく方向です。ライバル会社同士が合併したり、新しいビジネスを展開するために異業種の分野を取り込み事業統合したりする場合などです。

このように、組織変革の2つの方向性として、前者は「企業グループ内の組織再編成」として、後者は、「共同事業を行うための組織再編成」として捉えることができます。また、この方向性は、企業が行う組織再編成の段階の中で、複合的に組み合わされていくこともあります。第一段階として「共同事業」を行うことにより、複数の当事会社の各事業部門を統合し、最終的に持株会社を作って「企業グループ」化する場合もありますし、また、先に持株会社を作り「企業グループ」化した上で、各当事会社の事業を再編・統合して行く場合もあります。

　商法において、平成9年の持株会社制度の解禁以後、平成11年には株式交換・株式移転制度が創設され、平成12年には会社分割制度が創設されるなど、企業組織再編成の法制度が整備されたことにより、合併・会社分割・現物出資など様々な手法を駆使して組織再編成が行うことができる環境になりました。複雑多岐にわたる組織再編成の手法を、税法が個別に手当てしていては、必ずや矛盾が生じ、租税回避行為を助長することにもなりかねません。そこで、平成13年の税制改正において、従来の組織再編成の税法を全面的に見直し、一貫した税制の整備が行われるに至りました。

3　企業組織再編税制の考え方

　企業組織再編成時における課税問題を考えるときには、以下の3つの側面があります。

(1)　組織再編当事法人に係る法人税

　企業組織再編成により移転する資産の譲渡損益の額の取扱い

(2)　組織再編当事法人の株主に係る課税問題

　株式の譲渡損益の額とみなし配当の取扱い

(3)　当事法人に係るその他の課税問題

　登録免許税・消費税・不動産取得税などの取扱い

　この中で特に重要なのは、(1)の企業組織再編成により移転する資産の譲渡損益の額の取扱いです。

　平成13年度の税制改正において、合併・会社分割・現物出資・事後設立について、企業組織再編税制として、統一的な考え方に基づく税制が確立されました。

平成13年改正により、企業組織再編税制では、組織再編成により法人が有する資産を移転する場合には、原則として時価による取引として譲渡損益の額を認識すること（時価譲渡）となりました。ただし、その組織再編成で資産を移転する場合であっても、実質的にその資産に対する支配が継続されていると認められる場合、すなわち、資産を移転する前後で経済実態に実質的な変更がない場合は、特例として、資産は帳簿価額で移転するとし、譲渡損益の額を認識しないこと（簿価引継ぎ又は簿価譲渡）となりました。
　移転する資産の譲渡損益の額を認識しない組織再編成、すなわち、資産の譲渡損益に対する課税が繰り延べられる組織再編成の特例とは、

(a)　企業グループ内の組織再編成
(b)　共同事業を営むための組織再編成

に限られ、更に一定の要件を満たすことが必要です。この組織再編成の特例に当てはまる場合は、実質的にその資産に対する支配が継続されていると認められ、移転資産は簿価引継ぎ又は簿価譲渡が強制適用となり、譲渡損益の額に対する課税はありません。この一定の要件の下、資産について帳簿価額により移転し譲渡損益の額を認識しない組織再編成の特例を、税法では、「適格組織再編成」といいます。
　営業譲渡や買収目的の合併など、企業組織の再編成を行う目的ではない場合の資産の移転に対しては、原則どおり、時価譲渡として譲渡損益の額を認識し、当該法人の所得の金額を計算することになります。
　株式交換・株式移転の制度は、平成11年の税制改正で、租税特別措置法において一定の要件を満たしたものについては、株主の課税の繰延べの措置が手当てされました。その後、会社法において、株式交換・株式移転が、合併・会社分割と同様に組織再編行為として位置付けられたことを受けて、平成18年の税制改正において、株式交換・株式移転についても法人税法本法の企業組織再編税制に取り込まれました。株式交換・株式移転に係る組織再編税制は、Ⅳ-1を参照してください。

Q III 2 ■合併における税制適格要件の概要

合併における税制適格要件の概要について教えてください。

A
(1) 合併による被合併法人から合併法人への資産等の移転は、原則、時価による譲渡として取り扱われます（非適格合併）。この場合、被合併法人において移転資産等の譲渡損益課税があります。

(2) また、原則による時価譲渡としての合併（非適格合併）であれば、被合併法人の株主において、旧株の譲渡損益及びみなし配当に対する課税が生じることになります。

(3) 税制適格要件を満たす適格合併については、特例として、資産等の移転は簿価による引継ぎとなり、株主における旧株の譲渡損益及びみなし配当の課税も繰り延べられます。

(4) 適格合併における移転資産等の簿価引継ぎは、強制適用となります。

解説

1 用語の整理と適用条文

用語	条文	
被合併法人	法法2 十一	合併によりその有する資産及び負債の移転を行った法人をいう。
合併法人	法法2 十二	合併により被合併法人から資産及び負債の移転を受けた法人をいう。

	定義	被合併法人の課税	合併法人の純資産
適格合併	法法2 十二の八	法法62の2	法令8①五、法令9①二
非適格合併		法法62	法令8①五

2 適格合併

合併における税制適格要件は、①企業グループ内における適格合併と、②共同事業を営むための適格合併に大別されます。

(1) 企業グループ内の適格合併

「企業グループ」の範囲については、株式の保有割合が50％超の関係にある法人間の範囲を指します。

すなわち、その合併に係る被合併法人と合併法人（当該合併が新設合併であ

る場合にあっては、当該被合併法人と他の被合併法人)との間にいずれか一方の法人が他方の法人の発行済株式等の総数(出資にあっては、総額)の50%超を直接又は間接に保有している場合をいいます。すなわち、議決権の割合ではなく、発行済株式に対する保有割合で判定することになります。この場合、自己株式がある場合は、発行済株式から自己株式を除いたところで判定します。また、名義株については、実際の権利者が保有する者として判定することになります。

　株式の保有割合が50%超の関係であるかどうかを判定する株式の保有形態については、2つの形態があります。1つは、当該法人間において、いずれか一方の法人が他方の法人の発行済株式等を50%超保有している関係です。これを「当事者間の支配関係」といいます。もう1つは、当該法人がそれぞれ「同一の者」により、発行済株式等の50%超を保有される関係です。これを「同一の者による支配関係」といいます。いずれの場合も、この持分の保有については、直接に保有する場合だけではなく、間接に保有する場合も含まれます。

　また、税法上は、50%超の株式を保有する株主は法人だけではなく、個人株主でもよいとされています。「同一者による支配関係」で、当該者が「個人」の場合、保有される株式が50%超であるかどうかの判断基準となる「個人」の範囲は、下図のようになります。なお、「当事者間の支配関係」並びに「同一者による支配関係」は、再編前の株式の保有形態で判断します。適格合併であるためには、合併後において当該同一者による支配関係が継続することが見込まれていなければなりません。

「個人」の範囲　(法令4①、4の2)

個人株主	個人株主と特殊の関係のある個人	親族(民法第725条に規定する六親等内の血族、配偶者、三親等内の姻族)	左の者と生計を一にする親族
		内縁関係の者	
		使用人	
		左の個人株主から受ける金銭等で生計を維持している者(上記の者を除く)	

　企業グループ内の適格合併については、①100%グループ内の適格合併(法

法2十二の八イ）と②50％超100％未満グループ内の適格合併（法法2十二の八ロ）により適格要件が異なります。
① 100％グループ内の適格合併の要件（法法2十二の八イ）
　100％グループ内の適格合併の要件は、合併に際して、被合併法人の株主に対し合併法人の株式以外の資産が交付されないこと、とされています。すなわち、金銭等の交付がなければ、適格合併となります。
② 50％超100％未満グループ内の適格合併の要件（法法2十二の八ロ）
　50％超100％未満グループ内の適格合併については、以下の3つの要件を満たすことが必要です。
　　㋑　株式以外の資産が交付されないこと
　　㋺　従業者引継要件
　　　　従業者の概ね80％以上が引き続き業務に従事する見込みであること
　　㋩　事業継続要件
　　　　移転した事業が引き続き営まれる見込みであること
(2) 共同事業を営むための適格合併（法法2十二の八ハ、法令4の2③）
　株式の保有割合が50％以下の関係にある法人間での合併については、以下のように、企業グループ内の適格合併で必要とされた3つの要件（㋑～㋩）に加えて、更に3つの要件（㋥～㋬）をすべて満たすことが必要となります。
　　㋑　株式以外の資産が交付されないこと
　　㋺　従業者引継要件
　　　　従業者の概ね80％以上が引き続き業務に従事する見込みであること
　　㋩　事業継続要件
　　　　移転した事業が引き続き営まれる見込みであること
　　㋥　事業関連性要件
　　　　事業の関連性があること
　　㋭　事業規模類似要件又は特定役員派遣要件
　　　　被合併法人と合併法人の売上金額、従業者数、資本金額又はこれらに準ずるもののいずれかの規模の割合が1：5の範囲内であること、又は、被合併法人のいずれかの特定役員及び合併法人のいずれかの特定役員が双方ともに合併後の特定役員となることが見込まれていること

（ヘ）　株式継続保有要件

　　　　「被合併法人の株主で、合併により交付を受ける合併法人の株式の全部を継続して保有することが見込まれる者」が有する被合併法人の株式の数を合計した数が、被合併法人の発行済株式の80％以上であること（議決権のある株式に限り、被合併法人の株主が50人未満である場合に限る）

3　適格合併における被合併法人株主の課税

　税制適格要件を満たした合併であれば、被合併法人における移転資産等の課税がないほか、株主においても課税が生じることはありません。

4　非適格合併

　税制適格要件を満たさない合併は、税制非適格の合併として被合併法人から合併法人への資産等の移転について、原則、時価による譲渡として取り扱われます（非適格合併）。この場合、被合併法人において移転資産等の譲渡損益課税があります。また、非適格合併であれば、被合併法人の株主において、旧株の譲渡損益及びみなし配当に対する課税が生じることになります。

5　適格合併における簿価引継ぎ

　税制適格要件を満たす適格合併については、資産等の移転は簿価による引継ぎが強制されることになります。これは、税務上の簿価を引き継ぐということであるため、合併法人は被合併法人の利益積立金額をそのまま引き継ぐことになります。

税制適格要件の概要図（合併・会社分割・現物出資）

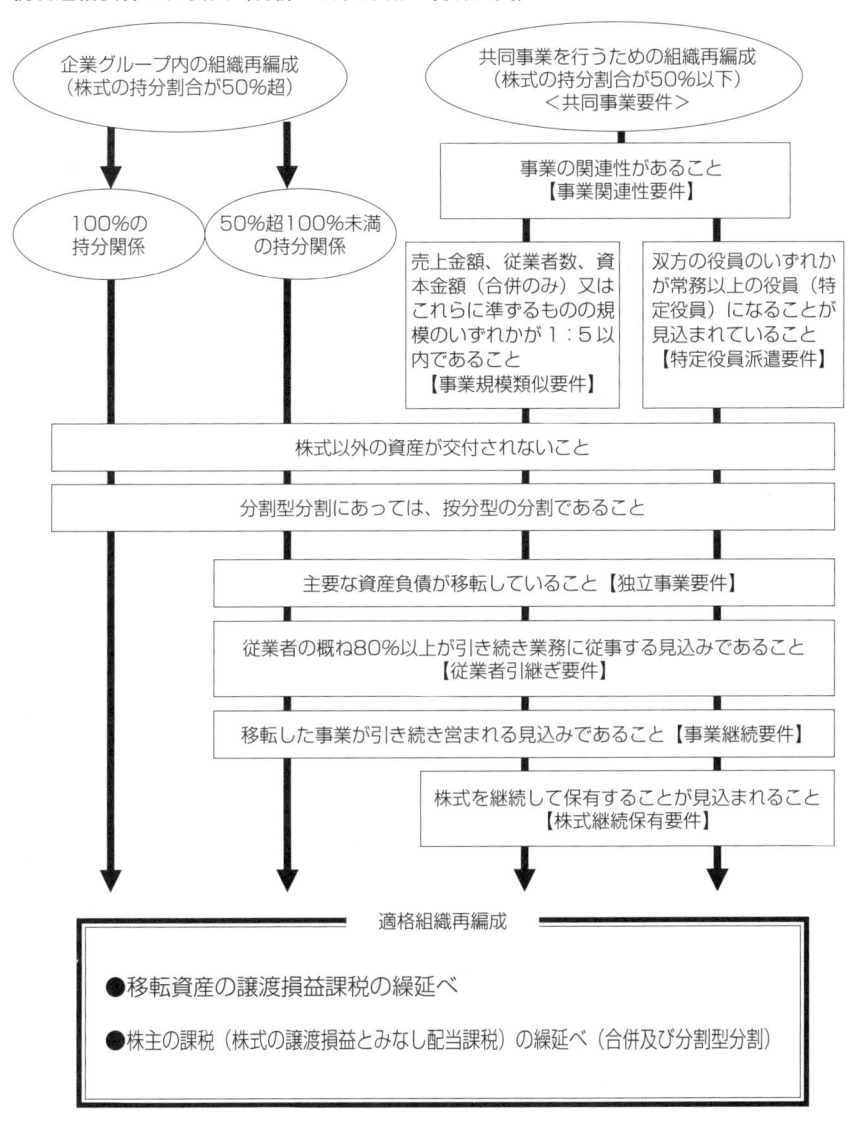

```
┌─────────────────────┐        ┌─────────────────────┐
│ 企業グループ内の組織再編成 │        │ 共同事業を行うための組織再編成 │
│ （株式の持分割合が50%超） │        │ （株式の持分割合が50%以下）  │
└─────────────────────┘        │    ＜共同事業要件＞     │
                               └─────────────────────┘
                                          │
                                          ▼
                               ┌─────────────────────┐
                               │  事業の関連性があること   │
                               │   【事業関連性要件】    │
                               └─────────────────────┘
   ┌──────┐  ┌──────┐    ┌──────────┐ ┌──────────┐
   │100%の  │  │50%超100%│   │売上金額、従業│ │双方の役員のい│
   │持分関係 │  │未満の持分│   │者数、資本金 │ │ずれかが常務以│
   │        │  │関係     │   │（合併のみ）又│ │上の役員（特 │
   └──────┘  └──────┘    │はこれらに準ず│ │定役員）になる│
                                │るものの規模 │ │ことが見込まれ│
                                │のいずれかが1:│ │ていること   │
                                │5以内であるこ│ │【特定役員派遣│
                                │と           │ │要件】       │
                                │【事業規模類似│ │             │
                                │要件】       │ │             │
                                └──────────┘ └──────────┘
```

- 株式以外の資産が交付されないこと
- 分割型分割にあっては、按分型の分割であること
- 主要な資産負債が移転していること【独立事業要件】
- 従業者の概ね80％以上が引き続き業務に従事する見込みであること【従業者引継ぎ要件】
- 移転した事業が引き続き営まれる見込みであること【事業継続要件】
- 株式を継続して保有することが見込まれること【株式継続保有要件】

適格組織再編成

- ●移転資産の譲渡損益課税の繰延べ
- ●株主の課税（株式の譲渡損益とみなし配当課税）の繰延べ（合併及び分割型分割）

Ⅲ　企業組織再編税制の概要

Q III 3 ■適格合併の要件(1) 100％グループ内適格合併

100％グループ内適格合併における税制適格要件について詳しく教えてください。

A
(1) 100％グループ内の適格合併であれば、被合併法人に対し金銭等が交付されなければ、適格合併として取り扱われます。
(2) 反対株主の買取請求権の行使に伴う金銭の交付、端株の売却代金として株主に交付する金銭、配当見合金として株主に交付する金銭については、「株式以外の資産の交付」には該当しません。

解説

1 適格合併の要件

企業グループ内の合併において100％の株式の保有関係、すなわち、100％親子会社関係（当事者間の完全支配関係）や100％兄弟会社関係（同一の者による完全支配関係）にある場合の合併（法法4の2①）は、実質的には、資産が移転してもその支配関係は全く変化しないと考えられます。従って、100％の株式保有関係にある法人間の合併においては、被合併法人の移転資産及び負債の対価として金銭等の交付がなければ、適格合併として、資産及び負債は帳簿価額で移転し、譲渡損益の額は認識しません（法法2十二の八イ）。

ただし、同一の者による100％の支配関係（完全支配関係）は、再編前のみならず再編後も継続される見込みがなければなりません。従って、第三者割当増資の予定がある場合などは、100％の完全支配関係を維持する見込みのある適格合併とはならないので注意が必要です。

なお、再編後に完全支配関係が崩れても、後述の50％超100％未満の支配関係が継続されるのならば、50％超100％未満の株式保有割合にある法人間での適格合併の要件を満たすことによって、税制適格となります。

2 税制非適格となる交付金銭等の意義

企業組織再編税制において適格要件を満たす場合、「移転する資産の支配が継続されている」ことが大前提となります。従って、組織再編成における移転資産の対価として株式以外の交付、すなわち、金銭等の交付があった場合は、

組織再編成ではなく、"買収"に当たると解されることから、適格組織再編成とはなりません。

　しかし、この金銭等の交付については、あくまでも「企業組織再編における移転する資産及び負債の対価」として交付するかどうかということですから、以下の場合については金銭等の交付があっても適格組織再編成から外れるものではありません。

　① 新株の割当てに際して1株未満の株式が生じたために、端数株の売却代金として株主に交付する金銭（法基通1－4－2）
　② 反対株主が株式買い取り請求権を行使した場合に株主に支払う金銭（法法2十二の八）
　③ 被合併法人の配当見合い金として株主に交付する金銭（法法2十二の八）

　しかしながら、合併比率の調整のために合併交付金を支払った場合には、合併対価の一部を現金で交付したと考えられるため、「株式以外の資産を交付」したことになり、非適格合併として取り扱うことになります。

Q III 4 ■適格合併の要件(2) 50%超100%未満のグループ内適格合併

50%超100%未満のグループ内適格合併における税制適格要件について詳しく教えてください。

A 以下の３つの税制適格要件が必要とされます。
① 移転する資産等の対価として株式以外の金銭等の交付がないこと
② 従業者引継要件を満たすこと
③ 事業継続要件を満たすこと

解説

1　適格合併の要件

　株式の保有割合が50%超100%未満の関係にある企業グループ内で適格組織再編成を行うには、移転する資産及び負債の対価としての株式以外の金銭等の交付がないこと（Ⅵ-1参照）のほかに、以下の２つの要件を満たすことが必要です。

① 従業者の概ね80%以上が引き続き合併法人の業務に従事する見込みであること（従業者引継要件）
② 被合併法人の事業が合併法人において引き続き営まれることが見込まれていること（事業継続要件）

　また、株式の保有割合が50%超100%未満の支配関係は、再編前のみならず再編後も継続される見込みがなければなりません。もし、再編後に50%以下の持株関係になってしまう見込みがある場合は、企業グループ内の適格組織再編成とはならないので注意が必要です。

　なお、再編後に持分割合が50%超の支配関係が崩れても、共同事業を行うための組織再編成における適格要件を満たす場合は、適格組織再編成となります。

2　従業者引継ぎ要件

　合併においては、被合併法人のすべての資産及び負債が引き継がれることになります。従って、事業に係る「物」の移転は当然ですが、適格合併において

は、「物」の移転だけではなく、事業に係る「人」の移転についても考慮すべきであるという考えから、従業者の引継ぎが適格要件に加えられています。

　適格合併における従業者引継要件とは、被合併法人のすべての従業者のうち概ね80％が合併法人に引き継がれ、合併法人の業務に従事することが見込まれることが必要とされています（法法２十二の八ロ(1)）。

　ここでいう従業者とは、雇用契約に基づく従業員だけをいうのではありません。役員、出向受入社員、派遣社員、アルバイトやパートタイマーなども含まれます。

　ただし、他社に出向している者については、被合併法人の従業員であっても、被合併法人の事業に従事していないことから「従業者」からは除かれます。

　また、被合併法人の事業に従事する者であっても、例えば日々雇い入れられる者で従事した日ごとに給与等の支払を受ける者については、「従業者」の範囲に含めることも含めないこともできます。更に、下請先の従業員は、たとえ自己の工場内でその業務の特定部分を継続的に請け負っている企業の従業員であっても、「従業者」には該当しません（法基通１－４－４）。

　このように従業者の範囲を特定するためにも、実務上は、合併直前の従業者の名簿を作成しておくとよいでしょう。

　なお、合併により引き継がれた従業者は、合併後の合併法人の業務に従事することが見込まれていれば、必ずしも被合併法人から引き継いだ移転事業に従事する必要はありません（法基通１－４－９）。

　また、従業者の引継ぎは、合併直前の従業者のうち概ね80％以上を引き継ぐこととされていますが、実務上は、合併交渉の中で、余剰人員を合併法人に引き継ぐことはできないという話になることがあり、合併前に被合併法人において人員削減などのリストラを行うことがあります。合併前の被合併法人の従業者のリストラは、経済的合理性があればいいのですが、単に従業者引継要件を容易にするためのものである場合は、包括的租税回避防止規定が適用される可能性があるものと考えられます。

　更に、合併直後は80％以上の従業者を引き継いだとしても、その後、合併法人において退職勧告や他社への出向などにより結果的に80％を下回る従業者

しか残らないことが予め計画されている場合などは、80％以上の従業者の引継ぎの「見込みがない」と判断されるため、適格要件から外れることになります。

しかし、従業者自らが合併後に自己の都合により退職する場合など、後発的な事由で退職したことにより、結果的に80％以上の従業者を合併法人の業務に従事させることができなかった場合などは、適格要件から外れることにはならないものと思われます。このような場合には、あくまでも後発的な事由であることを説明できる記録を残しておくことが必要です。

3　事業継続要件

適格合併においては、移転した事業が継続されることが求められます（法法２十二の八ロ(2)）。しかし、事業の継続の期間や事業規模の維持についての具体的な明示はありません。これは再編時に「継続の見込み」があるかどうかで判断します。経済環境の変化により撤退やリストラを余儀なくされる場合も当然に考えられることから、そのような場合に敢えなく「継続」を断念することがあっても致し方ないことと解されます。この場合は、後発的事由であることを十分に説明できることが大切です。

しかしながら、再編により当初から移転事業が継続できないことが明らかな場合は適格の要件を満たさないことになります。

例えば、Ａ社を合併法人としてＢ社（被合併法人）を吸収合併するとします。Ｂ社は、元々Ａ社に対しＢ社所有の不動産を賃貸することのみを業としている場合、合併後のＢ社所有の不動産は、Ａ社所有となるため、Ｂ社から引き継ぐはずの不動産賃貸業は継続されないことになります。この場合は、移転事業継続要件を満たさないために、非適格合併となってしまいます。ただし、この場合においても、Ａ社とＢ社の株式保有関係が100％の法人間であれば、移転事業継続要件は不問とされるので、適格合併が可能となります。

また、ペーパーカンパニーのように事業のない法人を吸収合併するような場合も、引き継ぐ事業がないと判断されることから、事業継続要件に抵触し、非適格合併とされます。

Q III 5 ■適格合併の要件(3) 共同事業要件適格合併

50％以下の株式保有関係にある法人間の合併における税制適格要件について、詳しく教えてください。

A 50％以下の株式保有関係にある法人間の合併が税制適格合併であるためには、共同事業を行うための合併である必要があります。具体的には、以下の6つの税制適格要件が必要とされます。

① 株式以外の資産が交付されないこと
② 従業者引継要件を満たすこと
③ 事業継続要件を満たすこと
④ 事業関連性要件を満たすこと
⑤ 事業規模類似要件又は特定役員派遣要件を満たすこと
⑥ 株式継続保有要件を満たすこと

解説

株式保有割合が50％以下の関係にある法人間、あるいは全く資本関係のない法人間であっても、共同で事業を営むために事業統合などの組織再編成が行われています。このような企業グループの枠を越えた組織再編成についても、税法では、共同事業を営むための合併であるもので一定の要件を満たす限り、移転した資産の支配は継続されているものとして、適格組織再編成を認めています。

1 共同事業を営むための税制適格要件

共同事業を営むための適格合併となるためには、合併前の株式保有関係についての規制はありません。しかし、「共同事業」であるための判定要件を満たす必要があります。また、企業グループ内の適格合併に必要とされた3つの適格要件（移転資産の対価として株式以外の金銭等の交付がないこと、従業者引継要件、事業継続要件）に加えて、更に取得株式継続保有要件のすべてを満たす必要があります。

2 「共同事業」の判定要件

株式保有割合が50％以下又は資本関係のない法人間で適格合併を行うために

は、まず、税法上の「共同事業」に該当しなければなりません。税法上の「共同事業」に該当するかどうかの判定は以下のとおりです。

(1) 事業関連性要件

事業関連性要件とは、合併を行う前にそれぞれの当該法人において営んでいた事業が、相互に関連性があることを求めた要件です。事業の関連性については、株式保有割合が50％以下の法人間において当該再編を行う最大の目的となることから、その関連性の説明には十分な理由が必要となります。なお、税法上は以下のような規制があります（法令4の2③一）。

共同事業の対象となる事業

	被合併法人	合併法人
合　併	合併前の主要な事業	合併前に営むいずれかの事業

このように、事業の関連性について、被合併法人については、その主要な事業である必要がありますが、合併法人については単に「事業」と規定されていることから、合併法人の主要でない事業と相互に関連性がある場合においても、要件を満たすことになります。

ここで、被合併法人の合併前に営む「主要な事業」が2以上ある場合においては、どのように「主要な事業」を判定するかが問題となります。この場合は、それぞれの事業に属する収入金額又は損益の状況、従業者の数、固定資産の状況等を総合的に勘案して、どちらが「主要な事業」であるかを判定することになります（法基通1-4-5）。

従って、「主要な事業」が複数ある場合においては、そのいずれかが合併法人の「事業」と関連性があればよいことになります。

また、「相互に関連する」ことについては、その事業に係るシナジー効果が生じるようなものについても事業関連性要件を満たすこととされています。ただし、合併による統合効果としてのコスト削減は、シナジー効果とは言い難く、それだけでは事業関連性要件を満たすとはいえません。

(2) 事業規模類似要件

事業規模類似要件とは、共同で行う事業の規模の比率が概ね1：5の範囲内であることを求めた要件です。税法では、当該法人双方が、あくまでも「共同」で事業を行う場合に税制適格としています。あまりにも規模の大きさが違

う法人間の事業統合は、「共同事業」とはいえず、むしろ「買収」に近いものといえるので、規模の制限を加えています。

　比較対象となる事業の規模は、売上金額、従業者の数や当事法人の資本金額、若しくはこれらに準ずるもので判断します。「これらに準ずるもの」とは、例えば、金融機関における預金量等、客観的・外形的にその事業の規模を表すものと認められる指標をいいます（法基通１－４－６）。

　このうち、売上金額や従業者の数等については、会社単位ではなく、(1)の事業関連性要件の対象となる事業ごとに比較判断すればよいとされています（法基通１－４－６（注））。しかし、資本金額については、事業ごとに区分することはできないことから、単純に被合併法人と合併法人の資本金額を比較することになります。以下、事業規模の比較対象となる指標についての留意点をまとめてみます。

① 売上金額の比較

　売上金額を比較する際において、どの程度の期間の売上金額により判定すべきであるかという点が問題になりますが、組織再編税制の趣旨からいえば、基本的には、合併直前の規模の比較となります。しかしながら、季節変動要因や、短期的・異常的な要因による増減も考えられるため、通常は、直近１年間の売上金額をもって会社規模の比較をすることが一般的であると考えられます。

② 従業者の比較

　従業者を比較する際は、合併直前の従業者の数を比較することになります。「従業者」とは、法人税基本通達１－４－４において「合併直前において被合併法人の営む事業に現に従事するもの」と規定され、事業規模類似要件で比較対象となる合併法人の従業者についても、この従業者の定義は準用されるものと考えられます。そのため、役員、出向受け入れ社員、派遣社員、アルバイトやパートタイマー等は従業者とされますが、他社へ出向している"従業員"は"従業者"には含まれません。

③ 資本金額の比較

　資本金の額を比較する際は、合併直前の資本金の額で比較することになります。この資本金の額は、会社法上の資本金の額をいいますから、税法上の「資

本金等の額」とは異なります。

　なお、事業規模類似要件は、合併直前において、これらの指標のうち1つの事項について当てはまればよく、すべての指標について規模要件を満たす必要はありません。

　しかし、事業規模類似要件を満たすために、合併直前に従業者の数や資本金の額を増減させることなどは、経済的合理性がない限り、包括的租税回避防止規定の対象となる可能性もあるので、留意すべきでしょう。

(3) 特定役員派遣要件

　将来性のある成長著しい事業との統合を考えるときなど、共同事業の判定要件として事業規模類似要件では必ずしも相応しくない場合が考えられます。

　そのような場合には、当該法人双方の役員が共同事業の経営に参画すれば、「共同事業」としての要件を満たすこととしています。これは、規模の小さい法人からも経営に発言権のある役員を参画させることによって、共同で事業を行うとする目的に適うものであり、規模の違いによる「買収」とはいえないと判断できるからです。

　特定役員派遣要件とは、このように、事業規模類似要件では要件を満たさないような場合に用意された要件であり、これらのどちらかを満たせばよいことになっています。

　特定役員派遣要件では、「役員の経営の参画」というものを重要視しており、再編後において当該法人双方から「特定役員」となる役員を輩出し、対等な立場で経営に参画できることによって、共同で事業を営むことが可能になるという趣旨の下、用意された用件です。

　「特定役員」とは、社長、副社長、代表取締役、専務取締役、常務取締役又はこれらに準ずる者で経営の中枢に参画している者とされます（法基通1－4－10）。従って、経営の実態を担う役員でなければならないことから、使用人兼務役員や社外取締役では要件を満たすことはできません。また、執行役員については、法人税法上のみなし役員に該当し、経営の中枢に参画しているかどうかで判断されますが、実質的には職制上の地位が与えられていない役員は、特定役員に含めることは難しいと思われます。

　ところで、この特定役員派遣要件を満たすに当たって、適格合併の場合、被

合併法人の再編前の特定役員1名以上と合併法人の再編前の特定役員1名以上が、合併後の合併法人において特定役員となる必要があります（合併前の特定役員全員が合併後の特定役員になる必要はありません）。

再編後に特定役員となる者

	合併前　被合併法人	合併前　合併法人
合　併	特定役員	特定役員

なお、特定役員になった者の就任期間については、税法上は何も規定はしていません。通常の役員の任期を全うすることが見込まれれば問題ありませんが、あまりに短い就任期間では、共同事業を行うために特定役員を派遣するという税法の趣旨に反することになるので、注意が必要です。

実務上は、合併の直前において、合併法人と被合併法人の特定役員を兼務しているケースも多くみられます。特定役員となる役員が他にいない場合、合併後、この者だけが特定役員となる場合に、要件を満たすことができるかという問題がありますが、この場合は、要件を満たすことはできると考えられています。

また、別のケースとして、経営不振の会社の再建支援を行った後、スポンサー会社が支援対象の会社を吸収合併するようなことがあります。このような場合、スポンサー会社から事前に特定役員を送り込み、経営の建て直しに取り組むことが一般的に行われています。合併法人から送り込まれた特定役員が、最終的に、被合併法人の特定役員として特定役員派遣要件を満たすことになるのかということについては、経済的合理性から考えて、問題ないと思われます。

しかし、実質的には企業買収に当たる合併において、名目的に特定役員を合併直前に送り込むような場合などは、当要件を満たすものではないと考えられます。

(4) 取得株式継続保有要件

企業グループ内の組織再編成においては、再編の前後において株式の保有割合について完全支配関係又は50％超の支配関係の継続が求められていますが、共同事業を行うための組織再編成においても、再編後の取得株式について一定の制限が設けられています。

Ⅲ　企業組織再編税制の概要　133

また、企業グループ内の組織再編成においては、発行済株式の総数に対して、一律に保有割合の継続が求められているのに対し、共同事業を行うための組織再編成では、組織再編成の形態によりその条件が違っています。

　移転法人の株主等の数が50人以上の合併及び分割型分割については、この取得株式継続保有要件は不問とされています。これは、株主が多数存在する企業や、証券市場において自由に売買される上場企業の株式までに継続保有の要件を課すことは現実的ではないからです。それ以外の再編については、合併、分割型分割、分社型分割、現物出資それぞれにおいて下記のように規定されています。

	新株の交付を受ける株主		適格要件
合併 分割型分割	移転法人の株主	株主50人以上	取得株式継続保有要件は不問
		株主50人未満	「再編直前の移転法人の株主で、再編により新たに交付を受ける取得法人の株式の全部を継続して保有することが見込まれる者」が有する移転法人の株式の合計数が、移転法人の発行済み株式の80％以上であること（※議決権のない株式等は除く）
分社型分割 現物出資 事後設立	移転法人		移転法人が、再編により交付される取得法人の株式の全部を継続して保有することが見込まれていること

※　議決権のない株式等を除くことについて、合併と分割型分割では、詳細には、下記のような算式で割合を計算することになります。

合併　　　被合併法人の株主等で交付合併法人株式（議決権のないものを除く）の全部を継続して保有することが見込まれる者が有する被合併法人の株式（議決権のないものを除く）数
　　　　　被合併法人の発行済株式等（議決権のないもの及び法法24②の抱合株式を除く）の総数

分割型分割　分割法人の株主等で交付分割承継法人株式（議決権のないものを除く）の全部を継続して保有することが見込まれる者が有する分割法人の株式（議決権のないものを除く）数
　　　　　　分割法人の発行済株式等（議決権のないもの除く）の総数

　なお、組織再編税制における議決権のない株式について、平成18年4月1日より下記のように定義されています（法規3の2①）。

ⅰ）　自己株式

ⅱ）　会社法108①三に規定される無議決権株式

　また、議決権のない株式に含まれないものは、

ⅲ）　会社法109②の規定により議決権がないとされた株主の有する株式

ⅳ）　単元未満株式

と定義されました（法規3の2②）。

　法人税法施行規則第3条の2において、会社法上、明確に議決権のない自己株式について、議決権がないものと定義され、同じく明確に議決権のない会社法第308条の25％以上の相互持ち合い株式について、法人税法施行規則第3条の2において、全く規定がありません。

　しかし、法人税法施行規則第3条の2において明記がなくても、会社法上、会社法第308条に規定する相互持ち合い株は議決権がないことが明らかであるため、議決権のない株式に該当すると考えられます。

　なお法人税法施行規則第3条の2第2項第1号において、会社法第879条第3項の規定により議決権を有するものとみなされる株式が、議決権があるものと規定されていますが、当該株式の議決権が行使される場面は、適格組織再編成の場面において想定されません。

　ただしこの取扱いの解釈は、疑問があるため、念のため当局に確認されることをお勧めします。

① 合併における具体例

　被合併法人の株主が50人未満の場合における、株式継続保有要件の具体例をみてみましょう。

　合併における株式継続保有要件は、以下のとおりです。

> 「合併直前の被合併法人の株主で、合併により新たに交付を受ける合併法人の株式の全部を継続して保有することが見込まれる者」が有する被合併法人の株式の合計数が、被合併法人の発行済み株式の80％以上であること（※議決権のない株式等は除く）

　つまり、合併により交付を受けた株式を「1株たりとも売る意思のない株主」の割合が80％以上であることを指しています。そしてその判定は、被合併法人の株主が有していた被合併法人の株式を基に計算することにあります。

【ケース１】

被合併法人の株主	被合併法人の株式	交付を受けた合併法人株式	継続保有が見込まれる株式	判定
A	500	50	50	500
B	200	20	20	200
C	150	15	15	150
D	100	10	5	0
E	50	5	0	0
合計	1000(A)	100	90	850(B)

※ 判定 (B)／(A)＝85％

【ケース２】

被合併法人の株主	被合併法人の株式	交付を受けた合併法人株式	継続保有が見込まれる株式	判定
A	500	50	49	0
B	200	20	20	200
C	150	15	15	150
D	100	10	10	100
E	50	5	5	50
合計	1000(A)	100	99	500(B)

※ 判定 (B)／(A)＝50％

　ケース１の場合は、Ｄが交付株式10株中５株を、Ｅが交付株式５株をすべて合併後に売却する見込みがあるという前提です。判定方法は、被合併法人株式を基礎として、Ｄ及びＥが有していた被合併法人株式を除いたところで考えることになります。この判定においては、１株でも売却すれば、Ｄ及びＥの保有株式はゼロとしてカウントすることになるので、ＤとＥを除いた他の株主が継続保有する株式は、1000株中850株となり、その割合は85％となるため、株式継続保有要件を満たすことになります。

　ケース２の場合は、Ａが交付株式50株中１株を合併後に売却するのみを前提としていますが、その判定において、Ａの被合併法人株式500株が外れることになるため、他の株主が継続保有する株式は1000株中500株となり、その割合は50％となってしまうことになります。そのため、株式継続保有要件を満たすことができません。

② 株式継続保有要件が見込まれないケース

　株式継続保有要件が見込まれないケースは、株式の譲渡がその典型例として挙げられますが、そのほか、合併後に合併法人が完全子会社となる株式交換や株式移転が行われることが予め決まっていた場合、株式交換・株式移転により完全親会社株式と交換されてしまうので、株式継続保有要件が見込まれないケースとして捉えられることになります。

　更に、非公開会社が被合併法人で公開会社が合併法人である場合は、被合併法人株主は公開会社の株式を容易に売却してしまう可能性があります。合併法人が上場会社である場合はなおさらです。

　なお、合併法人株主が、合併後に従前から保有していた株式を売却することは、この要件に抵触するものではありません。

③ 実務的対応

　株式について譲渡制限を付し、被合併法人の株主からは書面により売却等の意思がないことを確認するなどの対応をする必要があるでしょう。

　また、株主が50人以上の場合は、株式継続保有要件は不問とされます。従って、合併法人が公開会社である場合や、株式公開の準備をしている会社などである場合は、合併の前に、被合併法人の株主を50人以上にしておくなどして対策をとる必要があると考えられます。

Q III 6 ■適格合併の留意点(1) 利益積立金額の引継ぎ

適格合併の場合は、合併法人は被合併法人の利益積立金額を引き継ぐことが可能でしょうか。

A 適格合併の場合は、合併法人は、会計処理にかかわらず、被合併法人の税務上の利益積立金額を強制的に引き継ぐことになります。

解説

会社法及び会計基準による合併受入会計処理にかかわらず、適格合併の場合は、合併法人は被合併法人の利益積立金額を強制的に引き継ぐことになります。合併法人が受け入れる利益積立金額及び資本金等の額は、以下の算式に基づいて計算します。

なお、非適格合併の場合は、合併法人は利益積立金額を引き継ぐことはできません。

合併法人	増加額	適格	資本金等の額	簿価純資産額 － 引継利益積立金額 － 増加資本金額等（法令8①五）
			利益積立金額	被合併法人から引き継ぐ利益積立金額（法令9①二）
		非適格	資本金等の額	交付株式の時価（法令8①五）

Q III 7 ■適格合併の留意点⑵ みなし事業年度

合併において、みなし事業年度を設ける場合とは、どのような場合でしょうか。

A 事業年度の途中において合併が行われた場合には、移転する利益積立金を計算し確定させることが必要となるために、その事業年度開始の日から合併の日の前日までの期間を被合併法人の事業年度とみなすことになります（法法14二）。

分割型分割、一部分割においてもみなし事業年度を設けることになります（法法14三）。なお、分社型分割、現物出資、事後設立については、みなし事業年度を設けることはありません。

解説

法人が、事業年度の途中で合併を行った場合、被合併法人から合併法人への利益積立金額の引継ぎの問題が生じます。

そこで、法人税法では、法人が事業年度の途中で合併又は分割型分割（一部分割を含む）を行った場合には、その事業年度開始の日から「合併又は分割の日」の前日までの期間、並びに分割においては分割の日からその事業年度の末日までの期間についてそれぞれ当該法人の事業年度とみなすという規定が加えられました（法法14二、三）。

みなし事業年度を設定する組織再編は、合併及び分割型分割とされています。分割型分割には、一部分割も含まれるものと解されます。これらの組織再編成を行われる場合は、合併又は分割の日の前日を事業年度末日として利益積立金額の計算を行い、承継法人に引き継ぐことになります。

法人税基本通達では、「合併の日」の解釈として、当該組織再編成により当該法人（被合併法人）が合併法人にその有する資産及び負債の移転をした日をいい、合併の場合における当該移転をした日は、合併契約において合併期日として定めた日をいう、と規定しています（法基通1-4-1及び注）。

法人税基本通達では、基本的には、被合併法人における処理、特にみなし事業年度の期間を特定する上で資産及び負債の移転の日が問題とされています。

みなし事業年度の末日が、「合併の日」の前日と規定されることにより、例えば、3月決算法人を被合併法人とする合併を4月1日にする場合に、被合併法人のみなし事業年度について、4月1日の「1日だけの事業年度」の法人税の申告をする必要がなくなります。

　また、従来は、新設合併において4月1日が日曜日などで設立される新設法人の登記ができず、新設法人の設立日が4月2日になった場合でも、合併契約書に「合併期日」を定めておきましたから、被合併法人の税務上の移転処理は、4月1日の「合併の日」とすることが可能でした。（ただし、新設法人の資産及び負債の受入仕訳は設立の日である4月2日となり、被合併法人の処理とのタイムラグが生じていました。）

　しかし、会社法では、新設合併においては、いわゆる合併期日である「その効力を生ずる日（効力発生日）」について法定記載事項とはされていません。これは、新設合併における効力発生日は、必然的に新設法人が設立された日とされているからです。また、被合併法人の解散の日も「効力発生日」、すなわち新設法人の設立の日とされています（会法471四、郡谷　大輔　他　編著「会社法の計算詳解」545頁　中央経済社）。

　この意味において、新設合併については、会社法上は、もはや「合併期日」という概念がなくなってしまったことになりますが、任意的な記載事項として合併契約書には従来の合併期日に当たる日を定めておくことは可能です。この任意的記載事項により、いわゆる「1日だけの事業年度」が生じることについて、法人税の申告実務上避けることができるかどうかは明らかではありません。現行の法人税基本通達の「合併の日」の解釈について、会社法に合わせた通達改正が早急に手当てされることを期待します。

　なお、吸収合併の合併契約書には「効力発生日」を法定記載事項として記載します。吸収合併においては、合併契約書で定めた「効力発生日」が日曜日などで登記ができない場合であっても、その日が合併の日として、被合併法人は解散し、合併法人に資産・負債の移転が行われることとされます。このように、吸収合併については、合併契約書において「吸収合併がその効力を生ずる日（効力発生日）」を定めますので、上記のような問題は生じません。

Q III 8 ■適格合併の留意点(3) 株主の課税

適格合併・非適格合併における株主の課税問題について教えてください。

A
適格合併の場合は、被合併法人の株主について課税問題は発生しません。

金銭を交付する非適格合併の場合は、被合併法人の株主の旧株は売却したものと解され、株式の譲渡損益とみなし配当に関する課税問題が発生します。また、金銭交付のない非適格合併の場合は、被合併法人の株主には、みなし配当課税のみが発生することになります。

解説

1 適格合併における株主の課税問題

適格合併においては、株主には課税問題は生じません。被合併法人の株主は、合併により被合併法人の株式に替えて合併法人の株式を受け取ることになりますが、株主においては、旧株の帳簿価額が新株の取得価額となり、譲渡損益は生じません。

また、Ⅲ-6で説明したように、被合併法人の利益積立金は、合併法人にそのまま引き継がれることになりますので、株主に対して利益積立金の精算、すなわち、株主に対して配当とみなされる部分はありません。

なお、合併法人の株主については、何ら課税問題が生じることはありません。

2 非適格合併における株主の課税問題

(1) 金銭等の交付のある非適格合併

株主における株式の譲渡損益に対する課税問題は、合併において移転する資産・負債の対価として株式以外の金銭その他の資産の交付があったかどうかによってその取扱いが変わります。合併においては、被合併法人の株主に株式以外の「金銭等の交付がない」場合は、簿価による譲渡として、譲渡損益の額の認識を繰り延べることになります。

これは、法人税法上適格であるか非適格であるかではなく、あくまでも金銭

等の交付があったかどうかで譲渡損益の課税の有無を判断します。従って、非適格合併であっても金銭等の交付がなければ、株式の譲渡損益の額は認識せず、課税問題は発生しません。

交付金銭等が支払われる場合は、株式の譲渡損益の額についての課税問題が発生します。

(2) 株主のみなし配当課税

株式の譲渡損益の額は、法人税法上の適格・非適格に関係なく、金銭等の交付の有無によって課税関係が変わるのに対し、みなし配当に関しては、適格合併か非適格合併かどうかによって課税関係が変わってきます。

被合併法人の利益を原資とする部分（利益積立金額）が合併法人の資本金等の額に組み入れられる場合、法人税法では、被合併法人の利益積立金額から合併法人の資本等の金額に振り替えられた部分について、いったん被合併法人の株主に配当として分配し、その分配部分を再び株主から出資を受けたとみなします。みなし配当課税は、株主への配当とみなされる部分（みなし配当）について株主に対し課税するというものです。

適格合併については、移転する資産が帳簿価額により引き継がれ、利益積立金額についても合併法人に引き継がれることになりますから、株主に対して配当があるとみなされる部分はないので課税問題は発生しません。

しかし、非適格合併については、前述のように、利益積立金額を引き継ぐことができず、合併法人では資本金等の額としなければならないので、株主にみなし配当の課税問題が発生します。

非適格合併における株主の課税問題

		みなし配当	株式譲渡価額
適格		なし	旧株簿価
非適格	金銭等の交付なし	あり	旧株簿価
	金銭等の交付あり		新株時価

〔みなし配当〕

> みなし配当の金額 ＝ 交付金銭等 － その株式に対応する資本金等の額

〔株式の譲渡損益〕

> 譲渡損益の金額 ＝ 交付金銭等 － みなし配当 － 帳簿価額

みなし配当と株式の譲渡損益の関係

〔株式の譲渡益がある場合〕

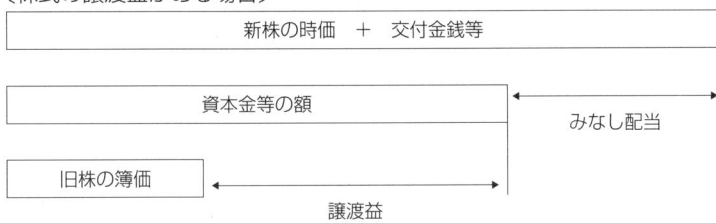

```
|         新株の時価  ＋  交付金銭等          |

|         資本金等の額            |←  みなし配当  →|

| 旧株の簿価 |←     譲渡益      →|
```

〔株式の譲渡損がある場合（1）〕

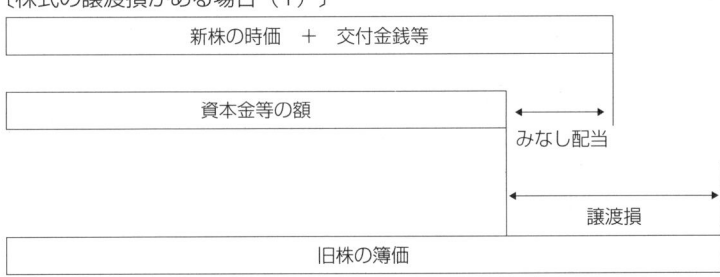

```
|         新株の時価  ＋  交付金銭等          |

|         資本金等の額            |←みなし配当→|
                                  |←  譲渡損  →|
|              旧株の簿価                     |
```

〔株式の譲渡損がある場合（2）〕

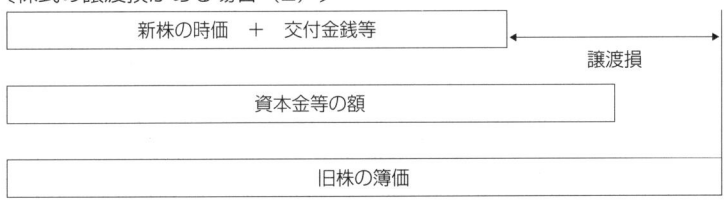

```
|     新株の時価  ＋  交付金銭等     |← 譲渡損 →|

|         資本金等の額               |

|              旧株の簿価            |
```

※ みなし配当はなし

Ⅲ　企業組織再編税制の概要　143

非適格合併における被合併法人及び株主の課税

金銭等の交付あり	法人の移転資産等	譲渡益課税（譲渡損認識）
	株主の課税	株式譲渡益課税（譲渡損認識）＋みなし配当課税
金銭等の交付なし	法人の移転資産等	譲渡益課税（譲渡損認識）
	株主の課税	みなし配当課税

(3) みなし配当の通知と支払調書の提出

　合併によりみなし配当課税が発生する場合は、合併法人は、被合併法人の株主に対して1か月以内にみなし配当の通知をし、支払の確定した日の属する年の翌年1月31日までに法定調書を提出する必要があります（所法225）。

■税法上の分社型分割と分割型分割の定義

Q Ⅲ 9　会社法上、会社分割は、物的分割に統一され、これまでの人的分割は、「物的分割＋剰余金の配当」と考えられることとなったそうですが、税法上の分社型分割と分割型分割の定義は、どのようになっているのでしょうか。

A　会社法施行後も、税法では、会社分割における分社型分割と分割型分割の定義並びに両者の課税関係については従前のとおり維持されています。

解説

　平成12年の商法改正で創設された会社分割法制では、会社分割の態様を「新設分割」と「吸収分割」に分類するほか、株式の交付先による分類として、分割承継法人の株式を分割法人に交付する分割を「物的分割」、分割承継法人の株式を分割法人の株主に交付する分割を「人的分割」と分類されていました。

　平成13年に導入された組織再編税制においては、税法上、会社分割について、「物的分割」と「人的分割」の区分による態様に注目し、前者を「分社型分割」、後者を「分割型分割」として、課税関係を整理していました。

　しかし、平成18年5月施行の会社法では、「物的分割」と「人的分割」の区別をなくし、すべての会社分割は「物的分割」とされ、これまでの「人的分割」は、「物的分割＋剰余金の配当」という形で整理されることとなりました。従って、平成18年の税制改正においては、税法上の「分割型分割」における課税関係をどのように見直すのかが注目されていました。

　結論からいえば、組織再編税制では、従来からの考え方で問題はないとして、「分社型分割」と「分割型分割」の区分方法は継続されています。これは、従来から、税法では、分割型分割について、いわゆる「物的分割＋剰余金の配当」と同様の考え方で捉えていたためです。

　これは、商法が捉えているように、X社が自社の資産及び負債を何の対価もなくY社に交付し、Y社は受け入れた資産及び負債の対価として交付すべき株式を、X社の株主に無償で割り当てるような三角取引行為について、税法では説明がつかないからです。

Ⅲ　企業組織再編税制の概要　　145

従って、下図のように税法上は、従前より、いったんX社の資産及び負債をY社に分社型分割し、その対価としてX社が受け取ったY社株式をX社の株主に直ちに交付するという、まさに「物的分割＋剰余金の配当」という構図により課税関係を整理していました。

企業再編税制導入時（平成13年）の商法の考え方と税務の考え方

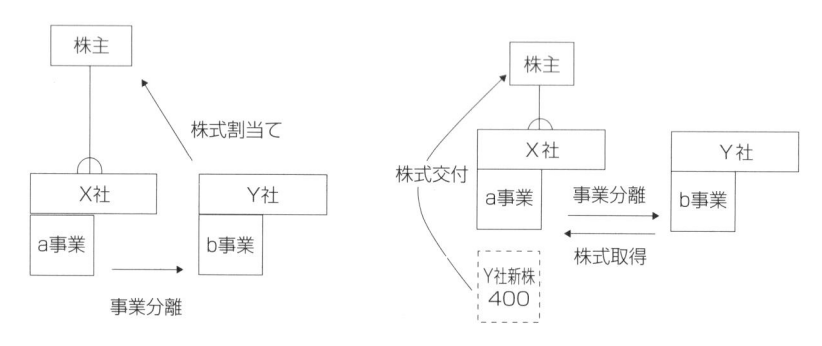

商法

X社がb事業部門をY社に移転し、Y社がX社株主にY社株式を交付する。

税法

X社がb事業部門をY社に移転し、その対価としてX社がY社株式を取得し、X社からX社株主にY社株式を交付する。

　従って、会社法施行後も、分割型分割の態様は残され、課税関係においても従前のとおり維持されています。ただし、法人税法上の定義については以下のように変わりました。

	改正後	改正前
分割型分割	分割により分割法人が交付を受ける分割承継法人の株式その他の資産（「分割対価資産」）のすべてがその分割の日において当該分割法人の株主等に交付される場合の当該分割をいう。	分割により分割承継法人の株式その他の資産が分割法人の株主等にのみ交付される場合の当該分割をいう。
分社型分割	分割により分割法人が交付を受ける分割対価資産がその分割の日において当該分割法人の株主等に交付されない場合の当該分割をいう。	分割により分割承継法人の株式その他の資産が分割法人にのみ交付される場合の当該分割をいう。

■会社分割における税制適格要件の概要

Q III 10 会社分割における税制適格要件の概要について教えてください。

A
(1) 会社分割には、税法上、分割型分割と分社型分割があり、税制適格要件や株主の課税関係、利益積立金の引継ぎについては、両者に大きな違いがあります。

(2) 会社分割による分割法人から分割承継法人への資産等の移転は、分割型分割及び分社型分割ともに、原則、時価による譲渡として取り扱われ、分割法人において移転資産等の譲渡損益課税があります（非適格の会社分割）。

(3) 分割型分割において、原則による時価譲渡として金銭交付非適格であれば、分割法人の株主において、旧株の譲渡損益及びみなし配当に対する課税が生じることになります。

(4) 税制適格要件を満たす適格の会社分割については、特例として、分割型分割においては資産等の移転は簿価による引継ぎとなり（適格分割型分割）、分社型分割においては資産等の移転は簿価による譲渡として捉えられ（適格分社型分割）、分割法人に課税問題は発生しません。また、適格分割型分割においては、株主における旧株の譲渡損益及びみなし配当の課税も繰り延べられます。

(5) 適格の会社分割における移転資産等の簿価引継及び簿価譲渡は、強制適用となります。従って、適格分割型分割においては、利益積立金額の引継ぎも強制されます。

解説

1　用語の整理と適用条文

用語	条文	
分割法人	法法2十二の二	分割によりその有する資産及び負債の移転を行った法人をいう。
分割承継法人	法法2十二の三	分割により分割法人から資産及び負債の移転を受けた法人をいう。

	定義	分割法人の課税	分割承継法人の純資産
適格分割	法法2十二の十一		
適格分割型分割	法法2十二の十二	法法62の2	法令8①六、法令9①三
適格分社型分割	法法2十二の十三	法法62の3	法令8①七
非適格分割		法法62	法令8①六、七

2　適格分割

　分割における税制適格要件は、①企業グループ内における適格分割と、②共同事業を営むための適格分割に大別されます。

　企業グループ内における適格分割については、株式の保有割合が50％超の関係にある法人間の範囲を指し、共同事業を営むための適格分割については、50％以下の関係にある法人間の範囲を指します（詳細はⅢ-11～Ⅲ-13を参照してください）。

　また、企業グループ内の適格分割については、①100％グループ内の適格分割（法法2十二の十一イ）と②50％超100％未満グループ内の適格分割（法法2十二の十一ロ）により適格要件が異なります。

(1)　100％グループ内の適格分割の要件（法法2十二の十一イ）

　100％グループ内の適格分割の要件は、分割型分割と分社型分割では、それぞれ以下のように規定されています。

　① 分割型分割
　　ⅰ） 分割法人の株主に分割承継法人の株式以外の資産が交付されないこと（金銭等の交付がないこと）
　　ⅱ） 分割承継法人の株式が、分割法人の株主の有する分割法人の株式の数の割合に応じて交付されること（按分型分割）

② 分社型分割
　　分割法人に分割承継法人の株式以外の資産が交付されないこと（金銭等の交付がないこと）
(2) 50％超100％未満グループ内の適格分割の要件（法法２十二の十一ロ）
　50％超100％未満グループ内の適格分割については、以下の要件を満たすことが必要です。
　① 分割型分割
　　ⅰ）分割法人の株主に分割承継法人の株式以外の資産が交付されないこと（金銭等の交付がないこと）
　　ⅱ）分割承継法人の株式が、分割法人の株主の有する分割法人の株式の数の割合に応じて交付されること（按分型分割）
　　ⅲ）独立事業要件
　　　　分割事業に係る主要な資産及び負債が分割承継法人に移転していること
　　　　ここで、分割事業とは、分割法人の分割前に営む事業のうち、分割により分割承継法人において営まれることとなるものをいいます。
　　ⅳ）従業者引継要件
　　　　分割直前の分割事業に係る従業者のうち従業者の概ね80％以上が引き続き分割承継法人の業務に従事する見込みであること
　　ⅴ）事業継続要件
　　　　分割に係る分割事業が移転後も引き続き営まれる見込みであること
　② 分社型分割
　　ⅰ）分割法人に分割承継法人の株式以外の資産が交付されないこと（金銭等の交付がないこと）
　　ⅱ）独立事業要件
　　　　分割事業に係る主要な資産及び負債が分割承継法人に移転していること
　　　　ここで、分割事業とは、分割法人の分割前に営む事業のうち、分割により分割承継法人において営まれることとなるものをいいます。

Ⅲ　企業組織再編税制の概要

ⅲ）従業者引継要件

　　　　分割直前の分割事業に係る従業者のうち従業者の概ね80％以上が引き続き分割承継法人の業務に従事する見込みであること

　　ⅳ）事業継続要件

　　　　分割に係る分割事業が移転後も引き続き営まれる見込みであること

(3) 共同事業を営むための適格分割（法法２十二の十一ハ、法令４の２⑥）

　株式の保有割合が50％以下の関係にある法人間での適格分割については、以下のように、企業グループ内の適格分割で必要とされた要件に加えて、更に３つの要件をすべて満たすことが必要となります。

　なお、新設の単独分割型分割については、共同事業要件を満たすことができないので、適格分割はできません。

　　ⅰ）事業関連性要件

　　　・吸収分割の場合

　　　　分割法人の分割事業と分割承継事業が相互に関連性があること

　　　・共同新設分割の場合

　　　　分割法人の分割事業と他の分割法人の分割事業とが相互に関連性があること

　　ⅱ）事業規模類似要件又は特定役員派遣要件

　　　・吸収分割の場合

　　　　分割法人の分割事業と分割承継法人の分割承継事業のそれぞれの売上金額、従業者数、又はこれらに準ずるもののいずれかの規模の割合が１：５の範囲内であること、又は分割法人のいずれかの役員及び分割承継法人のいずれかの特定役員が双方ともに、分割後に分割承継法人の特定役員となることが見込まれていること

　　　・共同新設分割の場合

　　　　分割法人の分割事業と他の分割法人の分割事業のそれぞれの売上金額、従業者数、又はこれらに準ずるもののいずれかの規模の割合が１：５の範囲内であること、又は分割法人のいずれかの役員及び他の分割法人のいずれかの役員が、双方ともに、分割後に分割承継法人の特定役員となることが見込まれていること

ⅲ) 株式継続保有要件
　・分割型分割
　　「分割法人の株主で、分割により交付を受ける分割承継法人の株式の全部を継続して保有することが見込まれる者」が有する分割法人の株式の数を合計した数が、分割法人の発行済株式の80％以上であること（議決権のないものを除く、分割法人の株主が50人未満である場合に限る）
　・分社型分割
　　分割法人が分割により交付を受ける分割承継法人の株式の全部を継続して保有することが見込まれること（議決権のないものを除く）

Q III 11 ■適格分割の要件(1) 100%グループ内適格分割

100%グループ内適格分割における税制適格要件について詳しく教えてください。

A

(1) 100%グループ内の会社分割は、新たに100%の関係を創設する新設分割と、100%グループ内での吸収分割があります。

(2) 100%グループ内の会社分割における適格要件は、分割に際し、分割承継法人の株式以外の資産が交付されないこと、また、分割型分割においては、按分型の分割であること、となります。

(3) 反対株主の買取請求権の行使に伴う金銭の交付、端株の売却代金として株主に交付する金銭、配当見合金として株主に交付する金銭については、「株式以外の資産の交付」には該当しません。

解説

1 会社分割における100%の株式保有関係

(1) 単独新設分割

100%の親子会社関係又は兄弟会社関係を創設する単独新設分割は、分割前においては分割法人1社しか存在しないため、分割後に100%の株式保有を継続する見込みかどうかで判断します。

① 当事者間の完全支配関係（法令4の2④一）

分割後に分割法人と分割承継法人との間に当事者間の完全支配関係（いずれか一方の法人が他方の法人の発行済株式の全部を直接又は間接に保有する関係）が継続することが見込まれている場合

② 同一者による完全支配関係（法令4の2④二）

分割後に分割法人と分割承継法人との間に同一者による完全支配関係（同一の者によって分割法人と分割承継法人の発行済株式の全部を直接又は間接に保有される関係）が継続することが見込まれている場合

単独新設分割

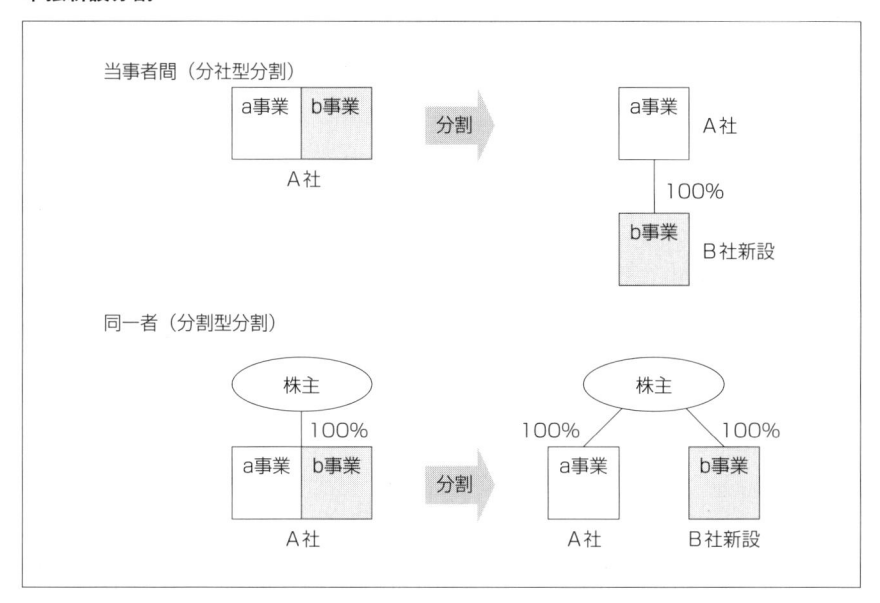

```
当事者間（分社型分割）
    ［a事業｜b事業］  →分割→   ［a事業］ A社
         A社                       │100%
                                 ［b事業］ B社新設

同一者（分割型分割）
      （株主）                    （株主）
       │100%                  100%／  ＼100%
    ［a事業｜b事業］  →分割→  ［a事業］  ［b事業］
         A社                    A社     B社新設
```

(2) 複数新設分割

　複数新設分割の場合は、分割前の分割法人と他の分割法人との株式保有関係、分割後の分割法人と分割承継法人との株式の保有関係が共に100％の継続が見込まれるかどうかで判断します。

　① 当事者間の完全支配関係（法令4の2④一）

　分割前に分割法人と他の分割法人との間に当事者間の完全支配関係があり、かつ、分割後に分割法人と分割承継法人との間に当事者間の完全支配関係が継続することが見込まれている場合

　② 同一者による完全支配関係（法令4の2④二）

　分割前に分割法人と他の分割法人との間に同一者による完全支配関係があり、かつ、分割後に分割法人と分割承継法人との間に同一者による完全支配関係が継続することが見込まれている場合

複数新設分割

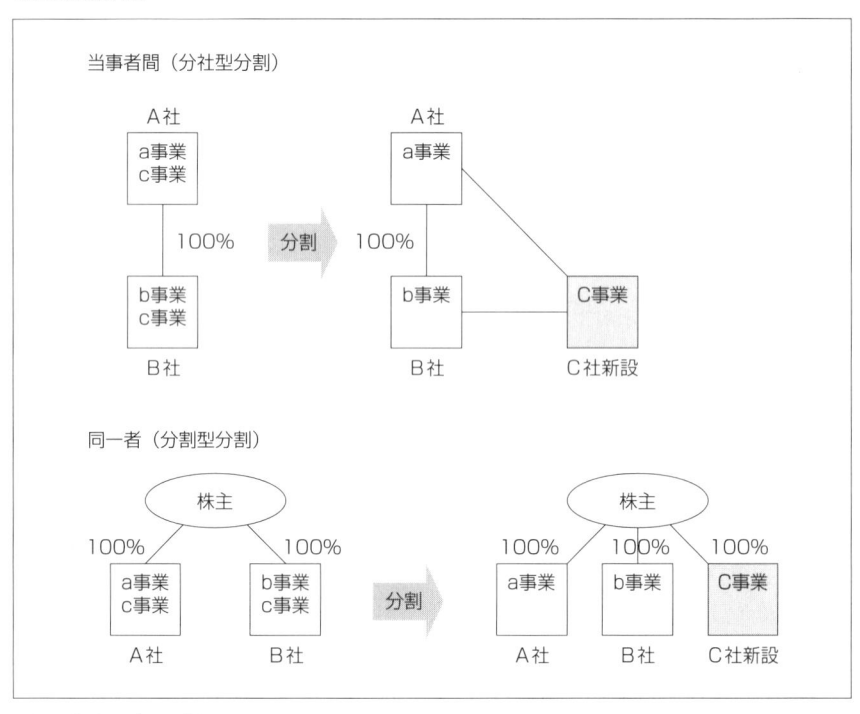

当事者間（分社型分割）

同一者（分割型分割）

(3) 単独吸収分割

　単独吸収分割の場合は、分割前の分割法人と分割承継法人との株式保有関係、分割後の分割法人と分割承継法人との株式の保有関係がともに100％の継続が見込まれるかどうかで判断します。

　① 当事者間の完全支配関係（法令4の2④一）

　分割前に分割法人と分割承継法人との間に当事者間の完全支配関係があり、かつ、分割後に分割法人と分割承継法人との間に当事者間の完全支配関係が継続することが見込まれている場合

　② 同一者による完全支配関係（法令4の2④二）

　分割前に分割法人と分割承継法人との間に同一者による完全支配関係があり、かつ、分割後に分割法人と分割承継法人との間に同一者による完全支配関係が継続することが見込まれている場合

単独吸収分割

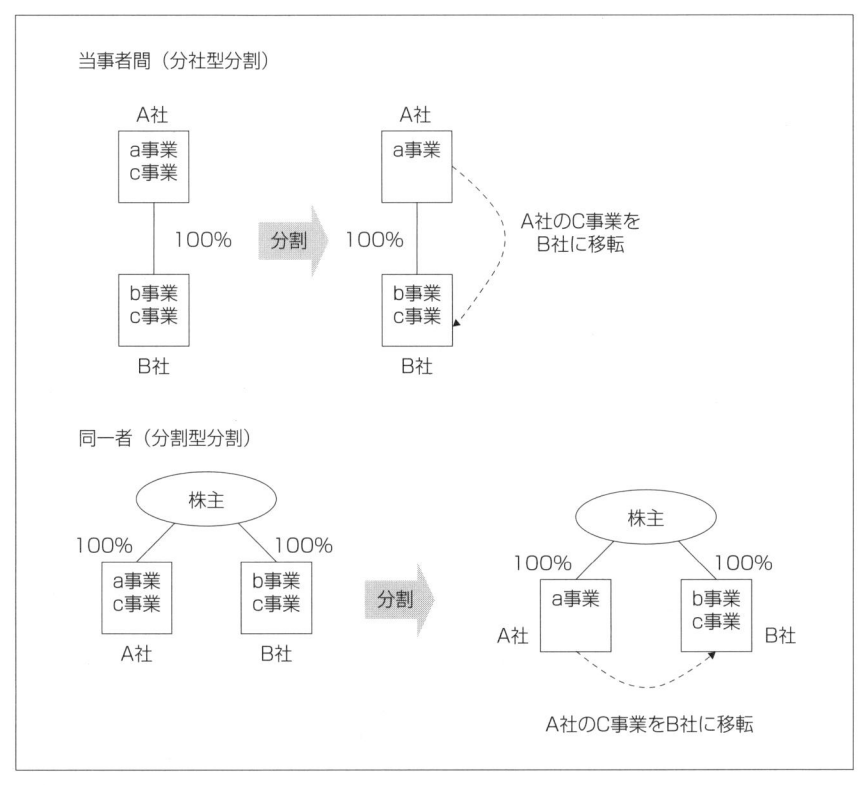

当事者間（分社型分割）

A社〔a事業／c事業〕──100%──B社〔b事業／c事業〕　分割⇒　A社〔a事業〕──100%──B社〔b事業／c事業〕
A社のC事業をB社に移転

同一者（分割型分割）

株主──100%──A社〔a事業／c事業〕、株主──100%──B社〔b事業／c事業〕　分割⇒　株主──100%──A社〔a事業〕、株主──100%──B社〔b事業／c事業〕
A社のC事業をB社に移転

2　100％保有関係にある場合の税制適格要件

100％の保有関係における適格分割の税制適格要件は、下記のとおりです。

① 適格分割型分割
　ⅰ）分割法人の株主に分割承継法人の株式以外の資産が交付されないこと（金銭等の交付がないこと）
　ⅱ）分割承継法人の株式が、分割法人の株主の有する分割法人の株式の数の割合に応じて交付されること（按分型分割）

② 適格分社型分割
　分割法人に分割承継法人の株式以外の資産が交付されないこと（金銭等の交付がないこと）

100％の企業グループ内の分割や、100％の関係を創設する分割については、

合併の場合と同様に、実質的には、資産が移転してもその支配関係は全く変化しないと考えられます。従って、100％の株式保有関係にあると認められる分割においては、分割法人の移転資産及び負債の対価として金銭等の交付がなく、また分割型分割においては、株式が按分的に株主に交付される場合には、適格分割として、資産及び負債は帳簿価額で移転し、譲渡損益の額は認識しません（法法２十二の十一イ）。

3　税制非適格となる交付金銭等の意義

　企業組織再編税制において適格要件を満たす場合、「移転する資産の支配が継続されている」ことが大前提となります。従って、組織再編成における移転資産の対価として株式以外の交付、すなわち、金銭等の交付があった場合は、組織再編成ではなく、"買収" に当たると解されることから、適格組織再編成とはなりません。

　しかし、この金銭等の交付については、あくまでも「企業組織再編における移転する資産及び負債の対価」として交付するかどうかということですから、以下の場合については金銭等の交付があっても適格組織再編成から外れるものではありません。

　①　新株の割当てに際して１株未満の株式が生じたために、端数株の売却代金として株主に交付する金銭（法基通１−４−２）
　②　反対株主が株式買い取り請求権を行使した場合に株主に支払う金銭（法法２十二の八）
　③　分割法人の配当見合い金として株主に交付する金銭（法法２十二の八）

　しかしながら、分割比率の調整のために分割交付金を支払った場合には、分割対価の一部を現金で交付したと考えられるため、「株式以外の資産を交付」したことになり、非適格分割として取り扱うことになります。

Q III 12 ■適格分割の要件(2) 50%超100%未満のグループ内適格分割

50%超100%未満のグループ内適格分割における税制適格要件について詳しく教えてください。

A 分割型分割については以下の5つの税制適格要件が、また分社型分割については、(2)の要件を除いた4つの税制適格要件が必要とされます。

(1) 分割法人の株主に分割承継法人の株式以外の資産が交付されないこと（金銭等の交付がないこと）

(2) 分割承継法人の株式が、分割法人の株主の有する分割法人の株式の数の割合に応じて交付されること（按分型分割）

(3) 独立事業要件

分割事業に係る主要な資産及び負債が分割承継法人に移転していること

ここで、分割事業とは、分割法人の分割前に営む事業のうち、分割により分割承継法人において営まれることとするものをいいます。

(4) 従業者引継要件

分割直前の分割事業に係る従業者のうち従業者の概ね80%以上が引き続き分割承継法人の業務に従事する見込みであること

(5) 事業継続要件

分割に係る分割事業が移転後も引き続き営まれる見込みであること

解説

1 適格分割の要件

株式の保有割合が50%超100%未満の関係にある企業グループ内で適格組織再編成を行うには、移転する資産及び負債の対価としての株式以外の金銭等の交付がないこと、分割型分割にあっては按分型であること（Ⅲ-11参照）のほかに、以下の3つの要件を満たすことが必要です。

① 分割事業に係る主要な資産及び負債が分割承継法人に移転していること（独立事業要件）

② 分割直前の分割事業に係る従業者のうち従業者の概ね80%以上が引き続

き分割承継法人の業務に従事する見込みであること（従業者引継ぎ要件）
③ 分割に係る分割事業が移転後も引き続き営まれる見込みであること（事業継続要件）

また、株式の保有割合が50％超100％未満の支配関係は、再編前（単独新設分割を除く）のみならず再編後も継続される見込みがなければなりません。もし、再編後に50％以下の株式保有関係になってしまう見込みがある場合は、企業グループ内の適格組織再編成とはならないので注意が必要です。

2 独立事業要件（主要資産等引継要件）

株式の保有割合が50％超100％未満の関係にある企業グループ内で適格分割を行うには、分割事業に係る主要な資産及び負債が分割承継法人に移転していることが必要です。ここで、分割事業とは、分割法人の分割前に営む事業のうち、分割により分割承継法人において営まれることとなるものをいいます。

主要な資産及び負債の判定について、分割事業に係る主要なものであるかどうかは、分割法人がその事業を営む上での重要性のほか、その資産及び負債の種類、規模、事業再編計画の内容等を総合的に勘案して判定するものとされています（法基通1－4－8）。

また、この主要な資産及び負債の移転については、必ずしも所有権の移転を伴うものではなく、分割法人から分割承継法人への賃借又はリースによる場合も認められると考えられます。このような場合は、移転事業に係る棚卸資産、売掛債権、仕入債権の移転をもって主要な資産及び負債の移転となりうるわけですが、事業再編計画の内容等から合理的な説明と根拠が必要です。

3 従業者引継ぎ要件

適格分割における従業者引継要件とは、分割直前の分割事業に係る従業者のうち概ね80％が分割承継法人の業務に従事することが見込まれることが必要とされています（法法2十二の十一ロ(2)）。

ここでいう従業者とは、雇用契約に基づく従業員だけをいうのではありません。役員、出向受入社員、派遣社員、アルバイトやパートタイマーなども含まれます。

また、分割事業に従事する者であっても、例えば日々雇い入れられる者で従事した日ごとに給与等の支払を受ける者については、「従業者」の範囲に含め

ることも含めないこともできます。更に、下請先の従業員は、たとえ自己の工場内でその業務の特定部分を継続的に請け負っている企業の従業員であっても、「従業者」には該当しません（法基通1－4－4）。

このように従業者の範囲を特定するためにも、実務上は、分割直前の従業者の名簿を作成しておくとよいでしょう。

なお、分割により引き継がれた従業者は、分割後の分割承継法人の業務に従事することが見込まれていれば、必ずしも分割法人から引き継いだ分割事業に従事する必要はありません（法基通1－4－9）。

また、適格合併の場合は、当然ながら従業者は転籍することになりますが、適格分割及び適格現物出資においては、従業者は必ずしも転籍する必要はなく、出向でもよいとされています。しかし、会社分割の場合は、労働契約承継法が制定されている関係上、労働契約の承継が分割計画書等に記載されていれば、移転する事業の主たる従業者は、個別の同意無く、当然に転籍することになります（包括承継）。

4　事業継続要件

適格分割においては、移転した分割事業が継続されることが求められます（法法2十二の十一ロ(3)）。しかし、事業の継続の期間や事業規模の維持についての具体的な明示はありません。これは再編時に「継続の見込み」があるかどうかで判断します。経済環境の変化により撤退やリストラを余儀なくされる場合も当然に考えられることから、そのような場合に敢えなく「継続」を断念することがあっても致し方ないことと解されます。この場合は、後発的事由であることを十分に説明できることが大切です。

しかしながら、再編により当初から移転する分割事業が継続できないことが明らかな場合は適格の要件を満たさないことになります。

Q III 13 ■適格分割の要件(3) 共同事業要件適格分割

50％以下の株式保有関係にある法人間の分割における税制適格要件について、詳しく教えてください。

A 50％以下の株式保有関係にある法人間の会社分割が税制適格合併であるためには、共同事業を行うための分割である必要があります。

分割型分割については以下の8つの税制適格要件が、また分社型分割については、(2)の要件を除いた7つの税制適格要件が必要とされます。

(1) 分割法人の株主に分割承継法人の株式以外の資産が交付されないこと（金銭等の交付がないこと）

(2) 分割承継法人の株式が、分割法人の株主の有する分割法人の株式の数の割合に応じて交付されること（按分型分割）

(3) 独立事業要件

分割事業に係る主要な資産及び負債が分割承継法人に移転していること

ここで、分割事業とは、分割法人の分割前に営む事業のうち、分割により分割承継法人において営まれることとるものをいいます。

(4) 従業者引継要件

分割直前の分割事業に係る従業者のうち従業者の概ね80％以上が引き続き分割承継法人の業務に従事する見込みであること

(5) 事業継続要件

分割に係る分割事業が移転後も引き続き営まれる見込みであること

(6) 事業関連性要件を満たすこと

(7) 事業規模類似要件又は特定役員派遣要件を満たすこと

(8) 株式継続保有要件を満たすこと

解説

株式保有割合が50％以下の関係にある法人間、あるいは全く資本関係のない法人間であっても、共同で事業を営むために事業統合などの組織再編成が行われています。このような企業グループの枠を越えた組織再編成についても、税法では、共同事業を営むための分割であるもので一定の要件を満たす限り、移

転した資産の支配は継続されているものとして、適格組織再編成を認めています。

1 共同事業を営むための税制適格要件

共同事業を営むための適格分割となるためには、分割前の株式保有関係についての規制はありません。しかし、「共同事業」であるための判定要件を満たす必要があります。また、企業グループ内の適格分割に必要とされた適格要件（Ⅲ-11及びⅢ-12参照）に加えて、更に取得株式継続保有要件をすべて満たす必要があります。

2 「共同事業」の判定要件

株式保有割合が50％以下又は資本関係のない法人間で適格分割を行うためには、まず、税法上の「共同事業」に該当しなければなりません。税法上の「共同事業」に該当するかどうかの判定は以下のとおりです。

(1) 事業関連性要件

事業関連性要件とは、分割を行う前にそれぞれの当該法人において営んでいた事業が、相互に関連性があることを求めた要件です。事業の関連性については、株式保有割合が50％以下の法人間において当該再編を行う最大の目的となることから、その関連性の説明には十分な理由が必要となります。なお、税法上は以下のような規制があります（法令4の2⑥一）。

共同事業の対象となる事業（吸収分割）

	分割法人	分割承継法人
吸収分割	分割承継法人に引き継がれる分割事業	分割前に営むいずれかの事業（分割承継事業）

複数新設分割の場合の対象となる事業

	分割法人	他の分割法人
複数新設分割	分割事業	分割事業

このように、事業の関連性について、吸収分割の場合は、分割法人が分割前に営む事業のうち、分割承継法人において営まれることとなる事業（分割事業）と、分割承継法人において分割前に営む事業のうちのいずれかの事業（分割承継事業）に関連性があることを合理的に説明できればよいとされています。

また、複数新設分割の場合は、分割法人の分割事業と他の分割法人の分割事業に事業関連性があることを説明できればよいとなっています。

　合併による移転事業の場合は、「主要な」事業でなければならなかったのに対し、分割の場合は、「主要な」事業である必要はありません。

　また、単独新設分割は、事業関連性要件の説明がつかないことから、非適格になります。

(2) 事業規模類似要件

　事業規模類似要件とは、共同で行う事業の規模の比率が概ね1：5の範囲内であることを求めた要件です。税法では、当該法人双方が、あくまでも「共同」で事業を行う場合に税制適格としています。あまりにも規模の大きさが違う法人間の事業統合は、「共同事業」とはいえず、むしろ「買収」に近いものといえるので、規模の制限を加えています。

　比較対象となる事業は、吸収分割の場合は分割法人の分割事業と分割承継法人の分割承継事業、共同新設分割の場合は分割法人の分割事業と他の分割法人の分割事業です。

　この事業関連性要件の対象となる事業ごとに、売上金額、従業者の数、若しくはこれらに準ずるもので判断します（法基通1－4－6（注））。「これらに準ずるもの」とは、例えば、金融機関における預金量等、客観的・外形的にその事業の規模を表すものと認められる指標をいいます（法基通1－4－6）。

　分割の場合は、合併のように資本金額を比較対象の指標とすることはできません。

　以下、事業規模の比較対象となる指標についての留意点をまとめてみます。

① 売上金額の比較

　売上金額を比較する際において、どの程度の期間の売上金額により判定すべきであるかという点が問題になりますが、組織再編税制の趣旨からいえば、基本的には、分割直前の規模の比較となります。しかしながら、季節変動要因や、短期的・異常的な要因による増減も考えられるため、通常は、直近1年間の売上金額をもって規模の比較をすることが一般的であると考えられます。

② 従業者の比較

　従業者を比較する際は、分割直前の従業者の数を比較することになります。

「従業者」とは、法人税基本通達1－4－4において「分割直前において分割法人の営む事業に現に従事するもの」と規定され、事業規模類似要件で比較対象となる分割承継法人の従業者についても、この従業者の定義は準用されるものと考えられます。そのため、役員、出向受け入れ社員、派遣社員、アルバイトやパートタイマー等は従業者とされますが、他社へ出向している"従業員"は"従業者"には含まれません。

　なお、事業規模類似要件は、分割直前において、これらの指標のうち1つの事項について当てはまればよく、すべての指標について規模要件を満たす必要はありません。

　しかし、事業規模類似要件を満たすために、これらの指標の数値を増減させるような行為は、経済的合理性がない限り、包括的租税回避防止規定の対象となる可能性もあるので、留意すべきでしょう。

(3) 特定役員派遣要件

　将来性のある成長著しい事業との統合を考えるときなど、共同事業の判定要件として事業規模類似要件では必ずしも相応しくない場合が考えられます。

　そのような場合には、当該法人双方の役員が共同事業の経営に参画すれば、「共同事業」としての要件を満たすこととしています。これは、規模の小さい法人からも経営に発言権のある役員を参画させることによって、共同で事業を行うとする目的に適うものであり、規模の違いによる「買収」とはいえないと判断できるからです。

　特定役員派遣要件とは、このように、事業規模類似要件では要件を満たさないような場合に用意された要件であり、これらのどちらかを満たせばよいことになっています。

　特定役員派遣要件では、「役員の経営の参画」というものを重要視しており、再編後において当該法人双方から「特定役員」となる役員を輩出し、対等な立場で経営に参画ができることによって、共同で事業を営むことが可能になるという趣旨の下用意された用件です。

　「特定役員」とは、社長、副社長、代表取締役、専務取締役、常務取締役又はこれらに準ずる者で経営の中枢に参画している者とされます（法基通1－4－10）。従って、経営の実態を担う役員でなければならないことから、使用人兼

Ⅲ　企業組織再編税制の概要　　163

務役員や社外取締役では要件を満たすことはできません。また、執行役員については、法人税法上のみなし役員に該当し、経営の中枢に参画しているかどうかで判断されますが、実質的には職制上の地位が与えられていない役員は、特定役員に含めることは難しいと思われます。

　ところで、この特定役員派遣要件を満たすに当たって、吸収分割の場合、分割法人の再編前の役員1名以上と分割承継法人の再編前の特定役員1名以上が、分割後の分割承継法人において特定役員となる必要があります。また、複数新設分割については、分割法人の再編前の役員1名以上と他の分割法人の再編前の役員1名以上が、分割後の分割承継法人において特定役員となる必要があります。

再編後に特定役員となる者

	分割前　分割法人	分割前　分割承継法人
吸収分割	役員等	特定役員

	分割前　分割法人	分割前　他の分割法人
複数新設分割	役員等	役員等

　なお、特定役員になった者の就任期間については、税法上は何も規定はしていません。通常の役員の任期を全うすることが見込まれれば問題ありませんが、あまりに短い就任期間では、共同事業を行うために特定役員を派遣するという税法の趣旨に反することになるので、注意が必要です。

　その他の点については、適格合併における特定役員派遣要件を参照してください（Ⅲ-5参照）。

(4)　取得株式継続保有要件

　企業グループ内の組織再編成においては、再編の前後において株式の保有割合について完全支配関係又は50％超の支配関係の継続が求められていますが、共同事業を行うための組織再編成においても、再編後の取得株式について一定の制限が設けられています。

　また、企業グループ内の組織再編成においては、発行済株式の総数に対して、一律に保有割合の継続が求められているのに対し、共同事業を行うための組織再編成では、組織再編成の形態によりその条件が違っています。

移転法人の株主等の数が50人以上の合併及び分割型分割については、この取得株式継続保有要件は不問とされています。これは、株主が多数存在する企業や、証券市場において自由に売買される上場企業の株式までに継続保有の要件を課すことは現実的ではないからです。それ以外の再編については、合併、分割型分割、分社型分割、現物出資それぞれにおいて下記のように規定されています。

	新株の交付を受ける株主		適格要件
合　　併 分割型分割	移転法人の株主	株主50人以上	取得株式継続保有要件は不問
		株主50人未満	「再編直前の移転法人の株主で、再編により新たに交付を受ける取得法人の株式の全部を継続して保有することが見込まれる者」が有する移転法人の株式の合計数が、移転法人の発行済み株式の80％以上であること（※　議決権のない株式等は除く）
分社型分割 現物出資 事後設立	移転法人		移転法人が、再編により交付される取得法人の株式の全部を継続して保有することが見込まれていること

※　議決権のない株式等を除くことについて、合併と分割型分割では、詳細には、下記のような算式で割合を計算することになります。

合併　$\dfrac{\text{被合併法人の株主等で交付合併法人株式（議決権のないものを除く）の全部を継続して保有することが見込まれる者が有する被合併法人の株式（議決権のないものを除く）数}}{\text{被合併法人の発行済株式等（議決権のないもの及び法法24②の抱合株式を除く）の総数}}$

分割型分割　$\dfrac{\text{分割法人の株主等で交付分割承継法人株式（議決権のないものを除く）の全部を継続して保有することが見込まれる者が有する分割法人の株式（議決権のないものを除く）数}}{\text{分割法人の発行済株式等（議決権のないもの除く）の総数}}$

　なお、組織再編税制における議決権のない株式について、平成18年10月1日より下記のように定義されています（法規3の2）。

①　自己株式
②　会社法108①三に規定される無議決権株式

また、議決権のない株式に含まれないものは、

③　会社法109②に規定により議決権がないとされた株主の有する株式
④　単元未満株式

と定義されました。

　法人税法施行規則第3条の2において、会社法上、明確に議決権のない自己株式について、議決権がないものと定義され、同じく明確に議決権のない会社法第308条の25％以上の相互持ち合い株式について、法人税法施行規則第3条

の2において、全く規定がありません。

　しかし、法人税法施行規則第3条の2において明記がなくても、会社法上、会社法308条に規定する相互持ち合い株は議決権がないことが明らかであるため、議決権のない株式に該当すると考えられます。

　なお法人税法施行規則第3条の2第2項第1号において、会社法第879条第3項の規定により議決権を有するものとみなされる株式が、議決権があるものと規定されていますが、当該株式の議決権が行使される場面は、適格組織再編成の場面において想定されません。

　ただしこの取扱いの解釈は、疑問があるため、念のため当局に確認されることをお勧めします。

　分割については、分割型分割と分社型分割においては、適格要件が違うので注意が必要です。分割型分割では、合併の場合と同様の規定になっているのに対し、分社型分割では、分割法人が、分割により交付を受けた分割承継法人株式を1株でも売却すると株式継続保有要件を満たすことができず、非適格となります。

　なお、具体例、その他の点については、Ⅲ-5を参照してください。

Q III 14 ■適格分割の留意点(1) 利益積立金額の引継ぎ

適格分割の場合は、分割承継法人は分割法人の利益積立金額を引き継ぐことが可能でしょうか。

A 適格分割型分割の場合は、分割承継法人は、会計処理にかかわらず、分割併法人の税務上の利益積立金額を強制的に引き継ぐことになります。

しかし、適格分社型分割の場合は、分割承継法人は、利益積立金額を引き継ぐことはできません。

解説

1 分割型分割

会社法及び会計基準による分割受入会計処理にかかわらず、適格分割型分割の場合は、分割承継法人は分割法人の利益積立金額を強制的に引き継ぐことになります。分割法人において減少する利益積立金額及び資本金等の額、分割承継法人が受け入れる利益積立金額及び資本金等の額は、以下の算式に基づいて計算します。

非適格の分割型分割の場合は、分割承継法人は利益積立金額を引き継ぐことはできません。

【分割型分割における移転株主資本の規定】

分割承継法人	増加額	適格	資本金等の額	簿価純資産額－引継利益積立金額（法令8①六）
			利益積立金額	分割法人から引き継ぐ利益積立金額（法令9①三）
		非適格	資本金等の額	時価純資産額－分割交付金銭等の額（法令8①六）（法法62の8不適用）
			資本金等の額	交付株式の時価（法令8①六）（法法62の8適用）
分割法人	減少額	適格	資本金等の額	簿価純資産額－減少利益積立金額（法令8①十七）
			利益積立金額	分割承継法人へ引き継ぐ利益積立金額（法令9①九）
		非適格	資本金等の額	分割により減少する資本金等の額（法令8①十六）
			利益積立金額	交付株式等の時価－分割により減少する資本金等の額（法令9①六）

(1) 適格分割型分割

　適格分割型分割の場合、分割法人は、分割承継法人に資産及び負債を移転し、分割承継法人株式を受け入れます。このときの仕訳は、

　　（仕訳）　　分割承継法人株式　　××　／　簿価純資産額　　××

となり、受け入れた分割承継法人株式を分割法人の株主に剰余金の配当として交付します。

　　（仕訳）　　資本剰余金又は利益剰余金　××　／　分割承継法人株式　××

　適格分割型分割においては、まず、分割法人が移転する（減少させる）利益積立金額から計算しますが、その計算は、以下のような計算になります（法令9①九）。

（分割法人の利益積立金額の減少額）

適格分割の日の前日の属する事業年度終了時（期末時）の利益積立金額 × $\dfrac{\text{期末時移転純資産の簿価}}{\text{期末時純資産の簿価}}$ （小数点3位未満端数四捨五入）

　この適格分割の日の前日の属する事業年度終了時（期末時）とは、分割法人が分割により設定するみなし事業年度（法法14①三前段）における末日をいいます。

　分割法人より移転する（減少させる）利益積立金額を確定した上で、減少する資本金等の額が決まります。

（分割法人の資本金等の額の減少額）

減少する資本金等の額＝移転簿価純資産額 － 減少する利益積立金額

　また、分割承継法人の増加する資本金等の額及び利益積立金額は、分割法人の減少する金額に対応して増加することになります。

(2) 非適格の分割型分割

　非適格の分割型分割は、分割承継法人は、分割法人から利益積立金額を引き継ぐことができません。分割法人で減少する利益積立金額は、分割法人株主へのみなし配当となります。

　非適格分割型分割の場合は、まず、分割法人が減少させる資本金等の額から計算します。

（分割法人の資本金等の額の減少額）

適格分割の日の前日の属する事業年度終了時（期末時）の資本金等の額 $\times \dfrac{\text{期末時移転純資産の簿価}}{\text{期末時純資産の簿価}}$ （小数点3位未満端数切上げ）

分割法人より減少させる資本金等の額を確定させ、次に、利益積立金額を計算します。

（分割法人の利益積立金額の減少額）

分割法人株主に交付した金銭その他の資産の時価 － 上記分割法人資本金等の額の減少額

次に、分割承継法人の増加する資本金等の額ですが、法人税法第62条の8（非適格合併等により移転を受ける資産等に係る調整勘定の損金不算入等、Ⅶ－9参照）の適用を受ける場合と受けない場合では、次のように異なります。

（分割承継法人の資本金等の額の増加額）

【法法62の8が適用にならない場合】

増加資本金等の額 ＝ | 移転純資産の時価 | － 分割交付金銭等の額

【法法62の8が適用になる場合】

増加資本金等の額 ＝ | 交付株式の時価 |

2　分社型分割

【分社型分割における株主資本の規定】

分割承継法人	増加額	適格	資本金等の額	簿価純資産額（法令8①七）
		非適格	資本金等の額	時価純資産額－分割交付金銭等の額（法令8①七）（法法62の8不適用）
			資本金等の額	交付株式の時価（法令8①七）（法法62の8適用）

(1)　適格分社型分割

分社型分割は、適格であっても利益積立金額を引き継ぐことはありません。これは、適格分割においては分割法人において、税務上の純資産額の変動はないからです。従って、適格分社型分割では、分割承継法人のみ株主資本が変動します。

（分割承継法人の資本金等の額の増加額）

移転簿価純資産額

(2) 非適格分社型分割

　非適格の分社型分割においては、移転資産は時価による譲渡とされるため、分割法人においては、資産・負債の譲渡損益が反映された株主資本となるため、分割に係る規定は特にはありません。

　資産・負債を受け入れる分割承継法人については、非適格の場合は下記のように規定されています。

　（分割承継法人の資本金等の額の増加額）

　【法法62の8が適用にならない場合】

　　増加資本金等の額　＝　移転純資産の時価　－　分割交付金銭等の額

　【法法62の8が適用になる場合】

　　増加資本金等の額　＝　交付株式の時価

Q III 15 ■適格分割の留意点(2) みなし事業年度

会社分割では、みなし事業年度を設け、法人税の申告をする必要があるのでしょうか。

A 事業年度の途中において分割型分割が行われた場合には、移転する利益積立金額を計算し確定させることが必要となるために、次の期間を分割法人の事業年度とみなすことになります（法法14三）。

> その事業年度開始の日から分割の日の前日までの期間、及び分割の日からその事業年度の末日までの期間

従って、事業年度の途中で分割型分割が行われた場合には、分割法人は、2か月以内に法人税の申告をする必要があります（申告期限の延長の特例を受けている場合は3か月以内）。

また、一部分割についても、みなし事業年度を設ける必要があります。

しかし、分社型分割が行われた場合には、事業年度の途中の分割でも、みなし事業年度を設ける必要はありません。

解説

1 分割型分割

法人が、事業年度の途中で分割型分割を行った場合、適格であれば分割法人から分割承継法人への利益積立金額の引継ぎの問題、非適格であれば分割法人株主へのみなし配当の問題が生じます。

このような場合、その事業年度開始の日から分割の日の前日までの期間と、分割の日からその事業年度の末日までの期間をそれぞれ1事業年度とみなし、それぞれ、法人税の申告をする必要があります。

従って、各事業年度の終了の日の翌日から2か月以内に申告・納税をしなければなりません。ただし、申告期限の延長を届け出ている場合は、期日まで（通常は事業年度終了の日の翌日から3か月以内）に申告・納税をすればよいことになっています（法法5、74、77）。

ところで、法人税基本通達では、「分割の日」の解釈として、当該組織再編成により当該法人（分割法人）が分割承継法人にその有する資産及び負債の移

転をした日をいい、分割型分割の場合における当該移転をした日は、分割契約書又は分割契約書において分割期日として定めた日をいう、と規定しています（法基通1-4-1及び注）。

　法人税基本通達では、基本的には、分割法人における処理、特にみなし事業年度の期間を特定する上で資産及び負債の移転の日が問題とされています。

　みなし事業年度の末日が、「分割の日」の前日と規定されることにより、例えば、3月決算法人を分割法人とする分割型分割を4月1日にする場合に、分割法人のみなし事業年度について、4月1日の「1日だけの事業年度」の法人税の申告をする必要がなくなります。

　また、従来は、新設分割型分割において4月1日が日曜日などで設立される新設法人の登記ができず、新設法人の設立日が4月2日になった場合でも、分割計画書に「分割期日」を定めておきましたから、分割法人の税務上の移転処理は、4月1日の「分割の日」とすることが可能でした。（ただし、新設法人（分割承継法人）の資産及び負債の受入仕訳は4月2日となり、分割法人の処理とのタイムラグが生じていました。）

　しかし、会社法では、新設分割においては、いわゆる分割期日である「その効力を生ずる日（効力発生日）」について法定記載事項とはされていません。これは、新設分割における効力発生日は、必然的に新設法人が設立された日とされているからです。

　すなわち、会社法上、新設合併においては「合併期日」という概念がなくなってしまった以上は、効力発生日が、現行の法人税基本通達の「分割の日」として、資産及び負債が移転した日、と解釈せざるを得ないでしょう。従って、3月決算法人が分割法人となる新設分割で、4月1日が日曜日のため、4月2日に分割登記をした場合には、「1日だけの事業年度」の申告が必要となると考えられます。

　この意味において、新設分割については、会社法上は、もはや「分割期日」という概念がなくなってしまったことになりますが、任意的な記載事項として分割計画書には従来の分割期日に当たる日を定めておくことは可能です。ただし、この任意的記載事項により、いわゆる「1日だけの事業年度」が生じることについて、法人税の申告実務上避けることができるかどうかは明らかではあ

りません。現行の法人税基本通達の「分割の日」の解釈について、会社法に合わせた通達改正が早急に手当てされることを期待します。

なお、吸収分割の分割契約書には「効力発生日」を法定記載事項として記載します。吸収分割においては、分割契約書で定めた「効力発生日」が日曜日などで登記ができない場合であっても、その日が分割の日として、分割承継法人に資産・負債の移転が行われることとされます。このように、吸収分割については、分割契約書において「吸収分割がその効力を生ずる日（効力発生日）」を定めますので、上記のような問題は生じません。

2　分社型分割

　分社型分割においてはみなし事業年度を設けることはありません。ただし、適格分社型分割の場合は、分割承継法人に引き継ぐ減価償却資産等に係る減価償却費の計算や、個別金銭債権に係る貸倒引当金の繰入計算など、分割法人において分割の日の前日を事業年度終了の日としたときに計算される減価償却費相当額や繰入限度相当額等の損金算入が認められることから、事実上みなし事業年度を設定した場合と同様の処理が必要となります。

　この場合、期限内に各種届出書が必要となりますので、注意が必要です。詳細はXV-7をご覧ください。

Q III 16 ■適格分割の留意点(3) 株主の課税

適格分割・非適格分割における株主の課税問題について教えてください。

A

分割において、株主の課税について問題になるのは、分割型分割に限られます。従って、分社型分割においては、非適格であっても、株主に課税問題は生じません。

分割型分割については、適格分割型分割の場合は、株主に課税問題は生じませんが、非適格の分割型分割については、株主に課税問題が生じます。

金銭を交付する非適格分割型分割の場合は、分割法人の株主の旧株は売却したものと解され、株式の譲渡損益とみなし配当に関する課税問題が発生します。また、金銭交付のない非適格分割型分割の場合は、分割法人の株主には、みなし配当課税のみが発生することになります。

解説

1 分社型分割における株主の課税問題

分社型分割については、適格・非適格を問わず、株主には課税問題は生じません。

2 適格分割型分割における株主の課税問題

適格分割型分割においては、株主には課税問題は生じません。

ただし、分割法人の株主は、分割により分割承継法人の株式を受け取る際に、移転資産・負債の割合に応じて旧株の簿価の付け替え計算が必要となります。この点については、Ⅴ-1をご参照ください。

また、Ⅲ-14で説明したように、分割法人の利益積立金は、移転資産・負債の割合に応じて分割承継法人に引き継がれることになりますので、分割法人株主に対して利益積立金の精算、すなわち、株主に対して配当とみなされる部分はありません。

なお、分割承継法人の株主については、何ら課税問題が生じることはありません。

3 非適格分割型分割における株主の課税問題

(1) 金銭等の交付のある非適格分割型分割

　株主における株式の譲渡損益に対する課税問題は、移転する資産・負債の対価として分割法人の株主に株式以外の金銭その他の資産の交付があったかどうかによってその取扱いが変わります。分割型分割においては、株主に株式以外の「金銭等の交付がない」場合は、簿価による譲渡として、譲渡損益の額の認識を繰り延べることになります。

　これは、法人税法上適格であるか非適格であるかではなく、あくまでも金銭等の交付があったかどうかで譲渡損益の課税の有無を判断します。従って、非適格分割型分割であっても金銭等の交付がなければ、株式の譲渡損益の額は認識せず、譲渡損益の課税問題は発生しません。

　交付金銭等が支払われる場合は、分割法人株式（旧株）の株式の部分的譲渡が行われたとして、旧株の分割資産に対応する分について課税問題が発生します。

　また、(2)で述べるように、金銭交付の場合は必ず非適格になるので、旧株の譲渡損益課税とともにみなし配当課税も生じます。

(2) 株主のみなし配当課税

　株式の譲渡損益の額は、法人税法上の適格・非適格に関係なく、株主に金銭等の交付の有無によって課税関係が変わるのに対し、みなし配当に関しては、適格か非適格かどうかによって課税関係が変わってきます。

　分割法人の利益を原資とする部分（利益積立金）が分割承継法人の資本金等の額に組み入れられる場合、法人税法では、分割法人の利益積立金額から分割承継法人の資本等の金額に振り替えられた部分について、いったん分割法人の株主に配当として分配し、その分配部分を再び株主から出資を受けたとみなします。みなし配当課税は、株主への配当とみなされる部分（みなし配当）について株主に対し課税するというものです。

　適格分割型分割については、移転する資産が帳簿価額により引き継がれ、利益積立金額についても分割承継法人に引き継がれることになりますから、株主に対して配当があるとみなされる部分はないので課税問題は発生しません。

　しかし、非適格分割型分割については、前述のように、利益積立金額を引き

継ぐことができず、分割承継法人では資本金等の額としなければならないので、株主にみなし配当の課税問題が発生します。

(3) みなし配当の通知と支払調書の提出

　分割によりみなし配当課税が発生する場合は、分割承継法人は、分割法人の株主に対して1か月以内にみなし配当の通知をし、支払の確定した日の属する年の翌年1月31日までに法定調書を提出する必要があります（所法225）。

Q III 17 ■現物出資

組織再編税制における現物出資について教えてください。

A
(1) 組織再編税制における現物出資は、法人株主に限られます。従って、個人株主による現物出資は、組織再編税制の対象外となります。

(2) 適格現物出資の要件は、適格分社型分割とほぼ同様です。ただし、分割の場合の資産等の移転は包括承継と解されるため、適格・非適格にかかわらず移転資産等についての消費税の課税問題は生じませんが、現物出資における資産等の移転は消費税法上資産の譲渡に該当しますから、課税取引となります。

(3) 現物出資については、海外子会社など外国法人に現物出資することについても、適格要件を満たせば、適格組織再編となります。

解説

1 現物出資の法的手続

現物出資とは、金銭以外の財産をもってする出資であり、目的となる財産は、動産、不動産、債権、有価証券、知的財産権などです。事業の全部又は一部を現物出資の目的とすることもできます。

設立時に現物出資をする場合には、定款に現物出資者の氏名、出資の目的たる財産、価格、割り当てる株式の種類及び数を記載しなければなりません（会法28一）。また原則として、これらの事項について、裁判所が選任した検査役の調査を受ける必要があります（会法33①）。

ただし、現物出資財産が以下の場合には、検査役の調査は、不要になります。すなわち、①定款に記載された現物出資財産の価額の総額が、500万円を超えない場合、②現物出資財産が市場価格のある有価証券で、価額が有価証券の市場価格として法務省令で定める方法（次に掲げる(a)(b)のうち、いずれか高い額を市場価格とする方法です。すなわち、(a)定款認証の日における当該有価証券の最終取引価格、又は(b)定款認証において、当該有価証券が公開買付け等

の対象であるときは、公開買付け等に係る契約における当該有価証券の価格の、いずれか高い額です。）により算定されるものを超えない場合、③弁護士、弁護士法人、公認会計士、監査法人、税理士又は税理士法人による相当性の証明を受けた場合（現物出資財産が不動産である場合には、当該証明と不動産鑑定士の鑑定評価が必要です）です。

また、募集株式の発行の募集事項において、金銭以外の財産を出資の目的とする旨を定めたときにも、原則として検査役の調査が必要ですが、上記①から③の場合に加えて、④現物出資財産を給付する募集株式の引受人に割り当てる株式の総数が、発行済株式の総数の10分の1を超えない場合、⑤現物出資財産が株式会社に対する金銭債権（弁済期が到来しているものに限られます）であって、金銭債権について定められた価額が、当該金銭債権に係る負債の帳簿価額を超えない場合にも、検査役の調査は不要になります（会法207⑧）。

2　用語の整理と適用条文

用語	条　文
現物出資法人	法法2十二の四	現物出資によりその有する資産及び負債の移転を行った法人をいう。
被現物出資法人	法法2十二の五	現物出資により現物出資法人から資産及び負債の移転を受けた法人をいう。

	定義	現物出資法人の課税	被現物出資法人の純資産
適格現物出資	法法2十二の十四	法法62の4	法令8①八
非適格現物出資		法法22	法令8①一、九

3　適格現物出資の要件

現物出資における税制適格要件は、①企業グループ内における適格現物出資と、②共同事業を営むための適格現物出資に大別されます。

企業グループ内における適格現物出資については、株式の保有割合が50％超の関係にある法人間の範囲を指し、共同事業を営むための適格現物出資については、50％以下の関係にある法人間の範囲を指します。

また、企業グループ内の適格現物出資については、①100％グループ内の適格現物出資（法法2十二の十四イ）と②50％超100％未満グループ内の適格現物出資（法法2十二の十四ロ）により適格要件が異なります。

(1) 100％グループ内の適格現物出資の要件（法法2十二の十四イ）
　100％グループ内の適格現物出資の要件は、以下のように規定されています。
　ⅰ) 現物出資法人に被現物出資法人の株式以外の資産が交付されないこと（金銭等の交付がないこと）
(2) 50％超100％未満グループ内の適格現物出資の要件（法法2十二の十四ロ）
　50％超100％未満グループ内の適格現物出資については、以下の要件を満たすことが必要です。
　ⅰ) 現物出資法人に被現物出資法人の株式以外の資産が交付されないこと（金銭等の交付がないこと）
　ⅱ) 独立事業要件
　　現物出資事業に係る主要な資産及び負債が被現物出資法人に移転していること
　　ここで、現物出資事業とは、現物出資法人の現物出資前に営む事業のうち、現物出資により被現物出資法人において営まれることとなるものをいいます。
　ⅲ) 従業者引継要件
　　現物出資直前の現物出資事業に係る従業者のうち従業者の概ね80％以上が引き続き被現物出資法人の業務に従事する見込みであること
　ⅳ) 事業継続要件
　　現物出資に係る現物出資事業が移転後も引き続き営まれる見込みであること
(3) 共同事業を営むための適格現物出資（法法2十二の十四ハ、法令4の2⑩）
　株式の保有割合が50％以下の関係にある法人間での適格現物出資については、以下のように、企業グループ内の適格現物出資で必要とされた要件に加えて、更に3つの要件をすべて満たすことが必要となります。
　ⅰ) 事業関連性要件
　　現物出資法人の現物出資事業と被現物出資事業が相互に関連性があること
　・複数新設現物出資の場合

Ⅲ　企業組織再編税制の概要　　179

現物出資法人の現物出資事業と他の現物出資法人の現物出資事業とが相互に関連性があること
　ⅱ）事業規模類似要件又は特定役員派遣要件
　　　現物出資法人の現物出資事業と被現物出資法人の被現物出資事業のそれぞれの売上金額、従業者数、又はこれらに準ずるもののいずれかの規模の割合が１：５の範囲内であること、又は現物出資法人のいずれかの役員及び被現物出資法人のいずれかの特定役員が双方ともに、現物出資後に被現物出資法人の特定役員となることが見込まれていること
　　・複数新設現物出資の場合
　　　現物出資法人の現物出資事業と他の現物出資法人の現物出資事業のそれぞれの売上金額、従業者数、又はこれらに準ずるもののいずれかの規模の割合が１：５の範囲内であること、又は現物出資法人のいずれかの役員及び他の現物出資法人のいずれかの役員が、双方ともに、現物出資後に被現物出資法人の特定役員となることが見込まれていること
　ⅲ）株式継続保有要件
　　　現物出資法人が現物出資により交付を受ける被現物出資法人の株式の全部を継続して保有することが見込まれること

4　いわゆるデット・エクイティ・スワップ（DES）について

　会社の債務（デット）を株式（エクイティ）と交換（スワップ）するデット・エクイティ・スワップ（Debt Equity Swap）について、債務者の立場からは「債務の資本化」や「借入金の資本組み入れ」と、債権者の立場からは「債権の株式化」などと呼ばれています。

　これらも現物出資の１つの形です。この場合に適格現物出資は、100％の完全支配関係しかありません。100％未満の支配関係の場合、独立事業要件などの要件を満たすことができないためです。

5　外国法人に対する現物出資

　外国法人に対して、国内にある不動産、不動産の上に存する権利、その他国内にある事業所に属する資産（外国法人の発行済株式等の総数25％以上の株式等を有する場合のその株式等を除く）など国内にある資産・負債を外国法人に移転するものは、適格現物出資とはなりません。しかし、発行済株式総数の

25％以上を保有する海外子会社の株式については、適格現物出資の対象資産として、その外国法人株式を外国法人に移転することもできることとなります。

従って、新設会社だけではなく、既存の海外子会社にも外国法人株式を移転することもできます。

また、外国法人に対して、国外にある資産・負債移転する場合も適格現物出資として認められます。

6　期中損金経理額等の計算

現物出資においてはみなし事業年度を設けることはありません。ただし、適格現物出資の場合は、被現物出資法人に引き継ぐ減価償却資産等に係る減価償却費の計算や、個別金銭債権に係る貸倒引当金の繰入計算など、現物出資法人において現物出資の日の前日を事業年度終了の日としたときに計算される減価償却費相当額や繰入限度相当額等の損金算入が認められることから、事実上みなし事業年度を設定した場合と同様の処理が必要となります。

この場合、期限内に各種届出書が必要となりますので、注意が必要です。詳細はⅩⅤ-7をご覧ください。

7　消費税とその他の課税問題

会社分割の場合は資産等の移転は包括承継と解されるため、移転資産等についての消費税の課税問題はありませんが、現物出資における資産等の移転は消費税法上の資産の譲渡等に該当し、課税取引となります。

Q III 18 ■事後設立

組織再編税制における事後設立について教えてください。

A
(1) 事後設立の場合は、通常の売買取引をした上で、「適格要件」を満たす場合に、事後設立法人・被事後設立法人ともに申告調整により修正することになります。

(2) 非適格の事後設立の場合は、通常の資産等の売買取引として譲渡損益を認識します。

解説

1 事後設立の法的手続

事後設立とは、会社成立後2年以内に成立前から存在する財産で事業のために継続して使用するものを、会社の純資産額の5分の1以上に当たる対価で取得する契約を締結する場合をいいます。この場合には、株主総会の特別決議による承認が必要です（会法467①五、309②十一）。

事後設立は、現物出資規制の潜脱する方法として利用される可能性があることから、改正前商法の下では、事後設立にも検査役の調査が要求されていましたが、会社法の下では、事後設立における検査役の調査は、廃止されました。

2 用語の整理と適用条文

用語	条文	
事後設立法人	法法2十二の六	事後設立によりその有する資産及び負債の移転を行った法人をいう。
被事後設立法人	法法2十二の七	事後設立により事後設立法人から資産及び負債の移転を受けた法人をいう。

	定義	事後設立法人の課税	被事後設立法人の純資産
適格事後設立	法法2十二の十五	法法62の5	法令8①十
非適格事後設立		法法22	法令8①一

3 適格事後設立

事後設立とは、会社の営業用として予定しておいた財産を、会社設立後、会社が譲り受ける契約をすることです。つまり、まず事後設立法人が金銭を出資

して被事後設立法人を設立し、株主となります。その後、事後設立法人の資産を被事後設立法人に時価で売却し、事後設立法人は再び金銭を受け取ります。結果的には、株主となる事後設立法人が、現物出資により被事後設立法人を設立した場合と同じ効果となります。従って、事後設立は現物出資の代替として用いられる手法といえるので、旧商法では法人設立後2年以内の事後設立については、現物出資の場合と同様、裁判所が選任する検査役の調査等が必要であるとして、厳しい規制がありました。しかし、前述のように、会社法の施行により、事後設立規制は、大幅に緩和されています。

　事後設立による資産等の移転は、会社法上は、通常の時価による資産等の売買取引とされているため、事後設立による資産の移転に伴って授受される金銭は、移転資産等の時価相当額となります。

　法人税法では、適格組織再編成のうち、一定の要件を満たした事後設立についても、適格事後設立として移転資産の譲渡損益の額を繰り延べることができますが、取引の形態上、他の適格組織再編成と比して、2つの点が大きく違います。

　1つは、移転資産の対価となる金銭の授受が行われることです。現物出資の場合は、金銭の授受はなくとも資産等を移転することにより株式の交付を受けることができますが、事後設立の場合は、移転資産等の対価は株式ではなく金銭となることです。もう1つは、移転資産等の価額は時価となるため、譲渡損益の額を認識することになります。

　しかし、法人税法では、事後設立が現物出資の代替として用いられる場合であれば、結果的には同じ効果となることから、時価譲渡並びに金銭の授受があることを前提とした上で、次のような要件を満たした場合には適格事後設立として課税を繰り延べることとしています。

　イ　事後設立法人がその資産及び負債を被事後設立法人に移転するまで、被事後設立法人の株式を100％保有していること
　ロ　事後設立法人が被事後設立法人の株式の100％を当該事後設立後も継続して保有する見込みがあること
　ハ　資産等の譲渡が被事後設立法人設立時に予定されており、かつ当該設立後6月以内に行われたこと

ニ　資産等の譲渡の対価が被事後設立法人設立時の払込金銭の額と概ね同額であったこと

　上記要件を満たした適格事後設立に該当する場合、事後設立法人においては、移転する資産等の価額を、帳簿価額修正損益により当該譲渡に係る原価等の額（原価＋その他の費用）まで修正することで譲渡損益の額と相殺し課税を繰り延べます。同時に、事後設立法人が所有する被事後設立法人の株式の取得価額についても、この帳簿価額修正損益に相当する金額を加減算し、修正します。

　また、被事後設立法人においては、当該帳簿価額修正損益に相当する金額を資本積立金として、移転資産及び負債の価額を税務上の簿価に修正します。

適格事後設立の設例

移転法人	取得承継法人
〈金銭出資時〉 子会社株式　500　Cash　500	Cash　500　資本金　500
〈資産等の譲渡時〉 負債　500　資産　800 Cash 500　　益　200	資産　1000　負　債　500 　　　　　　　Cash　　500
〈株式の取得価額修正仕訳〉 株式の取得価額 　修正損*¹　200　子会社株式*²　200	〈取得資産の帳簿価額修正仕訳〉 資本金等の額*³　200　資　産*⁴　200

＊1　別表四にて減算
＊2〜4　別表五㈠に記載

IV 株式交換・株式移転の税務

Q IV-1 ■株式交換・株式移転に係る平成18年度税制改正の概要

平成18年度税制改正では、株式交換・株式移転に関して、どのような改正が行われましたか。

A 改正前は租税特別措置として定められていた株式交換・株式移転に係る税制上の取扱いを本則化し、合併・会社分割・現物出資・事後設立といった従来からの組織再編成に係る税制の枠組みの中に位置付けられました。その上で、従来からの組織再編税制との整合性を持った制度とするための必要な整備が行われました。

解説

1 平成11年度商法改正により導入された株式交換・株式移転とその税制上の取扱い

株式交換・株式移転制度は、平成11年商法改正によって、「最近の会社は、企業グループを形成して活動することにより、経営の効率化、国際的な競争力の向上等を図っている。株式交換制度等は、会社がこのような企業グループを形成するための有効な法的手段である完全親子会社関係の創設を円滑に行うことができるようにしようとするものである。」という趣旨から導入されました。

これに対応する税制上の取扱いは、平成11年度税制改正によって、次のような租税特別措置として制定されました。

【平成11年度改正による税制上の取扱い】
① 株式交換又は株式移転に係る課税の特例（所得税法の特例、旧措法37の14）
② 株式交換又は株式移転に係る課税の特例（法人税法の特例・連結法人の特例、旧措法67の9、68の104）
③ 株式移転後の孫法人の子法人化に伴う孫法人株式の譲渡益の課税繰延べ（法人税法の特例・連結法人の特例、旧措法67の10、68の105）

この平成11年度改正による税制上の取扱いは、株式交換・株式移転において

移転する子会社株主の株式譲渡益の課税繰延べが中心でした。

その課税繰延べ要件も、次の2つを満たせばいいだけの非常に簡単なものでした。

> ① 完全親会社における完全子会社の株式受入価額が完全子会社の株主の帳簿価額の合計額（完全子会社の株主数が50人以上である場合には、完全子会社の株式交換・株式移転直前の簿価純資産額）以下であること
> ② 株式交換・株式移転により交付を受けた新株の価額の総額、金銭の額の総額及び資産の価額の総額の合計額のうちに、新株の価額の総額の占める割合が95％以上であること

2 従来の税制上の取扱いに対する指摘内容

しかし、その後、株式交換・株式移転は、株式というコーポレート・カレンシー（企業通貨）による企業買収手段としてM＆Aに利用されているとの側面もあり、事実上、株式交換・株式移転によって企業買収を行うのであれば、その時点で益に対して課税をすべきであるとの指摘がされていました。

平成13年度税制改正による組織再編税制創設の際にも、「組織再編成に係る法人税制は、株式交換及び株式移転を合わせて検討する必要がある」と指摘されました。（平成12年10月3日　政府税制調査会「会社分割・合併等の企業組織再編成に係る税制の基本的考え方」、平成12年12月14日　与党三党「平成13年度税制改正大綱」）

しかし、「これらの制度は導入後間もないこともあり、今後、その実態等を見極めながら見直しを行う」（同上）とされました。

3 平成18年度税制改正による改正内容の概要

そこで今般、会社法の制定等もあったことから、平成18年度税制改正では、従来は、租税特別措置であった株式交換・株式移転に係る税制上の取扱いを本則化し、株式交換・株式移転は、合併・会社分割・現物出資・事後設立といった従来からの組織再編成に係る税制の枠組みの中に位置付けられました。

その上で、これらの組織再編行為と整合性をもった課税上の取扱いとするための整備が行われました。

具体的には、次の8つ項目です。

> ① 子法人株主の旧株の譲渡損益と完全親法人の株式の取得価額の取扱いの見直し
> ② 株式交換・株式移転の税制適格要件の導入
> ③ 非適格株式交換等に係る株式交換完全子法人等の有する資産の時価評価の創設

④　親法人の子法人株式の取得価額等と増加資本金等の額の見直し
⑤　株式移転後の孫法人の子法人化に伴う孫法人株式の譲渡益の課税繰延べの廃止
⑥　連結納税の開始・加入に伴う資産の時価評価の適用除外の見直し
⑦　連結繰越欠損金とみなされる欠損金額の見直し
⑧　組織再編成に係る行為又は計算の否認への追加等

つまり、株式交換・株式移転における当事者である、

(1)　完全子法人株主における取扱い（①）
(2)　完全子法人と完全親法人との関係からの税制適格要件の導入（②）
(3)　完全子法人における取扱い（③）
(4)　完全親法人における取扱い（④）
(5)　適格株式交換・適格株式移転の場合の連結納税制度上の取扱い（⑥⑦）
(6)　その他の取扱い（⑤⑧）

と整理することができます。

各項目の詳細については、別項に譲ります。

4　平成18年度改正により対象となる株式交換・株式移転の範囲

なお、平成18年度税制改正前後の株式交換・株式移転に係る当事者の税法上の定義を比較すると、次表のようになります。改正前は旧商法等に規定する株式交換・株式移転に係る会社に限定されていましたが、改正後は会社法に規定する株式交換・株式移転に係る会社とは限定されておらず、「法人」と規定されていることに気が付きます。

これは、会社更生法（同法182の3・182の4、224・224の2）や保険業法における相互会社の組織変更株式交換・組織変更株式移転（同法96の5・96の8）等に対応するための改正と、施行が1年繰り延べられた会社法における対価の柔軟化による外国親会社株式の割当て等への対応とも考えられます。

〈税法における株式交換・株式移転における当事法人の定義〉

改正後	改正前
株式交換完全子法人 　株式交換によりその株主の有する株式を他の法人に取得させた当該株式を発行した法人をいう（法法2十二の六の三）。	特定子会社 　（旧）商法第352条第1項の株式交換又は同法第364条第1項の株式移転により同法第352条第1項の完全子会社となる法人をいう（旧措法37の14①）。 　株式交換又は株式移転により（旧）商法第352条第1項の完全子会社となる法人をいう（旧措法67の9①・68の104①）。 　株式移転により（旧）商法第352条第1項の完全子会社となった法人をいう（旧措法67の10①、68の105①）。

株式交換完全親法人 　株式交換により他の法人の株式を取得したことによって当該法人の発行済株式の全部を有することとなった法人をいう（法法２十二の六の四）。	特定親会社 　株式交換等により（旧）商法第352条第１項の完全親会社となる法人をいう（旧措法37の14①）。 　株式交換等により同法第352条第１項の完全親会社となる法人をいう（旧措法67の９①・68の104①）。 　株式移転により（旧）商法第352条第１項の完全親会社となった法人をいう（旧措法67の10①、68の105①）。
株式移転完全子法人 　株式移転によりその株主の有する株式を当該株式移転により設立された法人に取得させた当該株式を発行した法人をいう（法法２十二の六の五）。	特定子会社 　上記「特定子会社」と同じ。
株式移転完全親法人 　株式移転により他の法人の発行済株式の全部を取得した当該株式移転により設立された法人をいう（法法２十二の七）。	特定親会社 　上記「特定親会社」と同じ。

　以上の改正は、平成18年10月１日以後に行われる株式交換・株式移転に適用されます（平18改所法等法附24、35、36、40）。

Q IV 2 ■株式交換・株式移転における完全子法人株主の旧株の譲渡損益の取扱い

平成18年度税制改正で、株式交換・株式移転における完全子法人株主の旧株の譲渡損益の取扱いは、どのように見直されましたか。

A 株式交換・株式移転に係る完全子法人の株主は、その完全親法人の株式以外の資産の交付を受けていない場合には、その完全子法人の株式の譲渡損益の計上を繰り延べることとされました。なお、課税が行われる場合でも、非適格の合併や分割型分割と相違して、みなし配当課税は行われません。

解説

1 平成18年度税制改正前の制度の概要

株式交換・株式移転が行われた場合において、次の2つの要件を満たすときは、その株主について、特定子会社株式に係る譲渡損益の計上を繰り延べるとされていました（旧措法37の14①、67の9①、68の104①）。

> ① 完全親会社における完全子会社の株式受入価額が完全子会社の株主の帳簿価額の合計額（完全子会社の株主数が50人以上である場合は、完全子会社の株式交換・株式移転直前の簿価純資産額）以下であること
> ② 株式交換・株式移転により交付を受けた新株の価額の総額、金銭の額の総額及び資産の価額の総額の合計額のうちに、新株の価額の総額の占める割合が95％以上であること

2 平成18年度改正の内容

(1) 完全子法人株主の株式譲渡損益課税の繰延べ要件の厳格化

平成18年度税制改正により、完全子法人株主の株式譲渡損益課税の繰延べ要件は、完全子法人の株主が、株式交換・株式移転により完全親法人の株式以外の資産の交付を受けなかった場合に限る、と改正されました（所法57の4①②、法法61の2⑦⑧）。

完全親法人の株式以外の資産、つまり、1円でも金銭や現物資産が完全子法人の株主に交付された株式交換・株式移転では、完全子法人の株主において、完全子法人株式の全部について譲渡損益課税を行うこととされたのです。

これは、改正前の取扱いにおいて、金銭等の対価が5％未満であることという要件と比較して、大変厳しい内容となっています。

〈完全子法人の株主の株式譲渡損益繰延べ要件〉

改正後	改正前
完全親法人の株式以外の対価が一切交付されないこと	金銭等の対価が5％未満であること

このように改正された理由としは、完全親法人の株式以外の資産の交付を受けていないときは、従来から有していた株式に係る株主の投資が、株式交換・株式移転の後も継続していると考えられることによるものである、と説明されています。

合併や分割型分割と同様に、株主の株式譲渡損益課税を行うか否かは、株主の株式に係る投資の継続をメルクマールとている訳です。

ただし、次の金銭その他の資産は、上記の完全親法人の株式以外の資産から除外されています。これは改正前の取扱いと同様です。

〈株式交換等の交付金銭等から除外される金銭等〉

① 株主に対する剰余金の配当として交付される金銭その他の資産
② 株式交換等に反対する株主の買取請求に基づく対価として交付される金銭その他の資産

なお、この完全親法人の株式以外の資産が完全子法人の株主に一切交付されていないことという要件は、後述する完全子法人の有する資産の時価評価課税を行われないという適格株式交換・適格株式移転の要件の1つにもなっています（法法2十二の十六、十二の十七）。

ところで、完全子法人の株式譲渡損益の計上を繰り延べる場合において、その繰り延べる規定振りは、個人株主と法人株主とでは、次のように相違します。

これは、記帳記録を前提とする法人所得課税と、それを前提としない個人所得課税との相違から来るものです。

〈完全子法人の株主の株式譲渡損益を繰延べる規定振り〉

個人株主	法人株主
旧株の譲渡がなかったものとみなす。	その有価証券の譲渡に係る対価の額は、旧株の株式交換等の直前の帳簿価額に相当する金額とする。

(2) 完全子法人の株主が株式交換・株式移転により取得した完全親法人株式の取得価額の計算

① 完全親法人の株式以外の資産の交付を受けなかった場合

　完全子法人の株主が株式交換等により完全親法人の株式以外の資産の交付を受けなかった場合における完全親法人の株式の取得価額は、旧株の株式交換等の直前の取得価額（帳簿価額）に相当する金額とされています（所令167の7②③、法令119①八、十）。

　なお、完全子法人の株式の取得に要した費用がある場合には、その費用の額を加算した金額とされています。

② 完全親法人の株式以外の資産の交付を受けた場合

　完全子法人の株主が株式交換等により完全親法人の株式以外の資産の交付を受けた場合における完全親法人の株式の取得価額は、その取得の時におけるその株式の取得のために通常要する金額となります（所令109①五、法令119①二十二）。

〈完全子法人が取得した完全親法人株式の取得価額〉

	完全親法人の完全子法人株式の取得価額
① 完全親法人の株式以外の資産の交付を受けなかった場合	旧株の株式交換等の直前の取得価額（帳簿価額）に相当する金額（取得に要した費用を加算）
② 完全親法人の株式以外の資産の交付を受けた場合	その取得の時におけるその株式の取得のために通常要する金額

(3) 法人である完全子法人株主における売買目的有価証券の区分の引継ぎ

① 完全親法人の株式以外の資産の交付を受けなかった場合

　完全子法人の株主に完全親法人の株式以外の資産が交付されない株式交換・株式移転により内国法人が交付を受けた完全親法人の株式で、その交付の基因となった完全子法人の株式が売買目的有価証券とされていたものは、売買目的有価証券とされます（法令119の12四）。

　つまり、売買目的有価証券としての区分が引き継がれます。

② 完全親法人の株式以外の資産の交付を受けた場合

　完全子法人の株主に完全親法人の株式以外の資産が交付された株式交換・株式移転により内国法人が交付を受けた完全親法人の株式は、たとえその交付の基因となった完全子法人の株式が売買目的有価証券とされていても、売買目的有価証券とはされません（法令119の12四）。

　つまり、売買目的有価証券としての区分は引き継がれません。

〈売買目的有価証券の区分の引継ぎ〉

	売買目的有価証券の区別の引継ぎ
① 完全親法人の株式以外の資産の交付を受けなかった場合	あ　　り
② 完全親法人の株式以外の資産の交付を受けた場合	な　　し

■株式交換・株式移転の税制適格要件の範囲と特徴

Q IV 3 株式交換・株式移転の税制上の取扱いの本則化に伴い整備された税制適格要件は、合併や会社分割等と比較して、どのような特徴がありますか。

A 株式交換・株式移転は、完全親子法人関係を創設するための制度ですから、合併や会社分割等に規定されている完全支配関係がある当事者間の適格株式交換・適格株式移転という概念は置かれていません。一方、株式移転は一の法人が単独でも実行可能であることから、単独株式移転という適格概念が置かれています。

また、株式交換・株式移転によってグループ化した後に、完全子法人の事業を合併、分割等によりグループ内の法人に移転するケースも多いことから、株式交換・株式移転のその後に適格組織再編成が見込まれる場合については、合併等とに比較して、その後の適格組織再編成も含めて適格要件を判定する等の手当てが広範に講じられています。

解説

1 株式交換・株式移転に対する税制適格要件の整備

平成18年度税制改正によって、税制適格要件を満たさない非適格株式交換・非適格株式移転が行われた場合には、その完全子法人が有する資産について、時価評価により評価損益課税を行うこととされました（法法62の9①）。

〈株式交換・株式移転に対する税制適格要件〉

改正後	改正前
株式交換と株式移転とに区分して、整備された	なし

このため、改正前の株式交換・株式移転の税制上の取扱いには存在しなかった、適格株式交換・適格株式移転の判定要件は、極めて重要な事項として位置付けられました。

2 適格株式交換及び適格株式移転の範囲と特徴

適格株式交換及び適格株式移転の範囲と特徴を整理すると、次のようになります。

(1) 適格株式交換及び適格株式移転の範囲

〈適格株式交換の範囲〉

適格株式交換	イ 企業グループ内の株式交換	(イ) 同一者による完全支配関係がある法人間で行う株式交換	
		(ロ) 支配関係がある法人間で行う株式交換	
			(a) 当事者間の支配関係
			(b) 同一者による支配関係
	ロ 共同事業を営むための株式交換		

〈適格株式移転の範囲〉

適格株式移転	イ 企業グループ内の株式移転	(イ) 完全支配関係がある法人間で行う株式移転	
			(a) 同一者による完全支配関係
			(b) 単独株式移転
		(ロ) 支配関係がある法人間で行う株式移転	
			(a) 当事者間の支配関係
			(b) 同一者による支配関係
	ロ 共同事業を営むための株式移転		

(2) 株式交換・株式移転の税制適格要件の特徴

　株式交換・株式移転の税制適格要件には、合併や会社分割等と比較して、次のような特徴があります。

① 当事者間の完全支配関係を創設する制度であることから生じた特徴

　株式交換・株式移転は、完全親子法人関係を創設するための制度です。このため、既に完全支配関係がある当事者間で株式交換・株式移転が実行されることはありません。

　一方、合併や会社分割等は、既に当事者間の完全支配関係が存在する法人間においても実行されることがあります。

　このため、株式交換・株式移転に対しては、合併や会社分割等に対して規定している完全支配関係がある当事者間の適格組織再編という概念は規定されていません。

　完全支配関係がある法人間で行う適格株式交換・適格株式移転としては、同一者による完全支配関係がある法人間で行うものだけが規定されています。

　なお、株式移転には、一の法人が単独でも株式移転を実行することが可能で

す。このため、単独株式移転という適格概念が規定されています。

〈税制適格要件の組織再編行為間における比較〉

	株式交換	株式移転	合併	分割	現物出資	事後設立
単独行為	―	あり	―	新設型として、あり			
完全支配関係がある当事者間の行為	―	あり				

② 株式交換・株式移転後に適格組織再編成が見込まれる場合の税制適格要件の広範な整備

　株式交換・株式移転によって企業グループ化した後、完全子法人の事業を合併、分割等によりグループ内の法人に移転するケースも多くみられてきたところです。

　そのため、株式交換・株式移転後に適格組織再編成が見込まれる場合については、その適格組織再編成後も含めて判定する等の手当てが、合併税制に比して広範に講じられています。詳細については、後述します。

Q IV 4 ■具体的な税制適格要件（株式交換）

株式交換の具体的な税制適格要件を教えてください。

A
(1) まず、すべての株式交換の態様について、完全親法人の株式以外の資産が交付されないものに限られます。
(2) 次に、株式交換の態様別に税制適格要件が定められていますが、基本的には、合併・分割等と同様の要件です。
(3) ただし、株式交換では、合併や分割等と相違して、事業単位での資産等の移転がないので、特定役員や主要事業、従業者の継続要件は、いずれも完全子法人の中に留まり、継続していることを判定基準としています。

解説

1 適格株式交換の範囲

適格株式交換を分類整理すると、次表のようになります（法法2十二の十六、法令4の2⑫～⑮）。

〈適格株式交換の範囲〉

適格株式交換	イ 企業グループ内の株式交換	(イ) 同一者による完全支配関係がある法人間で行う株式交換		
		(ロ) 支配関係がある法人間で行う株式交換		
			(a)	当事者間の支配関係
			(b)	同一者による支配関係
	ロ 共同事業を営むための株式交換			

2 具体的な適格要件

(1) すべての株式交換に共通する要件…株式交換の対価が完全親法人の株式だけであること

すべての株式交換に共通する税制要件は、株式交換完全子法人の株主に株式交換完全親法人の株式以外の資産が交付されないことです。

従って、株式交換完全親法人がその有する金銭や現物資産等を交付する株式交換は、適格株式交換には成り得ません。

ただし、次の金銭その他の資産は、上記の完全親法人の株式以外の資産から

除外されています。

〈株式交換等の交付金銭等から除外される金銭等〉

> ① 株主に対する剰余金の配当として交付される金銭その他の資産
> ② 株式交換等に反対する株主の買取請求に基づく対価として交付される金銭その他の資産

以上は、完全子法人の株主の株式譲渡損益計上の繰延べ要件と一致しています。

なお、株式交換とは既存の法人間で完全親子関係を創設するための制度ですから、株式交換において完全親法人が株式を交付しない株式交換は想定し難い所です。

ただし、既に完全親法人が完全子法人の発行済株式の一部を有しており、株式交換に際して、完全子法人の他の株主に完全親法人の株式を交付せず、金銭等を交付することによって、完全親子関係を創設することは、会社法上、可能です。

しかし、この方法をとった場合には、「株式交換完全子法人の株主に株式交換完全親法人の株式以外の資産が交付されないものであること」という要件を満たせません。

(2) 株式交換の態様別の適格要件

株式交換の態様は、税務上、上表「適格株式交換の範囲」のとおりに分類整理されていますので、以下、これに沿って解説していきます。

なお、以下で、「発行済株式等」とある場合には、その法人の発行済株式から自己株式を除いた概念ですから注意が必要です（法法２十二の八イかっこ書）。

〈持株割合要件上の自己株式の取扱い〉

> 持株割合要件の判定上の発行済株式等からは、自己株式は除かれます。

なお、株式交換後に、その後の適格合併、適格組織再編成が見込まれる場合の税制適格要件の加重に関しては、別稿で詳説します。

　㋑　企業グループ内の株式交換
　　(イ)　同一者による完全支配関係がある法人間で行う株式交換

株式交換完全子法人と株式交換完全親法人との間に同一の者による100％の

持株関係がある場合の株式交換です。

【同一者による完全支配関係の継続見込み要件】

> ①　株式交換前に株式交換完全子法人と株式交換完全親法人との間に同一の者によってそれぞれの法人の発行済株式等の全部を直接又は間接に保有される関係（同一者による完全支配関係）があり、

かつ、

> ②　株式交換後にその株式交換完全子法人と株式交換完全親法人との間に同一者による完全支配関係が継続することが見込まれている場合

におけるその株式交換をいいます（法法２十二の十六イ、法令４の２⑫）。

これを図解すれば、次のようになります。

〈株式交換前〉 同一者 100％／＼100％ Ａ　　Ｂ	〈株式交換後〉 同一者 ↓　100％（継続見込み） Ａ ↓　100％（継続見込み） Ｂ

なお、「同一の者」が個人である場合には、その者と特殊関係のある個人を含みます（以下、同じです。）。

〈同一の者が個人である場合に含まれる特殊関係者〉

> ①　その者の親族
> ②　その者と婚姻の届出をしていないが事実上婚姻関係と同様の事情にある者
> ③　その者の使用人
> ④　上記①～③に掲げる者以外の者でその者から受ける金銭その他の資産によって生計を維持しているもの
> ⑤　上記②～④に掲げる者と生計を一にするこれらの者の親族

　　(ロ)　支配関係がある法人間で行う株式交換

株式交換完全子法人と株式交換完全親法人との間に50％超100％未満の持株関係がある場合の株式交換です。

具体的には、次の(a)と(b)の２つの株式交換をいいます（法法２十二の十六ロ、法令４の２⑬⑭）。

この要件の特徴は、株式交換後、いったん、100％の完全支配関係が創設されたとしても、その後は、株式交換前と同様の50％超100％未満の支配関係が継続することが見込まれていればよい、としている点です。

　　(a)　当事者間の支配関係がある法人間で行う株式交換

株式交換完全子法人と株式交換完全親法人との当事者間に50％超100％未満の持株関係がある場合の株式交換のうち、次の要件のすべてに該当するものです。

【当事者間支配関係の継続見込み要件】

> ①　株式交換前に株式交換完全子法人と株式交換完全親法人との間にいずれか一方の法人が他方の法人の発行済株式等の総数の50％を超え、かつ、100％に満たない数の株式（支配株式）を直接又は間接に保有する関係（当事者間の支配関係）があり、

かつ、

> ②　株式交換後に株式交換完全子法人と株式交換完全親法人との間に当事者間の支配関係が継続することが見込まれている場合

の株式交換で、次のⅰ及びⅱの要件に該当するもの（法法2十二の十六ロ、法令4の2⑬一）

【従業者の継続従事要件】

> ⅰ　株式交換完全子法人の株式交換の直前の従業者のうち、その総数の概ね80％以上に相当する数の者が株式交換完全子法人の業務に引き続き従事することが見込まれていること

【事業継続要件】

> ⅱ　株式交換完全子法人の株式交換前に営む主要な事業が株式交換完全子法人において引き続き営まれることが見込まれていること

　これを図解すれば、次のようになります。

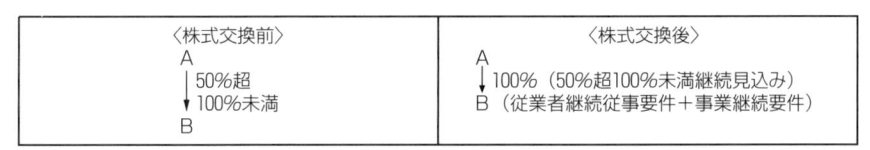

〈株式交換前〉	〈株式交換後〉
A ↓50％超 　100％未満 B	A ↓100％（50％超100％未満継続見込み） B（従業者継続従事要件＋事業継続要件）

　(b)　同一者による支配関係がある法人間で行う株式交換

　株式交換完全子法人と株式交換完全親法人との間に同一者による50％超100％未満の持株関係がある場合の株式交換のうち、次の要件のすべてに該当するものです。

【同一者による支配関係継続見込み要件】

> ①　株式交換前に株式交換完全子法人と株式交換完全親法人との間に同一の者によってそれぞれの支配株式を直接又は間接に保有される関係（同一者による支配関係）があり、

かつ、

> ②　株式交換後に株式交換完全子法人と株式交換完全親法人との間に同一者による支配関係が継続することが見込まれている場合

の株式交換で、上記(a) i 【従業者の継続従事要件】及び ii 【事業継続要件】の要件に該当するもの（法法2十二の十六ロ、法令4の2⑬二）

これを図解すれば、次のようになります。

〈株式交換前〉 同一者 50%超／＼50%超 100%未満A　B100%未満	〈株式交換後〉 同一者 ↓100%（50%超100%未満継続見込み） A ↓100%（50%超100%未満継続見込み） B（従業者継続従事要件＋事業継続要件）

　ロ　共同事業を営むための株式交換

　株式交換完全子法人と株式交換完全親法人とが共同で事業を営むための株式交換で、次の要件のすべてに該当するものです。

　具体的には、上記イの企業グループ内の株式交換以外の株式交換で、次の要件（株式交換完全子法人の株主の数が50人以上である場合には、下記(ホ)以外の要件）のすべてに該当するものをいいます（法法2十二の十六ハ、法令4の2⑮）。

　　(イ)　**事業関連要件**

> 　株式交換完全子法人の子法人事業（株式交換完全子法人の株式交換前に営む主要な事業のうちのいずれかの事業をいいます。）と株式交換完全親法人の親法人事業（株式交換完全親法人の株式交換前に営む事業のうちのいずれかの事業をいいます。）とが相互に関連するものであること

　　(ロ)　**事業規模要件・特定役員非退任要件**

> 　株式交換完全子法人と株式交換完全親法人のそれぞれの事業規模の割合が概ね5倍を超えないこと又は株式交換前の株式交換完全子法人の特定役員のいずれかが株式交換に伴って退任をするものでないこと

(ハ) 従業者の継続従事要件

> 株式交換完全子法人の株式交換の直前の従業者のうち、その総数の概ね80％以上に相当する数の者が株式交換完全子法人の業務に引き続き従事することが見込まれていること

(ニ) 事業継続要件

> 子法人事業（親法人事業と関連する事業に限ります。）が株式交換完全子法人において引き続き営まれることが見込まれていること

(ホ) 完全子法人株主の完全親法人株式継続保有要件

> 株式交換の直前の株式交換完全子法人の株主でその株式交換により交付を受ける株式交換完全親法人の株式（議決権のないものを除きます。）の全部を継続して保有することが見込まれる者が有する株式交換完全子法人の株式（議決権のないものを除きます。）の数を合計した数が株式交換完全子法人の発行済株式等（株式交換完全親法人が有するもの、株式交換完全親法人により発行済株式等の総数の50％を超える数の株式を保有されている法人が有するもの及び議決権のないものを除きます。）の総数の80％以上であること

(ヘ) 完全親子関係継続要件

> 株式交換後に株式交換完全親法人が株式交換完全子法人の発行済株式等の全部を直接又は間接に保有する関係が継続することが見込まれていること

以上を図解すれば、次のようになります。

```
        〈株式交換前〉                    〈株式交換後〉
     A株主    B株主           A株主   B株主 (50人未満の場合の
       ↓        ↓                 ＼ ／       完全親法人株式継続保有要件)
       A        B                   A
    (事業関連要件)                   ↓ （完全親子関係継続要件）
    (事業規模要件)                   B （従業者継続従事要件）
                                    （事業継続要件・特定役員非退任要件）
```

3 共同事業要件の各項目の判定上の留意点

なお、上記の共同事業要件の各項目における留意点は、次のとおりです。

(イ) 持株会社における事業関連要件の判定

持株会社が株式交換完全親法人となる場合は、原則として、その持株会社が行っている事業により事業関連性の判定を行うことになります。

持株会社自体が事業も行っている、いわゆる事業持株会社は、これにより判定することになると考えられます。

一方、持株会社としての機能以外に何ら事業を行っていない純粋持株会社や

事業持株会社といっても、その事業規模が極めて小さなものは、その実態によって判断することになると考えられます。

例えば、「持株会社が子法人の事業について、その重要な機能の一部を担っている場合など、持株会社が子法人と共同してその子法人の事業を行っていると認められる実態が備わっている場合には、その子法人の事業も含めて事業関連性の判定を行うことが考えられる」といわれています。

〈持株会社における事業関連要件の判定〉

純粋持株会社		事業持株会社
	事業規模が極めて小さなもの	
その実態によって判断 （子法人と共同してその子法人の事業を行っていると認められる場合には、その子法人の事業も含めて判定）		その行っている事業で判定

(ロ) 事業規模要件における判定要素

事業規模の割合は、子法人事業と親法人事業（子法人事業と関連する事業に限ります。）のそれぞれの売上金額、子法人事業と親法人事業のそれぞれの従業者の数若しくはこれらに準ずるものの規模で判定します。合併の場合のように、資本金の額で判定することはできません。

	売上金額	従業者の数	資本金の額	これらに準ずるもの
合併	○	○	○	○
分割、現物出資、株式交換・移転	○	○	×	○

(ハ) 特定役員の非退任要件

株式交換・株式移転においては、完全子法人の特定役員が株式交換・株式移転において「退任しないこと」が要件とされています。これは、合併等とは異なり、株式交換・株式移転に伴い、役員が他の法人の役員として必ずしも就任するものではないことによるためです。

なお「退任」からは、株式交換完全親法人の役員への就任に伴う退任が除かれています。

これは、親法人の役員に就任すれば、実質的に以前と同様の影響力を完全子法人に及ぼすことが可能であるので、単なる退任とは異なる取扱いにするとの考え方によるものです。

〈共同事業による再編行為と特定役員等要件の対比〉

再編行為	合併		分割		現物出資		株式交換	株式移転	
再編行為前の当事法人とその対象者	被合併法人	合併法人	分割法人	分割承継法人	現物出資法人	被現物出資法人	株式交換完全子法人	株式移転完全子法人	他の株式移転完全子法人
	特定役員		役員等	特定役員	役員等	特定役員	特定役員		
再編後の状況	合併法人の		分割承継法人の		被現物出資法人の		退任をするものでないこと（完全親法人の役員への就任に伴う退任を除く）		
	特定役員に就任見込み								

※ 特定役員……社長、副社長、代表取締役、代表執行役、専務取締役又は常務取締役又はこれらに準ずる者で法人の経営に従事している者をいいます。
※ 役員等………役員及び特定役員に準ずる者で法人の経営に従事している者をいいます。
※ 再編行為前の当事法人における対象者は、いずれもその対象者のうちの「いずれか」です。

Q IV 5 ■具体的な税制適格要件(株式移転)

株式移転の具体的な税制適格要件を教えてください。

A 基本的には、株式交換の具体的な税制適格要件と同じです。ただし、株式移転は、一の法人が単独で行うことも可能なことから、株式交換にはない「単独株式移転」という適格概念が定められています。

解説

1 適格株式移転の範囲

適格株式移転を分類整理すると、次表のようになります(法法2十二の十七、法令4の2⑯~⑳)。

〈適格株式移転の範囲〉

適格株式移転	イ 企業グループ内の株式移転	(イ) 完全支配関係がある法人間で行う株式移転	
			⒜ 同一者による完全支配関係
			⒝ 単独株式移転
		(ロ) 支配関係がある法人間で行う株式移転	
			⒜ 当事者間の支配関係
			⒝ 同一者による支配関係
	ロ 共同事業を営むための株式移転		

2 具体的な適格要件

(1) すべての株式移転に共通する要件…株式移転の対価が完全親法人の株式だけであること

すべての株式移転に共通する税制要件は、株式移転完全子法人の株主に株式移転完全親法人の株式以外の資産が交付されないものであることです。

詳細は、株式交換と同じですので、Ⅳ-4を参照してください。

(2) 株式移転の態様別の適格要件

株式移転の態様は、税務上、上表「適格株式移転の範囲」のとおりに分類整理されていますので、以下、これに沿って解説していきます。

また、株式移転後に適格合併、適格組織再編成が見込まれる場合の税制適格

要件の加重に関しては、別項で詳説します。

イ　企業グループ内の株式移転
　(イ)　完全支配関係がある法人間で行う株式移転
　　(a)　同一者による完全支配関係

株式移転完全子法人と他の株式移転完全子法人との間に同一の者による100％の持株関係がある場合の株式移転です。

【同一者による完全支配関係継続見込み要件】

① 株式移転前に株式移転完全子法人と他の株式移転完全子法人との間に同一者による完全支配関係があり、

かつ、

② 株式移転後に株式移転完全親法人と株式移転完全子法人及び他の株式移転完全子法人との間に同一者による完全支配関係が継続することが見込まれている場合

におけるその株式移転をいいます（法法2十二の十七イ、法令4の2⑯）。

これを図解すれば、次のようになります。

```
〈株式移転前〉              〈株式移転後〉
   同一者                     同一者
100%／＼100%                ↓100%（継続見込み）
 A    B                      X
（継続見込み）           100%／＼100%（継続見込み）
                            A    B
```

　　(b)　単独株式移転

【完全支配関係継続見込み要件】

① 一の法人のみがその株式移転完全子法人となる株式移転（単独株式移転）で、

② 株式移転後に株式移転完全親法人が株式移転完全子法人の発行済株式等の全部を直接又は間接に保有する関係が継続することが見込まれている

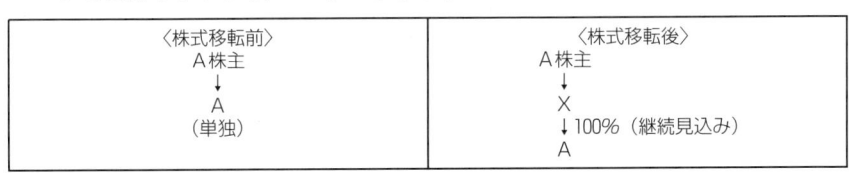

その株式移転をいいます（法法2十二の十七イ、法令4の2⑰）。

これを図解すれば、次のようになります。

```
〈株式移転前〉              〈株式移転後〉
   A株主                     A株主
    ↓                         ↓
    A                         X
  （単独）               ↓100%（継続見込み）
                            A
```

㊥　支配関係がある法人間で行う株式移転

　株式移転完全子法人と他の株式移転完全子法人との間に50％超100％未満の持株関係がある場合の株式移転です。

　具体的には、次の(a)及び(b)の株式移転をいいます（法法２十二の十七ロ、法令４の２⑱⑲）。

　支配関係がある法人間で行う株式移転の税制適格要件の特徴は、株式移転後、いったん、100％の完全支配関係が創設されたとしても、その後は、株式移転前と同様の50％超100％未満の支配関係が継続することが見込まれていればよいとしている点です。

　(a)　当事者間の支配関係

　株式移転完全子法人と株式移転完全親法人との当事者間に50％超100％未満の持株関係がある場合の株式移転のうち、次の要件のすべてに該当するものです。

【当事者間支配関係継続見込み要件】

> ①　株式移転前に株式移転完全子法人と他の株式移転完全子法人との間に当事者間の支配関係（当事者間の支配関係）があり、

かつ、

> ②　株式移転後に株式移転完全子法人と他の株式移転完全子法人との間に株式移転完全親法人によって株式移転完全子法人及び他の株式移転完全子法人の支配株式を直接又は間接に保有される関係が継続することが見込まれている場合

の株式移転で、次のⅰ及びⅱの要件に該当するもの（法法２十二の十七ロ、法令４の２⑱一）

【従業者の継続従事要件】

> ⅰ　各株式移転完全子法人の株式移転の直前の従業者のうち、その総数の概ね80％以上に相当する数の者がその株式移転完全子法人の業務に引き続き従事することが見込まれていること

【事業継続要件】

> ⅱ　各株式移転完全子法人の株式移転前に営む主要な事業がその株式移転完全子法人において引き続き営まれることが見込まれていること

　これを図解すれば、次のようになります。

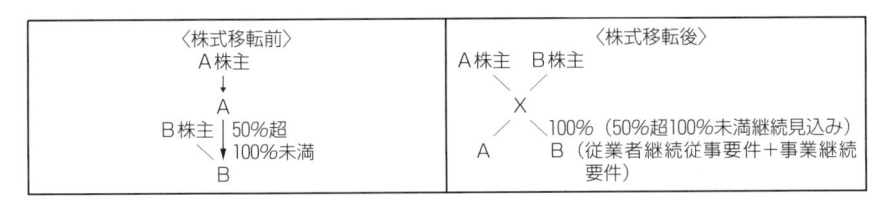

```
〈株式移転前〉              〈株式移転後〉
    A株主                A株主  B株主
     ↓                     ＼ ／
     A                      X
 B株主│50%超              ／100%（50%超100%未満継続見込み）
     ↓100%未満           A   B（従業者継続従事要件＋事業継続
     B                            要件）
```

　(b)　同一者による支配関係

　株式移転完全子法人と他の株式移転完全子法人との間に同一者による50％超100％未満の持株関係がある場合の株式移転のうち、次の要件のすべてに該当するものです。

【同一者による支配関係継続見込み要件】

> ①　株式移転前に株式移転完全子法人と他の株式移転完全子法人との間に同一の者によってそれぞれの支配株式を直接又は間接に保有される関係（同一者による支配関係）があり、

かつ、

> ②　株式移転後にその株式移転完全親法人と株式移転完全子法人及び他の株式移転完全子法人との間に同一者による支配関係が継続することが見込まれている場合

の株式移転で、上記(a)ⅰ及びⅱの要件に該当するもの（法法２十二の十七ロ、法令４の２⑱二）

　これを図解すれば、次のようになります。

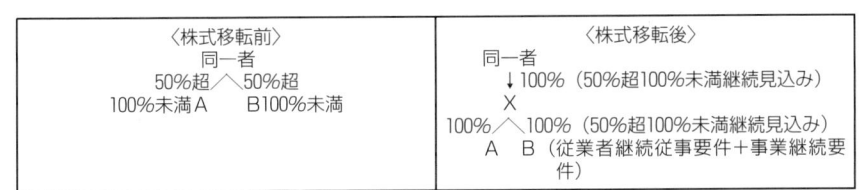

```
〈株式移転前〉                    〈株式移転後〉
     同一者                           同一者
  50%超／＼50%超                     ↓100%（50%超100%未満継続見込み）
100%未満A   B100%未満                  X
                              100%／＼100%（50%超100%未満継続見込み）
                                A   B（従業者継続従事要件＋事業継続要
                                          件）
```

　㋺　共同事業を営むための株式移転

　株式移転完全子法人と他の株式移転完全子法人とが共同で事業を営むための株式移転で、次の要件のすべてに該当するものです。

　具体的には、上記㋑の企業グループ内の株式移転以外の株式移転で、次の要件（株式移転完全子法人の株主の数が50人以上である場合には、下記㋭以外の要件）のすべてに該当するものをいいます（法法２十二の十七ハ、法令４の２

⑳)。

(イ) 事業関連要件

子法人事業（株式移転完全子法人の株式移転前に営む主要な事業のうちのいずれかの事業をいいます。）と他の子法人事業（他の株式移転完全子法人の株式移転前に営む事業のうちのいずれかの事業をいいます。）とが相互に関連するものであること

(ロ) 事業規模要件・特定役員非退任要件

株式移転完全子法人と他の株式移転完全子法人のそれぞれの事業規模の割合が概ね５倍を超えないこと又は株式移転前の株式移転完全子法人若しくは他の株式移転完全子法人の特定役員のいずれかが株式移転に伴って退任をするものでないこと

(ハ) 従業者継続従事要件

株式移転完全子法人又は他の株式移転完全子法人の株式移転の直前の従業者のうち、それぞれその総数の概ね80％以上に相当する数の者が、それぞれその株式移転完全子法人又は他の株式移転完全子法人の業務に引き続き従事することが見込まれていること

(ニ) 事業継続要件

子法人事業又は他の子法人事業（相互に関連する事業に限ります。）が株式移転完全子法人又は他の株式移転完全子法人において引き続き営まれることが見込まれていること

(ホ) 完全子法人株主の完全親法人株式継続保有要件

株式移転の直前の株式移転完全子法人又は他の株式移転完全子法人の株主でその株式移転により交付を受ける株式移転完全親法人の株式（議決権のないものを除きます。）の全部を継続して保有することが見込まれる者が有する株式移転完全子法人又は他の株式移転完全子法人の株式（議決権のないものを除きます。）の数を合計した数がそれぞれ株式移転完全子法人又は他の株式移転完全子法人の発行済株式等（他の株式移転完全子法人又は株式移転完全子法人が有するもの及び議決権のないものを除きます。）の総数の80％以上であること

(ヘ) 完全親子関係継続要件

株式移転後に株式移転完全親法人が株式移転完全子法人及び他の株式移転完全子法人の発行済株式等の全部を直接又は間接に保有する関係が継続することが見込まれていること

これを図解すれば、次のようになります。

```
┌─────────────────────────────────────────────────────────────┐
│          〈株式移転前〉              〈株式移転後〉            │
│          A株主  B株主       A株主  B株主（50人未満の場合の  │
│           ↓     ↓                   完全親法人株式継続保有要件）│
│           A     B                  X                        │
│        (事業関連要件)              （完全親子関係継続要件）    │
│        (事業規模要件)          A    B （従業者継続従事要件）   │
│                                    （事業継続要件・特定役員非退任要│
│                                      件）                    │
└─────────────────────────────────────────────────────────────┘
```

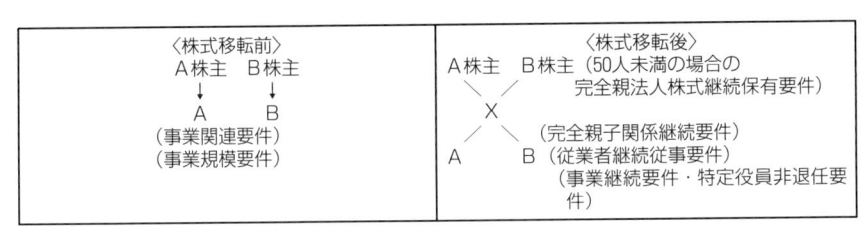

　上記の共同事業要件の各項目における留意点として、(ロ)事業規模要件における判定要素と特定役員の非退任要件がありますが、これは株式交換の場合と同様です。

Q IV 6 ■株式交換・株式移転後に適格合併、適格組織再編が見込まれる場合の税制適格要件の加重

株式交換・株式移転後に、更に、完全子法人等を被合併法人等とする適格合併、適格組織再編が見込まれる場合には、税制適格要件はどのように加重されていますか。

A (1)完全子法人等（完全子法人、完全親法人、法人である同一の者）を被合併法人とする適格合併を行うことが見込まれている場合には、その事後の適格合併によって、適格要件である持株関係の継続が維持されない場合が生じ得るので、この持株関係の継続の判断について加重要件が付されています。

また、(2)完全子法人を被合併法人等とする適格組織再編（適格合併、適格分割、適格現物出資又は適格事後設立）を行うことが見込まれている場合には、その事後の適格組織再編によって、適格要件である従業者継続従事要件や事業継続要件が維持されない場合が生じ得るので、これらについて加重要件が付されています。

更に、(3)完全子法人の株主数が50人未満である場合には、株式交換・株式移転直前の完全子法人株主でその株式交換・株式移転により交付を受ける完全親法人株式の全部を継続して保有することが見込まれる者についても、株式保有継続要件が加重されています。

解説

以下、株式交換・株式移転の態様の分類整理に沿って、適格要件の加重について解説していきます。

イ　企業グループ内の株式交換・株式移転
(イ)　完全支配関係がある法人間で行う株式交換・株式移転
(a)　同一者による完全支配関係

〈株式交換前〉 同一者 100％／＼100％ A　B	〈株式交換後〉 同一者 ↓100％（継続見込み） A ↓100％（継続見込み） B

```
〈株式移転前〉              〈株式移転後〉
    同一者                    同一者
100%/ \100%              ↓100%（継続見込み）
  A   B                       X
   （継続見込み）         100%/ \100%（継続見込み）
                             A   B
```

　この場合において、株式交換・株式移転後に、(1)完全子法人、(2)完全親法人、(3)法人である同一の者、又は(4)他の株式移転完全子法人を被合併法人とする適格合併を行うことが見込まれている場合には、次のように被合併法人となる法人の区分に応じた持株関係の継続の判断についての加重要件が定められています。

　(1)　完全子法人を被合併法人とする適格合併が見込まれている場合
　　①　株式交換の場合

> ①　株式交換後に株式交換完全子法人と株式交換完全親法人との間に同一者による完全支配関係があり、

かつ、

> ②　株式交換の時から適格合併の直前の時まで株式交換完全親法人が株式交換完全子法人の発行済株式等の全部を直接に保有する関係が継続すること

　　②　株式移転の場合

> ①　株式移転後に株式移転完全親法人と株式移転完全子法人及び他の株式移転完全子法人との間に同一者による完全支配関係があり、

かつ、

> ②　適格合併後に株式移転完全親法人と他の株式移転完全子法人との間に同一者による完全支配関係が継続すること

> ③　なお、被合併法人となる株式移転完全子法人にあっては、株式移転の時から適格合併の直前の時まで株式移転完全親法人が株式移転完全子法人の発行済株式等の全部を直接に保有する関係が継続することが要件とされます。

　(2)　完全親法人を被合併法人とする適格合併が見込まれている場合
　　①　株式交換の場合

> ①　株式交換後に株式交換完全子法人と株式交換完全親法人との間に同一者による完全支配関係があり、

かつ、

② 株式交換の時から適格合併の直前の時まで株式交換完全親法人が株式交換完全子法人の発行済株式等の全部を直接に保有する関係が継続すること

③ なお、合併法人がその同一の者によって発行済株式等の全部を直接又は間接に保有される関係がない法人である場合には、適格合併後に合併法人が株式交換完全子法人の発行済株式等の全部を直接又は間接に保有する関係が継続することも要件とされます。

② 株式移転の場合

① 株式移転後に株式移転完全親法人と株式移転完全子法人及び他の株式移転完全子法人との間に同一者による完全支配関係があり、

かつ、

② 株式移転の時から適格合併の直前の時までその株式移転完全親法人が株式移転完全子法人及び他の株式移転完全子法人の発行済株式等の全部を直接に保有する関係が継続すること

③ なお、合併法人が同一の者によって発行済株式等の全部を直接又は間接に保有される関係がない法人である場合には、適格合併後に合併法人が株式移転完全子法人及び他の株式移転完全子法人の発行済株式等の全部を直接又は間接に保有する関係が継続することも要件とされます。

(3) 法人である同一の者を被合併法人とする適格合併が見込まれている場合

① 株式交換の場合

① 株式交換後に株式交換完全子法人と株式交換完全親法人との間に同一者による完全支配関係があり、

かつ、

② 株式交換の時から適格合併の直前の時まで株式交換完全親法人が株式交換完全子法人の発行済株式等の全部を直接に保有する関係が継続し、

③ 適格合併後にその株式交換完全子法人と株式交換完全親法人との間に合併法人によって株式交換完全子法人及び株式交換完全親法人の発行済株式等の全部を直接又は間接に保有される関係が継続すること

② 株式移転の場合

① 株式移転後に株式移転完全親法人と株式移転完全子法人及び他の株式移転完全子法人との間に同一者による完全支配関係があり、

かつ、

> ② 株式移転の時から適格合併の直前の時まで株式移転完全親法人が株式移転完全子法人及び他の株式移転完全子法人の発行済株式等の全部を直接に保有する関係が継続し、

> ③ 適格合併後に株式移転完全親法人と株式移転完全子法人及び他の株式移転完全子法人との間に合併法人によって株式移転完全親法人と株式移転完全子法人及び他の株式移転完全子法人の発行済株式等の全部を直接又は間接に保有される関係が継続すること

(4) 他の株式移転完全子法人を被合併法人とする適格合併を行うことが見込まれている場合（株式移転の場合だけの要件）

> ① 株式移転後に株式移転完全親法人と株式移転完全子法人及び他の株式移転完全子法人との間に同一者による完全支配関係があり、

かつ、

> ② 適格合併後に株式移転完全親法人と株式移転完全子法人との間に同一者による完全支配関係が継続すること

> ③ なお、被合併法人となる他の株式移転完全子法人にあっては、株式移転の時から適格合併の直前の時まで株式移転完全親法人が他の株式移転完全子法人の発行済株式等の全部を直接に保有する関係が継続することが要件とされます。

(b) 単独株式移転

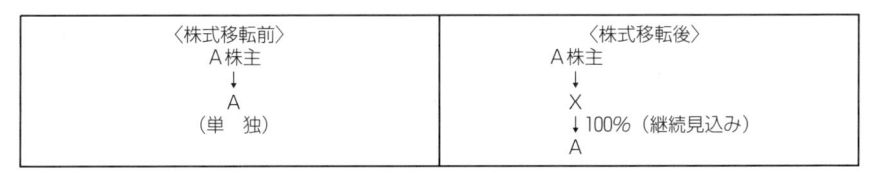

〈株式移転前〉	〈株式移転後〉
A株主 ↓ A （単　独）	A株主 ↓ X ↓100%（継続見込み） A

　この場合において、株式移転後に(1)株式移転完全親法人、又は(2)株式移転完全子法人を被合併法人とする適格合併を行うことが見込まれている場合には、上記の株式移転後の関係の継続は、次によることとされています。

(1) 株式移転完全親法人を被合併法人とする適格合併を行うことが見込まれている場合

> ① 株式移転の時から適格合併の直前の時まで株式移転完全親法人が株式移転完全子法人の発行済株式等の全部を直接に保有する関係が継続し、

かつ、

> ②　適格合併後に合併法人が株式移転完全子法人の発行済株式等の全部を直接又は間接に保有する関係が継続すること

(2)　株式移転完全子法人を被合併法人とする適格合併を行うことが見込まれている場合

株式移転の時から適格合併の直前の時まで株式移転完全親法人が株式移転完全子法人の発行済株式等の全部を直接に保有する関係が継続すること

㊨　支配関係がある法人間で行う株式交換・株式移転

(a)　当事者間の支配関係

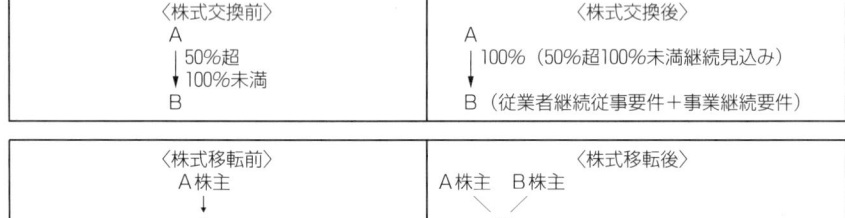

〈株式交換前〉 A ↓50%超 ↓100%未満 B	〈株式交換後〉 A ↓100%（50%超100%未満継続見込み） B（従業者継続従事要件＋事業継続要件）
〈株式移転前〉 A株主 ↓ A B株主　50%超 　＼↓100%未満 　　B	〈株式移転後〉 A株主　B株主 　＼／ 　　X 　／＼100% A　　B（従業者継続従事要件＋事業継続要件）

1　持株関係の継続の判断についての加重要件

この場合において、株式交換・株式移転後に、(1)完全子法人、(2)完全親法人、又は(3)他の株式移転完全子法人を被合併法人とする適格合併を行うことが見込まれている場合には、次のように被合併法人となる法人の区分に応じた持株関係の継続の判断についての加重要件が定められています。

(1)　完全子法人を被合併法人とする適格合併が見込まれている場合

①　株式交換の場合

株式交換の時から適格合併の直前の時まで株式交換完全親法人が株式交換完全子法人の発行済株式等の全部を直接に保有する関係が継続すること

②　株式移転の場合

> ①　株式移転の時から適格合併の直前の時まで株式移転完全親法人が株式移転完全子法人及び他の株式移転完全子法人の発行済株式等の全部を直接に保有する関係が継続し、

> ② 適格合併後に株式移転完全親法人が他の株式移転完全子法人の支配株式を直接又は間接に保有する関係が継続すること

(2) 完全親法人を被合併法人とする適格合併が見込まれている場合

① 株式交換の場合

> ① 株式交換の時から適格合併の直前の時まで株式交換完全親法人が株式交換完全子法人の発行済株式等の全部を直接に保有する関係が継続し、

> ② 適格合併後に合併法人が株式交換完全子法人の発行済株式等の全部を直接又は間接に保有する関係が継続すること

② 株式移転の場合

> ① 株式移転の時から適格合併の直前の時まで株式移転完全親法人が株式移転完全子法人及び他の株式移転完全子法人の発行済株式等の全部を直接に保有する関係が継続し、

> ② 適格合併後に合併法人が株式移転完全子法人及び他の株式移転完全子法人の発行済株式等の全部を直接又は間接に保有する関係が継続すること

(3) 他の株式移転完全子法人を被合併法人とする適格合併を行うことが見込まれている場合（株式移転の場合だけの要件）

> ① 株式移転の時から適格合併の直前の時まで株式移転完全親法人が株式移転完全子法人及び他の株式移転完全子法人の発行済株式等の全部を直接に保有する関係が継続し、

> ② 適格合併後に株式移転完全親法人が株式移転完全子法人の支配株式を直接又は間接に保有する関係が継続すること

2 従業者継続従事要件の加重要件

① 株式交換の場合

> ① 株式交換後に株式交換完全子法人を被合併法人等とする適格組織再編成（適格合併、適格分割、適格現物出資又は適格事後設立）を行うことが見込まれている場合には、従業者継続従事要件における80％以上に相当する数の従業者のうち、適格組織再編成に伴い合併法人等（※１）に引き継がれる合併等引継従業者について株式交換後に株式交換完全子法人の業務に従事し適格組織再編成後に合併法人等の業務に従事することが見込まれ、

かつ、

> ② 合併等引継従業者以外のものについて株式交換完全子法人の業務に引き続き従事することが見込まれていること

※1 合併法人以外の法人にあっては、株式交換完全親法人との間に次に掲げる関係があるものに限ります（法令4の2⑭）。

　(1) 株式交換前に株式交換完全子法人と株式交換完全親法人との間に(a)に掲げる関係がある場合…株式交換完全親法人が分割承継法人、被現物出資法人又は被事後設立法人の発行済株式等の総数の50％を超える数の株式を直接又は間接に保有する関係

　(2) 株式交換前に株式交換完全子法人と株式交換完全親法人との間に下記(b)に掲げる関係がある場合…同一者による支配関係

② 株式移転の場合

> ① 株式移転後に株式移転完全子法人を被合併法人等とする適格組織再編成を行うことが見込まれている場合には、従業者継続従事要件における80％以上に相当する数の従業者のうち、適格組織再編成に伴い合併法人等（※2）に引き継がれる合併等引継従業者について株式移転後に株式移転完全子法人の業務に従事し適格組織再編成後に合併法人等の業務に従事することが見込まれ、

かつ、

> ② 合併等引継従業者以外のものについて株式移転完全子法人の業務に引き続き従事することが見込まれていることとされています。

※2 合併法人以外の法人にあっては、株式移転完全親法人との間に次に掲げる関係があるものに限ります（法令4の2⑲）。

　(1) 株式移転前に株式移転完全子法人と他の株式移転完全子法人との間に(a)に掲げる関係がある場合…株式移転完全親法人が分割承継法人、被現物出資法人又は被事後設立法人の発行済株式等の総数の50％を超える数の株式を直接又は間接に保有する関係

　(2) 株式移転前に株式移転完全子法人と他の株式移転完全子法人との間に下記(b)に掲げる関係がある場合…同一者による支配関係

3 事業継続要件の加重要件

① 株式交換の場合

株式交換後に株式交換完全子法人を被合併法人等とする適格組織再編成により主要な事業が移転することが見込まれている場合には、

> ① その主要な事業が、株式交換後に株式交換完全子法人において営まれ、
> ② 適格組織再編成後に合併法人等において引き続き営まれることが見込まれていること

② 株式移転の場合

株式移転後に株式移転完全子法人を被合併法人等とする適格組織再編成により主要な事業が移転することが見込まれている場合には、

> ① その主要な事業が、株式移転後に株式移転完全子法人において営まれ、
> ② 適格組織再編成後に合併法人等において引き続き営まれることが見込まれていること

(b) 同一者による支配関係

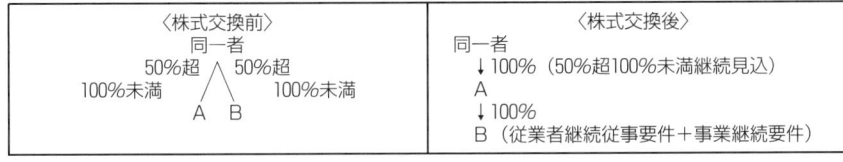

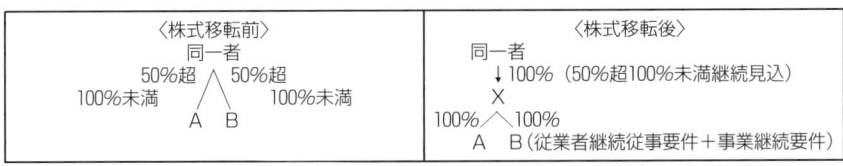

```
〈株式交換前〉                    〈株式交換後〉
    同一者                        同一者
  50%超 ∧ 50%超                  ↓100%（50%超100%未満継続見込）
100%未満     100%未満             A
   A    B                        ↓100%
                                 B（従業者継続従事要件＋事業継続要件）
```

```
〈株式移転前〉                    〈株式移転後〉
    同一者                        同一者
  50%超 ∧ 50%超                  ↓100%（50%超100%未満継続見込）
100%未満     100%未満             X
   A    B                      100%∧100%
                                 A  B（従業者継続従事要件＋事業継続要件）
```

 この場合において、株式交換・株式移転後に、(1)完全子法人、(2)完全親法人、(3)法人である同一の者、又は(4)他の株式移転完全子法人を被合併法人とする適格合併を行うことが見込まれている場合には、次のように被合併法人となる法人の区分に応じた持株関係の継続の判断についての加重要件が定められています。

(1) 完全子法人を被合併法人とする適格合併が見込まれている場合

① 株式交換の場合

> ① 株式交換後に株式交換完全子法人と株式交換完全親法人との間に同一者による支配関係があり、

かつ、

> ② 株式交換の時から適格合併の直前の時まで株式交換完全親法人が株式交換完全子法人の発行済株式等の全部を直接に保有する関係が継続すること

　② 株式移転の場合

> ① 株式移転後に株式移転完全親法人と株式移転完全子法人及び他の株式移転完全子法人との間に同一者による支配関係があり、

かつ、

> ② 適格合併後に株式移転完全親法人と他の株式移転完全子法人との間に同一者による支配関係が継続すること

> ③ なお、被合併法人となる株式移転完全子法人にあっては、株式移転の時から適格合併の直前の時まで株式移転完全親法人が株式移転完全子法人の発行済株式等の全部を直接に保有する関係が継続することが要件とされます。

(2) 完全親法人を被合併法人とする適格合併が見込まれている場合
　① 株式交換の場合

> ① 株式交換後に株式交換完全子法人と株式交換完全親法人との間に同一者による支配関係があり、

かつ、

> ② 株式交換の時から適格合併の直前の時まで株式交換完全親法人が株式交換完全子法人の発行済株式等の全部を直接に保有する関係が継続し、

> ③ 適格合併後に合併法人が株式交換完全子法人の発行済株式等の全部を直接又は間接に保有する関係が継続すること

　② 株式移転の場合

> ① 株式移転後に株式移転完全親法人と株式移転完全子法人及び他の株式移転完全子法人との間に同一者による支配関係があり、

かつ、

> ② 株式移転の時から適格合併の直前の時まで株式移転完全親法人が株式移転完全子法人及び他の株式移転完全子法人の発行済株式等の全部を直接に保有する関係が継続し、

> ③ 適格合併後に株式移転完全子法人と他の株式移転完全子法人との間に合併法人によって株式移転完全子法人及び他の株式移転完全子法人の発行済株式等の全部を直接又は間接に保有する関係が継続すること

(3) 法人である同一の者を被合併法人とする適格合併が見込まれている場合
　① 株式交換の場合

> ① 株式交換後に株式交換完全子法人と株式交換完全親法人との間に同一者による支配関係があり、

かつ、

> ② 株式交換の時から適格合併の直前の時まで株式交換完全親法人が株式交換完全子法人の発行済株式等の全部を直接に保有する関係が継続し、

> ③ 適格合併後に株式交換完全子法人と株式交換完全親法人との間に合併法人によって株式交換完全子法人及び株式交換完全親法人の支配株式を直接又は間接に保有される関係が継続すること

　② 株式移転の場合

> ① 株式移転後に株式移転完全親法人と株式移転完全子法人及び他の株式移転完全子法人との間に同一者による支配関係があり、

かつ、

> ② 株式移転の時から適格合併の直前の時まで株式移転完全親法人が株式移転完全子法人及び他の株式移転完全子法人の発行済株式等の全部を直接に保有する関係が継続し、

> ③ 適格合併後に株式移転完全親法人と株式移転完全子法人及び他の株式移転完全子法人との間に合併法人によって株式移転完全親法人と株式移転完全子法人及び他の株式移転完全子法人の支配株式を直接又は間接に保有される関係が継続すること

(4) 他の株式移転完全子法人を被合併法人とする適格合併が見込まれている場合（株式移転の場合だけの要件）

> ① 株式移転後に株式移転完全親法人と株式移転完全子法人及び他の株式移転完全子法人との間に同一者による支配関係があり、

かつ、

> ② 適格合併後に株式移転完全親法人と株式移転完全子法人との間に同一者による支配関係が継続すること

> ③ なお、被合併法人となる他の株式移転完全子法人にあっては、株式移転の時から適格合併の直前の時まで株式移転完全親法人が他の株式移転完全子法人の発行済株式等の全部を直接に保有する関係が継続すること

なお、同一者による支配関係においても、当事者間の支配関係と同様に、従業者継続従事要件の加重要件と事業継続要件の加重要件とが、支配関係がある法人間で行う株式交換・株式移転の加重要件として規定されています。

ロ　共同事業を営むための株式交換・株式移転

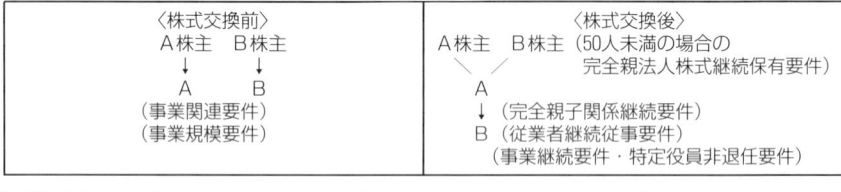

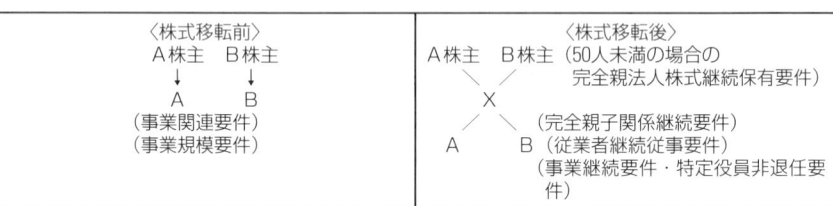

```
〈株式交換前〉                  〈株式交換後〉
 A株主　B株主              A株主　B株主（50人未満の場合の
  ↓      ↓                    ＼　 ／     完全親法人株式継続保有要件）
  A      B                     A
(事業関連要件)                  ↓（完全親子関係継続要件）
(事業規模要件)                  B（従業者継続従事要件）
                                 （事業継続要件・特定役員非退任要件）
```

```
〈株式移転前〉                  〈株式移転後〉
 A株主　B株主              A株主　B株主（50人未満の場合の
  ↓      ↓                              完全親法人株式継続保有要件）
  A      B                      X
(事業関連要件)                  ／　＼（完全親子関係継続要件）
(事業規模要件)                  A   　B（従業者継続従事要件）
                                 （事業継続要件・特定役員非退任要件）
```

(1)　完全親法人を被合併法人とする適格合併が見込まれている場合

①　株式交換の場合

①　株式交換の時から適格合併の直前の時まで株式交換完全親法人が株式交換完全子法人の発行済株式等の全部を直接に保有する関係が継続し、

②　適格合併後に合併法人が株式交換完全子法人の発行済株式等の全部を直接又は間接に保有する関係が継続することが見込まれていること

②　株式移転の場合

①　株式移転の時から適格合併の直前の時まで株式移転完全親法人が株式移転完全子法人及び他の株式移転完全子法人の発行済株式等の全部を直接に保有する関係が継続し、

②　適格合併後に株式移転完全子法人と他の株式移転完全子法人との間に合併法人によって株式移転完全子法人及び他の株式移転完全子法人の発行済株式等の全部を直接又は間接に保有される関係が継続することが見込まれていること

(2)　完全子法人を被合併法人とする適格合併を行うことが見込まれている場合

①　株式交換の場合

　株式交換の時から適格合併の直前の時まで株式交換完全親法人が株式交換完全子法人の発行済株式等の全部を直接に保有する関係が継続することが見込ま

れていること

② 株式移転の場合

| ① 株式移転の時から適格合併の直前の時まで株式移転完全親法人が株式移転完全子法人及び他の株式移転完全子法人の発行済株式等の全部を直接に保有する関係が継続し、 |

| ② 適格合併後に株式移転完全親法人が他の株式移転完全子法人の発行済株式の全部を直接又は間接に保有する関係が継続することが見込まれていること |

(3) 他の株式移転完全子法人を被合併法人とする適格合併を行うことが見込まれている場合（株式移転の場合だけの要件）

| ① 株式移転の時から適格合併の直前の時まで株式移転完全親法人が株式移転完全子法人及び他の株式移転完全子法人の発行済株式等の全部を直接に保有する関係が継続し、 |

| ② 適格合併後に株式移転完全親法人がその株式移転完全子法人の発行済株式等の全部を直接又は間接に保有する関係が継続することが見込まれていること |

また、株式交換・株式移転後に完全子法人を合併法人等（合併法人、分割承継法人又は被現物出資法人）とする適格合併等（適格合併、適格分割又は適格現物出資）を行うことが見込まれている場合には、次の株式保有継続要件が加重されています。

① 株式交換の場合

株式交換後に株式交換完全子法人を合併法人等とする適格合併等を行うことが見込まれている場合には、

| ① 株式交換後に株式交換完全親法人が株式交換完全子法人の発行済株式等の全部を直接に保有する関係が継続し、 |

| ② 適格合併等後に株式交換完全親法人がその株式交換完全子法人の適格合併等の直前の発行済株式等の全部に相当する数の株式を継続して保有することが見込まれていること |

② 株式交換の場合
　ⅰ　株式移転完全子法人を合併法人等とする適格合併等を行うことが見込まれている場合

① 株式移転後に株式移転完全親法人が株式移転完全子法人及び他の株式移転完全子法人の発行済株式等の全部を直接に保有する関係が継続し、

かつ、

② 適格合併等後法人税法の改正に株式移転完全親法人が他の株式移転完全子法人の発行済株式等の全部を直接又は間接に保有する関係が継続することが見込まれていること

③ なお、合併法人等となる株式移転完全子法人にあっては、適格合併等後に株式移転完全親法人が株式移転完全子法人の適格合併等の直前の発行済株式等の全部に相当する数の株式を継続して保有することが見込まれていること

　ⅱ　他の株式移転完全子法人を合併法人等とする適格合併等を行うことが見込まれている場合

① 株式移転後に株式移転完全親法人が株式移転完全子法人及び他の株式移転完全子法人の発行済株式等の全部を直接に保有する関係が継続し、

かつ、

② 適格合併等後に株式移転完全親法人が株式移転完全子法人の発行済株式等の全部を直接又は間接に保有する関係が継続することが見込まれていること

③ なお、合併法人等となる他の株式移転完全子法人にあっては、適格合併等後に株式移転完全親法人が他の株式移転完全子法人の適格合併等の直前の発行済株式等の全部に相当する数の株式を継続して保有することが見込まれていること

　また、完全子法人の株主の数が50人未満である場合において、株式交換・株式移転の直前の完全子法人の株主でその株式交換・株式移転により交付を受ける完全親法人の株式の全部を継続して保有することが「見込まれる者」につき、次の株式保有継続要件が加重されています。
　　ⅰ　株式交換・株式移転後にその者を被合併法人とする適格合併を行うことが見込まれている場合
　その見込まれる者は、

| ① | 株式交換・株式移転後にその者が交付を受ける株式の全部を保有し、 |

| ② | 適格合併後に合併法人が交付を受ける株式の全部を継続して保有することが見込まれるときのその者とする。 |

  ⅱ　株式交換・株式移転後に完全親法人を被合併法人とする適格合併を行うことが見込まれている場合

その見込まれる者は、

| その者は、株式交換・株式移転の時から適格合併の直前の時まで交付を受ける株式の全部を継続して保有することが見込まれるときのその者とする。 |

　なお、共同事業を営むための株式交換・株式移転おいても、支配関係がある法人間で行う株式交換・株式移転の加重要件と同様に、従業者継続従事要件の加重要件と事業継続要件の加重要件とが規定されています。

Q IV 7 ■非適格株式交換等に係る株式交換完全子法人等の有する資産の時価評価

非適格株式交換等を行った場合の株式交換完全子法人等の有する資産の時価評価課税について教えてください。

A

(1)非適格合併等の場合における取扱いとの整合性などを図るため、非適格株式交換等の場合には、株式交換完全子法人又は株式移転完全子法人の有する資産について、時価評価により評価損益課税が行われます。

また、(2)非適格株式交換等に係る株式交換完全子法人等の有する資産の時価評価との平仄を図るために、株式交換完全子法人等が延払基準の適用を受けている場合には、その長期割賦販売等に係る繰延損益に対して課税が行われます。

なお、(3)減価償却制度等については、非適格株式交換等時価評価が行われた事業年度においては、まず、非適格株式交換等時価評価が行われ、次に減価償却等が行われたものとして処理をすること等の所要の整備がされています。

解説

1 非適格株式交換等に係る株式交換完全子法人等の有する資産の時価評価の内容

① 内国法人が自己を株式交換完全子法人又は株式移転完全子法人とする非適格株式交換又は非適格株式移転を行った場合に、
② その非適格株式交換等の直前の時において有する「時価評価資産」の評価益又は評価損は、
③ その非適格株式交換等の日の属する事業年度の所得の金額の計算上、益金の額又は損金の額に算入します(法法62の9①)。

(1) 制度の趣旨

株式交換・株式移転は、株式取得を通じて会社財産を間接的に取得でき、合併と株式交換等は組織法上の行為による会社財産の取得という点で共通の行為とみることができます。

従前からの組織再編税制においては、非適格合併等の場合に被合併法人等の資産について譲渡損益が計上されることとされています。

平成18年度税制改正では、上記の非適格合併等の場合における取扱いとの整合性などを図るため、非適格株式交換等の場合に株式交換完全子法人又は株式移転完全子法人の有する資産について時価評価により評価損益の計上を行うこととされました。

(2) 時価評価資産とは

　時価評価資産とは、固定資産、土地等、有価証券、金銭債権及び繰延資産をいいます。ただし、次に掲げるものは除かれます（法法62の9①、法令123の11①）。

　これは、その資産について取引行為が行われるものでないことや制度間の整合性等を勘案し、連結納税の時価評価資産と同じ範囲とされたと説明されています。

　① 適用除外資産

> イ　前5年内事業年度等（非適格株式交換等の日の属する事業年度開始の日前5年以内に開始した各事業年度又は各連結事業年度をいいます。）において一定の圧縮記帳の規定の適用を受けた減価償却資産
> ロ　売買目的有価証券
> ハ　償還有価証券
> ニ　資産の価額とその帳簿価額との差額（いわゆる含み損益）が資本金等の額の2分の1に相当する金額又は1,000万円のいずれか少ない金額未満のもの

　イの「一定の圧縮記帳」とは、次のものをいいます。

> a．国庫補助金等で取得した固定資産等の圧縮額の損金算入（法法42①②⑤⑥）
> b．特別勘定を設けた場合の国庫補助金等で取得した固定資産等の圧縮額の損金算入（法法44①④）
> c．工事負担金で取得した固定資産等の圧縮額の損金算入（法法45①②⑤⑥）
> d．保険金等で取得した固定資産等の圧縮額の損金算入（法法47①②⑤⑥）
> e．特別勘定を設けた場合の保険金等で取得した固定資産等の圧縮額の損金算入（法法49①④）
> f．個別益金額又は個別損金額の益金又は損金算入規定（法法81の3①）
> 　（上記aからeまでの規定により同項に規定する個別損金額を計算する場合に限ります。）
> g．転廃業助成金等に係る課税の特例（措法67の4①～③⑨⑩）
> h．連結法人の転廃業助成金等に係る課税の特例（措法68の102①～③⑩⑪）

　また、イの「減価償却資産」には、適格組織再編成により被合併法人等から移転を受けた減価償却資産のうち、被合併法人等において前5年内事業年度等において上記aからhまでの規定の適用を受けたものも含みます。

ニの「資産の価額とその帳簿価額」とは、資産を次の単位に区分した後のそれぞれの資産の価額と帳簿価額です（法規27の16の2、27の15①）。

```
a．金銭債権………一の債務者ごと
b．減価償却資産
  i  建物…………一棟（区分所有権である場合には、区分所有権）ごと
  ii 機械及び装置……一の生産設備又は一台若しくは一基（通常、一組又は一式
     を取引の単位とされるものは、一組又は一式）ごと
  iii その他の減価償却資産……上記に準じた区分
c．土地等…………一筆（一体として事業の用に供される一団の土地等には、その
   一団の土地等）ごと
d．有価証券………その銘柄の異なるごと
e．その他の資産……通常の取引の単位を基準とした区分
```

　ニの「差額」は、前5年内事業年度等において上記イaからhまでの規定の適用を受けた固定資産（減価償却資産を除きます。）で、その価額がその帳簿価額を超えるものについては、前5年内事業年度等においてこれらの規定により損金の額に算入された金額又はその超える部分の金額のいずれか少ない金額を控除した金額です。

　また、ニの「差額」は、その資産が法人税法第61条の6第1項（繰延ヘッジ処理による利益額又は損失額の繰延べ）の規定の適用を受けている場合には、その差額にヘッジの有効性割合が概ね80％から125％までとなっていた直近の有効性判定におけるデリバティブ取引等に係る法人税法施行令第121条の3第4項（デリバティブ取引等に係る利益額又は損失額のうちヘッジとして有効である部分の金額等）に規定する利益額又は損失額に相当する金額の調整を加えた金額とされています（法令123の11②）。

2　長期割賦販売等に係る繰延損益

(1)　制度の趣旨と内容

　非適格株式交換等に係る株式交換完全子法人等の有する資産の時価評価との平仄を図るために、株式交換完全子法人等が延払基準の適用を受けている場合には、その長期割賦販売等に係る繰延損益を計上するものとしています。

> ①　非適格株式交換等を行った株式交換完全子法人等が、
> ②　非適格株式交換等の日の属する事業年度（以下「非適格株式交換等事業年度」といいます。）において延払基準の適用を受けている場合には、
> ③　資産の販売等に係る収益の額及び費用の額（非適格株式交換等事業年度前の各事業年度又は各連結事業年度の益金の額及び損金の額に算入されるもの並びに延払基準の適用により非適格株式交換等事業年度の益金の額及び損金の額に算入されるものを除きます。）は、
> ④　非適格株式交換等事業年度の所得の金額の計算上、益金の額及び損金の額に算入します（法法63③、法令126の３）。

(2)　適用除外繰延長期割賦損益額

> ただし、長期割賦販売等に該当する資産の販売等に係る契約についての非適格株式交換等事業年度終了時の繰延長期割賦損益額（※）が1,000万円に満たないものには、この規定は適用されません（法令126の２）。

※繰延長期割賦損益額

　この規定は、非適格株式交換等に係る株式交換完全子法人等の有する資産の時価評価において、その対象資産から「資産の価額とその帳簿価額との差額（いわゆる含み損益）が資本金等の額の２分の１に相当する金額又は1,000万円のいずれか少ない金額未満のもの」が除外されていることとの平仄を図るため、繰延長期割賦損益額が1,000万円に満たないものは、この規定の対象から除外するものです。

　この場合の繰延長期割賦損益額とは、次のイに掲げる金額からロに掲げる金額を控除した金額（利益の場合）、又はロに掲げる金額がイに掲げる金額を超える場合には、ロに掲げる金額からイに掲げる金額を控除した金額（損失の場合）をいいます。

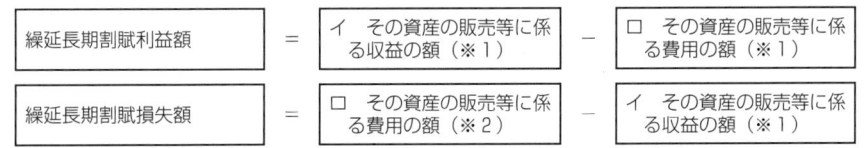

繰延長期割賦利益額	＝	イ　その資産の販売等に係る収益の額（※１）	－	ロ　その資産の販売等に係る費用の額（※１）
繰延長期割賦損失額	＝	ロ　その資産の販売等に係る費用の額（※２）	－	イ　その資産の販売等に係る収益の額（※１）

※１　非適格株式交換等事業年度以前の各事業年度又は各連結事業年度の益金の額に算入されるものを除きます。
※２　非適格株式交換等事業年度以前の各事業年度又は各連結事業年度の損金の額に算入されるものを除きます。

(3)　適用除外される長期割賦販売等の契約

　また、非適格株式交換等の日において有する長期割賦販売に該当する資産の販売等に係る契約のみを対象とする趣旨から、次のイからハまでに掲げる長期

割賦販売等に該当する資産の販売等についての契約についても、この規定は適用されません。

> イ　非適格株式交換等の日前の適格分社型分割、適格現物出資又は適格事後設立により分割承継法人、被現物出資法人又は被事後設立法人に移転をしたもの
> ロ　非適格株式交換等の日以後の適格組織再編成により被合併法人等から移転を受けたもの
> ハ　非適格株式交換等の日以後の資産の販売等に係るもの

(4) 非適格株式交換等の日からその事業年度終了の日までに適格分社型分割等により長期割賦販売等の契約の移転を受けた法人側の取扱い

　非適格株式交換等の日から同日の属する事業年度終了の日までに行われた適格分社型分割、適格現物出資又は適格事後設立により長期割賦販売等に該当する資産の販売等についての契約の移転をした場合には、その移転を受けた法人においては、長期割賦販売に係る収益及び費用の帰属事業年度の特例制度の適用を受けることはできません（法令128）ので、注意が必要です。

3　非適格株式交換等による時価評価が行われた場合の減価償却等

　上記1による非適格株式交換等時価評価が行われた場合の減価償却制度等について、

> ①　非適格株式交換等時価評価が行われた事業年度においては、まず、非適格株式交換等時価評価が行われ、
> ②　次に減価償却等が行われたものとして処理をすること等の次のような所要の整備が行われています（法令33④、48③～⑥、54④、60の2⑤、61①、61の3・表五、64②～④、66の2・表五、119の3④、122の2、122の14④ハ、123の8⑤⑧⑫、155の5）。

(1) 棚卸資産の取得価額

　棚卸資産について非適格株式交換等による時価評価が行われた場合には、その非適格株式交換等の日においてその棚卸資産の取得価額にその評価益を加算し又はその棚卸資産の取得価額からその評価損を減算した金額によりその棚卸資産を取得したものとみなして、各事業年度の期末評価額の計算を行います（法令33④）。

(2) 減価償却

　非適格株式交換等が行われた事業年度においては、まず非適格株式交換等による時価評価が行われ、次に減価償却が行われたものとして処理します。

具体的には、次に列挙した法令に規定されています。

① 定率法の整備（法令48③）
② 生産高比例法の整備（法令48④）
③ リース期間定額法の整備（法令48⑤）
④ 取得価額の整備（法令54②）
⑤ 減価償却資産の償却可能限度額等の整備（法令61①、60の2⑤）
⑥ みなし損金経理額の整備（法令61の3・表五）

(3) 繰延資産の償却

　減価償却と同様に、非適格株式交換等が行われた事業年度においては、まず非適格株式交換等による時価評価が行われ、次に繰延資産の償却が行われたものとして処理します。具体的には、次に列挙した法令に規定されています。

① 任意償却される繰延資産に係る整備（法令64②）
② 社債発行差金に係る整備（法令64③）
③ その他の繰延資産に係る整備（法令64④）
④ みなし損金経理額の整備（法令66の2・表五）

(4) 有価証券に係る移動平均法又は総平均法の特例

　有価証券について非適格株式交換等による時価評価が行われた場合で、その有価証券につき1単位当たりの帳簿価額の算出方法は、その採用している評価方法により、次のように算出します（法令119の3④、119の4①②）。

① 移動平均法を採用している場合

　その1単位当たりの帳簿価額は、非適格株式交換等の日の前日における帳簿価額に非適格株式交換等による時価評価による評価益を加算し又はその前日の帳簿価額から非適格株式交換等による時価評価による評価損を減算した金額をその有価証券の数で除して算出します。

② 総平均法を採用している場合

　その1単位当たりの帳簿価額は、事業年度開始の時からその非適格株式交換等の直前の時までの期間及びその非適格株式交換等があった時から事業年度終了の時までの期間をそれぞれ1事業年度とみなして総平均法により算出します。

(5) 外貨建資産等の評価換えをした場合のみなし取得による換算

　外貨建資産等について非適格株式交換等による時価評価が行われた場合には、その外貨建資産等の取得又は発生の基因となった外貨建取引はその非適格

株式交換等による時価評価の時において行ったものとみなして、外貨建取引の換算（法法61の8①）及び外貨建資産等の期末換算（法法61の9①）の規定を適用します（法令122の2）。

(6) 連結法人間取引の損益の調整

　非適格株式交換等による時価評価が、連結法人の譲渡損益調整資産に係る譲渡利益額又は譲渡損失額に相当する金額を益金の額又は損金の額に算入する事由に追加されました（法令122の14④、155の22③）。

(7) 特定資産に係る譲渡等損失額の損金不算入

　(イ)　特定引継資産又は特定保有資産が非適格株式交換等の時価評価資産に該当し、かつ、特定引継資産又は特定保有資産につき非適格株式交換等による時価評価の制度の適用がある場合には、その評価損は特定資産譲渡等損失額とされます（法令123の8⑤）。

　(ロ)　非適格株式交換等による時価評価による評価損の計上が、特定資産譲渡等損失額の発生の基因となる譲渡等特定事由に追加されました（法令123の8⑧）。

　(ハ)　非適格株式交換等による時価評価による評価益の計上及び非適格株式交換等による租税特別措置法上の圧縮特別勘定の金額の取崩しが、特定資産譲渡等損失額から控除する利益額の発生の基因となる譲渡又は評価換えに追加されました（法令123の8⑫、155の5五）。

Q IV 8 ■親法人の子法人株式の取得価額等と増加資本金等の額

株式交換等における親法人の子法人株式の取得価額等と増加資本金等の額との関係を教えてください。

A

株式交換等により完全親法人の増加する資本金等の額は、完全子法人の株式の取得価額から、完全子法人の株主等に交付した完全親法人の株式以外の資産の価額を減算した金額と規定されています。完全子法人の株式の取得価額は、1）適格株式交換等の場合と、2）非適格株式交換等の場合とに区分し、更には、1）の適格株式交換等の場合は、完全子法人株主数が、①50人未満の場合と、②50人以上の場合とに区分して、それぞれの金額が定められています。

解説

1　完全親法人の完全子法人株式の取得価額

株式交換・株式移転における完全親法人の完全子法人株式の取得価額は、1）適格株式交換等の場合と、2）非適格株式交換等の場合とに区分し、規定されています。

更には、1）の適格株式交換等の場合は、完全子法人株主数が、①50人未満の場合と、②50人以上の場合とに区分され、それぞれ、次の金額と規定されています（法令119①九、十一、二十二）。

〈完全親法人の完全子法人株式の取得価額〉

		完全親法人の完全子法人株式の取得価額	
適格株式交換等	適格株式交換等の直前における完全子法人の株主の数	50人未満である場合	完全子法人の株主が有していた完全子法人の株式の適格株式交換等の直前の帳簿価額（取得価額）に相当する金額の合計額
		50人以上である場合	完全子法人の簿価純資産価額
非適格株式交換等	―		その取得の時におけるその株式の取得のために通常要する金額

（注1）　適格株式交換等の場合においては、その株式の取得をするために要した費用がある場合には、その費用の額を加算した金額とします。
（注2）　適格株式交換の直前における完全子法人の株主の数が50人以上である場合の注意点は、次頁の(1)〜(3)

Ⅳ　株式交換・株式移転の税務　231

(1) 完全子法人の簿価純資産価額

　完全子法人の簿価純資産価額とは、完全子法人の適格株式交換等の直前の資産の帳簿価額から負債の帳簿価額を減算した金額をいいます。この場合の資産の帳簿価額には、適格株式交換等に基因して連結子法人株式の帳簿価額の修正を行った場合のその修正額（法令9①四の金額）を含みます。

(2) 株式交換完全親法人が適格株式交換の直前に株式交換完全子法人の株式を有していた場合の完全子法人株式の取得価額の計算

　株式交換完全親法人が適格株式交換の直前に株式交換完全子法人の株式を有していた場合には、完全親法人の完全子法人株式の取得価額は、次の算式で計算した金額とされています。

$$完全子法人の簿価純資産価額 \times \frac{適格株式交換により完全親法人が取得をした完全子法人の株式の数}{完全子法人の適格株式交換の直前の発行済株式の総数}$$

　更に、完全子法人が2以上の種類株式を発行する法人である場合には、上記の算式に代えて、次の算式で計算する方法その他合理的な方法によって算定することとされています（法規27の2）。

$$完全子法人の簿価純資産価額 \times \frac{完全子法人の適格株式交換の直前の基準株式数}{（適格株式交換により取得をした完全子法人の各種類株式の数 \times その種類の株式に係る株式係数）の合計数}$$

(3) 株式交換等に伴う新株予約権の引継ぎと完全子法人株式の取得価額

　株式交換等に際して完全子法人の新株予約権者に完全親法人の新株予約権を交付する場合には、一般的には、完全子法人において新株予約権の消滅益が計上され、新株予約権消滅後の簿価純資産価額を基礎として完全子法人株式の取得価額を算定することとなります。

　これは、株式交換等に伴う新株予約権の引継ぎは、会社法上、旧新株予約権の消滅と新たな新株予約権の交付とされているためです。

2　親法人の増加資本金等の額

(1) 株式交換等に伴う新株予約権の引継ぎがない場合

　株式交換等により完全親法人の増加する資本金等の額は、完全子法人の株式の取得価額から、完全子法人の株主等に交付した完全親法人の株式以外の資産

の価額を減算した金額と規定されています（法令8①十一、十二）。

完全子法人株式　×××	増加資本金等の額　×××
	交付金銭等の価額　×××

なお、上記の交付金銭等に次の金銭等は、除かれています。

〈**株式交換等の交付金銭等から除外される金銭等**〉

① 株主に対する剰余金の配当として交付される金銭その他の資産
② 株式交換等に反対する株主の買取請求に基づく対価として交付される金銭その他の資産

(2) 株式交換等に伴う新株予約権の引継ぎがある場合

　株式交換等に際して完全親法人が新株予約権を発行する場合には、次のように適格株式交換等か非適格株式交換等かの区分に応じて、株式交換等により増加する資本金等の額から次に掲げる金額を減算します。

　これは、上述のとおり、会社法上、株式交換等に伴う新株予約権の引継ぎは、義務の引継ぎではなく、旧新株予約権の消滅と新たな新株予約権の交付と整理されたことに伴うものです。

　イ　適格株式交換等

　完全子法人の適格株式交換等により消滅をした新株予約権に代えて完全親法人の新株予約権を交付した場合のその完全子法人のその消滅の直前のその消滅をした新株予約権の帳簿価額に相当する金額（つまり、旧新株予約権の帳簿価額）

　ロ　非適格株式交換等

　完全子法人の株式交換等により消滅をした新株予約権に代えて完全親法人の新株予約権を交付した場合のその新株予約権の価額に相当する金額（つまり、新たな新株予約権の時価）

Q IV 9 ■組織再編成に係る行為又は計算の否認への追加等

株式交換等に係る税制の取扱いが、本則化され、組織再編税制の下に位置付けられたことにより、その他に、どのような整備が行われましたか。

A

①組織再編成に係る行為又は計算の否認の追加、②関係法人株式等と所得税額控除において完全子会社における所有期間を通算する取扱いの廃止、そして、③株式移転後の孫法人の子法人化に伴う孫法人株式の譲渡益の課税繰延べの廃止があります。

解説

1 組織再編成に係る行為又は計算の否認

株式交換等に係る税制の取扱いは、租税特別措置から本則化され、組織再編税制の下に位置付けられました。

これに伴い、株式交換又は株式移転をした一方の法人若しくは他方の法人又はこれらの法人の株主等の行為又は計算が、組織再編成に係る行為又は計算の否認の対象に追加されました（所法157④、法法132の2、相法64④）。

2 完全子会社における所有期間を通算する取扱いの廃止

(1) 関係法人株式等

受取配当等の益金不算入に係る関係法人株式等の判定における株式の所有期間の計算上、株式移転に係る完全親会社が完全子会社からその設立の日以後1年以内に株式を譲り受けた場合に完全子会社における所有期間を通算する取扱いがありました（旧法令22の2②六）。

この規定は、株式交換等の税制の改正に伴い、その他の所要の整備の1つとして、廃止されました。

(2) 所得税額控除

所得税額控除の額の計算における株式の所有期間の計算上、株式移転に係る完全親会社が完全子会社からその設立の日以後1年以内に利子配当等の元本を譲り受けた場合に完全子会社における所有期間を通算する取扱いがありました（旧法令140の2④六）。

この規定も、株式交換等の税制の改正に伴い、その他の所要の整備の1つと

して、廃止されました。

3　株式移転後の孫法人の子法人化に伴う孫法人株式の譲渡益の課税繰延べの廃止

　株式移転後に行う孫法人の子法人化（孫法人株式の譲渡）については、租税特別措置として孫法人株式の譲渡益の計上の繰延べが認められていました（措法旧67の10、旧68の105）。

　この規定も、株式交換等の税制の改正に伴い、その他の所要の整備の1つとして、廃止されました。

■連結納税の開始・加入に伴う資産の時価評価の適用除外

Q IV 10 株式交換に関する税制の見直しに伴って、連結納税の開始・加入に伴う資産の時価評価は、どのような見直しがされましたか。

A 株式交換に関する税制の見直しに伴って、適格合併により移転をする資産やこれによりグループ化する子法人等に対する時価評価課税の取扱いとの整合性を図るために、適格株式交換により株式交換に係る時価評価課税がされない子法人等についても、連結納税の開始等に伴う時価評価課税を行わないこととされました。

解説

1 改正前の制度の概要

連結子法人となる他の内国法人のうち適用除外法人に該当しないものが、連結開始直前事業年度（最初連結親法人事業年度開始の日の前日の属する事業年度をいいます。）又は連結加入直前事業年度（その完全支配関係を有することとなった日の前日の属する事業年度をいいます。）終了の時において時価評価資産を有している場合には、その時価評価資産の評価益又は評価損は、その連結開始直前事業年度又は連結加入直前事業年度の所得の金額の計算上、益金の額又は損金の額に算入することとされています（法法61の11①、61の12①）。

この場合の適用除外法人とは、連結親法人が最初連結親法人事業年度開始の日の5年前から他の内国法人の発行済株式の全部を継続して保有している場合のその他の内国法人等をいいます。

このうち、株式交換等における適用除外法人にあっては、連結開始後譲渡損益を計上しない等の要件を満たすものに限定されていました（法法61の11①一〜六、61の12①一〜五）。

2 改正の内容

株式交換に係る時価評価課税がされない子法人等についても、連結納税の開始等に伴う時価評価課税を行わないこととされました。

これは、適格合併により移転をする資産やこれによりグループ化する子法人

等に対する時価評価課税の取扱いとの整合性を図ったものです。
(1) 連結納税の開始に伴う資産の時価評価についての改正
　　イ　適用除外法人の追加

> ①　連結親法人となる法人が、最初連結親法人事業年度開始の日の5年前の日からその開始の日までの間に適格株式交換を行い、

かつ、

> ②　適格株式交換の日からその開始の日まで継続して発行済株式の全部を直接又は間接に保有している株式交換完全子法人であった法人が、

適用除外法人に追加されました（法法61の11①四）。
　　ロ　適用除外法人となる100％所有関係を有することとなった法人の範囲の見直し

　適用除外法人となる法人について、連結親法人となる法人が行った最初連結親法人事業年度開始の日前5年以内の適格合併等により発行済株式の全部を直接又は間接に保有する関係（100％所有関係）を有することとなった法人の範囲から適格株式移転に該当しない株式移転により100％所有関係を有することとなった法人が除外されました。

　代わって、その範囲に適格株式交換により100％所有関係を有することとなった法人が追加されました（法法61の11①五）。

(2) 連結納税への加入に伴う資産の時価評価の改正
　　イ　株式交換に係る適用除外法人の改正

　株式交換に係る適用除外法人は、連結親法人が適格株式交換により法人の発行済株式の全部を有することとなった場合のその法人に改正されました（法法61の12①二）。

　　ロ　適用除外法人となる100％所有関係を有することとなった法人の範囲への追加

　適用除外法人となる法人について、連結親法人が行った適格合併等により100％所有関係となった法人の範囲に、適格株式交換により100％所有関係を有することとなった法人が追加されました（法法61の12①三）。

Ⅳ　株式交換・株式移転の税務　　237

Q IV 11 ■連結繰越欠損金とみなされる欠損金額

株式移転に関する税制の見直しに伴って、連結繰越欠損金とみなされる欠損金額は、どのような見直しがされましたか。

A

株式移転に関する税制の見直しに伴って、適格合併により連結繰越欠損金とみなされる欠損金額との整合性を図るために、適格株式移転に該当しない株式移転の日の属する事業年度前の各事業年度において生じたものについては、連結欠損金額にみなされる金額から除外されることとなりました。

解説

1 改正前の制度の概要

単体納税の時に生じた欠損金は、次に掲げるものに限り、連結欠損金とみなされることとされていました（法法81の9②）。

> ① 最初連結親法人事業年度開始の日前7年以内に開始した連結親法人の各事業年度において生じた青色欠損金額又は災害損失欠損金額
> ② 最初連結親法人事業年度開始の日の5年前の日からその開始の日までの間に行われた株式移転に係る完全子会社の青色欠損金額若しくは災害損失欠損金額又は連結欠損金個別帰属額
> ③ 連結親法人が完全支配関係を有しない法人との間で行ったその連結親法人を合併法人等とする適格合併等に係る被合併法人等の一定の欠損金額又は連結欠損金個別帰属額

2 改正の内容

最初連結親法人事業年度開始の日前5年以内に行われた株式移転に係る株式移転完全子法人のその開始の日前7年以内に開始した各事業年度又は各連結事業年度において生じた青色欠損金額及び災害損失欠損金額又は連結欠損金個別帰属額のうち、適格株式移転に該当しない株式移転の日の属する事業年度前の各事業年度において生じたものについては、連結欠損金額にみなされる金額から除外されました（法法81の9②二イ、ロ）。

V 組織再編等と株主の税務

Q V 1 ■取得価額①（合併等）

合併等があった場合の株式に係る課税関係について教えてください。

A 合併及び分割型分割において、交付金銭等がなかった場合には、旧株の譲渡損益は繰り延べられることになります。また、新株の取得価額は、適格の場合は旧株の簿価になり、金銭等交付非適格の場合は時価となります。

その他、組織変更の際に、組織変更した法人の株式のみが交付される場合も旧株の譲渡損益は繰り延べられることになります。

合併等があった場合の取得価額等を図示すると、次のとおりです。

【合併等があった場合の取得価額等】

区　分			新株取得価額	譲渡原価	譲渡対価
合　併	交付金銭等なし	適　格	旧株簿価	旧株簿価	旧株簿価
		非適格	旧株簿価＋みなし配当		
	交付金銭等あり		新株時価		新株時価－みなし配当
分割型分割	交付金銭等なし	適　格	分割純資産対応帳簿価額	分割純資産対応帳簿価額	分割純資産対応帳簿価額
		非適格	分割純資産対応帳簿価額＋みなし配当		
	交付金銭等あり		新株時価		新株時価－みなし配当
組織変更	交付金銭等なし		旧株簿価	旧株簿価	旧株簿価
	交付金銭等あり				交付金銭等の時価－みなし配当

なお、交付金銭等がある場合は、譲渡対価にその金額が加算されます。

> **解説**

1 合併

(1) 合併法人株式のみを取得した場合

その所有する株式（旧株）を発行した法人の合併により、合併法人からその合併法人の株式（以下、合併法人株式（新株））のみを取得した場合には、その合併の時点では、合併により消滅した株式に対し譲渡益課税を行わない（法法61の2②、措法37の10③一）こととされ、その取得した合併法人株式の取得価額は、次のとおり、合併法人株式（新株）が譲渡される時まで、旧株の譲渡益課税を繰り延べることになりました（法令119①五、所令112）。

$$\begin{pmatrix}\text{取得した合併法人株}\\\text{式1株の取得価額}\end{pmatrix}=\begin{pmatrix}\text{旧株1株の従}\\\text{前の取得価額}\end{pmatrix}+\begin{pmatrix}\text{旧株1株当たりの}\\\text{みなし配当額(注)}\end{pmatrix}+\begin{pmatrix}\text{旧株1株当たりの}\\\text{新株の取得費用}\end{pmatrix}\div\begin{pmatrix}\text{取得した合併}\\\text{法人株式の数}\\\text{旧株の数}\end{pmatrix}$$

(注)「旧株1株当たりのみなし配当額」は、その合併が適格合併の場合にみなし配当額はなく、非適格合併の場合において「合併に係るみなし配当の額」（法法24①一、所法25①一）があるときに加算します。

(2) 合併法人株式と合併法人株式以外の資産を取得した場合

その所有する株式（旧株）について、その旧株を発行した法人の合併により合併法人から、その合併法人株式（新株）と合併法人株式以外の資産（金銭や他社の株式などを含む。）とを取得した場合には、みなし配当課税の対象となり、また、株式等譲渡益課税の対象となります（法法61の2、措法37の10③一）。この場合に、取得した合併法人株式及び他社の株式の取得価額は、原則どおり、取得のために通常要する価額によることになります（法令119①二十二、所令109①五）。

2 分割型分割

(1) 分割承継法人の株式のみを取得した場合

その所有する株式（旧株）を発行した法人の分割型分割により、分割承継法人からその分割承継法人の株式（以下、分割承継法人株式）のみを取得した場合には、その分割の時点では、分割型分割により消滅した株式に対し譲渡益課税は行わない（法法61の2④、措法37の10③二）こととされ、次の算式により、その取得した分割承継法人株式の取得価額の計算を行い、分割法人株式と分割承継法人株式が譲渡される時まで、旧株の譲渡益課税を繰り延べることに

なります（法令119①六、所令113①）。

　なお、分割法人の株主等が分割型分割により、分割承継法人の株式のみを取得した場合であっても、分割承継法人の株式が、分割法人の株主等の有するその分割法人の株式（その分割型分割の直前にその分割承継法人が有していたその分割法人の株式、又はその分割法人若しくは他の分割法人からその分割型分割により移転を受けた資産に含まれていたその分割法人の株式に対し、その分割承継法人の株式が交付されない場合には、これらの分割法人の株式を除く）の数の割合に応じて交付されない場合には、「分割型分割により分割承継法人の株式のみを取得した場合」には該当しないこととなり、次の(2)の金銭等交付の場合と同じ取扱いとなります（法令119の8②、所令113③）。

取得した分割承継法人株式1株の取得価額 ＝ 分割純資産対応帳簿価額 ＋ 分割承継法人株式1株当たりのみなし配当額（注1）＋ 分割承継法人株式1株当たりの分割承継法人株式の取得費用

分割純資産対応帳簿価額＝旧株簿価×純資産移転割合（注2）

純資産移転割合（小数点以下3位未満切上）＝（分割法人から分割承継法人に移転した資産の帳簿価額 － 分割法人から分割承継法人に移転した負債の帳簿価額）／（分割法人の資産の帳簿価額 － 分割法人の負債の帳簿価額）

(注1)　「旧株1株当たりのみなし配当額」は、その分割が適格分割型分割の場合にはみなし配当額はなく、非適格分割型分割の場合において「分割に係るみなし配当の額」（法法24①二、所法25①二）があるときに加算します。
(注2)　純資産移転割合の通知義務
　　　純資産移転割合については、分割に係る法人税の計算上使われた計数を用いることとなるため、個々の株主等がこれを計算するのは容易でないという事情を勘案して、旧株を発行した法人に対し、分割型分割を行った場合にはその旧株を有していた株主等にその分割型分割に係る純資産移転割合を通知しなければならない、という税制上の義務を課しています（法令119の8③、所令113④）。

　なお、旧株の帳簿価額又は取得価額は、次の計算により修正することになります（法令119の8）。

旧株1株の帳簿価額等＝旧株1株の従前の取得価額等－分割純資産対応帳簿価額

(2)　分割承継法人株式と分割承継法人株式以外の資産を取得した場合
　保有する株式（旧株）について、その旧株を発行した法人の分割型分割により、分割承継法人からその分割承継法人株式及び分割承継法人株式以外の資産を取得した場合や、前記(1)の対象とならない分割承継法人の株式のみの取得があった場合には、旧株の一部を譲渡原価として譲渡益課税が行われることになります（法法61の2、法令119の8①、措法37の10③二）。また、旧株の取得価

額の一部（分割純資産対応帳簿価額）が、取得価額・取得費等の計算の基礎となるとともに、取得した分割承継法人株式の取得価額は、原則どおり、取得のために通常要する価額によることになります（法令119①二十二、所令109①五）。

この旧株1株当たりの譲渡原価又は取得価額は、次の算式により計算します（法令119の8①、所令113②）。

$$\text{旧株1株の譲渡原価又は取得価格} = \text{旧株1株の従前の帳簿価額又は取得価格} - \text{分割純資産対応帳簿価額}$$

3　組織変更

　株式会社から持分会社又は持分会社から株式会社への組織変更があった場合、その組織変更をした法人の株式のみが交付される場合（交付金銭等がない場合）には、旧株の譲渡価額は組織変更直前の旧株の簿価となり譲渡損益課税はありません（法法61の2⑩、措法37の10③六）。

　また、取得した組織変更をした法人の株式の取得価額については、組織変更直前の旧株の帳簿価額又は取得価額に付随費用を加算した金額（法令119①十三、所令115）となります。

　交付金銭等がある場合、例えば組織変更をした法人の株式等の交付がない場合には、投資の清算として譲渡損益課税の対象（法法61の2①、措法37の10③六）となります。

4　その他

　その他、株式の分割又は併合、株主割当て、株式無償割当て、資本の払戻し等があった場合の株式の取得価額等については、次のとおりとなります。

【その他株式の分割等があった場合の取得価額等】

区分	譲渡原価	新株取得価額	旧株取得価額	譲渡対価
株式の分割又は併合		1株当たりの取得価額の改定（注1）(所令110)		
株主割当て		1株当たりの取得価額の改定（注2）(所令111①)(法令119①二)		
株式無償割当て		1株当たりの取得価額の改定（注3）(所令111②)(法令119①三)		
資本の払戻し等があった場合	旧株簿価×純資産減少割合（注4）(法法61の2⑫)		旧株簿価－旧株譲渡原価 (所令114①)(法令119の9)	交付金銭等－みなし配当
口数の定めのない出資の払戻しがあった場合	旧株簿価×出資払戻割合（注5）(法法61の2⑬)		旧株簿価－旧株譲渡原価 (所令114②)	交付金銭等－みなし配当

(注1) $\dfrac{\text{分割又は併合後の所有}}{\text{株式1株当たりの簿価}} = \dfrac{\text{旧株1株の従前の簿価×旧株の数}}{\text{分割又は併合後の所有株式の数}}$

(注2) $\text{旧株及び新株1株当たりの簿価} = \dfrac{\text{旧株1株の従前の簿価} + \text{新株1株につき払い込んだ金銭の額(その取得費用の額を含む。)} \times \text{旧株1株について取得した新株の数}}{\text{旧株1株について取得した新株の数} + 1}$

(注3) $\dfrac{\text{株式無償割当後の所有}}{\text{株式1株当たりの簿価}} = \dfrac{\text{旧株1株の従前の簿価×旧株の数}}{\text{株式無償割当て後の所有株式の数}}$

(注4) $\text{純資産減少割合} = \dfrac{\text{その資本の払戻しにより減少した資本剰余金の額又はその解散による残余財産の分配により交付した金銭等の額及び金銭以外の資産の価額の合計額}}{\text{その法人の資産の帳簿価額} - \text{その法人の負債（新株予約権に係る義務を含む。）の帳簿価額}}$

(注5) $\text{出資払戻割合} = \dfrac{\text{払戻しに係る出資の金額}}{\text{払戻し直前の所有出資の金額}}$

■取得価額②（株式交換、株式移転）

Q2 平成18年の税制改正で株式交換移転が組織再編税制に組み込まれたと聞きましたが、従来の株式交換移転における株式の課税関係と改正後の株式交換移転における株式の課税関係はどう変わりましたか。

A 株式交換移転は従来租税特別措置法に規定され、現金交付等が5％未満である場合には完全子法人の株主に対する株式の譲渡損益課税の繰延べが認められていましたが、平成18年の税制改正により本法の組織再編税制に組み込まれ、株式交換移転における株式譲渡損益課税の繰延べが認められるのは完全子法人の株主が交付を受けるものは完全親法人の株式のみである場合に限られることになりました。また、完全親法人が取得する完全子法人株式の取得価額は税制上適格であれば従来の帳簿価額を引き継ぎ、税制上非適格であれば時価による取得になります。

【株式交換・移転があった場合の取得価額等】

区分			完全親法人		完全子法人株主		
			完全子法人株主数	完全子法人株式取得価額	譲渡原価	新株取得価額	譲渡対価
株式交換・株式移転	交付金銭等なし	適格	50人未満	旧株簿価	旧株簿価	旧株簿価	旧株簿価
			50人以上	簿価純資産			
	交付金銭等あり	非適格		新株時価		新株時価	新株時価

※ 交付金銭等がある場合は譲渡対価にその金額が加算されます。

解説

1 譲渡損益課税の繰延べ（法法61の2⑦⑧、所法57の4①②）

株式交換移転により、完全子法人株主が株式交換移転により完全親法人となる法人からその完全親法人株式のみが交付（ただし、完全親法人株式以外で剰余金の配当として交付された金銭その他の資産及び株式交換移転に反対する株主に対する買取請求に基づく対価として交付される金銭その他の資産は除きます。）された場合には、完全子法人の株主が有する旧株の譲渡価額は、株式交

換移転直前のその旧株の帳簿価額になります。また、個人株主の場合には旧株の譲渡はなかったものとみなされます。なお、完全親法人株式以外に金銭等が交付された場合には、完全子法人の株主が有する旧株の譲渡価額は、株式交換移転直前の時価になります。

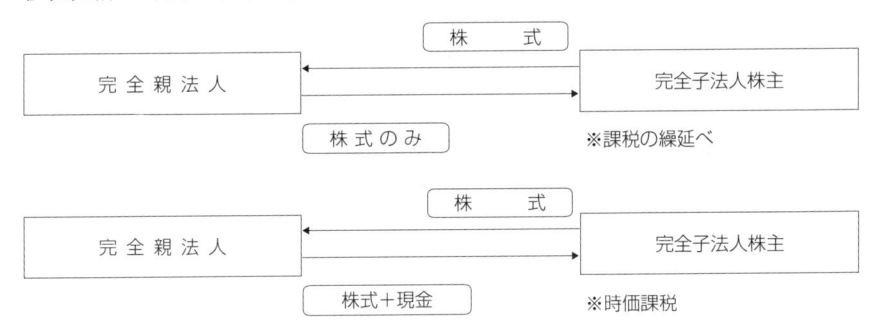

```
         株　式
完全親法人 ←――――― 完全子法人株主
         ―――――→
         株式のみ      ※課税の繰延べ

         株　式
完全親法人 ←――――― 完全子法人株主
         ―――――→
         株式＋現金    ※時価課税
```

2　取得価額

(1) 完全親法人株式の取得価額（完全子法人株主の取扱い）

完全子法人株式のその株式交換移転直前の帳簿価額又は取得価額に相当する金額に付随費用を加算した金額（法令119①八、十、所令167の7②③）。ただし、完全子法人株主に完全親法人株式以外の金銭等資産の交付がある場合には時価（法令119①二十二、所令109①五）による取得になります。

(2) 完全子法人株式の取得価額（完全親法人の取扱い）

適格株式交換移転により取得した完全子法人株式の取得価額は以下の区分に応じてそれぞれに掲げる金額になります。ただし、非適格株式交換移転の場合には時価（法令119①二十二）による取得になります。

(イ) 完全子法人の株主が50人未満（法令119①九イ、十一イ）

株式交換移転完全子法人の株主が有していたその完全子法人株式の株式交換移転直前の帳簿価額（個人株主の場合には、その個人が有していた完全子法人株式の株式交換移転直前の取得価額）に付随費用を加算した金額

(ロ) 完全子法人の株主が50人以上の場合（法令119①九ロ、十一ロ）

株式交換移転完全子法人の簿価純資産価額に相当する金額に付随費用を加算した金額

(**注**) 簿価純資産価額とは株式交換移転完全子法人の株式交換移転直前の資産の帳簿価額から負債の帳簿価額を控除した金額です。なお、適格株式交換でその株式交換直前に完全子法人株式を有していた場合には、完全子法人の発行済株式数のうち適格株式交換により取得する株式数に対応する金額が取得価額になります。

※ 上記取扱いは、平成18年10月1日以後に行われる株式交換移転について適用されます。

Q V 3 ■取得価額③(種類株式)

取得請求権付株式等の種類株式について、その請求権の行使等により保有する株式等を法人に譲渡し、その対価としてその法人から株式等の交付を受けた場合の課税関係について教えてください。

A

取得請求権付株式等の種類株式をその請求権の行使等により譲渡し、その対価として発行法人から株式のみの交付を受けた場合、個人株主についてはその譲渡はなかったものとみなし、法人株主については、その譲渡による譲渡損益を繰り延べる措置が講じられました。ただし、交付を受けた株式が譲渡した株式の価額と概ね同額である場合に限られます。

【取得請求権付株式等の権利行使等があった場合の取得価額等】

区分			新株取得価額	譲渡原価	譲渡対価
取得請求権付株式	交付金銭等なし	概ね同額	旧株簿価	旧株簿価	旧株簿価
		同額でない	新株時価		新株時価
	交付金銭等あり		新株時価		新株時価
取得条項付株式	交付金銭等なし	概ね同額	旧株簿価	旧株簿価	旧株簿価
		同額でない	新株時価		新株時価
	交付金銭等あり		新株時価		新株時価
全部取得条項付株式	交付金銭等なし	概ね同額	旧株簿価	旧株簿価	旧株簿価
		同額でない	新株時価		新株時価
	交付金銭等あり		新株時価		新株時価

※ 交付金銭等がある場合は譲渡対価にその金額が加算されます。

解説

1 課税の繰延べが認められている種類株式

① 取得請求権付株式

法人がその発行する株式の内容として株主がその法人に対してその株式の取得を請求することができる旨の定めを設けている株式

② 取得条項付株式

法人がその発行する株式の内容としてその法人が一定の事由が発生したことを条件としてその株式の取得をすることができる旨の定めを設けている株式

③ 全部取得条項付株式

ある種類株式について、これを発行した法人が株主総会その他これに類するものの決議によってその全部の取得をする旨の定めがある場合の株式

2　具体的取扱い

① 取得請求権付株式

会社法上は株式のほかに金銭、社債その他の財産を交付することも認められていますが、税法上の課税の繰延べ（法法61の2⑪一、所法57の4③一）は、株式のみが対価である場合だけしか認められていません。

この場合の株式の取得価額は、請求権を行使する直前の帳簿価額又は取得価額に付随費用を加算した金額（法令119①十四、所令167の7④一）になります。

② 取得条項付株式

原則は取得請求権付株式と同様株式のみが対価である場合に課税の繰延が認められますが、例外として取得の対象となった種類株式のすべてが取得される場合には、取得の対価として株式のみだけでなく新株予約権が交付される場合を含めて課税の繰延べ（法法61の2⑪二、所法57の4③二）が認められます。

この場合の株式の取得価額は、株式のみの交付のときは取得事由発生直前の帳簿価額又は取得価額に付随費用を加算した金額（法令119①十五、所令167の7④二）になります。また、株式と新株予約権が交付される場合には、株式は取得事由発生直前の帳簿価額又は取得価額に付随費用を加算した金額（法令119①十六イ、所令167の7④三イ）になりますが、新株予約権の取得価額は零（法令119①十六ロ、所令167の7④三ロ）になります。

③ 全部取得条項付株式

取得決議により取得の対価として株式のみが交付される場合、又は株式及び新株予約権のみが交付される場合に課税の繰延べ（法法61の2⑪三、所法57の4③三）が認められます。

この場合の株式の取得価額は、株式のみの交付のときは取得決議直前の帳簿価額又は取得価額に付随費用を加算した金額（法令119①十七、所令167の7④四）になります。また、株式と新株予約権が交付される場合には、株式は取得決議直前の帳簿価額又は取得価額に付随費用を加算した金額（法令119①十八

イ、所令167の7④五イ）になりますが、新株予約権の取得価額は零（法令119①十八ロ、所令167の7④五ロ）になります。

3　その他

```
┌─────────┐  ←──── 種類株式 ────  ┌─────────┐
│ 発行法人 │                        │  株主  │
│         │  ──── 種類株式 ────→  │        │
└─────────┘                        └─────────┘
```

※　譲渡損益の課税繰延べ（簿価譲渡、簿価取得）

　譲渡損益課税の繰延べが認められるのは、あくまでそれぞれの株式の時価が概ね同額であることが前提です。同額でなければ通常の株式の譲渡取引となり時価課税されることになります。

　なお、この改正は会社法施行の日（平成18年5月1日）以後に行われる上記種類株式の移転について適用されます。

VI 税制適格要件の概要

Q VI 1 ■適格要件としての合併等対価
適格要件としての合併等対価について教えてください。

A 合併等の対価については、株式のみが交付される場合に限ります。

解説

1 合併等の対価は割合的に交付される株式に限ります。
2 吸収型組織再編については、会社法上、無対価である場合もありますが、吸収合併については、適格要件に該当すると考えられます。

分割型分割については、無株式の場合は適格要件と符号しないので、注意が必要です。

分社型分割と株式交換について、無対価再編となる場合も同様です。

なお、法人税法施行令第119条等において、株主の取得価額の引継ぎに対応できないので、実務的には新株交付が望ましいと考えられます。

3 非適格とされる金銭の交付に該当しないもの
(1) 剰余金の配当として交付される金銭については、合併、分割型分割、株式交換が規定されています。(この場合、合併契約書等に記載することになります。)
(2) 合併等反対株主の買取請求権の行使に対して交付される金銭については、合併、株式交換、株式移転が規定されています。

なお、株式交換・株式移転について、完全子法人の株主は完全子法人に買取請求権の行使を行い、株式交換等の効力発生日に買取の効力が発生し、同日子法人の自己株式となり、完全親法人株式を対価として自己株式の処分が行われ

ることになります。

　また、分割型分割については、買取請求の効力発生日は、当該株式代金の支払いの時とされているので（会法786⑤、807⑤）、法人税法において規定がなく、別途、金庫株の問題として対処されることと考えられます。

(3)　1株未満の株式が生じた場合に
　①　その1株未満の株式数の合計数に相当する株式を競売等により譲渡換金して交付する金銭があります（法基通1－4－2〔合併〕、会法234①五～八〔株式交換、株式移転〕）。

　会社法では、合併、株式交換、株式移転ともに競売又は裁判所の許可を得た売却として、1株に満たない端数がある場合の処理が定められました。

　合併については、この処理を緩和する法基通1－4－2があり、要件として、1株未満の株式の合計数を他に譲渡しと規定されているので、この要件を守ればいいが、株式交換・株式移転については、法人税基本通達の改正があるまでは会社法の要件を厳格に適用することが必要と考えられます。

　実務的には、完全子法人等の株主の株式を、10又は100の整数倍となるように贈与等で異動するか、又は、完全親法人等の株式を事前に、株式無償割当等により単価を引き下げ、交換比率等を整数とするように調整することが考えられます。

　②　1株未満の端数に対応して交付する金銭（法令123の2の2〔分割型分割〕）

　分割型分割については、会社法第758条第1項第8号ロ、同法第763条第1項第12号ロにより、承継法人株式の現物配当となることから、会社法第454条第4項の現物配当の取扱い及び同法第456条により、基準株式数を定め、基準株式数に満たない場合は、金銭を分割法人が支払うことになるので、法人税法施行令第123条の2の2により、1株未満の端数について、分割法人が支払う金銭について、交付株式に含まれるものとする取扱いを明らかにしました。

(4)　なお、譲渡した株主については、
　①　被合併法人株主の買取請求の場合は、譲渡所得となります（法令23③五）。
　②　株式交換、株式移転について、買取請求の場合は、各法人において金庫

株の処理と考えられます。
　③　1株未満の株式については、会社法第234条第1項により、合併、株式交換、株式移転の場合は、他に譲渡することとなるので、譲渡所得と考えられます。

なお、会社法第234条第2項に裁判所の許可を得て、会社法第234条第4項により金庫株として買い取ることができますが、この場合は、法人税法施行令第23条第3項第4号により、譲渡所得となります。

　④　分割型分割の場合
　　㋑　買取請求は金庫株と考えられ、
　　㋺　1株未満の株式については、分割法人の会計は剰余金の配当ですが、株主の税務は課税繰延べとなる譲渡所得となります（法令23③七、119の8の2）。

A　適格合併
被合併法人の株主等に合併法人の株式又は出資以外の資産（当該株主等に対する剰余金の配当等（株式又は出資に係る剰余金の配当、利益の配当又は剰余金の分配をいう。適格分割において同じ。）として交付される金銭その他の資産及び合併に反対する当該株主等に対するその買取請求に基づく対価として交付される金銭その他の資産を除く。）が交付されないもの

B　適格分割
(1)　分割型分割にあっては分割法人の株主等に分割承継法人の株式以外の資産（当該株主等に対する剰余金の配当等として交付される分割対価資産以外の金銭その他の資産を除く。）が交付されず、かつ、当該株式が当該株主等の有する分割法人の株式の数の割合に応じて交付されるものに限る。 (2)　分社型分割にあっては分割法人に分割承継法人の株式以外の資産が交付されないものに限る。

C　適格現物出資
外国法人に国内にある資産又は負債として政令で定める資産又は負債の移転を行うもの及び新株予約権付社債に付された新株予約権の行使に伴う当該新株予約権付社債についての社債の給付を除き、現物出資法人に被現物出資法人の株式のみが交付されるものに限る。

D　適格株式交換
株式交換完全子法人の株主に株式交換完全親法人の株式以外の資産（当該株主に対する剰余金の配当として交付される金銭その他の資産及び株式交換に反対する当該株主に対するその買取請求に基づく対価として交付される金銭その他の資産を除く。）が交付されないもの

>   E　適格株式移転
>
>   株式移転完全子法人の株主に株式移転完全親法人の株式以外の資産（株式移転に反対する当該株主に対するその買取請求に基づく対価として交付される金銭その他の資産を除く。）が交付されないもの

（以上、法法2①十二の八～十二の十七）

○株主の課税繰延べ

A　株式交換

>   内国法人が旧株（当該内国法人が有していた株式をいう。）を発行した法人の行った株式交換（当該法人の株主に株式交換完全親法人の株式以外の資産（当該株主に対する剰余金の配当として交付された金銭その他の資産及び株式交換に反対する当該株主に対するその買取請求に基づく対価として交付される金銭その他の資産を除く。）が交付されなかったものに限る。）により当該株式交換完全親法人の株式の交付を受けた場合における第1項の規定の適用については、同項第1号に掲げる金額は、当該旧株の当該株式交換の直前の帳簿価額に相当する金額とする（法法61の2⑦）。

B　株式移転

>   内国法人が旧株（当該内国法人が有していた株式をいう。）を発行した法人の行った株式移転（当該法人の株主に株式移転完全親法人の株式以外の資産（株式移転に反対する当該株主に対するその買取請求に基づく対価として交付される金銭その他の資産を除く。）が交付されなかったものに限る。）により当該株式移転完全親法人の株式の交付を受けた場合における第1項の規定の適用については、同項第1号に掲げる金額は、当該旧株の当該株式移転の直前の帳簿価額に相当する金額とする（法法61の2⑧）。

○法基通1－4－2（合併等に際し1株未満の株式の譲渡代金を被合併法人等の株主等に交付した場合の適格合併等の判定）

>   法人が行った合併が法第2条第12号の8《適格合併》に規定する適格合併に該当するかどうかを判定する場合において、合併法人が合併に際し、被合併法人の株主等に交付する株式（出資を含む。以下1－4－3までにおいて同じ。）に1株未満の株式が生じたためその1株未満の株式の合計数に相当する株式を他に譲渡し、その譲渡対価を当該株主等に交付したときは、当該株主等に対してその1株未満の株式に相当する株式を交付したこととなることに留意する。
>   法人が行った分割が法第2条第12号の11《適格分割》に規定する適格分割に該当するかどうかを判定する場合も、同様とする。（平14年課法2－1「三」により追加）
>   (注)　当該1株未満の株式は、令第4条の2第3項第5号《適格合併の要件》及び第6項第6号《適格分割の要件》に規定する議決権のないものに該当する。

○会法234①（１に満たない端数の処理）

　次の各号に掲げる行為に際して当該各号に定める者に当該株式会社の株式を交付する場合において、その者に対し交付しなければならない当該株式会社の株式の数に１株に満たない端数があるときは、その端数の合計数（その合計数に１に満たない端数がある場合にあっては、これを切り捨てるものとする。）に相当する数の株式を競売し、かつ、その端数に応じてその競売により得られた代金を当該者に交付しなければならない。
　一　第170条【効力の発生等】第１項の規定による株式の取得　当該株式会社の株主
　二　第173条【効力の発生】第１項の規定による株式の取得　当該株式会社の株主
　三　第185条【株式無償割当て】に規定する株式無償割当て　当該株式会社の株主
　四　第275条【効力の発生等】第１項の規定による新株予約権の取得　第236条【新株予約権の内容】第１項第７号イの新株予約権の新株予約権者
　五　合併（合併により当該株式会社が存続する場合に限る。）　合併後消滅する会社の株主又は社員
　六　合併契約に基づく設立時発行株式の発行　合併後消滅する会社の株主又は社員
　七　株式交換による他の株式会社の発行済株式全部の取得　株式交換をする株式会社の株主
　八　株式移転計画に基づく設立時発行株式の発行　株式移転をする株式会社の株主

○法令123の２の２（分割法人の株主等に交付されるべき分割承継法人の株式の端数の取扱い）

　分割法人が分割型分割により当該分割法人の株主等の有する分割法人の株式（出資を含む。以下この条において同じ。）の数（出資にあっては、金額）の割合に応じて交付すべき当該分割型分割に係る分割承継法人の株式の数に１株に満たない端数が生ずる場合において、当該端数に応じて金銭が交付されるときは、当該端数に相当する部分は、当該分割型分割により当該株主等に交付される当該分割承継法人の株式に含まれるものとして、当該分割法人、分割承継法人及び株主等の各事業年度の所得の金額を計算する。

○法令23③

　法第24条第１項第４号に規定する政令で定める取得は、次に掲げる事由による取得とする。
　一　証券取引所（証券取引所に類するもので外国の法令に基づき設立されたものを含む。）の開設する市場における購入
　二　店頭売買登録銘柄（株式で、証券業協会が、その定める規則に従い、その店頭売買につき、その売買値段を発表し、かつ、当該株式の発行法人に関する資料を公開するものとして登録したものをいう。）として登録された株式のその店頭売買による購入
　三　事業の全部の譲受け

四　合併又は分割若しくは現物出資（適格分割又は適格現物出資及び事業を移転し、かつ、当該事業に係る資産に当該分割又は現物出資に係る分割承継法人又は被現物出資法人の株式が含まれている場合の当該分割又は現物出資に限る。）による被合併法人又は分割法人若しくは現物出資法人からの移転
五　合併に反対する当該合併に係る被合併法人の株主等の買取請求に基づく買取り
六　会社法第192条第1項（単元未満株式の買取りの請求）又は第234条第4項（一に満たない端数の処理）（同法第235条第2項（一に満たない端数の処理）又は他の法律において準用する場合を含む。）の規定による買取り
七　第119条の8の2（取得請求権付株式の取得等の対価として生ずる端数の取扱い）に規定する1株に満たない端数に相当する部分の対価としての金銭の交付

Q VI 2 ■100％支配グループの再編

100％支配グループの再編の要件について教えてください。

A 100％支配グループの再編は、再編前において100％支配グループが再編を行い、再編後において100％支配関係を継続することが要件となります。

解説

1 100％支配グループ内の再編においては、支配要件の継続以外の要件はないので、支配要件の継続が維持される限り、その後の組織再編成の制約はありません。

2 当事者間100％グループ内の合併については、吸収合併、新設合併ともに支配要件の継続はない。従って、その後の組織再編成についての制約はありません。

3 単独株式移転及び単独新設分社型分割及び単独新設現物出資は、常に可能であり、その後の当事者間100％関係の継続が要件です。

4 100％親子会社AB間では、Aを存続会社とする吸収合併に限り、必然的に無対価となります（会法749①三）。同一者を親会社とする100％子会社同士の合併において、登記上は、無対価とする実務があるようですが、税務上は、株式を交付することが望ましいと考えます（法令119①五）。

5 これらの100％支配関係の継続では、その後の第三者割当増資はその後の継続要件に該当しないことになります。

6 100％グループ内の株式譲渡は、問題がありません。

7 再編前において、100％未満である場合に100％グループへの変更が行われる場合、これらの行為に会社法上、経営目的上等の目的が問われることがあります。

8 100％グループが、再編後に100％未満50％超となったときは、当該再編が50％超要件を満たすかどうかで判定します。

以下の表において吸収型再編では、存続会社等（合併存続会社、分割承継会社、完全親会社、被現物出資会社）をＡ、消滅会社等（合併消滅会社、分割会社、完全子会社、現物出資会社）をＢ、新設会社等（合併設立会社、分割設立会社、完全親会社、被現物出資会社）をＸとします。

　なお、同一者は同一者とし、間接保有の当事会社がある場合㋑は、支配関係の継続については、考慮する必要があります。

	100%グループ内適格要件	同一者と吸収合併法人Ａ等	適格合併等後の適格合併の継続要件	
			被合併法人	継続要件
吸収合併	〈当事者間〉 （法法２十二のハイ、法令４の２①一）	Ａ	Ａ	支配要件の継続はない
	〈同一者間〉 （法法２十二のハイ、法令４の２①二） ・同一者100％保有関係の継続	同一者 ↓ Ａ	同一者	㋺
			Ａ	㋑
新設合併	〈当事者間〉 （法法２十二のハイ、法令４の２①一）	Ｘ	Ｘ	支配要件の継続はない
	〈同一者間〉 （法法２十二のハイ、法令４の２①二） ・同一者100％保有関係の継続	同一者 ↓ Ｘ	同一者	㋺
			Ｘ	㋑
株式交換	〈同一者間〉 （法法２十二の十六イ、法令４の２⑫） ・同一者100％関係の継続	同一者 | Ａ―Ｂ	完全子法人	㋑合併直前まで完全親子関係継続
			完全親法人	合併法人が同一者のとき㋑
				合併法人が同一者以外のとき㋑及び㋺合併後の合併法人が完全親子関係継続
			同一者	㋑及び㋺
株式移転	〈同一者間〉 （法法２十二の十七イ、法令４の２⑯） ・同一者100％関係の継続	同一者 | Ｘ ／＼ Ａ　Ｂ	完全子法人	㋑合併直前まで完全親子関係継続
			完全親法人	合併法人が同一者のとき㋑
				合併法人が同一者以外のとき㋑及び㋺合併後に合併法人が完全親子関係継続
			同一者	㋑及び㋺

Ⅵ　税制適格要件の概要　　257

	〈単独株式移転〉 (法法2十二の十七イ、法令4の2⑰) ・完全親子関係の継続	X | B	完全子法人	㋑
			完全親法人	㋑及び㋺

㋑ 適格合併等後の適格合併の直前まで当該支配関係の継続
㋺ 適格合併等後の適格合併後において、合併法人による当該支配関係の継続

吸収分割	〈当事者間〉 (法法2十二の十一イ、法令4の2④一) ・当事者間完全支配関係の継続	B ↓ A	B	㋺
			A	㋑
	〈同一者間〉 (法法2十二の十一イ、法令4の2④二) ・同一者間100%保有関係の継続	同一者 ↙↘ B→A	同一者	㋺
		同一者 *1 ↙↘ B→A	B、A	㋑
新設分割	〈複数新設分割〉 (法法2十二の十一イ、法令4の2④一) ・当事者間完全支配関係の継続	B ↓↘ C→X	B、C	㋺
			X	㋑
	〈単独新設分割〉 (法法2十二の十一イ、法令4の2④一) ・当事者間完全支配関係の継続 （分社型分割に限る）	B ↓ X	B	㋺
			X	㋑
	〈複数新設分割〉 (法法2十二の十一イ、法令4の2④二) ・同一者100%保有関係の継続	同一者 ↙↘ B C ↘↙ X	同一者	㋺
		同一者 *2 ↙↘ B C ↘↙ X	B、C、X	㋑
	〈単独新設分割〉 (法法2十二の十一イ、法令4の2④二) ・同一者100%保有関係の継続 （分社型分割以外の場合）	同一者 *1 ↙↘ B→A	同一者	㋺
			B、A	㋑

*1　この場合は分割型分割となり、A株はBを経由して同一者に交付されます。
*2　この場合は分割型分割となり、X株はB、Cを経由して同一者に交付されます。
*1　*2は、分割型分割及び一部分割の場合です。これ以外は分社型分割と考えられます。

現物増資	〈当事者間〉 (法法2十二の十四イ、法令4の2⑧一) ・当事者間完全支配関係の継続	B ↓ A	B	◎
			A	㋑
	〈同一者間〉 (法法2十二の十四イ、法令4の2⑧二) ・同一者間100%保有関係の継続	同一者 ↙ ↘ B　C ↘ ↙ A	同一者	◎
			B、C、A	㋑
新設現物出資	〈複数新設現物出資〉 (法法2十二の十四イ、法令4の2⑧一) ・当事者間完全支配関係の継続	B ↓ ↘ C→X	B、C	◎
			X	㋑
	〈単独新設現物出資〉 (法法2十二の十四イ、法令4の2⑧一) ・当事者間完全支配関係の継続	B ↓ X	B	◎
			X	㋑
	〈複数新設現物出資〉 (法法2十二の十四イ、法令4の2⑧二) ・同一者100%保有関係の継続	同一者 ↙ ↘ B　C ↘ ↙ X	同一者	◎
			B、C、X	㋑
	〈単独新設現物出資〉 (法法2十二の十四イ、法令4の2⑧二) ・同一者100%保有関係の継続 （出資の一部につき、同一者から金銭出資が行われる場合）	同一者 ↙ B→X	同一者	◎
			B、X	㋑

Q VI 3 ■間接保有法人の問題点

間接保有法人の問題点について教えてください。

A 下図の当事者間100％の支配関係において、以下、各社は等しい価値で各10株発行、合併比率等は1：1とします。

AとCが再編を行う吸収型は存続法人をAとし、新設型は新設法人をXとします。

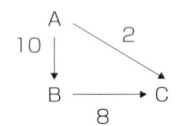

```
       A
   10 ↓ ╲ 2
       ↓  ╲
       B ── C
          8
```

(1) AC当事者間100％グループ内の吸収合併の場合

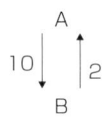

```
       A
   10 ↓ ↑ 2
       B
```

(2) AC当事者間100％グループ内の新設合併の場合

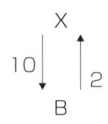

```
       X
   10 ↓ ↑ 2
       B
```

これらの場合に、間接保有法人であったBが残りますが、合併の場合はBのその後の再編について、規制はありません。

(3) 当事者間100％のACについて、適格株式交換の規定はありません。

上の図において、AC間は当事者100％です。

(4) Aを同一者とするBC間について、株式交換・株式移転はできます。

上の図において、BC間はAを同一者とする100％間関係です。

(5) 上記において、AがB及びCを吸収合併した場合、会社法においては、吸収合併の当事会社は、消滅会社C社、存続会社A社の2社及び消滅会社B社、存続会社A社の2社の2個の吸収合併契約が同時に行われたことになります。

A社が同一日にB社、C社の吸収合併を行うことにより、実質的に3社以上が関与する吸収合併は可能です。この場合も、2個の吸収合併契約と考えられます。

　この場合に、会社法第749条第1項第3号において、B社が有するC株はA社に移転し、同時に行われるAC間の合併においてAが有するC株として取り扱われます。

　この問題は、吸収型再編において、会社法上は、それぞれ各2社の取引と定められたので、同じ問題となります。

Q VI 4 ■50%超グループの適格要件

50%超グループの適格要件について教えてください。

A
(1) 50%超グループにおいては、再編後も同一関係を継続します。
(2) ①従業者の80％以上継続要件と②事業継続要件があります。分割と現物出資については、分割等事業に係る主要な資産、負債の移転要件があります。
(3) 再編後の再編については、適格合併のみが一定の継続要件の下で可能です。
(4) 完全子法人についてのみ、一定の継続要件の下で適格組織再編成が可能です。

解説

1 当事者間50%超合併については、再編後の支配関係継続要件はありません。（この場合、従業者継続要件等はあります。）
2 50%再編については、事業継続要件が問題となります。事業というものは、一般的に従業者が従事しているか、あるいは、不動産賃貸事業のように、第三者との取引関係が重要となります。従業者は、使用人、出向受入者、役員等をいい、下請先従業員は除きます（法基通1-4-4）。

当事者間の取引のみの場合は、当該移転事業は、合併、会社分割の場合は、消滅することとなり、継続要件を満たすことができません。

株式交換、株式移転の場合は、当事者間取引の事業であっても継続することになります。50％超グループ内の再編で事業再生を行う場合は、良い事業部門を分割等することが考えられます。

3 株式交換、株式移転後の完全子法人についてのみ、適格組織再編成が可能です。

この場合、支配関係と従業者継続従事要件及び主要事業継続要件の継続が必要です。

4 再編前において、50％以下である場合に50％超グループへの変更が行われ

る場合、これらの行為に会社法上、経営目的上等の目的が問われることがあります。
5 50％超グループが、再編後に50％以下となったときは、再編が共同事業要件を満たすかどうかで判定します。
6 当事者間50％超グループの株式移転については、株式移転後は完全親法人を同一者とする50％超関係の継続要件となります。

下図のように、B社を間接保有法人として、AC間が50％超関係である場合、B保有C株は、再編後はB保有A株、又はX株となり、会社法上の問題が生じます。

```
A ───40──→ C
 ↘         ↗
  60      20
   ↘     ↗
     B
```

(1) 当事者間50％超 AC で吸収合併（以下、合併比率等1：1とします。）

```
    A
60 ↕ 10（親会社株式）
    B
```

$$\frac{20}{100+100} = 10$$

(2) 当事者間50％超 AC で分割型分割

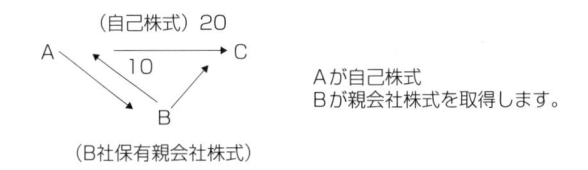

```
       （自己株式）20
   A ──10──→ C
    ↘      ↗
       B
（B社保有親会社株式）
```

Aが自己株式
Bが親会社株式を取得します。

(3) 当事者間50％超 A、C で株式移転

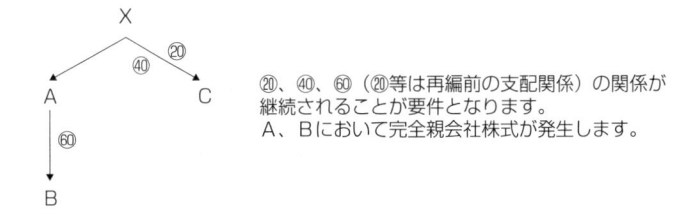

```
        X
      ⓐ  ㉒
      ↙    ↘
     A      C
     ↓
     ㊵
     ↓
     B
```

㉒、㊵、㊿（㉒等は再編前の支配関係）の関係が継続されることが要件となります。
A、Bにおいて完全親会社株式が発生します。

(4) 当事者間50%超A、B、Cで株式移転、完全親法人Xを同一者とする50%超関係の継続が要件です。

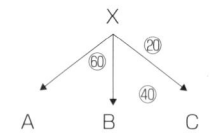

```
        X
      ⑥⓪ ⑳
        ⑷⓪
    A   B   C
```

この場合、A、Bにおいて完全親会社株式が発生します。

(5) Aを同一者とするBC間で株式交換

```
    A
    |
    B
    |
    C
```

(6) Aを同一者とするBC間で株式移転（Bにおいて完全親会社株式が発生します。）

```
    A
    |
    X
   ╱ ╲
  B   C
```

以下、この表では吸収型再編では、存続会社等（合併存続会社、分割承継会社、完全親会社、被現物出資会社）をA、消滅会社等（合併消滅会社、分割会社、完全子会社、現物出資会社）をB、以下、新設会社等（合併設立会社、分割設立会社、完全親会社、被現物出資会社）をXとします。

なお、同一者は同一者とし、間接保有の当事会社がある場合は、支配関係の継続については、考慮する必要があります。

	50%超グループ内適格要件	同一者と吸収合併法人A	適格合併等後の適格合併の継続要件		
			被合併法人		継続要件
吸収合併	〈当事者間〉50%超保有 (法法２十二の八ロ、法令４の２②一) ① 従業者の引継ぎ（80%以上） ② 移転事業の継続	A	A		支配要件の継続はない
				①	引継ぎ
				②	継続
	〈同一者間〉50%超保有 (法法２十二の八ロ、法令４の２②二) ・同一者間50%超保有関係の継続 ① 従業者の引継ぎ（80%以上） ② 移転事業の継続	同一者 ↓ A	同一者		㋺ 合併法人による継続
			A		㋑ 合併直前まで継続
				①	引継ぎ
				②	継続
新設合併	〈当事者間〉50%超保有 (法法２十二の八ロ、法令４の２②一) ① 従業者の引継ぎ（80%以上） ② 移転事業の継続	X	X		支配要件の継続はない
				①	引継ぎ
				②	継続
	〈同一者間〉 (法法２十二の八ロ、法令４の２②二) ・同一者間50%超保有関係の継続 ① 従業者の引継ぎ（80%以上） ② 移転事業の継続	同一者 ↓ X	同一者		㋺
			X		㋑
				①	引継ぎ
				②	継続
株式交換	〈当事者間〉 (法法２十二の十六ロ、法令４の２⑬一) ・当事者間50%超関係の継続 ① 従業者の継続従事（80%以上） ② 主要な事業の継続	A ｜ B	完全子法人		㋑
			完全親法人		㋑及び㋺
			完全子法人の適格組織再編成（法令４の２⑭）完全親法人50%超関係継続		
				①	㊁合併法人等及び完全子法人に継続従事
				②	㊄合併法人等において継続
	〈同一者間〉 (法法２十二の十六ロ、法令４の２⑬二) ・同一者間50%超関係の継続 ① 従業者の継続従事（80%以上） ② 主要な事業の継続	同一者 ｜ A｜B	完全子法人		㋑
			完全親法人		㋑及び㋺
			同一者		㋑及び㋺
			完全子法人の適格組織再編成（法令４の２⑭）同一者50%超関係継続		
				①	㊁
				②	㊄

株式移転	〈当事者間〉50%超保有 (法法2十二の十七ロ、法令4の2⑱一) ・完全親法人を同一者とする50%超関係の継続 ① 従業者の継続従事（80%以上） ② 主要な事業の継続	X ／＼ A B 同一者	完全子法人	㋑及び㋩他の完全子法人関係継続
			完全親法人	㋑及び㋺及び㋩
			完全子法人の適格組織再編成（法令4の2⑲）完全親法人50%超関係継続	
			①	㋥合併法人等及び完全子法人に継続従事
			②	㋭合併法人等において継続
	〈同一者間〉 (法法2十二の十七ロ、法令4の2⑱二) ・同一者間50%超関係の継続 ① 従業者の継続従事（80%以上） ② 主要な事業の継続	同一者 ｜ X ／＼ A B	完全子法人	㋑及び㋩
			完全親法人	㋑及び㋺及び㋩
			同一者	㋑及び㋺及び㋩
			完全子法人の適格再編成（法令4の2⑲）同一者50%超関係継続	
			①	㋥
			②	㋭

㋑ 適格合併等後の適格合併の直前まで当該支配関係の継続
㋺ 適格合併等後の適格合併後において、合併法人による当該支配関係の継続
㋩ 他の完全子法人関係の継続

吸収分割	〈当事者間〉 (法法２十二の十一ロ、法令４の２⑤一) ・当事者間50%超保有関係の継続 ① 分割事業に係る主要な資産負債の移転 ② 従業者の引継ぎ（80%以上） ③ 移転事業の継続	B↓A	B		ⓞ
			A		ⓘ
				①	合併法人に移転
				②	合併法人の業務に従事
				③	合併法人で継続
	〈同一者間〉 (法法２十二の十一ロ、法令４の２⑤二) ・同一者間50%超保有関係の継続 ① 分割事業に係る主要な資産負債の移転 ② 従業者の引継ぎ（80%以上） ③ 移転事業の継続	同一者 ↙↘ B→A	同一者		ⓞ
		同一者＊1 ↙↘ B→A	B、A		ⓘ
			A	①	合併法人に移転
				②	合併法人の業務に従事
				③	合併法人で継続
新設分割	〈複数新設分割〉 (法法２十二の十一ロ、法令４の２⑤一) ・当事者間50%超保有関係の継続 ① 分割事業に係る主要な資産負債の移転 ② 従業者の引継ぎ（80%以上） ③ 移転事業の継続	B↓↘ C→A	B、C		ⓞ
			A		ⓘ
				①	合併法人に移転
				②	合併法人の業務に従事
				③	合併法人で継続
	〈単独新設分割〉 (法法２十二の十一ロ、法令４の２⑤一) ・当事者間50%超保有関係の継続 （一部分割に限る） ①～③ 同上	株主 ↙↓ B ↓ A	B		ⓞ
			A		ⓘ及び上記①～③
	〈複数新設分割〉 (法法２十二の十一ロ、法令４の２⑤二) ・同一者間50%超保有関係の継続 ①～③ 同上	同一者＊2 ↙↘ B C ↘↙ X	同一者		ⓞ
			B、C、X		ⓘ及びXは上記①～③
	〈単独新設分割〉 (法法２十二の十一ロ、法令４の２⑤二) ・同一者間50%超保有関係の継続 ①～③ 同上 （分社型分割以外の場合）	同一者＊1 ↙↘ B→A	同一者		ⓞ
			B、A		ⓘ及びAは上記①～③

＊1　この場合は分割型分割となり、A株はBを経由して同一者に交付されます。
＊2　この場合は分割型分割となり、X株はB、Cを経由して同一者に交付されます。
＊1・＊2は、分割型分割及び一部分割の場合です。これ以外は分社型分割と考えられます。

現物増資	〈当事者間〉 (法法2十二の十四ロ、法令4の2⑨一) ・当事者間50%超保有関係の継続 ① 現物出資事業に係る主要な資産負債の移転 ② 従業者の引継ぎ (80%以上) ③ 移転事業の継続	B ↓ A	B		◎
			A		⑦
				①	合併法人に移転
				②	合併法人の業務に従事
				③	合併法人で継続
	〈同一者間〉 (法法2十二の十四ロ、法令4の2⑨二) ・同一者間50%超保有関係の継続 ① 現物出資事業に係る主要な資産負債の移転 ② 従業者の引継ぎ (80%以上) ③ 移転事業の継続	同一者 ↙ ↘ B　C ↘ ↙ X	同一者		◎
			B、C、X		⑦
			X	①	合併法人に移転
				②	合併法人の業務に従事
				③	合併法人で継続
新設現物出資	〈複数新設現物出資〉 (法法2十二の十四ロ、法令4の2⑨一) ・当事者間50%超保有関係の継続 ① 現物出資事業に係る主要な資産負債の移転 ② 従業者の引継ぎ (80%以上) ③ 移転事業の継続	B ↓ C→A	B、C		◎
			A		⑦
				①	合併法人に移転
				②	合併法人の業務に従事
				③	合併法人で継続
	〈単独新設現物出資〉 (法法2十二の十四ロ、法令4の2⑨一) ・当事者間50%超保有関係の継続 (出資の一部につき、現物出資以外の者から金銭出資が行われる場合) ①〜③　同上	B　株主 ↘ ↙ A	B	◎
			A	⑦及び上記①〜③
	〈複数新設現物出資〉 (法法2十二の十四ロ、法令4の2⑨二) ・同一者間50%超保有関係の継続 ①〜③　同上	同一者 ↙ ↘ B　C ↘ ↙ X	同一者	◎
			C、D、X	⑦及びXは上記①〜③
	〈単独新設現物出資〉 (法法2十二の十四ロ、法令4の2⑨二) ・同一者間50%超保有関係の継続 (出資の一部につき、現物出資以外の者から金銭出資が行われる場合) ①〜③　同上	同一者　株主 ↓　↙ B　A	同一者	◎
			B、A	⑦及びAは上記①〜③

Q VI 5 ■共同事業要件の適格要件

共同事業要件の適格要件について教えてください。

A
事業関連性、事業規模要件を満たしていくことになります。

解説

1 合併についてのみ、事業規模要件について、資本金基準をとることができます。
2 特定役員引継要件については、株式交換・株式移転については、全員が退任しないことが要件となります。特定役員については、法基通1－4－7により経営の中枢に参画している者をいいます。専務取締役等については、法基通9－2－1の3により、定款等により職制上の地位が付与された役員をいいます。
3 共同事業要件の場合、最も注意すべきことは、株主数が50人未満の場合の株式継続保有要件となります。（次問参照）
4 合併類似分割型分割については、共同事業要件吸収分割のみが該当することになります（法令112①）。

以下、この表では吸収型再編では、存続会社等（合併存続会社、分割承継会社、完全親会社、現物出資会社）をA、消滅会社等（合併消滅会社、分割会社、完全子会社、現物出資会社）をB、以下、新設会社等（合併設立会社、分割設立会社、完全親会社、被現物出資会社）をXとします。

	共同事業適格要件	吸収合併法人等A、C、X	適格合併等後の適格合併の継続要件		
			被合併法人		継続要件
吸収合併	〔法人〕 （法法２十二の八ハ、法令４の２③） ① ＡとＢの間の事業関連性 ② ＡとＢの間の事業規模が５倍を超えないこと又は特定役員の引継ぎ ③ 従業者の引継ぎ（80％以上） ④ 移転事業の継続 〔株主〕 ⑤ 株主に合併株式以外の資産が交付されないこと ⑥ 株主の合併株式の継続保有（株主数50人未満）	A	A		
				③	引継ぎ
				④	継続
				⑥	合併直前まで継続保有
			当該株主		
				⑥	合併法人が全部継続保有
新設合併	〔法人〕 （法法２十二の八ハ、法令４の２③） ① ＡとＢの間の事業関連性 ② ＡとＢの間の事業規模が５倍を超えないこと又は特定役員の引継ぎ ③ 従業者の引継ぎ（80％以上） ④ 移転事業の継続 〔株主〕 ⑤ 株主に合併株式以外の資産が交付されないこと ⑥ 株主の合併株式の継続保有（株主数50人未満）	X	X		
				③	引継ぎ
				④	継続
				⑥	合併直前まで継続保有
			当該株主		
				⑥	合併法人が全部継続保有
株式交換	〔法人〕 （法法２十二の十六ハ、法令４の２⑮） ① 事業関連性 ② 事業規模が５倍を超えないこと又は特定役員のいずれかが退任しないこと（完全親法人役員への就任を除く） ③ 従業者の継続従事（80％以上） ④ 主要な事業の継続 ⑤ 完全親子関係の継続	A―B	完全親法人		
				⑤	継続保有及び合併法人による継続保有
			完全子法人		
				⑤	継続保有
			完全子法人の適格組織再編成		
				②	合併法人等の役員への就任を除く
				③	引継ぎ
				④	継続
				⑤	完全親法人による継続保有
	〔株主〕 ⑥ 株主に親法人株式以外の資産が交付されないこと ⑦ 株主の親法人株式の継続保有（株主数50人未満）		当該者		
				⑦	合併法人が当該株式全部継続保有
			完全親法人		

			⑦	当該者が合併直前まで当該株式全部継続保有
株式移転	〔法人〕 （法法２十二の十七ハ、法令４の２⑳） ① 事業関連性 ② 事業規模が５倍を超えないこと又は特定役員のいずれかが退任しないこと（完全親法人役員への就任を除く） ③ 従業者の継続従事（80％以上） ④ 主要な事業の継続 ⑤ 完全親子関係の継続	X ／＼ A　B	完全親法人	
			⑤	継続保有
			完全子法人	
			⑤	合併直前まで継続保有
			完全子法人の適格組織再編成	
			②	合併法人等の役員への就任を除く
			③	引継ぎ
			④	継続
			⑤	完全親会社による継続保有
	〔株主〕 ⑥ 株主に親法人株式以外の資産が交付されないこと ⑦ 株主の親法人株式の継続保有（株主数50人未満）		当該者	
			⑦	合併法人が当該株式全部継続保有
			完全親法人	
			⑦	当該者が合併直前まで当該株式全部継続保有
共同事業を営むための吸収分割	〔法人〕 （法法２十二の十一ハ、法令４の２⑥） ① 事業関連性 ② 事業規模が５倍を超えないこと又は特定役員の引継ぎ ③ 分割事業に係る主要な資産負債の移転 ④ 従業者の引継ぎ（80％以上） ⑤ 移転事業の継続	（分社型） B ↓ A	A	
			③	合併法人に移転
			④	合併法人の業務に従事
			⑤	合併法人で継続
	〔株主〕 ⑥ 株主に分割株式以外の資産が交付されないこと（注） ⑦ 株主の分割株式の継続保有（注）	（分割型） 株主 ↙　↘ B→A	B	㋺
			A	㋑
			当該株主	㋺
新設分割 共同事業を営むための複数	〔法人〕 （法法２十二の十一ハ、法令４の２⑥） ① 事業関連性 ② 事業規模が５倍を超えないこと又は特定役員の引継ぎ ③ 分割事業に係る主要な資産負債の移転 ④ 従業者の引継ぎ（80％以上） ⑤ 移転事業の継続	（分社型） B　C ↘　↙ X	X	
			③	合併法人に移転
			④	合併法人の業務に従事
			⑤	合併法人で継続

	〔株主〕 ⑥ 株主に分割株式以外の資産が交付されないこと（注） ⑦ 株主の分割株式の継続保有（注）	（分割型） 株主　株主 ↓　　↓ B　　C ↘　↙ X	B、C	◻
			X	⑦
			当該株主	◻
共同事業を営むための増資	〔法人〕 （法法２十二の十四八、法令４の２⑩） ① 事業関連性 ② 事業規模が５倍を超えないこと又は特定役員の引継ぎ ③ 現物出資事業に係る主要な資産負債の移転 ④ 従業者の引継ぎ（80％以上） ⑤ 移転事業の継続	B ↓ A	A	
			③	合併法人に移転
			④	合併法人の業務に従事
			⑤	合併法人で継続
	〔株主〕 ⑥ 株主に現物出資株式以外の資産が交付されないこと（注） ⑦ 株主の現物出資株式の継続保有（注）		B	◻
			A	⑦
共同事業を営むための新設現物出資	〔法人〕 （法法２十二の十四八、法令４の２⑩） ① 事業関連性 ② 事業規模が５倍を超えないこと又は特定役員の引継ぎ ③ 現物出資事業に係る主要な資産負債の移転 ④ 従業者の引継ぎ（80％以上） ⑤ 移転事業の継続	B　C ↘　↙ X	X	
			③	合併法人に移転
			④	合併法人の業務に従事
			⑤	合併法人で継続
	〔株主〕 ⑤ 株主に現物出資株式以外の資産が交付されないこと（注） ⑥ 株主の現物出資株式の継続保有（注）		B、C	◻
			X	⑦

⑦　適格合併等後の適格合併の直前まで当該支配関係の継続
◻　適格合併等後の適格合併後において、合併法人による当該支配関係の継続
（注）　現物出資と分社型分割は、交付株式全部の継続保有が要件となります。
　　　分割型分割の場合は、株主数が50人未満の場合に株主継続保有要件があります。

Q VI 6 ■共同事業要件で株主50人未満の場合の株主継続保有要件

株主継続保有要件について教えてください。

A 被合併法人等の株主の株式数で、議決権ベースで、交付株式を1株でも譲渡する見込がない者で有する被合併法人等の株式数が、被合併法人等の発行済み式数の80％以上であることが必要です。

解説

1 各再編の場合の算式（80％以上算定式）

合　　併：
$$\frac{\text{被合併法人の株主等で交付合併法人株式（議決権のないものを除く）の全部を継続して保有することが見込まれる者が有する被合併法人の株式（議決権のないものを除く）数}}{\text{被合併法人の発行済株式等（議決権のないもの及び法24②の抱合株式を除く）の総数}}$$

分割型分割：
$$\frac{\text{分割法人の株主等で交付分割承継法人株式（議決権のないものを除く）の全部を継続して保有することが見込まれる者が有する分割法人の株式（議決権のないものを除く）数}}{\text{分割法人の発行済株式等（議決権のないもの除く）の総数}}$$

株 式 交 換：
$$\frac{\text{完全子法人の株主等で交付完全親法人株式（議決権のないものを除く）の全部を継続して保有することが見込まれる者が有する完全子法人の株式（議決権のないものを除く）数}}{\text{完全子法人の発行済株式等（完全親法人及び完全親法人50％超保有法人が有するもの及び議決権のないものを除く）の総数}}$$

株 式 移 転：
$$\frac{\text{完全子法人の株主等で交付完全親法人株式（議決権のないものを除く）の全部を継続して保有することが見込まれる者が有する完全子法人の株式（議決権のないものを除く）数}}{\text{完全子法人の発行済株式等（他の株式移転子法人が有するもの及び議決権のないものを除く）の総数}}$$

2 分数の解説

(1) 上記分数において、分母は発行済株式等であるので、法人税法第2条第12号の8イの定義により、自己株式を除くこととなります。

(2) 分母については、合併においては、抱合株式、株式交換においては、完全親法人及び完全親法人50％超保有法人が有する株式、株式移転においては、他の子法人が有する株式が除かれることになります。

(3) 議決権のないものについては、法人税法施行規則第3条の2に規定されて

います。これによると、議決権のないものは、

① 自己株式
② 会社法第108条第1項第3号に規定される無議決権株式

議決権のないものとされないものは、

③ 会社法第109条第2項に規定により議決権がないとされた株主の有する株式
④ 単元未満株式

となります。

　法人税法施行規則第3条の2において、会社法上、明確に議決権のない自己株式について、議決権がないものと定義され、同じく明確に議決権のない会社法第308条の25％以上の相互持ち合い株式について、法人税法施行規則第3条の2において、明確な規定がありません。

　しかし、法人税法施行規則第3条の2において明記がなくても、会社法上、会社法第308条に規定する相互持ち合い株は議決権がないことが明らかであるため、議決権のない株式に該当すると考えられます。

　なお法人税法施行規則第3条の2第2項第1号において、会社法第879条第3項の規定により議決権を有するものとみなされる株式が、議決権があるものと規定されていますが、当該株式の議決権が行使される場面は、適格組織再編成の場面において想定されないと考えますが、同項の解釈として上記株式について議決権のあるものとする解釈もあるようです。

　ただしこの取扱いの解釈は、疑問があるため、念のため当局と確認されることをお勧めします。

　以下本事例では、会社法第308条に規定する相互持ち合い株主が保有する株式は、法人税法上、議決権のない株式として取り扱われるものとして、解説しています。

3　事例の被合併法人等のBの株主は、A、C、甲、乙とします。Aの株主は丙、C。Cの株主は丙、Aとします。

　以下の図において、数字は株数とし、合併比率等は1：1とします。

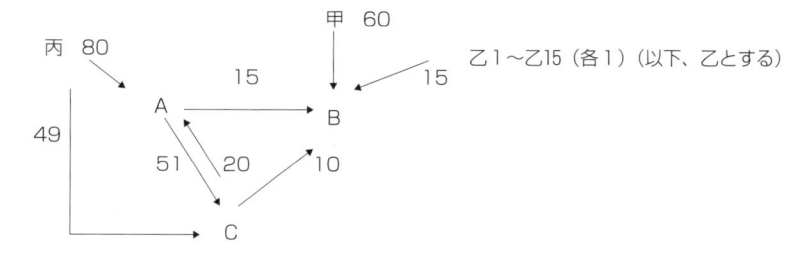

```
丙 80        甲 60
  ↘    15    ↓    15   乙1～乙15（各1）（以下、乙とする）
    A ──→ B ←──
49  ↓ ↑51 20↓ ↑10
    ↓ ↑    ↓ ↑
      C
```

　以下の再編における被合併法人等で合併法人等株式交付を受ける被合併法人等の株主は下記となります。

(1) AB間の吸収合併

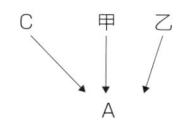

```
  C   甲   乙
   ↘  ↓  ↙
       A
```

（以下、(1)～(3)はBの株主）

	(1) AB間の吸収合併			
B社	分母	参考交付株式数（A株）	分子	累計割合
甲	60	60	60	71
A	―	―	―	―
C	10	10	10	82
乙	15	10	10	100
合計	85	85	85	100

① A社所有B株は、抱合株式なので、分母から除かれます。
② 甲、Cが継続保有の場合、適格となります。
③ Cが1株でも譲渡した場合、乙の内8名8株が譲渡しない場合、適格となります。
$$\frac{60+8}{85}=0.8$$

(2) AB間の株式交換（Bが完全子会社）

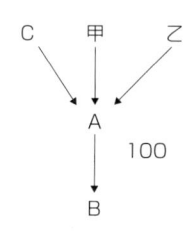

```
  C  甲  乙
   ↘ ↓ ↙
      A
      ↓ 100
      B
```

Ⅵ　税制適格要件の概要　275

	(2) AB間の株式交換			
B社	分母	参考交付株式数（A株）	分子	累計割合
甲	60	60	60	80
A	—	—	—	—
C	—	10	—	—
乙	15	15	15	100
合計	75	85	75	100

① A社及びC社所有B株は、分母から除きます。
② 甲が全株継続保有であれば、適格となります。
$$\frac{60}{75}=0.8$$

(3) AB間の分割型分割（Bが分割法人）

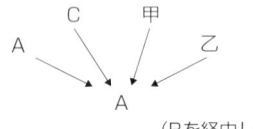

（Bを経由してA株）

	(3) AB間の分割型分割			
B社	分母	参考交付株式数（A株）	分子	累計割合
甲	60	60	60	60
A	15	15	—	—
C	10	10	—	—
乙	15	15	15	75
合計	100	100	75	75

① 合併と異なり、分割承継法人A社保有B株は分母に入るが、分割型分割後自己株式となるため、分子から除かれます。
② C社は親会社株式A株を保有することとなります。C社保有A株は議決権がないので、甲及び乙のすべてが継続保有としても、80％未満となり非適格となります。
$$\frac{60+15}{100}=0.75<0.8$$

(4) AB間の株式移転（A、Bが完全子会社）

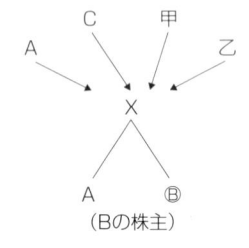

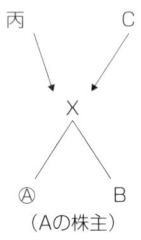

（Bの株主） （Aの株主）

(4) AB間の株式移転				
B社	分母	参考交付株式数（X株）	分子	累計割合
甲	60	60	60	70
A	—	15	—	—
C	10	10	—	—
乙	15	15	15	88
合計	85	100	85	88

(4) AB間の株式移転				
A社	分母	参考交付株式数（X株）	分子	累計割合
丙	80	80	80	80
C	20	20	—	—
合計	100	100	80	80

① 株式交換と異なり、株式移転ではAの50%超子会社C社保有B株は分母に入ります。
② C社保有X株は議決権がありません。
③ 会社法上適正にC社保有X株を処理する場合は、甲及び乙15人（15株）のうち、8人（8株）が継続保有し、かつ、丙が継続保有の場合に適格となります。

$$\frac{60+8}{85}=0.8$$

(5) ABCの株式移転（A、B、Cが完全子会社）

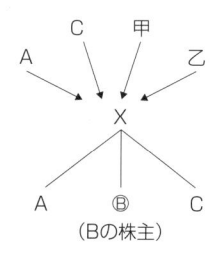

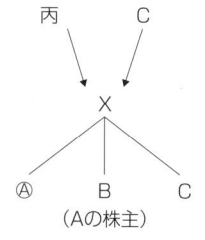

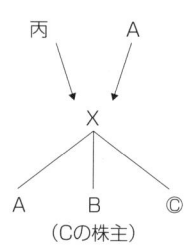

(5) ABCの株式移転				
B社	分母	参考交付株式数（X株）	分子	累計割合
甲	60	60	60	80
A	—	15	—	—
C	—	10	—	—
乙	15	15	15	100
合計	75	100	75	100

① 株式移転では、他の株式移転子法人が有する当該株式移転子法人の株式は除かれることになります。
② B社株主の判定では、
　A社、C社保有B株式
　A社株主の判定では、C社保有A株式
　C社株主の判定では、A社保有C株式
　を除くことになります。
③ 甲及び丙が継続保有の場合、適格となります。

VI 税制適格要件の概要　277

| (5) ABCの株式移転 ||||||
A社	分母	参考交付株式数（X株）	分子	累計割合
丙	80	80	80	100
C	—	20	—	—
合計	80	100	80	100

| (5) ABCの株式移転 |||||
C社	分母	参考交付株式数（X株）	分子	累計割合
丙	49	49	49	100
A	—	51	—	—
合計	49	100	49	100

なお、上記の事例のすべてについて相互持ち合い株式が税法上、議決権のあるものとして解釈される場合は、それぞれの算式において、分母及び分子に算入されることになります。再編後においては、子会社が保有する親会社株式となる場合があり、継続保有の判定については、処分する予定がない場合でも疑義が生ずるところとなりますので、個別事例については、事前の照会により確認してください。

法人税法施行規則第3条の2（議決権のない株式）

> 次に掲げる株式（出資を含む。以下この条において同じ。）は、令第4条の2第3項第5号、第6項第6号、第15項第5号及び第20項第5号（適格組織再編成における株式の保有関係等）の議決権のない株式に含まれるものとする。
> 一　自己が有する自己の株式
> 二　一定の事由が生じたことを条件として議決権を有することとなる旨の定めがある株式で、当該事由が生じていないもの
> ②　次に掲げる株式は、令第4条の2第3項第5号、第6項第6号、第15項第5号及び第20項第5号の議決権のない株式に含まれないものとする。
> 一　会社法（平成17年法律第86号）第879条第3項（特別清算事件の管轄）の規定により議決権を有するものとみなされる株式
> 二　会社法第109条第2項（株主の平等）の規定により株主総会において決議をすることができる事項の全部につき議決権を行使することができない旨を定められた株主が有する株式
> 三　単元株式数に満たない株式

Q VI 7 ■適格再編等の株主の税務

適格再編等の株主の税務について教えてください。

A 適格再編等において、取得した新株は、旧株の取得価額を引き継ぎます。

解説

適格再編等の株主の取得価額の引継ぎの特例の概要は次表のとおりです。

	譲渡対価	条文（法法）	新株取得価額	条文（法令）	所得税（所法）	所得税（所令）	備考
金銭等非交付適格合併	旧株帳簿価額	61の2②	同左	119①五		112	措法37の10③一
金銭等非交付適格分割型分割	旧株帳簿価額×純資産移転割合	61の2④令119の8①	同左	119①六		113	措法37の10③二
完全子法人株式を譲渡し株式交換完全親法人株式のみの交付を受けた場合	旧株簿価	61の2⑦	同左	119①八	57の4①	167の7②	＊2
完全子法人株式を譲渡し株式移転完全親法人株式のみの交付を受けた場合	旧株簿価	61の2⑧	同左	119①十	57の4②	167の7③	＊2
組織変更に際して出資等に代えて株式等のみを取得した場合	旧株簿価	61の2⑩	同左	119①十三		115	
取得請求権付株式等を譲渡し、その法人の株式を取得した場合	旧株簿価	61の2⑪一～三	同左	119①十四、十五、十六	57の4③	167の7④	
同上等で、1株に満たない端数の取扱い（＊1）	旧株簿価に含む	61の2⑪一	旧株簿価―交付金銭	119の8の2		167の7⑤	
株式等無償交付	／	／	零	119①三119の2①一		109①三111②	調書制度（所法228の3、所規97の3）

VI 税制適格要件の概要　279

| 株式の分割 | | | | 零 | 119①三 | | 110 | |
| 株式の併合 | | | | | 119の3⑥ | | 110 | |

＊1　会法167③：取得請求権付株式
　　会法283：新株予約権行使
＊2　株式交換等が非適格の場合も同じ

Q VI 8 ■三角合併等の取扱い
三角合併等が適格合併等になりますか。

A 平成19年5月1日以後、会社法上、合併等対価の柔軟化により、三角合併等（適格合併・適格分割・適格株式交換）が可能となり、税法上適格三角合併等が可能となります。この場合、被合併法人等（被合併法人・分割法人・株式交換完全子法人）株主は新株として、合併法人等の100％親法人の株式のみが交付される場合は、旧株の譲渡損益の計上が繰延べとなります。

解説

1　合併法人等の親法人（国内会社及び外国会社）株式のみを対価とする合併等は、対価が親法人株式のみが交付され、適格組織再編成の要件を満たした場合は、適格組織再編成として取り扱われます。

2　共同事業要件適格で判定する場合に、合併法人等である子法人の事業性及び事業関連性を明確化するための法令の改正が行われます。ペーパーカンパニーである子法人が合併法人等となることについては、適格合併等に該当しないことになります。事業実体基準は政省令で明らかにされる見込みです。

3　交付する親会社株式の発行法人と子法人である合併等法人の親子関係は、合併等の前後において100％保有の関係とします。

4　対価は、合併等法人の親会社株式のみとします。

5　平成19年5月1日以後の合併等について適用されます。

6　親法人については、国内の会社だけでなく外国会社についても適用されます。

7　外国親会社が三角合併等を行う場合の一定（被合併法人等への株式保有割合が25％以上）の非居住者、外国法人株主については、旧株（内国法人株式）の譲渡益について再編時に課税されます。

8　国際的な三角合併等について、子会社である合併法人等について事業活動の実体が要件とされると同時に、軽課税国（タックスヘイブン国）に所在する

事業活動に実体がない外国親会社株式を対価とするものについては、非適格再編となり、株主は旧株の譲渡益課税となります。

9　上記7、8の改正は平成19年10月1日以後の合併等について適用されます。

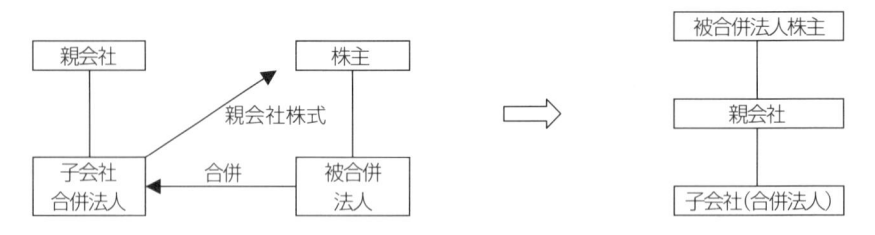

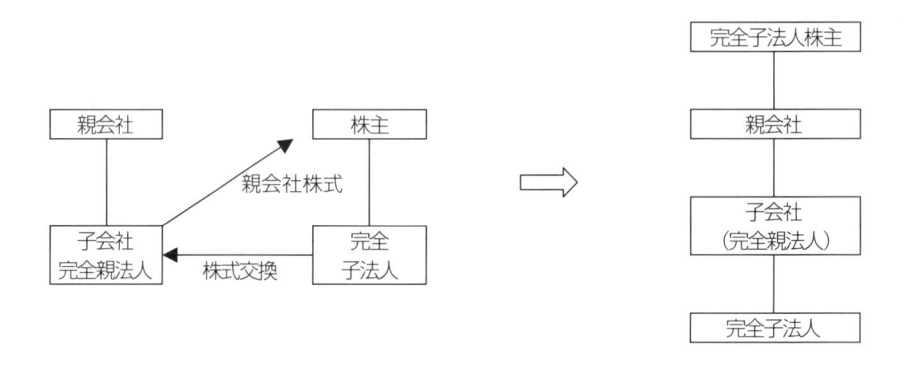

〔**参考** 経済産業省 「平成19年度税制改正について」より〕

合併等対価の柔軟化（三角合併等）（法人税、所得税）

　会社法の施行により平成19年5月から可能となる三角合併等について、課税の繰延を可能とする。

改正の概要

原　則

　資産の移転取引をした場合には譲渡損益が実現するので課税を行うのが原則であり、組織再編成による資産の移転（株主段階での株式の移転・法人段階での資産の移転）も例外ではない。

○現行の課税関係

組織再編税制における課税繰延べ

　課税繰延べの要件は、以下のとおり。

(1)　合併対価の要件
・合併法人株式以外の資産の交付がされないこと
(2)　合併当事者間（被合併法人と合併法人）の要件

企業グループ内の合併		共同事業を営むための合併
100％グループ内	50％超グループ内	
・100％関係の継続	・50％超関係の継続 ・従業者の引継ぎ（80％以上） ・主要な事業の引継ぎ	・合併法人株式の継続保有 ・事業関連性 ・事業規模が5倍を超えないこと又は特定役員の引継ぎ ・従業者の引継ぎ（80％以上） ・事業の継続

[三角合併の例]

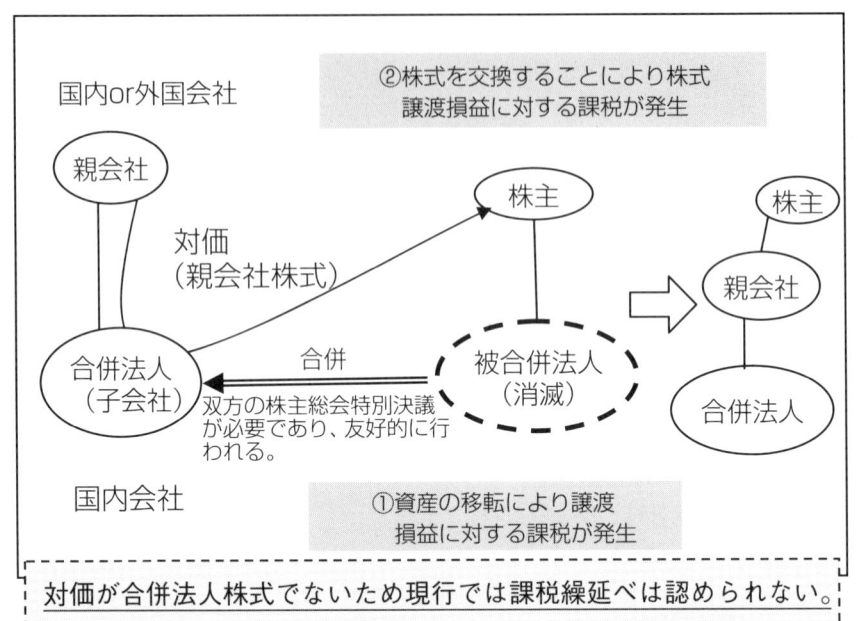

```
国内or外国会社

親会社
  │
  │ 対価
  │ (親会社株式)
  │              ②株式を交換することにより株式
  │               譲渡損益に対する課税が発生
  │         株主 ──────────→ 株主
  │        ↗                    │
  │       /                     親会社
  │      /                       │
合併法人 ←──合併── 被合併法人    合併法人
(子会社)           (消滅)
双方の株主総会特別決議
が必要であり、友好的に行
われる。

国内会社

①資産の移転により譲渡
 損益に対する課税が発生
```

対価が合併法人株式でないため現行では課税繰延べは認められない。

○合併等対価として100％親会社の株式のみが交付される三角合併等について、現行の組織再編税制の枠組みに沿って、資産の移転に伴う譲渡損益の課税繰延、被合併法人等の株主における旧株の譲渡損益の課税繰延を可能とする。

○なお、共同で事業を行うための組織再編成に該当するか否かを判定する要件である「事業性」及び「事業関連性」について、運用面での取扱いの明確化を図るため、その判断基準を法令上明記する方向で具体的検討を行う。

＜改正の効果＞

　新たに制度化された三角合併等について課税の繰延が可能となり、経済環境の変化に柔軟に対応した企業経営の一層の促進が図られる。

VII 共通支配下及びパーチェス法の会計と税務（合併・会社分割）

Q VII 1 ■グループ内合併の会計処理と税務

グループ内再編を検討しています。税務上は適格合併と非適格合併についての区分ですが、会計処理は異なっていると聞きましたがその内容を説明してください。

A

(1) 合併は、会社法等においては、①取得、②持分の結合、③共同支配企業の形成、④共通支配下の取引等の4種に分類され、処理が規定されています。

(2) 企業グループ内の組織再編（親子・兄弟間の再編）の場合には、共通支配下の取引とされ、移転元の帳簿価額を基礎とした処理方法（持分プーリング法に準ずる特別な方法）が採用されます。更に支配の主体がいる場合といない場合に分けられます。通常、中堅中小企業グループでは個人を含めて支配株主が存在しますのでその前提で会計処理をすることとなります。

(3) 一方、法人税においては、①適格合併と②非適格合併との2種に分類されます。適格合併に該当する場合には、被合併法人からの資産負債の引継ぎは、被合併法人の簿価に基づいて処理され、非適格合併の場合には、被合併法人から時価による売買があったものとみなして処理されます。適格合併で一定の要件を満たす場合には、被合併法人の繰越欠損金の引継ぎが認められ、のれんの計上は認められません。非適格合併の場合には、繰越欠損金の引継は認められませんが、のれん（資産・負債調整勘定）の計上や、退職給与債務や短期重要債務の計上が認められます。

解説

1　**会社計算規則における共通支配下の会計処理**（「同一の株主」が存在する場合）

(1) 「同一の株主」が存在する場合

会計基準では、グループ内企業結合・組織再編を独立企業間の企業結合と区

別して「共通支配下の取引」としてその会計処理を定めています。そして更に「共通支配株主」が存するかどうかで会計処理が区分され、会社計算規則においても共通支配株主が「いる」場合を59条・13条（合併の対価が株式のみである場合の選択として61条＝持分の結合）で、「いない」場合を60条・14条で規定しています。

多くの企業グループ内の組織再編（親子・兄弟間の再編）の場合には、個人を含めた同一の株主が存在しますので、会社計算規則第60条の少数株主部分の時価取引処理は要求されず、適正な帳簿価額に基づく会計処理となります（結合指針201、202、会計規13、59）。この場合の「同一の株主」により支配されている会社の判定には、ある株主と緊密な者（出資、人事、取引、資金等において緊密な関係があることにより、自己の意思と同一の議決権を行使すると認められる者）が保有する議決権を合わせて実質判定を行います（結合指針202、435、436）。いわゆる「支配力基準」です。

従って税務上のグループ判定（100％、50％超100％未満）における「同一の者」と異なりますが、会計基準の方が税務よりも範囲が広いものと考えられますので、税務を優先して考えることができます。法人税法においては、適格合併と非適格合併の２区分しか存在しません。

(2) 会社計算規則による会計処理
① 吸収合併において株式のみを発行する場合

多くの企業グループ内の組織再編（親子・兄弟間の再編）で吸収合併を行う場合には、合併によって新たに株式のみを交付するものと思われます。また税務上の適格要件を満たすためにも現金等を交付するケースは少ないと思われます。

その場合には、合併消滅会社である子会社から受け入れる資産等については簿価引継ぎとなり、株主資本は当該株主払込資本変動額の範囲内で、吸収合併存続会社が吸収合併契約の定めに従い定めた額（資本金、資本準備金の増加額を定め、その残差はその他資本剰余金）となります（会計規59）。すなわち、吸収合併存続会社の株主資本は会社計算規則第59条適用のままでは利益剰余金の引継ぎはできません。

また、吸収型再編対価の全部が吸収合併存続会社の株式の場合には、吸収型

再編簿価株主資本（要は受入純資産）額を株主資本の増加額として処理するため、のれんは発生しません（会計規13）。

従って、自己株式処分、消却のない合併受入仕訳は次のとおりになります。

諸資産（子会社の適正な簿価）	諸負債（子会社の適正な簿価） 資本金・資本準備金（合併契約に従う。ゼロでもよい） 子会社株式（抱合せ株式。②参照） その他資本剰余金

抱合せ株式の帳簿価額は消滅させることになり、その他資本剰余金から控除します。なお、吸収合併消滅会社の合併期日における適正な帳簿価額による株主資本の額がマイナスの場合には、払込資本をゼロとし、その他利益剰余金のマイナスとして処理します。

なお、必ずしも資本金を増加させる必要はなく、例えば、登録免許税や法人税等の各種資本金規制、分配可能額の保持等の判断で、全額を資本剰余金とすることも可能です。

② 子会社株式（抱合せ株式）の会計処理

企業グループ内再編の場合、合併前に、親会社が子会社株式を保有している等、吸収合併存続会社が、吸収合併消滅会社株式を保有している場合があります。また、複数会社の合併の場合には、被合併法人が他の被合併法人の株式を保有している場合もあります（なお、会社計算規則では3社合併等は2社の合併契約が2つ存在するという前提をとっています）。この吸収合併消滅会社の株式を抱合せ株式と称します。

この抱合せ株式には、合併新株等は割り当てられません（会法749①三）。（旧商法においては、合併時に抱合せ株式にも合併新株の割当てが可能でしたが、会社法においては、割当てができないこととされました。）

この抱合せ株式は、共通支配下の合併（共通支配株主が存在する場合）には原則として、その他資本剰余金から減額されます（会計規59①三ニ。抱合せ株式の帳簿価額を減額した残差がその他資本剰余金となります）。

一方、共通支配下の合併（共通支配株主が存在しない場合）では抱合せ株式の簿価と、この持分に対応する被合併法人の純資産簿価との差額は、損益として処理されます（会計規14⑤）。

Ⅶ 共通支配下及びパーチェス法の会計と税務（合併・会社分割）

③　自己株式の会計処理

　企業結合に際しては検討が必要な、類似した次の4つの株式保有形態があります。

　　イ　抱合せ株式（吸収合併存続会社が保有する吸収合併消滅会社の株式）
　　ロ　吸収合併存続会社が合併により取得した自己株式（吸収合併消滅会社が保有していた吸収合併存続会社の株式）
　　ハ　合併により消滅した吸収合併消滅会社の自己株式（吸収合併消滅会社が保有していた当該会社の自己株式）
　　ニ　吸収合併存続会社が保有する当該会社の自己株式

　このうち、イについては上記②のとおりその帳簿価額は消滅させ、資本剰余金から控除します。ロは吸収合併消滅会社における適正な帳簿価額により株主資本から控除します（従ってニと同じ）。ハは当然に吸収合併存続会社に引き継がずに消滅させ資本剰余金から控除しますが、特段の規定は置いていません（会計規59）。

　なお、ロ及びニの自己株式を消却をした場合には、自己株式に関するルール（「自己株式及び準備金の額の減少等に関する会計基準」）に従い、資本剰余金から控除します。自己株式を消却したことにより会計期間末におけるその他資本剰余金の残高がマイナスとなった場合にはその他利益剰余金（繰越利益剰余金）から減額します。

　合併の対価として吸収合併存続会社が自己株式を処分した場合にはその帳簿価額を受入株主資本から控除します（会計規59①一ロ）。

　なお、新株の発行とともに自己株式の処分が併用された場合には株式数の比率により、各株主資本項目を按分します。

　以上のことを図説すると図のようになります。

吸収合併・共通支配下等（会計規59）

吸収型再編対象財産に付すべき価額 （帳簿価額） （結合指針200）	吸収型再編簿価株主資本額（２三十九）	株主払込資本変動額	資本金（59①一） （０以上の額）
			資本準備金（59①二） （０以上の額）
			資本剰余金 （59①三）
		処分自己株式簿価 (59①一ロ(2))	
		存続会社保有消滅会社株式簿価 (59①三二)	

（※ 図中の条文は会社計算規則の条文）

④ 持分プーリング法の選択による利益剰余金の引継ぎ（選択、会計規61）

　再編の対価がすべて存続会社の株式である場合、会社計算規則第59条では、同法第61条の選択適用を認め、吸収合併消滅会社の利益剰余金の引継ぎを認めています。

　すなわち、「ただし、吸収型再編対価の全部が吸収合併存続会社の株式である場合において、吸収合併存続会社が第61条の規定を適用するものと定めたときは、この限りでない。」となります。

　また結合指針においても、同一の株主（個人）により支配されている会社同士の合併、同一の株主（企業）により支配されている子会社同士の合併の場合には、吸収合併消滅会社の利益剰余金の引継ぎを認めています（結合指針408(3)、結合指針設例23）。

　なお、持分プーリング法の場合は、消滅会社の資本構成のすべてを引き継ぎますので、合併により消滅した吸収合併消滅会社の自己株式（吸収合併消滅会社が保有していた当該会社の自己株式）の扱いが問題となりますが、合併受入時に消滅させてその他資本剰余金から控除して受け入れます（会計規61）。

諸資産（子会社の適正な簿価）	諸負債（子会社の適正な簿価） 資本金・資本準備金（消滅会社の計数） 子会社株式（抱合せ株式。②参照） その他資本剰余金（消滅会社の計数から上記控除） その他利益剰余金（消滅会社の計数）

　なお、吸収合併存続会社が対価として自己株式を処分した場合には合併消滅

会社の資本金・資本準備金・利益準備金・その他利益剰余金のうち自己株式処分割合（処分自己株式数が対価として交付する株数に占める割合）部分については、その他資本剰余金からの減額を緩和していますので、複雑な規定ぶりになっています。

自己株式処分のない場合の株主資本を図説すると以下のとおりです。

吸収合併・持分プーリング法（持分の結合又は共通支配下）（会計規61）

	吸収合併消滅会社	吸収合併存続会社
吸収型再編対象財産帳簿価額	資本金	資本金
	資本準備金	資本準備金
	その他資本剰余金 （△自己株式帳簿価額）	その他資本剰余金（会計規61①三）
		存続会社保有消滅会社株式帳簿価額
		消滅会社自己株式帳簿価額
	利益準備金	利益準備金
	その他利益剰余金	その他利益剰余金

⑤　金銭交付等合併の場合

　会社計算規則第13条（共通支配下関係にある場合におけるのれんの計上）では、次の場合に吸収合併存続会社は、吸収合併に際して、当該各号に定めるのれんを計上することができるとしています（ただし、吸収型再編対価の一部が吸収合併存続会社の株式である場合には、イに定めるのれんは、吸収型再編対価簿価を超えて計上することはできません）。

　イ　吸収型再編簿価株主資本額が吸収型再編対価簿価未満である場合（吸収型再編対価の全部が吸収合併存続会社の株式である場合を除く。）　その差額に対応する部分についての資産としてのれん
　ロ　吸収型再編簿価株主資本額が吸収型再編対価簿価以上である場合（吸収型再編対価の全部又は一部が吸収合併存続会社の株式である場合を除く。）　その差額に対応する部分についての負債としてのれん

⑥　差損合併の場合

　従来、承継する資産を負債が上回る場合、任意的にのれんの計上や財産の評価替えによりプラスにして承継する処理をとってきました。しかし、会社法創

設後は、持分プーリング法等を採用した場合に、任意の評価替えやのれん計上は認められません。この場合には、そのまま合併差損の計上をしてよいものとされました。すなわち、帳簿価額ベースで債務超過の場合に、評価替え等をせずに組織再編行為ができます。

会社法は債務超過会社を消滅会社とする吸収合併・新設合併を認めています。そして、吸収型再編簿価株主資本額がマイナスであるときはその他利益剰余金を控除する規定になっています（会計規59、会規195）。

例えば、適正な帳簿価額が諸資産100、諸負債150の子会社を合併する場合で、親会社における子会社株式の帳簿価額30の場合の仕訳は次のとおりです。

```
諸資産        100      /  諸負債      150
その他利益剰余金  80     /  子会社株式   30（抱合せ株式。②参照）
```

2　会社計算規則における共通支配下の会計処理（「同一の株主」が存在しない場合）

(1) 支配株主がいない場合の親子会社合併

会社計算規則第14条、第60条は、公開会社など、支配株主がいない場合の親子会社合併について規定しています。その特徴は次のとおりです。

　① 少数株主との取引に相当する部分についてはいわゆるパーチェス法に類似した会計処理をするという整理をし、のれんが算定される場合があります。

　② 親会社が子会社を吸収合併する場合など抱合せ株式がある場合、抱合せ株式の帳簿価額と対応する受け入れ株主資本額との差額は損益として処理します。

(2) 具体例1（100％子会社。親会社に支配株主がいない場合）

S1社は設立時から親会社P社（支配株主がいない）100％子会社であり、設立時の子会社株式を10とする。S1社は優良企業であり諸資産100、諸負債20、純資産80である。合併に際しては対価を交付しない（無対価）。

```
P社の合併受入仕訳
諸資産   100   /  諸負債            20
              /  子会社株式         10
              /  抱合せ株式消滅差益  70（結合指針206、会計規14④⑤）
```

抱合せ株式消滅差益は特別損益項目であり、損益計算書を経由して、結果的に親会社の利益剰余金となります。

(3) 具体例2

Ｓ２社の諸資産（簿価100）、諸負債（簿価20）、親会社の子会社株式（80%所有、簿価40）、少数株主への交付株式（時価20）、払込資本はすべてその他資本剰余金とする。

```
Ｐ社の合併受入仕訳
諸資産    100  ／  諸負債              20
のれん      4      子会社株式          40
                  抱合せ株式消滅差益  24  ((100－20)×80%－40)
                  その他資本剰余金    20
(のれん＝20－(100－20)×20%＝ 4 )
```

3　抱合せ株式についての税務との調整

(1) 法人税法の規定

法人税においては、抱合せ株式に対しても、合併新株が割り当てられ、その後に消却が行われたものとみなした取扱いとなります（法令8①二十一ハ）。

① 適格合併における抱合せ株式

適格合併においては、合併法人の保有する被合併法人の株式簿価を、資本金等の額より減額します。

② 非適格合併における抱合せ株式

非適格合併においては、被合併法人の株主は、みなし配当と被合併法人株式の譲渡損益が発生することになります。このため、合併法人についても、このみなし配当と株式の譲渡損益を計算し、その結果として合併法人の簿価となった金額を資本金等の額より減額します。

(2) 会社法と法人税との調整

① 利益剰余金のマイナス

会社法では、資本剰余金がマイナス残高となることを認めていませんので、これらがマイナスとなる場合には、当該マイナス分は利益剰余金からのマイナスとして処理されます。一方、法人税においては、株主からの払込資本と利益の区分を維持するため、マイナスの資本金等の額が認められていますので、利益積立金で処理されることはありません。このため、会社法上で利益剰余金の

マイナス処理とされた場合でも、法人税法では資本金等の額のマイナス処理とされる場合があります。

② 非適格合併における不一致

会社法では、抱合せ株式の簿価により処理されることが原則ですが、非適格の場合には、みなし配当や譲渡損益考慮後の簿価が基準となるため、不一致が発生します。

③ 共通支配下の合併（共通支配株主が存在しない場合）

会社法では、抱合せ株式と対応簿価持分との差額が損益処理されますが、法人税法ではそのような損益の処理は行いませんので、不一致が発生します。

【合併事例】

消滅会社が自己株式を保有したまま（取得価額50、税務上の取得資本金額20）のとき、存続会社の受け入れ（株主資本の構成）及び税務上の株主資本の構成の比較を示すと次のとおりです。

会社計算規則第59条選択の場合は、合併契約で増加資本金を定めなければ全額がその他資本剰余金になります（＝300）。

会社計算規則第61条を選択した場合には消滅会社の資本構成を引き継ぎます。また消滅会社自己株式帳簿価額は移転して消滅し、その他資本剰余金のマイナスとしますが、その他資本剰余金がマイナスとなるときはその他利益剰余金に振り替えます（250－50＝200）。

税務上は適格合併であれば、受入簿価純資産から被合併法人から引き継ぐ利益積立金額を減算した金額を資本金等の額とします。なお、元々消滅会社自己株式は資本金等の額から減少（100－20＝80）されていますのでそのまま引き継ぎます。

	消滅会社		存続会社		
	会計	税務	会計（計59）	会計（計61）	税務
移転純資産300	資本金 100 自己株式 ▲50 利益剰余金250	資本等の額 80 利益積立金220	資本剰余金300	資本金 100 利益剰余金200	資本金等の額80 利益積立金 220

（計＝会社計算規則）

Q VII 2 ■共通支配下合併の設例

同一の株主（個人）により支配されている会社同士の合併の会計処理と税務申告調整について具体的に教えてください。

A 1 合併の会計処理

(1) 前提条件

甲社はグループ内の乙社を吸収合併しようと考えています。甲社、乙社の各株主構成及び貸借対照表は次のとおりです。

甲社	株主	所有割合	所有株数
	社長（A氏）	60%	12,000
	外部株主	40%	8,000
	計	100%	20,000

乙社	株主	所有割合	所有株数
	甲社	55%	5,500
	甲社役員	10%	1,000
	外部株主	35%	3,500
	計	100%	10,000

甲社貸借対照表

諸資産	170	資本金	100
乙社株式	30	資本剰余金	10
		利益剰余金	90
計	200	計	200

乙社貸借対照表

諸資産	50	資本金	10
		資本剰余金	30
		利益剰余金	10
計	50	計	50

(2) 会計処理

合併比率は算定の結果1：0.6（乙社株式1株に対して甲社株式0.6株を交付）であり、甲社は乙社の甲社以外の株主に対して2,700株（1万株×45%×0.6）を交付しました。

甲社は社長のA氏が過半数を所有し、甲社役員もA氏と緊密者であるとした場合には乙社はA氏グループにより65%支配されていることになります。

　このような場合、甲社と乙社はA氏という同一の株主により支配されているので、甲社と乙社は共通支配下（同一の株主がいる場合）となります。

① 原則法（会計規59適用）

　まず、乙社から受け入れる資産負債は、合併期日の前日に付された適正な帳簿価額により計上します。甲社保有乙社株式は抱き合わせ株式となり、甲社は乙社株式の帳簿価額を合併期日において増加する剰余金から控除します。

　原則として、乙社の株主資本の額を払込資本として処理します。ここでは全額を資本剰余金と扱います。

　その結果、甲社の受入仕訳は次のとおりです。

甲社の合併受入仕訳（原則：会計規59適用）

| 諸資産 | 50 | 資本剰余金 | 50 |
| 資本剰余金 | 30 | 乙社株式 | 30 |

甲社合併後貸借対照表（会計規59適用）

諸資産	220	資本金	100
		資本剰余金	30
		利益剰余金	90
計	220	計	220

② 選択（会計規61適用）

　合併の対価が株式のみである場合は、資本金、資本準備金、その他資本剰余金、利益準備金及びその他利益剰余金の内訳科目をそのまま引き継ぐことができます。

甲社の合併受入仕訳（選択：会計規61適用）

諸資産	50	資本金	10
		資本剰余金	30
		利益剰余金	10
資本剰余金	30	乙社株式	30

甲社合併後貸借対照表（会計規61適用）

諸資産	220	資本金	110
		資本剰余金	10
		利益剰余金	100
計	220	計	220

2 税務処理

(1) 法人税の扱い

一方、法人税においては、①適格合併と②非適格合併との2種に分類されます。適格合併に該当する場合には、被合併法人からの資産負債の引継ぎは、被合併法人の簿価に基づいて処理され、非適格合併の場合には、被合併法人から時価による売買があったものとみなして処理されます。そして株主資本は次のとおりです。

合併法人	増加額	適　格	資本金等の額	簿価純資産額－引継利益積立金（法令8①五）
			利益積立金額	被合併法人から引き継ぐ利益積立金額（法令9①二）
		非適格	資本金等の額	交付株式の時価（法令8①五）

合併法人が合併の直前に有していた被合併法人の株式（「抱合株式」）については、その合併が適格合併である場合には当該抱合株式のその株式割当等の直前の帳簿価額に相当する金額を資本金等の額から減算します（法令8①二十一ハ）。

設例では同一の者の持分割合50％超適格合併とします。

その結果、税務上の受入仕訳は会社計算規則の処理にかかわらず、次のとおりとなります。

税務上の合併受入仕訳（会計規59、61共通）

諸資産	50	資本金等の額	40
		利益積立金額	10
資本金等の額	30	乙社株式	30

(2) 申告調整

① 原則法（会計規59適用）で処理している場合

上記の通り、会計処理と税務処理が異なるため、申告調整が必要となります。甲社・乙社の資本剰余金＝資本金等の額、利益剰余金＝繰越損益金とすると、別表五(一)は次のとおりです。なお、利益積立金額が増加しますが、所得計算には影響しないため別表四の記入は不要と考えられます。

別表五(一)

I 利益積立金額

区分	期首	減	増	翌期首
繰越損益金	90			90
繰越損益金（乙社）			10	10
計	90		10	100

II 資本金等の額

区分	期首	減	増	翌期首
資本金	100			100
資本剰余金	10	30	50	30
資本剰余金（調整）		10		▲10
計	110	40	50	120

② 選択（会計規61適用）で処理している場合

この場合には、利益剰余金の引継ぎ＝利益積立金額の増加となります。

別表五(一)

I 利益積立金額

区分	期首	減	増	翌期首
繰越損益金	90			90
繰越損益金（乙社）			10	10
計	90		10	100

II 資本金等の額

区分	期首	減	増	翌期首
資本金	100		10	110
資本剰余金	10	30	30	10
計	110	30	40	120

Q VII 3 ■分割型分割と分社型分割の概要

会社分割には、分割型分割と分社型分割がありますが、その会計と税務の概要を教えてください。

A

(1) 会社分割には、分割型分割と分社型分割があります。また会社法では、旧商法における人的分割については、物的分割と剰余金の配当等という複数の異なる手続を同時に行うものと整理され、分割型分割が維持されており、実質的に同じ概念といえます。

(2) 税務上、分割による分割法人から分割承継法人への資産等の移転は、原則、時価譲渡として取り扱われます。従って、分割があった場合には分割法人の移転資産等の譲渡損益、分割型分割では株主において旧株の譲渡損益及びみなし配当に対する課税が生じることになります。一方、「適格分割」については移転資産等に対する支配が継続していると認められ、帳簿価額による引継ぎをしたものとします。

(3) 会社法（会社計算規則）、会計基準（企業結合会計基準等）においては、組織再編行為を、「取得」「持分の結合」「共通支配下取引」「共同支配企業の形成」に区分し、それぞれ会計処理を規定しています。しかし、税務上の適格要件及び利益積立金額の引継ぎ要件と、会社法・会計基準の規定とは乖離があり、場面によっては申告調整が必要になります。

| 解説 |

1 会社法と税法の関係

会社法の施行に伴い、分割型分割は下図のように、先ず分割法人が分割対価資産を受け取り、次に分割法人がこれを株主に交付する形態となりました。

すなわち、会社法では、旧商法における人的分割については、物的分割と剰余金の配当等という複数の異なる手続を同時に行うものと整理されています。

会社法第758条（株式会社に権利義務を承継させる吸収分割契約）
会社が吸収分割をする場合において、吸収分割承継会社が株式会社であるときは、吸収分割契約において、次に掲げる事項を定めなければならない。
八 吸収分割株式会社が効力発生日に次に掲げる行為をするときは、その旨
　イ 第171条第１項の規定による株式の取得（同項第１号に規定する取得対価が吸収分割承継株式会社の株式（吸収分割株式会社が吸収分割をする前から有す

> るものを除き、吸収分割承継株式会社の株式に準ずるものとして法務省令で定めるものを含む。ロにおいて同じ。）のみであるものに限る。）
> ロ　剰余金の配当（配当財産が吸収分割承継株式会社の株式のみであるものに限る。）

　一方税務上は、会社法の施行に伴い、分割型分割は先ず分割法人が分割対価資産を受け取り、次に分割法人がこれを株主に交付する形態となったので、従来のように分割対価資産が分割承継法人から分割法人を経由して株主に移転すると仮定する規定は廃止されました（法法61の2⑥、62、62の2、法令123の3）。

　また分割型分割の第2段階としての分割対価資産の株主等への交付については、その株主等が受け取るべき分割承継法人の株式に1未満の端数が生じる場合には法人税法上はいったん端数に相当する株式が交付され、直ちにその代わり金により買い取られたものとみることとされました（法令123の2の2）。この買取りは自己株式の取得となりますが、会社法第234条により生じた端数部分の発行法人による買取りがみなし配当課税の対象外とされているのと同様に、この買取りもみなし配当課税の対象外とされています（法令23③）。なおこの制度の対象となる端数代わり金は分割型分割により交付される金銭に該当しないものと取り扱われることとなります。（財務省広報「ファイナンス」別冊「平成18年度　税制改正の解説」290頁より）

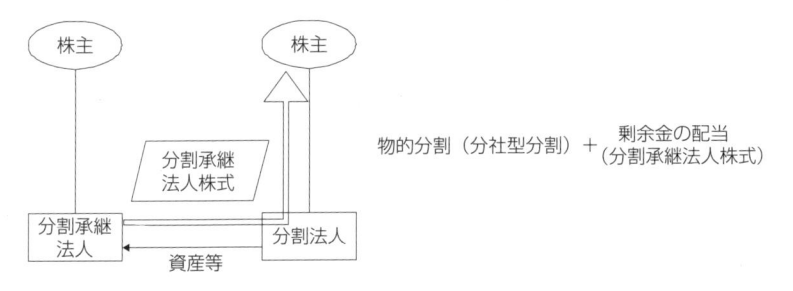

(出典：（社）日本租税研究協会　平成18年4月25日会員懇談会資料)

　なお、旧商法においては会社分割により承継会社又は新設会社に承継する財産は「営業」に限定され、有機的一体性のない財産の移転は除外されていると解されていましたが、会社法においては、有機的一体性も、事業活動の承継も、会社分割の要件ではないとされ、会社分割の対象について、「事業に関して有する権利義務」という財産に着目した規定になっています（会法2二十

九、三十）（郡谷　大輔　他　編著「論点解説　新会社法 ― 千問の道標」商事法務668頁）。

2　法人税法

(1)　分割型分割

　法人税法では、内国法人が分割により分割承継法人にその有する資産及び負債の移転をしたときは、分割承継法人に分割の時の価額により譲渡をしたものとして、内国法人の各事業年度の所得の金額を計算します。この場合、分割型分割により当該資産及び負債の移転をした内国法人は、分割承継法人から新株等をその時の価額により取得し、直ちに当該内国法人の株主等に交付したものとします。分割型分割により分割承継法人に移転をした資産及び負債の譲渡利益額又は譲渡損失額は、当該分割型分割に係る最後事業年度又は分割前事業年度（分割法人の分割型分割の日の前日の属する事業年度をいう。）の所得の金額の計算上、益金の額又は損金の額に算入します（法法62①②）。

　法人税法上、法人が事業年度の中途において当該法人を分割法人とする分割型分割を行った場合、その事業年度開始の日から分割型分割の日の前日までの期間及び分割型分割の日からその事業年度終了の日までの期間が「みなし事業年度」となり、移転資産等の譲渡損益はその終了事業年度に帰属します（法法14三）。

　なお、適格分割型分割により分割承継法人にその有する資産及び負債の移転をしたときは、分割承継法人に当該移転をした資産及び負債の当該適格分割型分割に係る最後事業年度又は分割前事業年度終了の時の帳簿価額による引継ぎ（簿価引継ぎ）をしたものとして、当該内国法人の各事業年度の所得の金額を計算し、直ちにその新株を分割法人の株主に交付したものとして取り扱われます（法法62の2①）。従って、適格分割型分割の場合には、移転資産等の譲渡損益は生じません。

(2)　分社型分割

　分社型分割による資産等の移転も、原則として分割承継法人から交付を受ける分割新株等を対価とした時価譲渡として取り扱われます。なお、適格分社型分割の場合には、移転資産等が分割法人の帳簿価額により譲渡（簿価譲渡）したものとされ、譲渡損益は生じません（法法62の3①）。

Q VII 4 ■会社分割の会計と税務

会社分割を行った場合には会計処理と税務の扱いが異なり、申告調整が必要になることは分かりましたが詳細な会計処理と税務の規定について教えてください。

A 合併等の組織再編行為については、「企業結合会計基準」「事業分離等に関する会計基準」が整備されたことにより、承継する財産に時価を付すのか（パーチェス法）、適正な帳簿価額を引き継ぐのか（共通支配下の取引・持分プーリング法等）のいずれかの方法によって会計処理がなされるべきことが明確となり、それを受けて会社計算規則は適宜の評価替えを認めないことを明らかにしています（会計規8）。

解説

1　共通支配下関係にある吸収分割（吸収分割会社等の資産及び負債を適正な帳簿価額で引き継ぐ場合）

(1)　会計基準及び会社計算規則

多くの企業グループ内の組織再編（親子・兄弟間の再編）の場合には、個人を含めた同一の株主が存在しますので、会社計算規則第65条で規定する少数株主部分の時価取引処理は要求されず、適正な帳簿価額に基づく会計処理となります。また吸収分割を行う場合には、分割によって新たに株式のみを交付するものと思われます（税務上の適格要件を満たすためにも現金等を交付するケースは少ないと思われます）ので、のれんは発生しません（会計規17、64）。

吸収分割承継会社等は、移転事業に係る株主資本相当額を払込資本（資本金又は資本剰余金）として処理します。これは、吸収分割会社等では、事業移転の対価として吸収分割承継会社等の株式を受け入れ、その取得原価として移転事業に係る株主資本相当額を付すことになるため、吸収分割会社等の株主資本の額に変動はなく、吸収分割承継会社等は、吸収分割会社等の株主資本の各項目を引き継ぐことはできないためです。

株主払込資本変動額（①に掲げる額から②に掲げる額を減じて得た額）が零以上の額であるときは、次の当該株主払込資本変動額の範囲内で、吸収分割承継会社が吸収分割契約の定めに従い定めた額（零以上の額に限る。）が資本金、

資本準備金、その他資本剰余金を定めます（零以上の額に限る）。
① 吸収型再編簿価株主資本額から吸収型再編対価簿価を減じて得た額（当該額が零未満である場合にあっては、零）
② 吸収型再編対価として処分する自己株式の帳簿価額

吸収型再編簿価株主資本額が零未満であるときはそのマイナスの額は利益剰余金額から控除します。

従って、簡易な分社型分割では次のとおりの仕訳になります。

```
【分割会社】　　　関係会社株式　／　移転資産（適正な帳簿価額）
【分割承継会社】　移転資産（適正な帳簿価額）／　資本金（分割契約に従う）
　　　　　　　　　　　　　　　　　　　　　　　　その他資本剰余金
```

吸収分割承継会社等が移転事業に係る株主資本相当額を払込資本として会計処理する場合としては、例えば、逆取得の場合、持分の結合の場合、共同支配企業の形成の場合、共通支配下の取引のうち、子会社が親会社に会社分割した場合、親会社が子会社に会社分割した場合、単独で新設分割設立子会社を設立した場合があります。会社計算規則第64条を図説すると次のとおりです。

なお、グループ内（共通支配下取引）分割型吸収分割の場合には、選択で66条適用を行い、利益剰余金を引き継ぐことができます。

吸収分割・共通支配下等（会計規64）

吸収型再編対象財産に付すべき価額 （帳簿価額） （結合指針200）	吸収型再編簿価株主資本額 （2三十九）	株主払込資本変動額	資本金（64①一） （0以上の額）
			資本準備金（64①二） （0以上の額）
			資本剰余金（64①三）
		処分自己株式簿価（64①一ロ(2)）	

（図中の条文は会社計算規則の条文）

一方、分離先企業である子会社において、親会社から移転された適正な帳簿価額による資産及び負債の差額がマイナスとなる場合、どのように会計処理をするかが問題となります。これは、共通支配下の取引の会計処理は、必ずしも持分プーリング法と同じ会計処理ではないこと、また、払込資本をマイナスとして表示することはないと考えられるため、マイナスの純資産額を過去の損益の修正とするか、当期の損益とするか、将来に繰り延べるかという問題になり

ます。そこで移転に係る対価が当該子会社の株式のみである場合には、払込資本をゼロとし利益剰余金のマイナスとすることと定められています（適用指針445）。

【仕訳例】

移転した事業に係る資産及び負債の移転直前の適正な帳簿価額は、資産80、負債100

（借方）		（貸方）	
資産	80	負債	100
その他利益剰余金	20	払込資本	0

(2) 法人税法における分社型分割の株主資本

一方法人税においては次のとおり資本金等の額の増加額が規定されています。

分割承継法人	増加額	適格	資本金等の額	簿価純資産額（法令8①七）
		非適格	資本金等の額	時価純資産額－分割交付金銭等の額（法令8①七）（法法62の8不適用）
			資本金等の額	交付株式の時価（法令8①七）（法法62の8適用）

従って、法人税法上の適格分社型分割の仕訳

移転資産（帳簿価額）　／　資本金等の額

となり、会社計算規則の処理と一致することが可能です。

2　分割型の会社分割において株主資本の内訳を適切に配分した額で計上できる場合

(1) 会計基準及び会社計算規則

共通支配下の取引において、吸収分割承継会社等が受け入れた資産及び負債の対価として吸収分割承継会社の株式のみを交付している場合には、吸収分割会社等で減少されていた株主資本の内訳を適切に配分した額をもって計上することができるものとしています（会計規66）。

このような場合として、親会社が子会社に分割型の会社分割した場合、子会社が他の子会社に分割型の会社分割した場合、単独で分割型の会社分割をした場合があります。

本条は、分割型吸収分割をする場合において、対価の全部が承継会社の株式

であるときに、吸収分割会社と吸収分割承継会社が共通支配下関係にある場合には、分割会社で減少する純資産項目を承継会社側に移転することができることを定めた規定です。

同条第1項は次に掲げる額を承継会社側で適当に（任意に）定めることができる旨を明らかにしています。
　一　資本金の額
　二　資本準備金の額
　三　その他資本剰余金の額
　四　利益準備金の額
　五　その他利益剰余金の額

なお、ここで適当に定めることができる要件として、
・　各変動額の合計額は吸収型再編簿価株主資本額と同一の額であること
・　各変動額が吸収分割に際しての吸収分割会社における相当する項目の変動額に対応するものとする必要があること
・　承継会社の資本金・法定準備金を減少させないこと
・　分割型吸収分割をする場合にあわせて自己株式を処分する場合にはそれに対応する部分は変動額に含めないことができる

等規定されています。

図説すると次のとおりです。

承継会社の増加額＝分割会社の減少額となるために、実質的には分割会社で、その他資本剰余金及びその他利益剰余金を減少させ、同額を承継会社で増加させることとなります。（なお、資本金、資本準備金、利益準備金については減少させるために特別の手続が要求されているので、これらの項目の減少を伴う会計処理は、実務的には行われないと思われます。）

分割型吸収分割で吸収分割会社の減少額に対応して資本金等を適当に定めることができる場合（共通支配下など）（会計規66）

吸収型再編簿価株主資本額（会計規2②三十九）	資本金
	資本準備金
	その他資本剰余金
	利益準備金
	その他利益剰余金

吸収型再編簿価株主資本額（会計規2②三十九）	分割会社減少額	承継会社増加額
	資本金	資本金
	資本準備金	資本準備金
	その他資本剰余金	その他資本剰余金
	利益準備金	利益準備金
	その他利益剰余金	その他利益剰余金

(2) 法人税法

① 分割承継法人の株主資本

一方、法人税法における適格分割型分割の分割承継法人の株主資本は次のとおり規定されています。

移転資産（簿価）	移転負債（簿価）
	増加資本金等の額（差額）
	増加利益積立金額 （適格分社型分割は、増加利益積立金額なし） （簿価×移転割合）（法令9①二、三）

分割型分割

分割承継法人	増加額	適格	資本金等の額	簿価純資産額－引継利益積立金額（法令8①六）
			利益積立金額	分割法人から引き継ぐ利益積立金額（法令9①三）
		非適格	資本金等の額	時価純資産額－分割交付金銭等の額（法令8①六） （法法62の8不適用）
			資本金等の額	交付株式の時価（法令8①六）（法法62の8適用）
分割法人	減少額	適格	資本金等の額	簿価純資産額－減少利益積立金額（法令8①十七）
			利益積立金額	分割承継法人へ引き継ぐ利益積立金額（法令9①九）
		非適格	資本金等の額	分割減少資本等金額（法令8①十六）
			利益積立金額	交付株式等の時価－分割減少資本等金額（法令9①六）

② 分割法人の株主資本

　法人税法上、適格分割型分割の場合、分割会社から分割承継会社への利益積立金額の引継ぎが強制されるので、分割会社の利益積立金額はその分減少します。分割会社の資本金等の金額は移転簿価純資産から減少利益積立金額を控除した金額分、減少することになります。

　　法人税法上の仕訳（適格）
　　　　　資本金等の額　／　移転事業簿価
　　　　　利益積立金額　／
　　分割型分割の場合の分割法人の会計
　　　　　承継法人株式　　　　　××　簿価純資産額　　××
　　　　　資本剰余金又は利益剰余金　××　承継法人株式　××

【事例】（適格分割型分割）

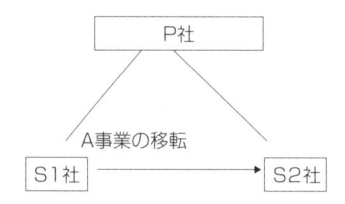

```
        P社
       /  \
     A事業の移転
    S1社 ─────→ S2社
```

分割前　S1社　BS

資産（A事業）	300	資本金	100
資産（B事業）	500	資本剰余金	50
		利益剰余金	650

税務上（適格）

資本金等の額	57	A事業簿価	300
利益積立金額	243		

S2社の税務上の仕訳

A事業簿価	300	資本金等の額	57
		利益積立金額	243

（注）　引継利益積立金額（法令9①九）

$$650 \times \frac{300}{800} \ (0.375) = 243$$

会計規66（持分プーリング法に準じる）適用

会社法上も税務上の引継利益積立金額を減少させると

S2株式	300	A事業簿価	300
資本剰余金	57	S2株式	300
利益剰余金	243		

S2社の会社法上の仕訳

A事業簿価	300	資本剰余金	57
		利益剰余金	243

株主P社の仕訳（S1株式の帳簿価額100）
適格につき取得価額の改訂になる
(注) 譲渡原価（法法61の2①四）＝譲渡対価

$$100 \times \frac{300}{800}(0.375) = 37$$

S2株式　　　　　37　　S1株式　　　　　37

なお、会社計算規則第80条に規定されている単独新設分割を図説すると次のとおりです。

新設型再編対象財産に付すべき価額（帳簿価額）	新設型再編簿価株主資本額（2三十九）	株主払込資本額	計80	計81（分割会社）	計81（設立会社）
			資本金（80①一）（0以上の額）	資本金	資本金
			資本準備金（80①二）（0以上の額）	資本準備金	資本準備金
				資本剰余金	資本剰余金
			資本剰余金（80①三）	利益準備金	利益準備金
				利益剰余金	利益剰余金

（図中の条文は会社計算規則の条文）

* 会社計算規則第81条のときは、原則として、適当に定める設立法人増加額＝適切に定める分割法人減少額です。

3 親会社に支配株主がいない場合で、子会社が親会社に分割型吸収分割をする場合

この場合には会社法計算規則第65条（子会社と分割型吸収分割をする場合における吸収分割承継会社の株主資本及び社員資本）が規定され、のれんの計上をすることができます（会計規18）。

ポイントは次のとおりです。

親会社は子会社から受け入れた資産と負債の差額のうち株主資本を再編直前の持分比率に基づき親会社持分相当額と少数株主持分相当額に按分し、それぞれ次のように処理します。

(1) 少数株主部分

少数株主部分はパーチェスと同様の処理となります。少数株主部分株主払込資本変動額が零以上であるときは、少数株主部分株主払込資本変動額の範囲内で、吸収分割承継会社が吸収分割契約の定めに従い定めた額（零以上の額に限る。）が資本金、資本準備金、その他資本剰余金となります。

少数株主持分相当額と取得の対価（少数株主に交付した親会社株式の時価）との差額をのれんとすることができます。

(2) 中間子会社部分（吸収分割直前の子会社に占める親会社持分相当分）

親会社持分相当分は共通支配下と同様の処理となります。中間子会社部分株主払込資本変動額が零以上であるときは、中間子会社部分株主払込資本変動額の範囲内で、吸収分割承継会社が吸収分割契約の定めに従い定めた額（零以上の額に限る。）が資本金、資本準備金、その他資本剰余金となります。

親会社が再編直前に保有していた子会社株式（抱き合せ株式）の帳簿価額と親会社持分相当額との差額を特別損益に計上します。すなわち、受け入れた資産と負債の差額のうち、株主資本の親会社持分相当額と受け入れた資産と負債と引き換えられたものとみなされる額との差額は特別損益になります。

■非按分型分割と種類株式

Q VII 5
全部取得条項付株式を活用した非按分型の会社分割は可能でしょうか。また、その場合の課税関係はどのようになるのでしょうか。

A
(1) 法人税法上の適格分割型分割は、分割法人の株主に対して交付される分割承継法人の新株式等が、当該株主が有する分割法人の株式数の割合に応じて交付される場合に限ります（法法２十二の十一）。すなわち、按分型の分割型分割のみが税制適格となり、非按分型の分割型分割は税制非適格となります。

(2) 会社法では、全部取得条項付種類株式の発行・取得が認められ、それを受けて改正法人税法において、取得対価が発行法人の株式のみである場合には投資が継続しているという点を考慮し、いわゆる簿価譲渡として課税を繰り延べるとともにみなし配当を適用除外することとされました（法法61の２⑪）。

(3) 今後は、従来の非按分型の分割型分割と同様の効果を得ることのできる、全部取得条項付種類株式等を活用した会社分割が考えられます。

解説

1 従来の非按分型の分割型分割

非按分型の分割型分割を行う場合は、税法上非適格（金銭等交付分割型分割）となります。従って、分割法人には移転資産の時価による譲渡益課税、株主にはみなし配当課税と株式の譲渡益課税となります。更に、株主間の株式贈与や分割承継法人の自己株式無償取得に対する課税など、税負担が大変重い結果を招くことになります。そのため、実務ではほとんど利用されてきませんでした。

実質的な非按分型としては、次の①～③が考えられました。
① 非適格分社型分割＋株式の現物交換（自己株式買受け）
② 適格分割型分割＋自己株式買受け
③ 適格分割型分割＋株主間の株式相互譲渡

会社法創設により、種類株式を活用した会社分割（非按分型の分割型分割）

のパターン（下記3）が考えられますが、いずれも、課税関係は発生します。

2 課税繰延が認められている種類株式

① 取得請求権付株式（会法2十八、107②二、108②五）

　法人がその発行する株式の内容として株主がその法人に対してその株式の取得を請求することができる旨の定めを設けている株式です。会社法上は株式のほかに金銭、社債その他の財産を交付することも認められていますが、税法上は取得の対価として取得法人の株式のみが交付された場合、課税の繰延べ（法法61の2⑪一、所法57の4③一）が認められます。

② 取得条項付株式（会法2十九、107②三、108②六）

　法人がその発行する株式の内容としてその法人が一定の事由が発生したことを条件としてその株式の取得をすることができる旨の定めを設けている株式です。原則は取得請求権付株式と同様株式のみが対価である場合に課税の繰延べが認められます（法法61の2⑪二、所法57の4③二）。

③ 全部取得条項付株式（会法171①、108①七）

　ある種類株式について、これを発行した法人が株主総会その他これに類するものの決議によってその全部の取得をする旨の定めがある場合の株式です。取得決議により取得の対価として株式のみが交付される場合、又は株式及び新株予約権のみが交付される場合に課税の繰延べ（法法61の2⑪三、所法57の4③三）が認められます。

　なお、上記①～③において、譲渡損益課税の繰延べが認められるのは、あくまでそれぞれの株式の時価が概ね同額であることが前提です。通常のオプションプレミアム程度の価格差であれば「概ね同額」と考えられます。これらの譲渡損益の計上が繰り延べられる場合にはみなし配当課税の適用も除外されており、また発行法人側の資本金等の額及び利益積立金額も変動しないこととされています（法法24①四、法令8①一チ）。

　一方、対価に発行法人の株式以外の資産が含まれている場合には対価として交付される発行法人の株式に対応する部分も含めて課税の繰延べはしないこととされていますので留意が必要です。

3 全部取得条項付株式を活用した非按分型分割の事例

　株主A、Bは、個人株主である親族又は100％の関係にある法人で、甲社に

ある乙事業を分割して乙社とし、株主A、Bで完全に分割する（非按分型分割）ことを考えます。

【事例】

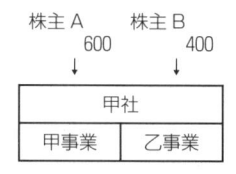

```
         株主A    株主B
          600     400
           ↓       ↓
        ┌─────────────┐
        │     甲社     │
        ├──────┬──────┤
        │ 甲事業 │ 乙事業 │
        └──────┴──────┘
```

① A、Bは普通株式X株を保有
② Y種類株式（全部取得条項付種類株式）の所定の事項を定款で定める（会法108②七）
③ B保有普通株式400株を、全部取得条項付Y種類株式に変更（会法108①七）
④ 甲社から乙事業を行う乙社を分社型分割

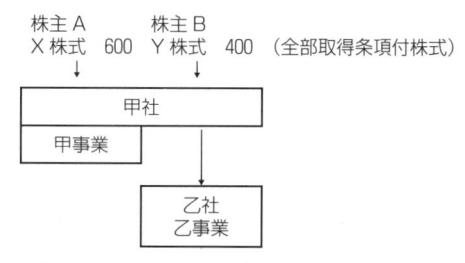

```
       株主A          株主B
       X株式 600      Y株式 400  （全部取得条項付株式）
          ↓             ↓
        ┌─────────────┐
        │     甲社     │
        ├──────┐      │
        │ 甲事業 │      │
        └──────┘      │
                ↓
              ┌──────┐
              │  乙社  │
              │ 乙事業 │
              └──────┘
```

⑤ 株主総会決議（会法309②三）。対価に乙株式を交付（取得決議により取得の対価として発行法人の株式以外の資産を交付することになりますので、課税の繰延べ規定（法法61の2⑪三、所法57の4③三）は適用されませんので譲渡益課税対象になります。なお、甲社も現物配当なので課税されます。）

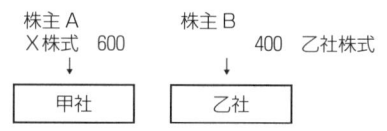

```
       株主A          株主B
       X株式 600       400 乙社株式
          ↓             ↓
        ┌──────┐     ┌──────┐
        │  甲社  │     │  乙社  │
        └──────┘     └──────┘
```

上記の手順は、会社法上、手続が整備されたに過ぎず、課税関係は、上記1の①と同じです。従って、会社法改正後も上記1の②又は③によることも考えられます。

Q VII 6 ■合併類似適格分割型分割

全部分割が行われた場合を「合併類似適格分割型分割」というようですが、その場合にも分割法人の未処理欠損金は分割承継法人に引き継がれるのですか。

A
(1) 「合併類似適格分割型分割」とは、旧商法、会社法とも規定はなく、法人税法第57条（青色申告書を提出した事業年度の欠損金の繰越し）第2項に規定されている制度です。会社の資産と負債、それに従業員のすべて、すなわち会社の実体をそっくりそのまま新会社に移転（全部分割）したのち、旧会社は解散する方法です。

(2) 合併類似適格分割型分割の場合には、原則として分割法人の未処理欠損金は分割承継法人に引き継がれますが、分割法人の未処理欠損金の分割承継法人における帰属事業年度に留意する必要があります。

解説

1 合併類似適格分割型分割とは

合併類似適格分割型分割（いわゆる全部分割）とは、適格分割型分割のうち次に掲げるすべての要件に該当するものをいいます（法法57②、法令112①）。

① 分割法人の主要な事業が、分割承継法人で引き続き営まれること
② 分割法人の資産及び負債の全部が、分割承継法人に移転すること
③ 分割法人がただちに解散することが、分割の日までに株主総会又は社員総会で決議されていること

この3つの要件が充足するときは、分割承継法人は、分割会社の分割の日前7年以内に開始した事業年度において生じた未処理欠損金額を承継することが認められています。

ただし、分割法人はただちに解散することが要件なので、当事者間の完全支配関係の継続要件を満たさないことから、分社型分割には事実上適用がなく、分割型分割（按分型）しかありません。

また、分割法人と分割承継法人との間に特定資本関係（一方が他方の発行済み資本金の100分の50以上を直接又は間接に保有する関係）がある場合には、みなし共同事業要件に該当しないとき、引き継げる未処理欠損金には制限があ

ります（法法57③）。

2　合併類似適格分割型分割における未処理欠損金の引継ぎ

　合併類似適格分割型分割が行われた場合、分割法人に未処理欠損金額があるときは、その金額は分割承継法人の分割の日の属する事業年度前の各事業年度に生じた欠損金額とみなして、分割の日の属する事業年度（以下「分割事業年度」という。）以降の各事業年度における繰越控除の対象となります。

　分割承継法人に引き継がれる分割法人の未処理欠損金額とは、分割法人の適格分割の日前7年以内に開始した各事業年度（以下「前7年以内事業年度」という。）において生じた青色欠損金額のうち、その欠損金額の生じた事業年度後の事業年度において繰越控除済みの金額及び欠損金の繰戻し還付の計算の基礎となった金額を除いた金額、いわゆる青色欠損金額の控除未済額をいいます（法法57②）。

　なお、この未処理欠損金は分割法人における繰越青色欠損金の合計額ではなく、それぞれの事業年度ごとに生じた青色欠損金額の未控除額のそれぞれを指します。

　また、分割法人の未処理欠損金額の生じた事業年度開始の日が分割承継法人の分割等事業年度開始の日以後である場合にはその未処理欠損金額は分割承継法人の分割事業年度の前事業年度において生じたものとみなします。事業年度前のものとしないと分割承継法人の分割事業年度において控除できないことになるからです。

　平成16年度の税制改正により青色欠損金の繰越期間が5年から7年に延長されたことに伴い、引継ぎ対象となる未処理欠損金額も7年分の欠損金額となっています。みなし共同事業要件を満たさない合併類似適格分割型分割に関しては、合併類似適格分割型分割のあった事業年度開始日の5年前の日以後に特定資本関係が生じている場合にはその間の未処理欠損金額の引継ぎには一定の制限があります（こちらは5年です）ので注意が必要です。

Q VII 7 ■パーチェス法の会計処理と税務（合併）

相手企業を買収して傘下に治める合併を検討しています。税務上は適格合併と非適格合併についての区分ですが、会社法及び会計処理は異なっていると聞きましたがその内容を説明してください。

A

(1) 会社法においては、会計基準（「企業結合会計基準」「事業分離等に関する会計基準」「企業結合会計基準及び事業分離等会計基準に関する適用指針」といいます）との整合性をとって、①取得、②持分の結合、③共同支配企業の形成、④共通支配下の取引等の4種に分類され、処理が規定されています。

(2) 「取得」とは一方の会社が他の会社を買収したと認められるような合併であり、この場合には会計上「パーチェス法」の会計処理が適用されます。パーチェス法は、消滅会社から受け入れる資産・負債を時価で計上する方法です。

(3) 会社法は、会社計算規則において、のれんと株主資本及び社員資本について規定し、その他の会計処理は、一般に公正妥当な会計慣行によるものとされています。この結果、会計処理は、取得（パーチェス法）、持分の結合（持分プーリング法）を基本とし、共同支配企業の形成（持分プーリング法に準ずる方法）、共通支配下の取引（持分プーリング法に準ずる特別な方法）により処理することになります。

また、合併対価については、施行後1年間の凍結期間があるものの、被合併法人の株主へ合併法人の株式及び出資以外の資産を交付することも認められました。

(4) 一方、法人税においては、①適格合併と②非適格合併との2種に分類されます。適格合併に該当する場合には、被合併法人からの資産負債の引継ぎは、被合併法人の簿価に基づいて処理され、非適格合併の場合には、被合併法人から時価による譲渡があったものとみなして処理されますが、①取得、②持分の結合、③共同支配企業の形成、④共通支配下の取引等の4分類とは異なる要件・定義ですので、申告調整を伴います。

解説

1 企業結合の会計上の分類（再掲）

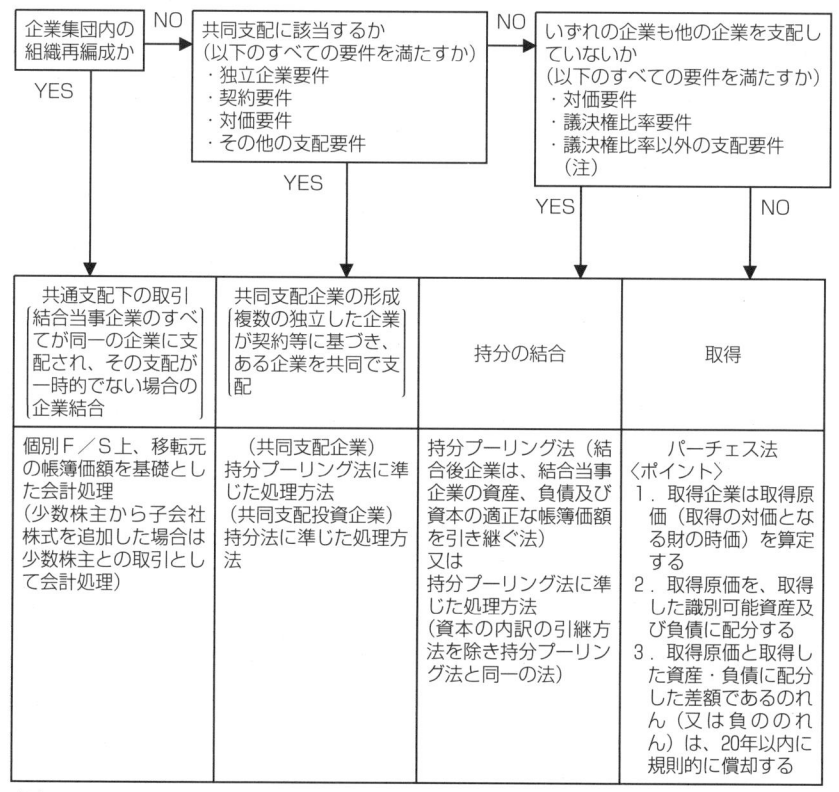

```
                                    共同支配に該当するか              いずれの企業も他の企業を支配し
企業集団内の      NO                 （以下のすべての要件を満たすか）   NO   ていないか
組織再編成か     ────→              ・独立企業要件               ────→  （以下のすべての要件を満たすか）
                                    ・契約要件                           ・対価要件
   │ YES                            ・対価要件                           ・議決権比率要件
   │                                ・その他の支配要件                   ・議決権比率以外の支配要件
   │                                      │ YES                         （注）
   │                                      │                                   │
   │                                      │                              YES  │  NO
   ↓                                      ↓                              ↓    ↓
```

共通支配下の取引（結合当事企業のすべてが同一の企業に支配され、その支配が一時的でない場合の企業結合）	共同支配企業の形成（複数の独立した企業が契約等に基づき、ある企業を共同で支配）	持分の結合	取得
個別Ｆ／Ｓ上、移転元の帳簿価額を基礎とした会計処理（少数株主から子会社株式を追加した場合は少数株主との取引として会計処理）	（共同支配企業）持分プーリング法に準じた処理方法（共同支配投資企業）持分法に準じた処理方法	持分プーリング法（結合後企業は、結合当事企業の資産、負債及び資本の適正な帳簿価額を引き継ぐ法）又は持分プーリング法に準じた処理方法（資本の内訳の引継方法を除き持分プーリング法と同一の法）	パーチェス法〈ポイント〉 １．取得企業は取得原価（取得の対価となる財の時価）を算定する ２．取得原価を、取得した識別可能資産及び負債に配分する ３．取得原価と取得した資産・負債に配分した差額であるのれん（又は負ののれん）は、20年以内に規則的に償却する

（注）次の要件を１つでも満たさなかった場合には「取得」と判定します（結合指針７）。
　①　（対価要件）企業結合に際して支払われた対価のすべてが原則として議決権のある株式であること。
　②　（議決権比率要件）結合後企業に対して各結合当事企業の株主が総体として有することとなった議決権比率が等しいこと（これは概ね45％～55％の範囲内にあることとされている）。
　③　（議決権比率以外の支配要件）議決権比率以外の支配関係を示す一定の事実が存在しないこと。

2　吸収合併が「取得」と判定された場合の会計処理

(1) 受入処理

吸収合併が取得と判定された場合には、以下の手順を踏みます。

①　取得企業は取得原価（取得の対価となる財の時価）を算定

従って、例えば上場会社の合併では合併合意公表日の吸収合併存続会社の株

価が基本となり、吸収合併消滅会社の資産等とは無関係に決定されます（結合指針38）。

② 取得原価を、取得した識別可能資産及び負債に配分

なお、取得後短期間で発生することが予想される費用・損失については負債（企業結合に係る特別勘定）として計上ができるとされています（結合指針62）。この費用・損失の計上は法人税法においても一定の条件下で認められます（「短期重要債務見込額」法法62の8）。

③ 取得原価と取得した資産・負債に配分した差額であるのれん（又は負ののれん）

取得原価と取得原価配分額合計との差額がのれんです。のれんは、20年以内に規則的に償却します。

会社計算規則では以上のことを受けて第58条に定めを置いています。

(2) 中小企業の場合

非上場会社同士の合併で、被取得企業から取得した識別可能な資産等の時価を基礎として支払対価を算定した場合には、取得原価と取得原価の配分額合計が同額となる場合があります。この場合にはのれんは発生しません。

更に中小企業会計指針80では、取得と判定された場合であっても、①企業結合日の時価と消滅会社の適正な帳簿価額との間に重要な差異がないとき、②時価の算定が困難なときのいずれかの要件を満たす場合には消滅会社の適正な帳簿価額を付すことができますので、のれんは発生しません。

(3) パーチェス法の合併仕訳例

吸収合併消滅会社の諸資産（簿価80、時価120）、諸負債（簿価＝時価50）のとき、吸収合併存続会社は株式を交付（時価75）し、払込資本はすべてその他資本剰余金とした場合のパーチェス法による仕訳は次のとおりです。

```
合併受入仕訳
    諸資産   120  /  諸負債          50
    のれん     5  /  その他資本剰余金 75
    のれん＝対価時価75－取得原価の配分額（120－50＝70）＝5
```

Q VII 8 ■パーチェス法の会計処理と税務（分割）

吸収分割を実行しようとしています。「取得」と判定された場合の会計処理はどのようになりますか。

A

(1) 前問の吸収合併同様、会社計算規則では、企業結合会計基準によりのれんに関する計上ルールが整備され、またのれんに関して一定の剰余金分配規制（会計規186）を課すこととしたことから、資産又は負債としてのれんを計上することができる場合とその算定方法について詳細な規定が設けられています。

(2) 吸収分割におけるのれんの計上は、「取得」＝時価で評価する場合＝パーチェス法（会計規16）、共通支配下関係にある場合（会計規17）、子会社と分割型吸収分割をする場合（会計規18）、「持分の結合」＝のれんの計上の禁止＝持分プーリング法（会計規19）、共同支配企業の形成（会計規25）に分けられ、株主資本についても同様に規定されています。

解説

○取得の場合の受入処理

吸収分割承継会社等（取得企業）は、受け入れる資産及び負債の取得原価を、対価として交付する株式の時価で測定することになります。このため、払込資本（資本金又は資本剰余金）は、発行した新株の時価により増加します。

また吸収分割において取得と判断された場合にはパーチェス法を適用し、受入資産及び負債（識別可能純資産）時価と交付対価の時価との差額として、正又は負ののれんを計上することができる規定になっています（会計規16）。

ただし、共通支配下関係にある吸収分割は別途異なる処理になります。

【吸収分割・パーチェス法（承継会社株式以外の再編対価がない場合）（会計規63）】

吸収型再編対象財産時価（識別可能資産及び負債の時価）(適指51)	吸収型再編対価時価（二三十六）（承継会社株式に係るもの）	株主払込資本変動額（適指79）	資本金（63①一）（０以上の額）
			資本準備金（63①二）（０以上の額）
			資本剰余金（63①三）（適指80）
のれん（16①）		処分自己株式簿価（63①一ロ(2)）	

（図中の条文は会社計算規則の条文です）

Q VII 9 ■非適格合併等の税務処理

企業結合会計基準等では、個々の資産や負債の取得価額については個別時価を付すとともに、これらの合計額と取得対価との間に生ずる差額を「(差額)のれん」として計上することとされていますが、法人税では非適格の組織再編が行われた場合に、どのような取扱いになるのでしょうか。

A (1) 法人税においては、例えば合併であれば、①適格合併と②非適格合併との2種に分類し、適格合併に該当する場合には、被合併法人から資産負債引継ぎは、被合併法人の簿価に基づいて処理され、非適格合併の場合には、被合併法人から時価による譲渡があったものとみなして処理されます。しかし、このことは会計上、当該組織再編が「取得」か否かの判断基準とは異なります。

(2) 法人が非適格組織再編成によって複数の資産や負債を一体的に取得した場合の取扱いについては、特段の規定は設けられなかったところです。他方、非適格組織再編成や営業譲受けの場合の資産や負債の取扱い、中でも金額の大きな退職給与引当金の実務的な取扱いについては、その明確化を求める指摘等もありました。

(3) 平成18年度税制改正で、非適格組織再編成や営業譲受けにより移転を受けた資産及び負債の取得価額は個別時価を付すとともに、退職給付債務等に相当する負債を認識した上で、これら資産及び負債の時価純資産価額と非適格組織再編成等の対価との差額について資産又は負債の調整勘定を計上することとされています。これにより、非適格組織再編成等の場合の処理について、これまでの負債に関する実務的な問題に対応できるとともに、企業会計と比較的調和のとれた取扱いとなるものと考えられます。

> **解説**

○非適格合併等により移転を受ける資産等に係る調整勘定の損金算入制度

（財務省広報「ファイナンス」別冊「平成18年度　税制改正の解説」365頁以下参照）

(1)　資産調整勘定

　法人が非適格合併等によりその非適格合併等に係る被合併法人、分割法人、現物出資法人又は事業譲受けに係る移転法人（以下「被合併法人等」といいます。）から資産又は負債の移転を受けた場合において、その法人が非適格合併等により交付した非適格合併等対価額がその移転を受けた資産及び負債の時価純資産価額を超えるときは、その超える部分の金額は、資産調整勘定の金額とされました（法法62の8①）。

　この資産調整勘定の金額は、企業結合会計における（正の）差額のれんに相当するものといえます。（この差額のれんと金額が異なることもあります。）

①　非適格合併等の範囲

　非適格合併等とは、次に掲げるものをいいます（法法62の8①、法令123の10①）。

　　イ　適格合併に該当しない合併
　　ロ　適格分割に該当しない分割、適格現物出資に該当しない現物出資又は事業の譲受け（以下「非適格分割等」といいます。）のうち、非適格分割等に係る分割法人、現物出資法人又は移転法人（事業の譲受けをした法人（以下「譲受け法人」といいます。）に対して事業の移転をした法人をいいます。）の非適格分割等の直前において営む事業及びその事業に係る主要な資産又は負債の概ね全部が非適格分割等により非適格分割等に係る分割承継法人、被現物出資法人又は譲受け法人に移転をするもの

②　非適格合併等対価額

　非適格合併等対価額とは、法人が非適格合併等により交付した金銭の額及び金銭以外の資産（非適格合併にあっては、法人税法第62条第1項に規定する新株等）の価額の合計額をいいます（法法62の8①）。

貸借対照表

資産　（個別時価）	負債調整勘定（個別事由に応じて益金算入）（法法62の8②）	退職給付債務引当額（法法62の8②一）
		短期重要債務見込額（法法62の8②二）
	（時価純資産価額）	支払対価
資産調整勘定（5年均等損金算入）（法法62の8①）「正ののれん」		

③　移転資産・負債の時価純資産価額

　移転を受けた資産及び負債の時価純資産価額とは、法人が非適格合併等により被合併法人等から移転を受けた資産の取得価額の合計額からその移転を受けた負債の額の合計額を控除した金額をいいます（法法62の8①、法令123の10③）。移転を受けた資産が営業権であるときは、独立した資産として取引される慣習のある営業権に限って、上記の時価純資産価額を計算する資産とします。なお、これらの資産の取得価額や負債の額は、それぞれ個々の価額（すなわち時価）によることになります。

④　資産調整勘定の金額

　イ　資産調整勘定の金額は、非適格合併等により交付した非適格合併等対価額がその移転を受けた資産及び負債の時価純資産価額を超える場合のその超える部分の金額とされています（法法62の8①）。

　ロ　ただし、移転を受けた資産の取得価額の合計額が負債の額の合計額に満たない場合には時価純資産価額は零となってしまうことから、この場合の資産調整勘定の金額は、非適格合併等対価額にその満たない部分の金額を加算した金額とされています。

　ハ　また、資産等超過差額がある場合には、資産調整勘定の金額は、これを除いた金額とされていますが、中小企業の実務においては通常発生しないものと考えられます（法令123の10④、法規27の16）。

⑤　資産調整勘定の取崩し

　資産調整勘定を有する法人は、各資産調整勘定の金額に係る当初計上額を60

で除して計算した金額に当該事業年度の月数を乗じて計算した金額に相当する金額を、当該事業年度において減額しなければならないこととされています（法法62の8④）。

　また、その減額すべきこととなった資産調整勘定の金額に相当する金額は、その減額すべきこととなった日の属する事業年度の所得の金額の計算上、損金の額に算入することとされています（法法62の8⑤）。

(2) 負債調整勘定

① 退職給与負債調整勘定

　法人が非適格合併等により被合併法人等から資産又は負債の移転を受けた場合において、非適格合併等に伴い被合併法人等から引継ぎを受けた従業者につき退職給与債務引受けをした場合には、退職給与債務引受額（一般に退職給付引当金）を退職給与負債調整勘定の金額とすることとされました（法法62の8②一）。

② 短期重要負債調整勘定

　法人が非適格合併等により被合併法人等から資産又は負債の移転を受けた場合において、非適格合併等により被合併法人等から移転を受けた事業に係る将来の債務で、その履行が非適格合併等の日からおおむね３年以内に見込まれるものについて、その法人がその履行に係る負担の引受けをした場合には、短期重要債務見込額を短期重要負債調整勘定の金額とすることとされました（法法62の8②二）。

③ 差額負債調整勘定

　法人が非適格合併等により被合併法人等から資産又は負債の移転を受けた場合において、非適格合併等に係る非適格合併等対価額がその被合併法人等から移転を受けた資産及び負債の時価純資産価額に満たないときは、その満たない部分の金額を差額負債調整勘定の金額とすることとされました（法法62の8③）。

　この差額調整勘定の金額は、企業結合会計における（負の）差額のれんに相当するものといえます。

④ 負債調整勘定の取崩し

　イ　退職給与負債調整勘定又は短期重要負債調整勘定の金額を有する法人

は、次に掲げる場合に該当する場合には、その負債調整勘定の金額につき、その該当することとなった日の属する事業年度において次に定める金額を減額しなければならないこととされています（法法62の8⑥）。

(イ) 退職給与引受従業者が退職その他の事由によりその法人の従業者でなくなった場合又は退職給与引受従業者に対して退職給与を支給する場合…退職給与負債調整勘定の金額のうち減額対象従業者に係る退職給与負債相当額の合計額（法令123の10⑩）

(ロ) 短期重要債務見込額に係る損失が生じ、又は非適格合併等の日から3年が経過した場合…短期重要負債調整勘定の金額のうち損失の額に相当する金額（3年が経過した場合にあっては、その短期重要負債調整勘定の金額）

ロ　差額負債調整勘定の金額を有する法人は、各差額負債調整勘定の金額に係る当初計上額を60で除して計算した金額に当該事業年度の月数を乗じて計算した金額に相当する金額を、当該事業年度において減額しなければならないこととされました（法法62の8⑦）。

ハ　上記イ及びロにより減額すべきこととなった負債調整勘定の金額に相当する金額は、その減額すべきこととなった日の属する事業年度の所得の金額の計算上、益金の額に算入することとされました（法法62の8⑧）。

VIII 適格合併等・未処理欠損金額の引継ぎ等

Q VIII 1 ■適格合併と未処理欠損金額の引継ぎ

適格合併における被合併法人の未処理欠損金の引継ぎについて教えてください。

A

(1) 適格合併においては、原則として、被合併法人の「未処理欠損金額」の引継ぎが認められます。「未処理欠損金額」とは、繰越青色欠損金の合計額ではなく、それぞれの事業年度毎に生じた青色欠損金額のそれぞれの未控除額を指します。

ただし、特定資本関係（持分割合が50％超の関係）にある企業グループ内再編においては、未処理欠損金額の引継ぎについて、一定の制限が設けられています。

(2) 非適格の合併では、未処理欠損金額の引継ぎは一切認められていません。

解説

資本関係のない欠損法人（多額の繰越青色欠損金や資産の含み損を有する法人）の買収など租税回避目的の再編については、適格組織再編成において、「共同事業要件」を付すことにより租税回避行為を防止しています。

しかし、資本関係のない欠損法人をいったんグループ化し、その後、企業グループ内再編として業績好調な法人と適格合併を行うというような場合には、「共同事業要件」は不要となり、欠損法人の青色欠損金等の引継ぎを利用した、不当な税負担の軽減となる租税回避行為は防止する必要があります。

組織再編税制において含み損及び欠損金額について利用制限を設ける規定は、このようなグループ化を行う前（特定資本関係前）から保有している含み損や欠損金額について、その後の組織再編成に利用制限を加えたものです。

1 被合併法人の未処理欠損金の引継ぎ

(1) 原則

「適格合併」が行われた場合、被合併法人に未処理欠損金額がある場合は、原則として、合併法人の合併事業年度前の各事業年度に生じた欠損金とみなして、合併事業年度以降の各事業年度における繰越控除の対象として合併法人に引き継ぐことができます。

この場合、被合併法人の適格合併等の日から前7年以内に開始した事業年度（前7年内事業年度）において生じた未処理欠損金額が、合併法人に引き継がれます（法法57②）。

平成16年の税制改正により青色欠損金の繰越期間が5年から7年に延長されました。この繰越期間7年への改正については、平成13年4月1日以降に開始した事業年度において生じた欠損金額が適用となり、それ以前については従来どおりの適用となっていますので注意が必要です（平16改所法等附13）。

(2) 合併法人における未処理欠損金額の帰属年度の具体例

被合併法人の未処理欠損金は、それぞれ未処理欠損金額が生じた被合併法人の各事業年度の開始の日の属する合併法人の各事業年度に引き継ぎます（法法57②）。

① 合併法人の合併事業年度開始の日以後に被合併法人の最後事業年度が開始する場合

【合併法人と被合併法人の事業年度が同じ場合】
（期首合併）

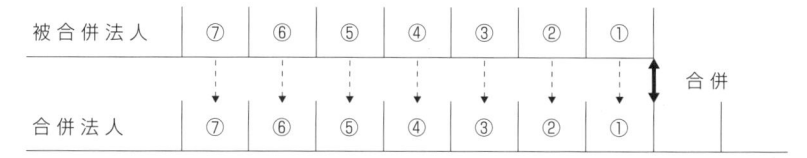

被合併法人	⑦	⑥	⑤	④	③	②	①	合併
合併法人	⑦	⑥	⑤	④	③	②	①	

ただし、合併法人の合併事業年度開始の日以後に開始した被合併法人等の事業年度における未処理欠損金額については、合併法人の合併事業年度の前事業年度に引き継ぐことになります。

(期中合併)

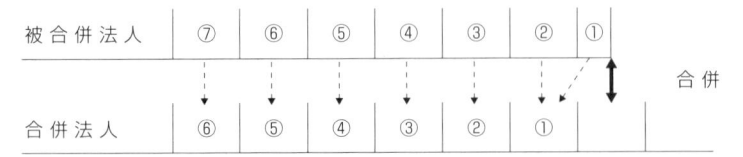

被合併法人	⑦	⑥	⑤	④	③	②	①	
合併法人	⑥	⑤	④	③	②	①		合併

【合併法人と被合併法人の事業年度が違う場合】

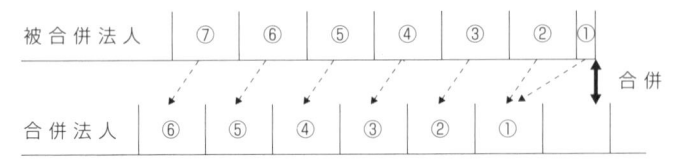

被合併法人	⑦	⑥	⑤	④	③	②	①	
合併法人	⑥	⑤	④	③	②	①		合併

② 合併法人の合併事業年度開始の日以前に被合併法人の最後事業年度が開始する場合

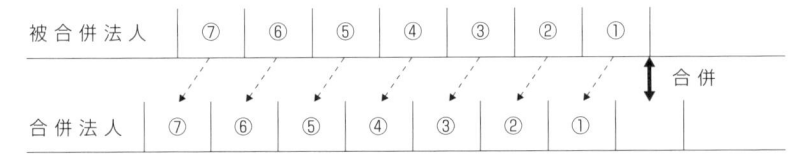

被合併法人	⑦	⑥	⑤	④	③	②	①	
合併法人	⑦	⑥	⑤	④	③	②	①	合併

　平成13年4月1日以前について発生した欠損金については、その繰越期間は従来どおり5年の適用となっていますので注意が必要です（平16改所法等附13）。特殊な例として次のような場合が生じます。

(5年繰越し)

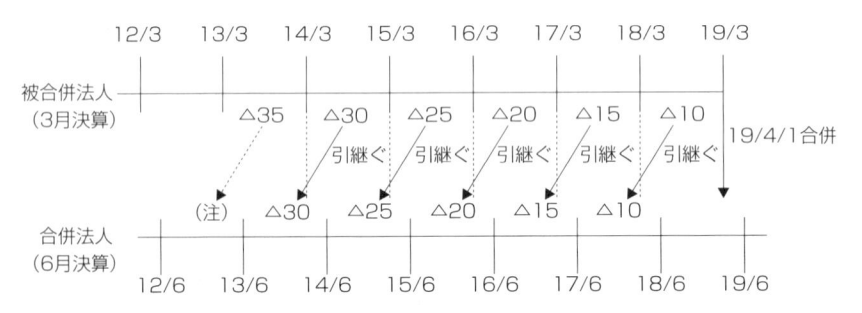

被合併法人（3月決算）：12/3 — 13/3 △35（注） — 14/3 △30 引継ぐ — 15/3 △25 引継ぐ — 16/3 △20 引継ぐ — 17/3 △15 引継ぐ — 18/3 △10 引継ぐ — 19/3 19/4/1合併

合併法人（6月決算）：12/6 — 13/6 — 14/6 △30 — 15/6 △25 — 16/6 △20 — 17/6 △15 — 18/6 △10 — 19/6

> （注） 被合併法人において平成13年4月1日以後に開始した事業年度で生じた欠損金であるが、その事業年度開始の日が属する合併法人の事業年度開始の日が平成13年4月1日前となるので、合併法人においては、繰越期間が5年となるため、引き継ぐことはできません。

③　合併法人に被合併法人の未処理欠損金額の帰属すべき対応事業年度がない場合

　被合併法人の各事業年度で生じた青色欠損金を引き継ぐ場合に、その青色欠損金が生じた事業年度開始の日に合併法人がまだ設立されていなかったためその日を含む合併法人の各事業年度がない場合には、被合併法人の合併の日前7年以内に開始した各事業年度のうち最も古い事業年度開始の日から合併法人の設立事業年度開始の日の前日までの期間を、その期間に対応する被合併法人の各事業年度ごとに区分したそれぞれの期間を合併法人の事業年度とみなして、被合併法人の青色欠損金を引き継ぐものとされています（法令112③）。

　具体的には次のようになります。

(事業年度がない場合)

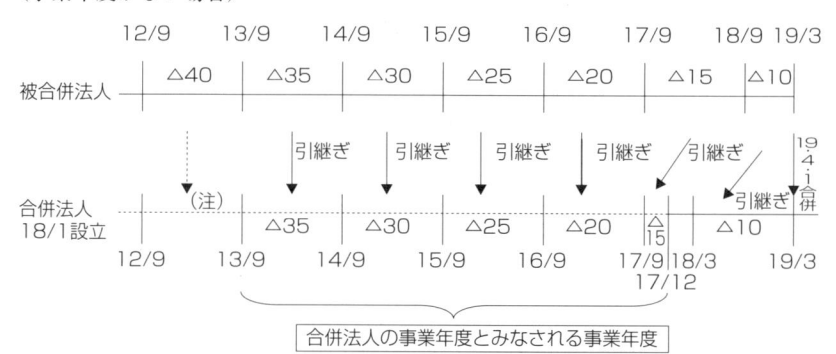

> （注） 平成13年4月1日前に開始した事業年度で生じた欠損金であり繰越し期間は5年となるため、5年経過しているため、引き継ぐことはできません。

(3) 例外

　特定資本関係（いずれか一方の法人が他方の法人の発行済株式又は出資の総数の100分の50を超える数の株式又は出資を直接又は間接に保有する関係等）にある企業グループ内の適格組織再編成の場合に限って、欠損法人を買収しその後吸収合併することにより欠損法人の欠損金を利用しようとする、租税回避

行為を防止する観点から、特定資本関係前から有している一定の未処理欠損金額について引継ぎの制限が加えられます。
　①　制限の対象となる特定資本関係
　合併の日の属する事業年度開始の日の5年前の日以後に特定資本関係が生じている場合
　②　みなし共同事業要件
　制限の対象となる特定資本関係の適格合併においては、みなし共同事業要件を満たすことができれば、未処理欠損金額の引継ぎの制限は受けません。
　③　引き継ぐことのできない未処理欠損金額
　　㋑　特定資本関係が生じた事業年度前に生じた未処理欠損金額
　　㋺　特定資本関係が生じた事業年度以後に生じた未処理欠損金額のうち特定資産譲渡等損失額に相当する金額（特定資本関係となってから再編までの間に特定資本関係発生前から有していた含み損のある資産により実現した損失額による未処理欠損金額）

(青色欠損金の引継ぎの制限)

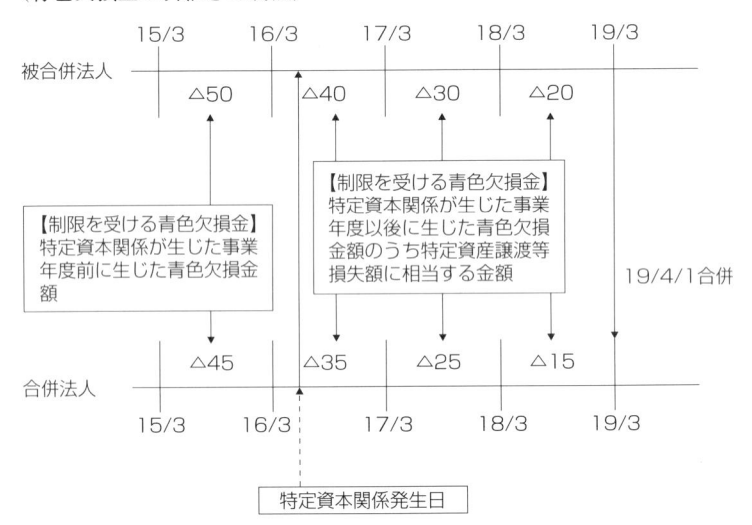

	15/3	16/3	17/3	18/3	19/3
被合併法人	△50	△40	△30	△20	

【制限を受ける青色欠損金】
特定資本関係が生じた事業年度前に生じた青色欠損金額

【制限を受ける青色欠損金】
特定資本関係が生じた事業年度以後に生じた青色欠損金額のうち特定資産譲渡等損失額に相当する金額

19/4/1合併

	15/3	16/3	17/3	18/3	19/3
合併法人	△45	△35	△25	△15	

特定資本関係発生日

2　非適格合併

　非適格合併の場合は、被合併法人の未処理欠損金額の引継ぎは一切認められていません。

それゆえ、非適格合併の場合には、合併法人における繰越欠損金の使用制限はありません。

Q VIII 2 ■被合併法人から引き継ぐことのできない未処理欠損金額

適格合併であっても被合併法人の未処理欠損金額を引き継げない場合について教えてください。

A
(1) 適格合併においては、原則として、被合併法人の「未処理欠損金額」の引継ぎが認められますが、特定資本関係（持分割合が50％超の関係）にある企業グループ内再編においては、未処理欠損金額の引継ぎについて、一定の制限が設けられています。

(2) ただし、制限を受ける場合であっても、特定資本関係成立前の被合併法人の含み損益の状況により、特例計算規定が設けられています。

解説

適格合併において、被合併法人の欠損金額について引継ぎ制限がある場合とは、以下のすべてに該当する場合をいいます（法法57③）。

① 合併法人と被合併法人との間に特定資本関係がある。
② その特定資本関係が合併法人の合併事業年度開始日の5年前の日以後に生じている。
③ 共同事業を営むための適格合併に該当しない。

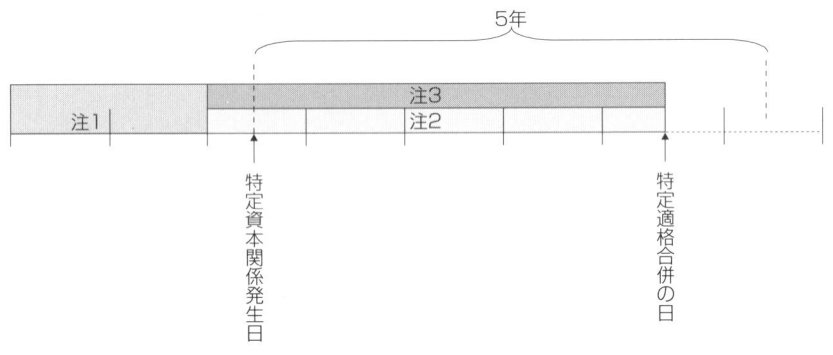

（注1） 特定資本関係発生事業年度前の欠損金の額
（注2） 特定資産譲渡等損失額に相当する金額
（注3） 引継ぎ制限を受けない欠損金の額

1 特定資本関係

特定資本関係とは、①いずれか一方の法人が他方の法人の発行済み株式総数（発行法人が有する自己株式の数を除く）の50％を超える数の株式等を直接又は間接に保有する関係（いわゆる「親子関係」）、又は②二の法人が同一の者によってそれぞれの法人の発行済み株式総数の50％を超える数の株式等を直接又は間接に保有する関係（いわゆる「兄弟関係」）をいいます。

3以上の法人が合併当事者となる場合においては、各被合併法人ごとに、被合併法人と合併法人との関係で判断することになります。

(注1) 「同一の者」が個人である場合には、その個人及びこれと特殊の関係のある個人を含めて判定します。

(注2) 「発行済み株式総数」に対する保有割合で判定するため、議決権の有無は判定に影響しません。

2 みなし共同事業要件

5年以内に特定資本関係が生じた場合であっても、次の(1)又は(2)の共同事業要件を満たしていれば、未処理欠損金の引継ぎ制限はありません（法令112⑦）。

適格合併における「共同事業要件」とは異なり、「規模変化2倍以内要件」が課されています。また、「特定役員派遣要件」も特定資本関係発生前において役員等であったものに限られます。

(1) 事業関連性要件＋事業規模類似要件＋規模変化2倍以内要件

① 事業関連性要件

被合併等事業と、合併等事業とが相互に関連するものであること。

事業関連性要件を満たさなければならない事業

被合併等事業	適格合併	当該被合併法人の当該適格合併の前に営む主要な事業のうちのいずれかの事業
	適格分割	当該分割法人の当該適格分割の前に営む事業のうち、当該分割により分割承継法人において営まれることとなる事業
	適格現物出資	適格分割に同じ
合併等事業	適格合併	当該適格合併法人等の当該適格合併等の前に営む事業のうちいずれかの事業
	適格分割	
	適格現物出資	

② 事業規模類似要件

被合併等事業と合併等事業の売上金額、従業者の数、被合併法人と合併法人

の資本の金額、又はこれらに準ずるものの規模の割合のどれか1つの規模の割合が概ね5倍を超えないこと。

③ 規模変化2倍以内要件

事業規模類似要件において判定指標とした被合併法人及び合併法人のそれぞれの事業が、被合併法人及び合併法人においてそれぞれ特定資本関係発生時から当該適格合併の直前まで継続して営まれており、かつ、特定資本関係発生時と当該適格合併の直前のときにおける当該被合併事業及び合併事業それぞれの規模の変化の割合が概ね2倍を超えていないこと。

ただし、適格分割及び適格現物出資においては、資本金の額は判定指標となりません。

(2) 事業関連性要件＋特定役員派遣要件

① 事業関連性要件

被合併等事業と合併等事業とが相互に関連するものであること。

② 特定役員派遣要件

被合併法人並びに合併法人の合併前に特定役員であった者の何れかの者が、それぞれ、合併後に特定役員となることが見込まれること（ただし、特定資本関係発生前及び同日において役員等であったものに限る）。

(注)　「特定役員」とは、社長、副社長、代表取締役、専務取締役、常務取締役又はこれらに準ずる者で法人の経営に従事している者をいいます。

〔再編後に特定役員となる者〕

	被合併法人、分割法人、現物出資法人		合併法人、分割承継法人、被現物出資法人	
	特定資本関係発生日（前）	再編前	特定資本関係発生日（前）	再編前
適格合併	役員等	特定役員	役員等	特定役員
適格分割	役員等	役員等	役員等	特定役員
適格現物出資	役員等	役員等	役員等	特定役員

※　役員等とは、役員及びみなし役員をいいます。

3　引き継ぐことのできない未処理欠損金

(1) 原則

みなし共同事業要件を満たさなかった場合には、被合併法人の未処理欠損金額のうち、原則として、次の①及び②の金額について引き継ぐことが認められ

ません（法令112⑧）。
　① 特定資本関係発生事業年度前の欠損金の額
　② 特定資本関係発生事業年度以後の特定資産譲渡等損失額に相当する金額からなる欠損金額（なお、この場合であっても、特定資本関係発生事業年度以後の各事業年度における営業活動から生じた被合併法人の未処理欠損金額については、引継ぎが認められます。）

(2) 特例

みなし共同事業要件を満たさなかった場合には、原則として、上記(1)の未処理欠損金についての引継ぎ制限がありますが、被合併法人の特定資本関係発生直前事業年度終了時の含み損益の状況により以下のような特例規定が設けられ、一定の未処理欠損金について引き継ぐことができます。

これは、被合併法人の資産に含み益がある場合には、繰越欠損金を利用するためにその法人をグループ化したとはいえないときがあるからです。

① 被合併法人の特定資本関係発生直前事業年度終了時において、
「時価純資産額＞簿価純資産額」、
かつ、「時価純資産超過額（含み益、注）≧ 特定資本関係前未処理欠損金額の合計額」の場合
　　（注）時価純資産超過額＝時価純資産額－簿価純資産額
　この場合は、被合併法人の未処理欠損金額の引継ぎに関する制限はありません（法令113①一）。

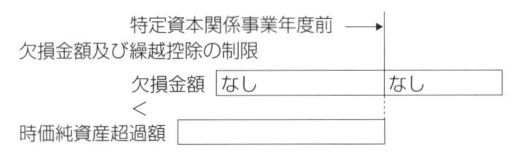

特定資本関係事業年度前 →	
欠損金額及び繰越控除の制限	
欠損金額	なし ＜ なし
時価純資産超過額	

② 被合併法人の特定資本関係発生直前事業年度終了時において、
「時価純資産額＞簿価純資産額」、
かつ、「時価純資産超過額（含み益）＜特定資本関係前未処理欠損金額の合計額」の場合
　この場合は、特定資本関係発生事業年度以後の被合併法人の未処理欠損金額の引継ぎに関する制限はありませんが、特定資本関係発生事業年度前

の未処理欠損金額については、特定資本関係発生事業年度直前期末における時価純資産超過額（含み益）に相当する金額を限度として被合併法人の未処理欠損金額を引き継ぐことができます。しかし、含み益を超える未処理欠損金額は引き継ぐことができません（法令113①二）。

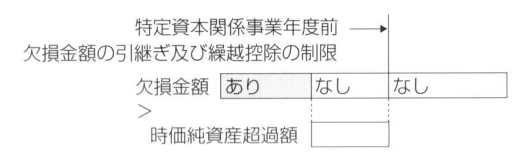

	特定資本関係事業年度前 →		
欠損金額の引継ぎ及び繰越控除の制限			
欠損金額	あり	なし	なし
＞			
時価純資産超過額			

③　被合併法人の特定資本関係発生直前事業年度終了時において、
「時価純資産額＜簿価純資産額」、
かつ、「簿価純資産超過額（含み損、注）＜特定資本関係以後の特定資産譲渡等損失額の合計額」の場合

(注)　簿価純資産超過額＝簿価純資産額－時価純資産額

　この場合は、特定資本関係発生事業年度以前の被合併法人の未処理欠損金額の引継ぎが認められず、また、特定資本関係発生事業年度以後の特定資産譲渡等損失額に相当する欠損金額のうち、特定資本関係発生直前事業年度終了時の簿価純資産超過額（含み損）を限度として引継ぎが認められません。しかし、この含み損を超える部分は、特定資本関係発生以後に更に膨らんだ含み損に相当する金額であるため、その部分についての欠損金額の引継ぎは認められることになります（法令113①三）。

　なお、この場合であっても、特定資本関係発生以後の各事業年度における営業活動から生じた未処理欠損金については、原則同様、引継ぎが認められます。

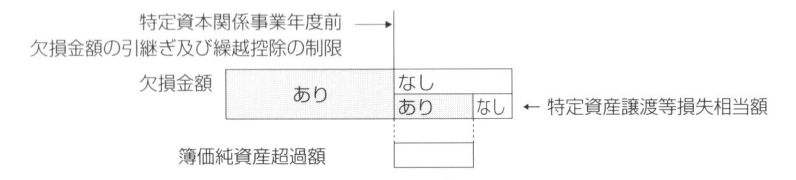

	特定資本関係事業年度前 →			
欠損金額の引継ぎ及び繰越控除の制限				
欠損金額	あり	なし		
		あり	なし	← 特定資産譲渡等損失相当額
簿価純資産超過額				

Q VIII 3 ■合併類似適格分割型分割と未処理欠損金額の引継ぎ

合併類似適格分割型分割についても、分割法人の未処理欠損金の引継ぎが認められるそうですが、具体的にどのようなケースをいうのでしょうか。

A

合併類似適格分割型分割とは、分割法人のすべての資産及び負債が分割承継法人に移転する適格分割型分割で、なおかつ、分割法人は、分割後、直ちに解散することが株主総会において決議されているものをいいます。

分割法人が分割後も存続する適格分割については、分割法人の未処理欠損金の引継ぎは認められませんが、合併類似適格分割型分割に限っては、分割直後に分割法人が消滅することになるため、分割法人の未処理欠損金額を引き継ぐことが認められています。

なお、分割法人から引き継ぐ未処理欠損金額の帰属年度は、合併において被合併法人から合併法人へ未処理欠損金額を引き継ぐ際の帰属年度と同様です。（Ⅷ-1参照）

解説

合併類似適格分割型分割とは、以下掲げる要件のすべてに該当する適格分割型分割であることと定義付けられています（法令112①）。

① 当該分割型分割に係る分割法人の当該分割型分割前に営む主要な事業が当該分割型分割に係る分割承継法人において当該分割型分割後に引き続き営まれることが見込まれていること
② 当該分割型分割に係る分割法人の当該分割型分割の直前に有する資産及び負債の全部が当該分割型分割に係る分割承継法人に移転すること
③ 当該分割型分割に係る分割法人を当該分割型分割後直ちに解散することが当該分割型分割の日までに当該分割法人の株主総会又は社員総会において決議されていること

合併類似適格分割型分割は、③の要件にみられるように、分割後直ちに解散することが見込まれているため、再編後の当該法人間の資本関係（同一の者による資本関係）が維持できないことが明らかです。そのため、合併類似適格分

割型分割においては、企業グループ内再編（持株関係が50％超）における要件だけでは適格分割とならないので、必ず共同事業要件を満たす必要があります。

従って、合併類似適格分割型分割の場合は、持株関係が50％以下の共同事業要件を満たした適格分割においては、分割法人の未処理欠損金額の引継ぎについては、制限なく引き継ぐことができます。

持株関係が50％超の企業グループ内の再編については、共同事業要件とともに、更に、特定資本関係が5年以内である場合については、みなし共同事業要件を満たす必要がありますので、注意が必要です。

みなし共同事業要件については、Ⅷ-2で述べた適格合併における要件とほぼ同様ですが（注）、2点ほど相違点があります。1つは、事業規模類似要件の判定指標について、分割においては資本金の額は判定指標としないこと、もう1つは、特定役員派遣要件において、分割法人（移転法人）の再編前の役員については、特定役員である必要はないこと、の2点になります。

なお、分割法人から引き継ぐ未処理欠損金額の帰属年度は、合併において被合併法人から合併法人へ未処理欠損金額を引き継ぐ際の帰属年度と同様です。
（Ⅷ-1参照）

(注)　Ⅷ-2のみなし共同事業要件を参照する際は、被合併法人＝移転法人を分割法人と読み替え、合併法人＝承継法人を分割承継法人と読み替えて参照してください。

Q VIII 4 ■適格合併と自社欠損金の控除制限

適格合併で合併法人の自社欠損金（控除未済欠損金額）の繰越控除についても制限される場合があると聞きましたが、どのような場合か教えてください。

A
(1) 適格合併のうち特定資本関係（持分割合が50％超の関係）にある企業グループ内再編においては、控除未済欠損金額の繰越控除について、一定の制限が設けられています。
(2) ただし、制限を受ける場合であっても、特定資本関係成立前の合併法人の含み損益の状況により、特例計算規定が設けられています。
(3) 適格分割や、適格現物出資においても同様です。

解説

共同事業要件を必要としない企業グループ内の適格合併において、被合併法人の欠損金の引継ぎ制限があることはⅧ-1で述べたとおりですが、被合併法人から含み益のある資産を簿価で引き継ぎ、合併後にその資産を売却することにより益出しをして、元々使い切れなかった合併法人の繰越欠損金や含み損と相殺させることによって、過度な節税行為や租税回避行為が行われることも考えられます。

そこで、適格合併が行われた場合に、租税回避行為防止の観点から、合併法人の欠損金についても、合併事業年度（合併法人の合併の日を含む事業年度）以後の繰越控除を制限する規定が設けられています。

ただし、合併法人の欠損金の繰越控除の規制は、平成13年4月1日以後開始する事業年度から発生した欠損金に限られます（平13改法附5）。

この、合併法人の自社欠損金は、適格合併により被合併法人から引継ぎを受けたみなし欠損金も含まれます。従って、複数の法人による適格合併や、連続する組織再編においても繰越控除制限の効果が及ぶことがあります。

適格合併において、合併法人の欠損金額について繰越控除制限がある場合とは、以下のすべてに該当する場合をいいます（法法57⑤）。

① 合併法人と被合併法人との間に特定資本関係がある。
② その特定資本関係が合併法人の合併事業年度開始日の5年前の日以後に

生じている。
③　共同事業を営むための適格合併に該当しない。
　これらすべての条件に該当した場合には、合併事業年度以後の事業年度において、原則として、以下の控除未済欠損金額はないものとされます。
①　合併法人の特定資本関係発生事業年度前の事業年度に生じた控除未済欠損金額
②　合併法人の特定資本関係発生事業年度以後の対象事業年度に発生した控除未済欠損金額のうち、その発生年度において生じた特定資産譲渡等損失相当額からなる部分の金額

1　特定資本関係

　特定資本関係とは、①いずれか一方の法人が他方の法人の発行済み株式総数（発行法人が有する自己株式の数を除く）の50％を超える数の株式等を直接又は間接に保有する関係、又は②二の法人が同一の者によってそれぞれの法人の発行済み株式総数の50％を超える数の株式等を直接又は間接に保有する関係をいいます。

　合併法人と特定資本関係にある2以上の法人を被合併法人とする適格合併があった場合は、特定資本関係のあった各被合併法人のうち、もっとも遅く特定資本関係が発生した被合併法人のその発生の日を特定資本関係発生の日として取り扱います（法基通12-1-5）。

2　みなし共同事業要件

　5年以内に特定資本関係が生じた場合であっても、みなし共同事業要件（Ⅷ-2参照）を満たしていれば、合併法人の控除未済欠損金について繰越控除制限を受けることはありません（法令112⑦⑨）。

3　繰越控除制限を受ける控除未済欠損金

(1)　原則

　みなし共同事業要件を満たさなかった場合には、合併法人の控除未済欠損金額のうち、原則として、次の①及び②の金額についてなかったものとなります（法令112⑧⑩）。
①　合併法人の特定資本関係発生事業年度前の欠損金の額
②　合併法人の特定資本関係発生事業年度以後の対象事業年度に発生した控

除未済欠損金のうち、その発生年度において生じた特定資産譲渡等損失額（Ⅷ-2参照）に相当する金額からなる部分の金額

なお、この場合であっても、特定資本関係発生事業年度以後の各事業年度における営業活動から生じた合併法人の控除未済欠損金額については、繰越控除が認められます。

(2) 特例

みなし共同事業要件を満たさなかった場合には、原則として、上記(1)の控除未済欠損金についてのなかったものとされますが、合併法人の特定資本関係発生直前事業年度終了時の含み損益の状況により以下のような特例規定も設けられています。

① 合併法人の特定資本関係発生直前事業年度終了時において、「時価純資産額＞簿価純資産額」かつ「時価純資産超過額（含み益）≧特定資本関係前控除未済欠損金額の合計額」の場合

この場合は、合併法人の控除未済欠損金額の繰越控除制限はありません（法令113①一、④）。

② 合併法人の特定資本関係発生直前事業年度終了時において、「時価純資産額＞簿価純資産額」かつ「時価純資産超過額（含み益）＜特定資本関係前控除未済欠損金額の合計額」の場合

この場合は、特定資本関係発生事業年度以後の合併法人の控除未済欠損金額の繰越控除制限はありませんが、特定資本関係発生事業年度前の控除未済欠損金額については、特定資本関係発生事業年度直前期末における時価純資産超過額（含み益）に相当する金額を限度として合併法人の控除未済欠損金額を繰越控除することができます。しかし、含み益を超える控除未済欠損金額はないものとされます（法令113①二、④）。

③ 合併法人の特定資本関係発生直前事業年度終了時において、「時価純資産額＜簿価純資産額」かつ「簿価純資産超過額（含み損）＜特定資本関係以後の特定資産譲渡等損失額の合計額」の場合

この場合は、特定資本関係発生事業年度前の合併法人の控除未済欠損金額はなかったものとされ、また、特定資本関係発生事業年度以後の特定資産譲渡等損失額に相当する欠損金額のうち、特定資本関係発生直前事業年度終了時の含

み損を限度としてなかったものとされます。しかし、この含み損を越える部分は、特定資本関係発生以後に更に膨らんだ含み損に相当する金額であるため、その部分についての欠損金額の繰越控除は認められることになります（法令113①三、④）。

なお、この場合であっても、特定資本関係発生以後の各事業年度における営業活動から生じた控除未済欠損金については、原則同様、繰越控除が認められます。

4　非適格合併等

非適格合併の場合は、被合併法人の未処理欠損金額の引継ぎは一切認められていません。

それゆえ、非適格合併の場合には、合併法人における繰越欠損金の使用制限はありません。

また、適格、非適格にかかわらず、分割法人、現物出資法人においても、繰越欠損金の使用制限はありません。

■適格合併と含み損の活用規制

Q VIII 5 適格合併において引き継いだ含み損のある資産について、その資産の譲渡等により含み損が実現した場合、その損失額の損金算入について一定の制限があると聞きました。それはどのような場合でしょうか。

A 共同事業を行うための適格合併にはこのような制限は設けられていませんが、企業グループ内における適格合併のうちみなし共同事業要件を満たさない場合は、租税回避行為防止の観点から、再編後に含み損のある資産の譲渡等により発生する譲渡損失等について一定の損金不算入規定が創設されています。適格分割や、適格現物出資の場合も同様です。

解説

1 合併法人等の特定資産譲渡等損失額の損金不算入

　企業組織再編税制では、租税回避行為を防止する目的で、特定資本関係にある適格合併については、合併法人において、再編後の一定期間内に、含み損のある資産の譲渡等により生じる損失額の損金算入について、一定の制限を付しています。いわば、「隠れ欠損金」の引継ぎや利用を防止することがこの規定の趣旨です。

　なお、この規定は、適格合併のみならず、適格分割型分割及び適格分社型分割、更に適格現物出資に共通して適用されます。

　再編後における資産の含み損の実現（これを「特定資産譲渡等損失額」といいます。）について損金不算入となるのは、

(1) 特定資本関係が適格合併等の属する事業年度開始の日前5年間に生じている、みなし共同事業要件を満たさない特定適格合併等であり、

かつ、

(2) ① 合併が行われた日の属する事業年度開始の日から3年間
　　② 特定資本関係発生日から5年間

　のうち、いずれか早い日までの期間

に、当該特定適格合併が行われた場合となります（下記の図を参照）。

〔適用期間〕

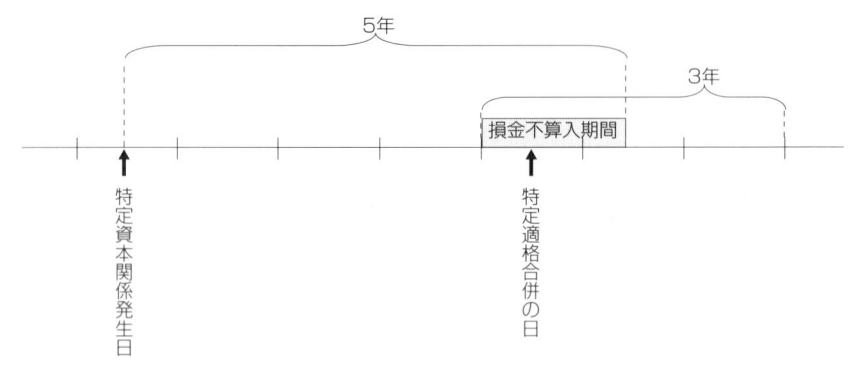

2 みなし共同事業要件
みなし共同事業要件については、未処理欠損金の引継ぎの際に問題となるみなし共同事業要件と同様です（「Ⅷ-2」参照）。

3 対象資産
「特定資産譲渡等損失額」の対象となる資産とは、
(1) 被合併法人等から適格合併等により移転を受けた資産で、特定資本関係が生ずることから有していたもの（「特定引継ぎ資産」）
(2) 合併法人等が特定資本関係が生ずる前から有していた資産（「特定保有資産」）

となります（法法62の7）。

この場合、特定資産の譲渡益がある場合は、譲渡益を上回る譲渡等損失額の分について損金不算入となります。

具体的には、
　(A) 特定引継資産譲渡等損失額＝（特定引継資産の損失額－特定引継資産の利益額）
　(B) 特定保有資産譲渡等損失額＝（特定保有資産の損失額－特定保有資産の利益額）

として、特定資本関係日以前より保有していた特定引継資産と特定保有資産の純損失の合計額が損金不算入の対象となり、(A)(B)間の損益通算は認められません。

また、「特定資産譲渡等損失額」とあるのは、資産の譲渡による損失だけでなく、評価換え、貸倒れ、除却その他これらの類する事由による損失も対象となります。ただし、災害による資産の滅失・損壊、一定の減価償却資産の除却など、特定の場合の損失は対象となりません（法令123の8⑦）。

　なお、特定引継資産及び特定保有資産に係る譲渡等損失額のうち、以下の表中の資産の譲渡による損失額については損金算入の制限を受けません（法法62の7②、法令123の8⑥⑯）。

①	棚卸資産（土地等を除く。）
②	売買目的有価証券
③	特定適格合併等の日における帳簿価額又は取得価額が1,000万円に満たない資産
④	特定資本関係発生日において含み損のない資産

　上記表中③の帳簿価額又は取得価額が1,000万円に満たない資産の判定単位は次のとおりです。

金銭債権	一の債務者ごと
建物	一棟ごと
機械装置	通常取引される一単位
その他減価償却資産	建物・機械装置に準じて区分する
土地等	一筆ごと（一体として事業のように供されている一団の土地等はその一団の土地等ごと）
有価証券	銘柄ごと
その他の資産	通常の取引単位

　また、上記表中④については、合併事業年度の確定申告書に一定の明細書の添付があり、かつ、特定資本関係発生日の価額の算定基礎となる書類その他財務省令で定める書類(注)を保存している場合に限るとされています（法規27の15②）。

　　(注)　その他財務省令に定める書類とは以下のものをいいます。
　　　⑴　その資産の種類、名称、構造、取得価額、その取得をした日、特定資本関係発生日における帳簿価額その他その資産の内容を記載した書類
　　　⑵　次のいずれかの書類で⑴の資産の特定資本関係発生日における時価を明らかにするもの

イ　その資産の価額が継続して一般に公表されているものであるときは、その公表された価額が示された書類の写し
　　ロ　法人自らが特定資本関係発生日における時価を算定し、これを特定資本関係発生日における時価としているときは、その算定の根拠を明らかにする事項を記載した書類及びその算定の基礎とした事項を記載した書類
　　ハ　イ又はロに掲げるもののほかその資産の価額を明らかにする事項を記載した書類
　(3)　その他参考となるべき事項を記載した書類

　共同事業を行うための組織再編成においては、このような規制はなく、再編後の含み損の実現についてはすべて損金計上できることになります。
　なお、この特定資産の譲渡等損失額の損金不算入額は、別表四において加算・社外流出として申告調整し、別表五の利益積立金額には影響させません。
4　特例
　特定資本関係発生後5年以内に行われた特定適格合併であっても、特定資産を所有していた法人の特定資本関係発生事業年度の直前期末において、含み益がある場合は特定資産譲渡等損失額は全額損金に算入することができます（法令123の9①一）。
　また、特定資本関係発生事業年度の直前期末に含み損がある場合には、含み損相当額を限度として損金算入制限となる金額を計算します（法令123の9①二）。
　この特例計算は、合併法人が、合併事業年度の確定申告において、法人税申告書「別表十四の二」及び「別表十四の二付表」において計算した、合併当事法人の特定資本関係発生事業年度の直前期末の時価純資産価額等の計算明細を添付し、かつ、時価証明書類等を保存している場合に適用されます（法令123の9②）。
　この特定資本関係発生事業年度の直前期末における時価評価は、特定引継資産及び特定保有資産を有していたそれぞれの合併当事法人ごとに行い、時価純資産超過額（含み益）又は簿価純資産超過額（含み損）を別々に計算します。
(1)　時価純資産価額 ≧ 簿価純資産額　の場合（含み益がある場合）
　　適用期間内の特定資産譲渡等損失額はないものとされ、すべての特定資産

譲渡等損失額が損金算入できます。
(2) 時価純資産価額＜簿価純資産価額　の場合（含み損がある場合）
　　簿価純資産超過額（含み損）がある場合は、その含み損を限度として特定資産譲渡等損失額について損金不算入となりますが、以下に該当する金額がある場合は、その合計額を簿価純資産超過額から控除することができます。
① 控除未済欠損金額の繰越制限又は未処理欠損金額の引継制限において、特定資産譲渡等損失額からなる欠損金額として制限を受けた金額の合計額
② その事業年度の前事業年度までに既に損金不算入とされた特定資産譲渡等損失額

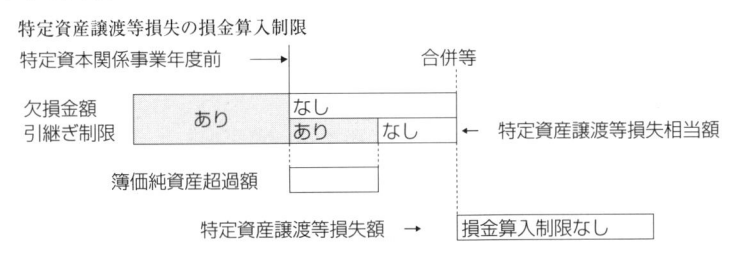

特定資産譲渡等損失の損金算入制限

特定資本関係事業年度前	→	合併等	
欠損金額引継ぎ制限	あり	なし	← 特定資産譲渡等損失相当額
		あり	なし
簿価純資産超過額			
	特定資産譲渡等損失額	→	損金算入制限なし

　すなわち、繰越欠損金の引継ぎ制限に関する特例の適用を受けた場合には、引継ぎ制限を受けた特定資産譲渡等損失相当額については特定資産譲渡等損失の損金算入制限を受けません（別表十四㈣）。

◇ 特定資産譲渡等損失額損金不算入規定フローチャート

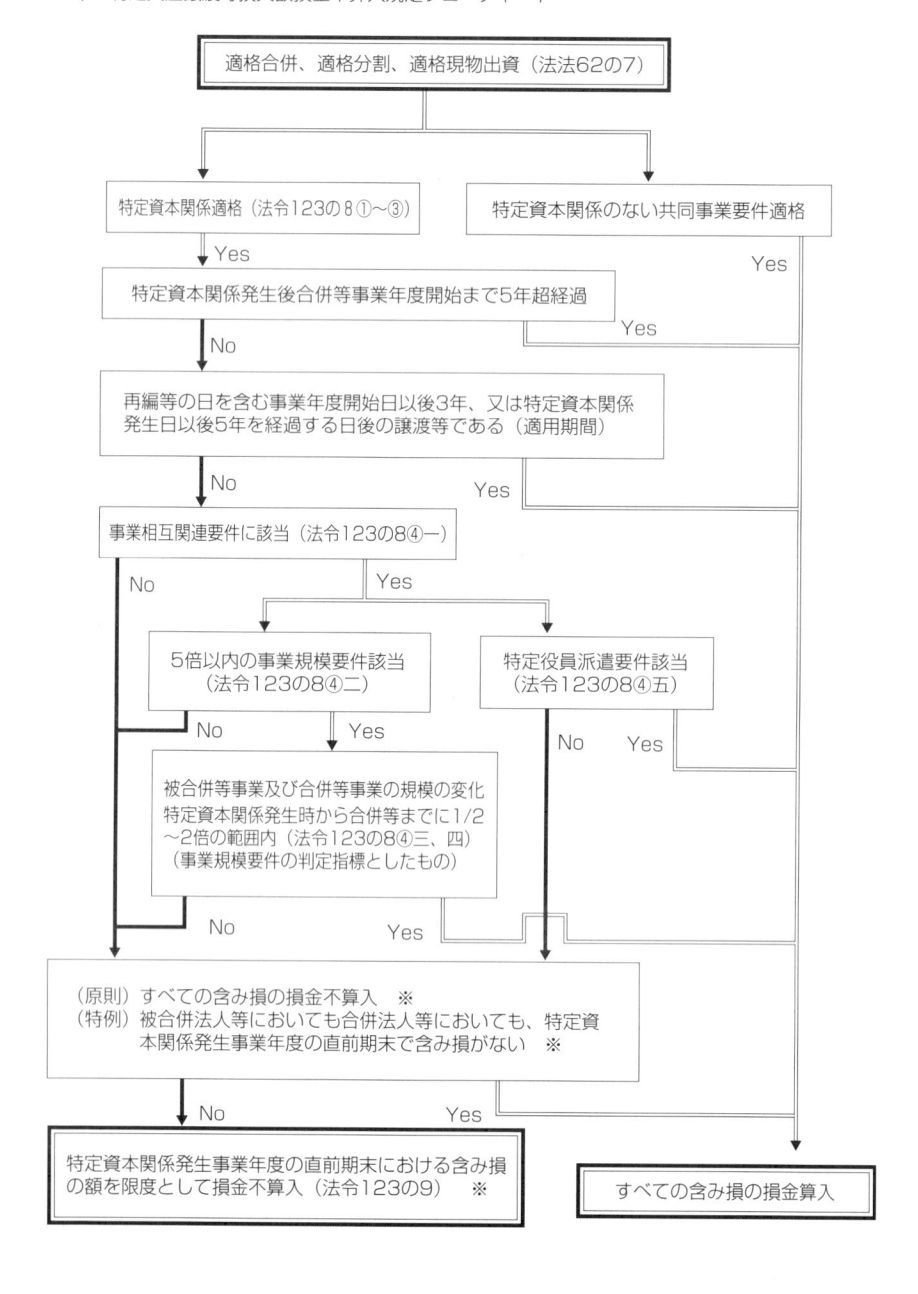

```
                    ┌─────────────────────────────────────────────┐
                    │ 適格合併、適格分割、適格現物出資（法法62の7）│
                    └─────────────────────────────────────────────┘
                         │                            │
                         ▼                            ▼
          ┌──────────────────────────┐   ┌──────────────────────────────┐
          │ 特定資本関係適格         │   │ 特定資本関係のない共同事業要件適格│
          │ （法令123の8①～③）     │   └──────────────────────────────┘
          └──────────────────────────┘              │ Yes
                    │ Yes                           │
                    ▼                               │
          ┌──────────────────────────────────────┐  │
          │ 特定資本関係発生後合併等事業年度     │  │
          │ 開始まで5年超経過                   │  │
          └──────────────────────────────────────┘  │
                    │ No                  │ Yes    │
                    ▼                     │        │
          ┌──────────────────────────────────────┐  │
          │ 再編等の日を含む事業年度開始日以後3年、│  │
          │ 又は特定資本関係発生日以後5年を経過   │  │
          │ する日後の譲渡等である（適用期間）   │  │
          └──────────────────────────────────────┘  │
                    │ No                  │ Yes    │
                    ▼                              │
          ┌──────────────────────────────────────┐  │
          │ 事業相互関連要件に該当（法令123の8④一）│  │
          └──────────────────────────────────────┘  │
              │ No        │ Yes                    │
              │           ├─────────────┐          │
              │           ▼             ▼          │
              │  ┌──────────────┐ ┌──────────────┐ │
              │  │5倍以内の事業 │ │特定役員派遣  │ │
              │  │規模要件該当  │ │要件該当      │ │
              │  │(法令123の8④二)│(法令123の8④五)│ │
              │  └──────────────┘ └──────────────┘ │
              │     │ No    │ Yes    │ No  │ Yes  │
              │     │       ▼                     │
              │     │  ┌─────────────────────────┐ │
              │     │  │被合併等事業及び合併等   │ │
              │     │  │事業の規模の変化 特定資本│ │
              │     │  │関係発生時から合併等まで │ │
              │     │  │に1/2～2倍の範囲内       │ │
              │     │  │(法令123の8④三、四)     │ │
              │     │  │(事業規模要件の判定指標  │ │
              │     │  │としたもの)              │ │
              │     │  └─────────────────────────┘ │
              │     │     │ No       │ Yes        │
              ▼     ▼     ▼          │            │
          ┌──────────────────────────────────────┐ │
          │（原則）すべての含み損の損金不算入 ※  │ │
          │（特例）被合併法人等においても合併法人 │ │
          │  等においても、特定資本関係発生事業   │ │
          │  年度の直前期末で含み損がない ※      │ │
          └──────────────────────────────────────┘ │
                    │ No               │ Yes      │
                    ▼                             │
          ┌──────────────────────────────────────┐ ┌──────────────────────┐
          │特定資本関係発生事業年度の直前期末に  │ │すべての含み損の損金算入│
          │おける含み損の額を限度として損金不算入│ └──────────────────────┘
          │（法令123の9） ※                     │
          └──────────────────────────────────────┘
```

◇ 繰越青色欠損金額の引継ぎ及び損金算入制限　フローチャート

```
┌─────────────────────────────────────────────────────────────────┐
│ 適格合併・合併類似適格分割型分割：被合併法人等の未処理欠損金額の │
│ 引継ぎ（法法57③）                                                │
│ 適格合併・適格分割・適格現物出資：合併法人等の繰越青色欠損金額の │
│ 損金算入制限（法法57⑤）                                          │
└─────────────────────────────────────────────────────────────────┘
           │                                    │
           ▼                                    ▼
  ┌──────────────────────┐          ┌──────────────────────────┐
  │ 特定資本関係適格      │          │ 特定資本関係のない共同   │
  │ （法令112④～⑥）      │          │ 事業要件適格             │
  └──────────────────────┘          └──────────────────────────┘
           │Yes                                  │Yes
           ▼                                    │
  ┌──────────────────────────────┐              │
  │ 特定資本関係発生後合併等事業 │──Yes─────┐   │
  │ 年度開始まで5年超経過         │          │   │
  └──────────────────────────────┘          │   │
           │No                                │   │
           ▼                                  │   │
  ┌──────────────────────────────┐            │   │
  │ 事業相互関連性要件に該当     │            │   │
  │ （法令112⑦⑨）                │            │   │
  └──────────────────────────────┘            │   │
       No│            │Yes                    │   │
         │     ┌──────┴──────┐                 │   │
         │     ▼             ▼                 │   │
         │ ┌─────────────┐ ┌─────────────┐     │   │
         │ │5倍以内の事業│ │特定役員派遣 │     │   │
         │ │規模類似要件 │ │要件に該当   │     │   │
         │ │に該当       │ │（法令112⑦⑨）│    │   │
         │ │（法令112⑦⑨）│└─────────────┘    │   │
         │ └─────────────┘    │Yes             │   │
         │   No│ │Yes          │               │   │
         │     │ ▼             │               │   │
         │  ┌────────────────┐ │               │   │
         │  │被合併等事業及び│ │               │   │
         │  │合併等事業の規模│ │               │   │
         │  │の変化 特定資本 │ │               │   │
         │  │関係発生時から  │ │               │   │
         │  │合併等までに    │ │               │   │
         │  │1/2～2倍の範囲内│ │               │   │
         │  │（法令112⑦⑨）  │ │               │   │
         │  │（事業規模類似  │ │               │   │
         │  │要件の判定指標  │ │               │   │
         │  │としたもの）    │ │               │   │
         │  └────────────────┘ │               │   │
         │    No│       │Yes   │               │   │
         ▼      ▼       ▼      ▼               ▼   ▼
```

（原則）
①特定資本関係発生事業年度前の欠損金額の引継ぎ及び損金算入不可
②特定資本関係発生事業年度以後の特定資産譲渡等損失額に相当する金額からなる欠損金額の引継ぎ及び損金算入不可
（法令112⑧⑩）

（特例）特定資本関係発生直前事業年度終了時の被合併法人等及び合併法人等（法令113）

含み損がある　Yes：
①特定資本関係発生事業年度前の欠損金額の引継ぎ及び損金算入不可
②特定資本関係発生事業年度以後の特定資産譲渡等損失額に相当する欠損金額のうち、上記含み損を限度として引継ぎ及び損金算入不可（上記含み損を超える部分は、特定資本関係発生以後に更に膨らんだ含み損に相当する金額であるため、その部分についての欠損金額は認める）
（法令113①三、④）

含み益＜欠損金　Yes：
①特定資本関係発生事業年度前の欠損金額の引継ぎ及び損金算入については上記含み益を限度とする
②特定資本関係発生事業年度以後の欠損金額については制限はない
（法令113①二、④）

含み益≧欠損金：
被合併法人等の欠損金引継ぎ及び合併法人等の損金算入の制限はない
（法令113①一、④）

VIII　適格合併等・未処理欠損金額の引継ぎ等

Q VIII 6 ■買収した欠損等法人を利用する租税回避行為への対応措置

平成18年度税制改正により、買収した欠損等法人を利用する租税回避行為を防止するための制度が創設されたそうですが、概要を説明してください。

A 買収した欠損等法人を利用する租税回避行為を防止するため、欠損等法人がその買収後5年以内に、買収前の事業の全部廃止、その事業規模を大幅に（概ね5倍）超える資金受入れを行うこと等一定の事由に該当するときは、その該当する日の属する事業年度前において生じた欠損等法人の青色欠損金の繰越控除（法法57の2）とその事業年度開始の日から3年以内に生ずる特定資産譲渡等損失の損金算入（法法61、81の9の2）が制限されます。

ただし、企業再生と区別するため、債務免除等の債務処理が行われる場合等は適用除外とされます。

> 解説

例えば、ある者が欠損金を有する法人を買収した上でその法人の事業を大幅に変更したとしても、その法人の欠損金の繰越控除は何ら制限を受けないものとされていました。

平成18年度税制改正において、欠損金を利用するための買収と認められる場合に、その買収された法人の欠損金の繰越控除を認めない措置が創設されました。

また、欠損金に限らず資産の含み損を利用しても損失の利用が可能となることから、欠損金を有する法人のみならず、資産の含み損を有する法人も本措置の対象とするとともに、その含み損を実現した場合についてもこれを制限する措置も創設されました。

欠損金…適用事業年度（一定の事由に該当する日の属する事業年度）前に生じた欠損金の繰越控除の不適用

資産譲渡等損失…適用事業年度開始の日から3年以内（買収後5年が限度）に生ずる資産譲渡等損失の損金不算入

これらの規定は、平成18年4月1日以後に買収される場合について適用されます。

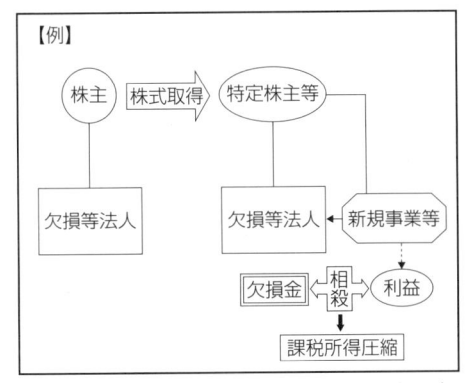

【例】

株主 →(株式取得)→ 特定株主等
株主 → 欠損等法人
特定株主等 → 欠損等法人
新規事業等 → 欠損等法人
新規事業等 → 利益
欠損金 ←(相殺)← 利益
→ 課税所得圧縮

（財務省資料より）

Q VIII 7 ■特定株主等によって支配された欠損等法人の欠損金の繰越しの不適用制度

買収した赤字法人の欠損金の繰越控除を認めない措置について説明してください。

A

(1) 欠損金の繰越控除の不適用

欠損等法人の適用事業年度以後の各事業年度において、適用事業年度前の各事業年度において生じた欠損金額については、法人税法第57条第1項の規定は適用されません（法法57の2①）。すなわち、適用事業年度前の青色欠損金について繰越控除ができません。

(2) 特定支配関係から除外される関係や、適用事由の判定期限を繰り上げる事由が規定されています。

(3) 欠損等法人が組織再編成を行った場合等に被合併法人の未処理欠損金額を引き継げないこととする取扱い等が定められています。

(4) 平成18年4月1日以後に特定支配関係を有することとなる場合における適用事業年度前の各事業年度において生じた欠損金額について適用されます（平18改所法等附32）。

解説

1 欠損金の繰越控除の不適用

法人で他の者との間に他の者による特定支配関係を有することとなったもののうち、その特定支配関係を有することとなった日（以下「支配日」あるいは「特定支配日」といいます。）の属する事業年度（以下「特定支配事業年度」といいます。）において特定支配事業年度前の各事業年度において生じた欠損金額又は評価損資産を有するもの（以下「欠損等法人」といいます。）が、その支配日以後5年を経過した日の前日までに適用事由に該当する場合には、その該当することとなった日（以下「該当日」といいます。）の属する事業年度（以下「適用事業年度」といいます。）以後の各事業年度においては、その適用事業年度前の各事業年度において生じた欠損金額については、法人税法第57条第1項の規定は適用されません（法法57の2）。従って、この場合には、適用事業年度前の青色欠損金について繰越控除ができません。

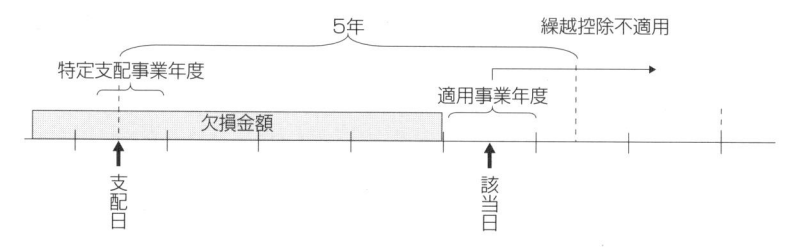

```
         5年              繰越控除不適用
    ┌─────────────┐    ┌──────┐
特定支配事業年度        適用事業年度
┌─────────────────────────────┐
│        欠損金額              │
└─────────────────────────────┘
      ↑                ↑
     支              該
     配              当
     日              日
```

2 特定支配関係

特定支配関係とは、次の(1)又は(2)のいずれかの関係をいいます（法令113の2①）。

(1) 二の法人のいずれか一方の法人（組合関連者（注）を含みます。）が他方の法人の発行済株式又は出資（自己が有する自己の株式又は出資を除きます。以下「発行済株式等」といいます。）の総数（出資にあっては、総額。以下同じ。）の50％を超える数（出資にあっては、金額。以下同じ。）の株式（出資を含みます。）を直接又は間接に保有する関係

ただし、この二の法人が同一の者によってそれぞれの法人の発行済株式等の総数の50％を超える数の株式を直接又は間接に保有される関係がある場合は除かれます（法令113の2①一）。つまり、株式の所有を通じた支配関係の頂点に立つ法人（親法人）と支配される各法人（子法人、孫法人等）との間の関係は特定支配関係に該当しますが、支配される各法人間（いわゆる兄弟会社）の関係は特定支配関係に該当しません。

(2) 一の個人（特殊の関係のある個人及び組合関連者（注）を含みます。）が法人の発行済株式等の総数の50％を超える数の株式を直接又は間接に保有する関係

上記(1)の一方の法人が他方の法人の発行済株式等の総数の50％を超える数の株式を判定は、その一方の法人のその他方の法人に係る直接保有の株式の保有割合とその一方の法人がその他方の法人に係る間接保有の株式の保有割合とを合計した割合により行うこととなります（法令113の2②）。

上記(2)における直接又は間接に保有するかどうかの判定についても同様となります（法令113の2④）。

(注) 組合関連者とは、一の法人又は個人が締結している組合契約等（任意組合契約、投資

事業有限責任組合契約、有限責任事業組合契約並びに外国おけるこれらの契約に類する契約等をいいます。）に係る他の組合員である者をいいます（法令113の2⑤）。

3 特定支配関係から除外される関係

次の事由により生じた関係は、特定支配関係から除外され（法令113の2⑥）、この制度の対象とはなりません。

⑴ 適格合併、適格分割、適格現物出資、適格株式交換又は適格株式移転

ただし、既に他の者による特定支配関係がある法人がその関連者（その他の者による特定支配関係がある者をいいます。）との間にその関連者による特定支配関係を有することとなるものは除外されません。

例えば、親法人と孫法人の間に特定支配関係がある場合に、親法人が子法人に吸収される適格合併が行われるときは、その適格合併により生ずる子法人と孫法人との関係は特定支配関係から除外されません。

⑵ 法人について債務処理計画（注）に基づいて行われるその法人の株式の発行又は譲渡

(注) 会社更生法等による更生手続開始の決定及び法人税法施行令第117条各号（再生手続開始の決定に準ずる事実等）に掲げる事実に関して策定された債務処理に関する計画をいいます。

4 欠損金額と評価損資産

この制度の対象となる法人は、特定支配事業年度において特定支配事業年度前の各事業年度において生じた欠損金額又は評価損資産を有するものとされていますが、この欠損金額と評価損資産はそれぞれ次のとおりです。

⑴ 欠損金額は、青色欠損金の繰越控除の規定（法法57①）の適用を受けるものに限られます（法法57の2①）。なお、この欠損金額には、適格合併や合併類似適格分割型分割に係る被合併法人等の未処理欠損金額で引き継いだもの等も含まれます。

⑵ 評価損資産とは、支配日において含み損を有する資産をいいます。具体的には、その法人が支配日において有する固定資産、土地（土地の上に存する権利を含み、固定資産に該当するものを除きます。）、有価証券（売買目的有価証券及び償還有価証券を除きます。）、金銭債権及び繰延資産並びに資産調整勘定の金額に係る資産で、支配日における価額（資産を法人税法施行規則第27条の15第1項の単位に区分した後のそれぞれの資産の価額をいいます。）

が支配日における帳簿価額（資産区分後のそれぞれの資産の帳簿価額をいいます。）に満たないものをいいます（法令113の2⑦、法規26の5①）。

ただし、その満たない金額がその法人の資本金等の額の2分の1に相当する金額と1,000万円とのいずれか少ない金額に満たないものは評価損資産から除かれています。

資産の区分の単位は次のとおりです（法規27の15①）。

金銭債権	一の債務者ごと
建物	一棟ごと
機械装置	通常取引される一単位
その他減価償却資産	建物・機械装置人準じて区分する
土地等	一筆ごと（いったいとして事業のように供されている一段の土地等はその一段の土地等ごと）
有価証券	銘柄ごと
その他の資産	通常の取引単位

5　適用事由の判定期限（支配日以後5年）を繰り上げる場合

支配日以後5年を経過した日の前日までに適用事由に該当する場合に本制度が適用されることになりますが、次の事実が生じた場合には、この「5年を経過した日の前日まで」は、これらの事実が生じた日までとなります（法令113の2⑨⑩⑪）。

すなわち、特定支配関係の喪失や債務処理等の事実があった場合には、欠損金の利用制限をする必要性がもはやなくなるため、判定期限を繰り上げることによってこの制度の適用を受けないこととなります。

(1) 他の者が有する欠損等法人の株式が譲渡されたことその他の事由により、その欠損等法人が当該他の者による特定支配関係を有しなくなった場合

(2) 欠損等法人の債務につき、次の①②の行為（以下「債務免除等」といいます。）によって欠損等法人に生ずる債務免除益又は債務消滅益の額がその欠損等法人のこれらの行為の日の属する事業年度開始の時における欠損金額（これらの行為の日の属する事業年度の直前の事業年度終了の時における評価損資産の評価損の額の合計額から評価益のある資産の評価益の額の合計額

を控除した金額を含みます。）の概ね90％に相当する金額を超える場合（債務免除等によって消滅する債務の額がその欠損等法人の債務免除等の直前における債務の総額の100分の50に相当する金額を超える場合には、当該消滅による利益の額が当該欠損金額等の概ね100分の50に相当する金額を超えるとき）

(1) その債権者から受ける債務の免除（債権者において寄附金の額に該当しないものに限ります。）

(2) その債権者から受ける自己債権の現物出資

(3) 更生手続開始の決定等（会社更生法等の規定による更生手続開始の決定及び法人税法施行令第117条各号に掲げる事実をいいます。）の事実が生じた場合

(4) 解散（解散後の継続又は資金借入れ等の見込みがないものに限り、特定支配日前の解散及び合併による解散を除きます。）の事実が生じた場合

(5) 連結事業年度の期間中において生じた上記(1)から(4)までに相当する事実が生じた場合

6　適用事由の範囲

適用事由とは、次の(1)から(5)までに掲げる事由をいいます（法法57の2①）。

(1) 欠損等法人が特定支配日の直前において事業を営んでいない場合（清算中の場合を含みます。）において、その特定支配日以後に事業を開始すること（清算中の欠損等法人が継続することを含みます。）

いわゆる休業中の法人を買収し、その後に事業を開始したようなケースが該当します。

(2) 欠損等法人が特定支配日の直前において営む事業（以下「旧事業」といいます。）のすべてをその特定支配日以後に廃止し、又は廃止することが見込まれている場合において、その旧事業のその特定支配日の直前における事業規模の概ね5倍を超える資金の借入れ又は出資による金銭その他の資産の受入れ（合併又は分割による資産の受入れを含みます。以下「資金借入れ等」といいます。）を行うこと

(3) 他の者又は当該他の者との間に特定支配関係（欠損等法人との間の当該他の者による特定支配関係を除きます。）がある者（以下「関連者」といいま

す。）が当該他の者及び関連者以外の者から欠損等法人に対する特定債権を取得している場合において、旧事業の5倍を超える資金借入れ等を行うこと

① 取得する債権についてその取得後に債務の免除等を行うことが見込まれる場合にあっては、債権の取得が欠損金等を利用する目的とはいえないことから、この事由には当たらないこととされています（法法57の2①三）。

② 特定債権とは、欠損等法人に対する債権でその取得の対価の額がその債権の額の50％に相当する金額に満たない場合で、かつ、その債権の額の取得の時における欠損等法人の債務の総額のうちに占める割合が50％を超える場合におけるその債権をいいます（法令113の2⑲）。

③ 特定支配日前に特定債権を取得している場合も上記(3)の事由に含まれますが、その特定債権につきその特定支配日以後に債務の免除又は欠損等法人に対する現物出資（これらの行為により消滅する債務の額が欠損等法人の債務の総額の50％に相当する金額を超える場合のこれらの行為に限ります。）が行われることが見込まれている場合は、上記(3)の事由から除かれています（法令113の2⑳）。

(4) 上記(1)から(3)までの場合において、その欠損等法人が自己を被合併法人又は分割法人とする法人税法第57条第2項（被合併法人等の未処理欠損金額の引継ぎ）に規定する適格合併等を行うこと

これは、適用事由に該当する直前の欠損等法人が、これに該当することを回避するために、合併等による組織再編成を利用することを防止するために設けられたものです。

(5) 欠損等法人が特定支配関係を有することとなつたことに基因して、欠損等法人の特定支配日の直前の役員（注）のすべてが退任（業務を執行しないものとなることを含みます。）をし、かつ、特定支配日の直前において欠損等法人の業務に従事する使用人（以下「旧使用人」といいます。）の総数の概ね20％以上に相当する数の者が欠損等法人の使用人でなくなった場合において、欠損等法人の非従業事業（旧使用人が特定支配日以後その業務に実質的に従事しない事業をいいます。）の事業規模が旧事業の特定支配日の直前における事業規模の概ね5倍を超えることとなること

(注) 役員とは、社長、副社長、代表取締役、代表執行役、専務取締役若しくは常務取締役

又はこれらに準ずる者で法人の経営に従事している者に限ります（法令113の2⑳）。
　ただし、欠損等法人の事業規模算定期間（注）における非従事事業の事業規模（その事業規模算定期間においてその欠損等法人を合併法人、分割承継法人又は被現物出資法人とする合併、分割又は現物出資でそれぞれ共同事業を営むための組織再編成の要件のすべてを満たすものを行っている場合には、その合併、分割又は現物出資により移転を受けた事業に係る部分を除きます。）がその事業規模算定期間の直前の事業規模算定期間における非従事事業の事業規模の概ね5倍を超えない場合については、上記(5)の事由から除かれます（法令113の2⑳）。
(注)　非従事事業の事業規模算定期間とは、支配日以後期間（欠損等法人の特定支配日以後の期間を1年ごとに区分した期間をいいます。）又は支配日以後事業年度等（欠損等法人の特定支配日の属する事業年度又は連結事業年度以後の事業年度又は連結事業年度をいいます。）をいいます（法令113の2⑫）。

7　組織再編成が行われた場合

　欠損等法人が該当日以後に、合併、分割又は現物出資を行った場合に、被合併法人の未処理欠損金額を引き継ぎができないこととされています（法法57の2②）。

(1)　欠損等法人が該当日以後に自己を合併法人又は分割承継法人とする適格合併等を行う場合には、その被合併法人又は分割法人の未処理欠損金額等について、未処理欠損金額等の引継ぎ規定（法法57②③⑦）は適用されません。
　ただし、その適格合併等が欠損等法人の適用事業年度開始の日以後3年を経過する日（その経過する日が特定支配日以後5年を経過する日後となる場合にあっては、同日）後に行われるものである場合には、未処理欠損金額等のうち、これらの生じた事業年度等開始の日が適用事業年度開始の日前であるものに限られます（法法57の2②一）。

(2)　欠損等法人が該当日以後に自己を合併法人、分割承継法人又は被現物出資法人とする適格合併等を行う場合には、その欠損等法人の適用事業年度前の各事業年度において生じた欠損金額について、みなし共同事業要件を満たさない適格合併等を行った場合の自己の欠損金額の制限規定（法法57⑤）は、適用されません（法法57の2②二）。

(3)　欠損等連結法人が該当日以後に分割型分割を行う場合又は連結納税の承認

の取消し等の場合に該当する場合には、その欠損等連結法人の適用連結事業年度前の各連結事業年度において生じた連結欠損金個別帰属額を青色欠損金額とみなす規定（法法57⑥）は、適用されません（法法57の2③）。

(4) 上記(1)の適格合併等が行われる場合には、その適格合併等が特定資本関係があるみなし共同事業要件を満たさない適格合併等に該当する場合には、その未処理欠損金額等について引継ぎ制限を受けることになりますが、この制限を受ける金額について時価純資産価額を基礎とした特例計算規定（法令113①④）を適用することはできません（法令113の2⑳）。

(5) 法人が欠損等法人との間で自己を合併法人又は分割承継法人とする適格合併等を行う場合には、その欠損等法人の適用事業年度前の各事業年度において生じた未処理欠損金額等について、引継ぎ規定（法法57②③⑦）は、適用されません（法法57の2④）。

つまり、欠損等法人の適用事業年度前の欠損金額は、青色欠損金の繰越控除が不適用とされるだけでなく、適格合併等によって他の法人への引継ぎもできないこととされています。

Q VIII 8 ■特定株主等によって支配された欠損等法人の資産の譲渡等損失額の損金不算入制度

買収した赤字法人の資産を譲渡することにより生ずる損失の金額の取扱いについて説明してください。

A
(1) 欠損等法人の適用期間において生ずる特定資産の譲渡等による損失の額は、その欠損等法人の各事業年度の所得の金額の計算上、損金の額に算入しません（法法61①）。なお、連結納税制度においても同様の取扱いとされています（法法81の3）。

(2) 適格合併等によりその有する特定資産をその合併法人等に移転した場合には、その合併法人等を欠損等法人とみなします（法法61②）。

(3) 特定資産に係る譲渡等損失額の損金不算入制度等との適用関係の調整について、本制度の適用が優先されます（法法62の7④～⑥、法令112⑧）。

(4) 平成18年4月1日以後に終了する事業年度の所得に対する法人税について適用されます（平18改所法等附34①）。

解説

1 損金不算入の内容

欠損等法人の適用期間において生ずる譲渡、評価換え、貸倒れ、除却その他これらに類する事由による損失の額（特定資産の譲渡又は評価換えによる利益の額がある場合には、これらを控除した金額）は、その欠損等法人の各事業年度の所得の計算上、損金の額に算入しません（法法61①）。

なお、特定資産の評価換えにより生じた損失の額につき資産の評価損の損金算入規定（法法33②）の適用のある場合又はその特定資産の評価損につき連結納税や株式交換等の時価評価課税（法法61の11①、61の12①、62の9①）の適用がある場合には、これらの評価換損失額又は評価損は、上記損失の額として損金の額に算入しません。（法令118の3②）。

2 適用時期

欠損等法人の適用事業年度又は適用連結事業年度開始の日から同日以後3年を経過する日までの期間が適用期間となります（法法61①）。ただし、その3年を経過する日が特定支配日以後5年を経過する日よりも後の日となる場合に

はその5年を経過する日までと、連結納税や株式交換等の時価評価課税（法法61の11①、61の12①、62の9①）の適用を受ける場合にはその適用を受ける事業年度終了の日までとなります。

　（注）　欠損等法人には、特定支配日に評価損資産を有する欠損等連結法人が含まれます（法法61①）。

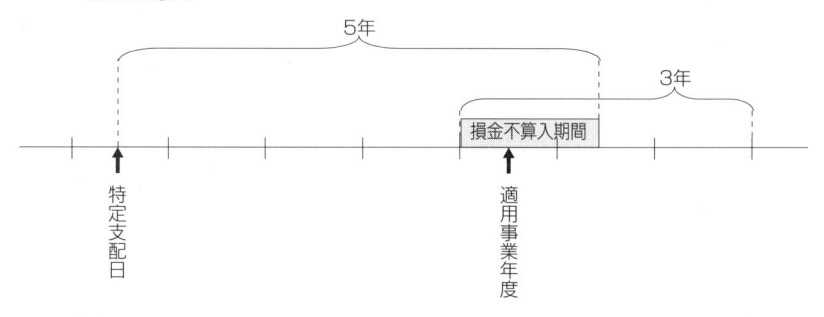

```
          5年                              3年
┌──────────────────────┐          ┌──────┐
                          ┌────────┐
                          │損金不算入期間│
                          └────────┘
  ↑                          ↑
 特定                       適用
 支配                       事業
 日                         年度
```

3　特定資産の範囲

　特定資産とは、欠損等法人が特定支配日において有し、又は適格分割等（注）により移転を受けた固定資産、土地（土地の上に存する権利（土地等という。）を含み、固定資産に該当するものを除きます。）、有価証券（売買目的有価証券及び償還有価証券を除きます。）、金銭債権及び繰延資産並びに資産調整勘定の金額に係る資産をいいます（法法61①、法令118の3①）。つまり、棚卸資産（土地等を除く。）や売買目的有価証券等は対象外となります。ただし、これらの資産のうち、特定支配日又は適格分割等の日における価額（資産を法規27の15①の単位に区分した後のそれぞれの価額をいいます。）とその帳簿価額（資産を単位に区分した後のそれぞれの帳簿価額をいいます。）との差額が特定支配日又は適格分割等の日における欠損等法人の資本金等の額の2分の1に相当する金額と1,000万円とのいずれか少ない金額に満たないものは除きます。

　（注）　特定支配関係がある他の者を分割法人若しくは現物出資法人とする適格分割若しくは適格現物出資又は関連者を被合併法人、分割法人若しくは現物出資法人とする適格合併、適格分割若しくは適格現物出資をいいます。

4　適格組織再編成が行われた場合

　欠損等法人がその適用期間内に自己を被合併法人、分割法人、現物出資法人又は事後設立法人とする適格合併等によりその有する特定資産をその合併法人

等に移転した場合には、その合併法人等を欠損等法人とみなすこととされています（法法61②）。これにより、合併法人等は、適格合併等により欠損等法人から移転を受けた特定資産に係る損失の額について、上記1の取扱いを受けることになります（法令118の3③）。

5　他の制度との調整

本制度と特定資産に係る譲渡等損失額の損金不算入制度等との適用関係の調整について、次の(1)から(4)までに定められています（法法62の7④～⑥、法令112⑧）。

(1)　法人が特定資本関係法人又は被合併法人等（特定適格合併等の直前に欠損等法人であるものに限ります。）から特定適格合併等（本制度の適用期間内に行われるものに限ります。）により移転を受けた資産については、特定資産に係る譲渡等損失額の損金不算入制度は、適用しません（法法62の7④）。

(2)　欠損等法人が本制度の適用期間内に特定適格合併等を行った場合には、その欠損等法人が有する資産については、特定資産に係る譲渡等損失額の損金不算入制度は、適用しません（法法62の7⑤）。

(3)　法人が特定適格合併等後に欠損等法人となり、かつ、本制度の適用期間が開始したときは、特定資産に係る譲渡等損失額の損金不算入制度の適用期間は、本制度の適用期間開始の日の前日に終了します（法法62の7⑥）。

(4)　特定資本関係がある法人間でみなし共同事業要件を満たさない適格合併等を行った場合に合併法人等の欠損金額とみなされない金額の計算の基礎となる被合併法人の対象事業年度から、本制度の適用期間を除きます（法令112⑧）。

すなわち、本制度の適用期間においては、次のように本制度の適用が優先されます。

①　特定資産に係る譲渡等損失額の損金不算入制度等は適用されません。

②　特定資産に係る譲渡等損失額の損金不算入制度等の適用期間内に本制度の適用期間が開始した場合には本制度が優先されます。

③　本制度の適用期間において生じた欠損金額については引継ぎ制限の対象から除かれます。

IX 合併・交換比率の算定及び自己株式買受価額の算定実務

■合併比率・交換比率

Q IX 1 合併比率や株式交換における交換比率など企業組織再編の場面においては、単に財産評価基本通達の定めに従った評価で比率を算定してもよいでしょうか。またDCF法など他の手法で算定すべきなのでしょうか。

A

(1) 中堅中小企業における組織再編において、合併比率や株式交換における交換比率などの比率を決定する場合、算定方法には、絶対的・科学的算定方法が存在するわけではなく、当事会社の株主及び税務当局を納得させることが重要であって、実務的には、財産評価基本通達における「取引相場のない株式」の評価のうち、純資産評価方式にて行うケースがあります。

(2) この場合には、所得税基本通達59-6、法人税基本通達9-1-14における中心的同族株主である場合の価額（土地と有価証券等をその時の価額とした純資産価額方式法人税等非控除型）又は小会社方式で同純資産額と類似業種比準価額の50％併用方式を拠り所とし、同一の方式に基づく（含む微調整）算定方式であれば、評価の安全性や納得性が得やすいものと思われます。

(3) ただし、吸収分割（分社型、分割型）においては、分割法人における分割部分につき、類似業種比準価額の算定は事実上不可能であるので、純資産価額方式による「切り出し」価額算定方式が実務的です。

(4) もっとも、第三者や上場会社が関係する組織再編実務においては、一要素にのみ着目した会社価値の測定には限界があることから、資産面、収益面、キャッシュフローなど各側面に着目した評価額を算出し、最終的に各評価額を併用する併用方式も採用されていますので検討課題です（**IX-2参照**）。

解説

1　組織再編における各比率
(1)　合併比率

合併比率とは、消滅会社の旧株式1株に対して割り当てられる新株式の比率、すなわち合併当事会社のそれぞれの価値の比較です。

$$合併比率 = \frac{被合併法人の1株当たりの価額}{合併法人の1株当たりの価額}$$

合併比率は、株主の利益に直接影響を及ぼす重要項目であり、合併比率算定書は、合併承認株主総会の開日の2週間前から合併期日6か月を経過するまで、各本店に備え置かなければなりません。

(2)　分割比率

吸収分割のうち、分割承継会社の株式を最終的に分割会社の株主が取得する分割型吸収分割では、分割会社の分割部分と吸収会社の企業評価額に基づいて分割比率が算定されます。具体的には、分割承継法人の1株当たりの価額を分母とし、分割法人の分割部分の価額を分割法人の発行済株数で除した価額を分子とした数が、分割比率となります。

$$分割型吸収分割の分割比率 = \frac{(分割法人の分割部分の価額 \div 分割法人の発行株数)}{分割承継法人の1株当たりの価額}$$

(3)　株式交換比率・株式移転比率

株式交換比率とは、株式交換において、完全親会社となる会社が、完全子会社となる会社の株主に対して、完全子会社株式1株に対して、完全親会社の新株を何株割り当てるかを求める比率です。つまり、完全親会社の1株当たりの株式価値と完全子会社の1株当たりの株式価値との比率を意味しています。

$$株式交換比率 = \frac{完全子会社となる会社の1株当たりの株式価値}{完全親会社となる会社の1株当たりの株式価値}$$

株式交換は、合併類似の組織行為であり、株式交換比率の決定は、株式交換後の株主構成に影響を与えるため公正に決定されなければならず、会社法上、交換比率算定理由書を開示することが要求されています。

2　中小企業の組織再編における比率算定
(1)　財産評価基本通達における「取引相場のない株式」の評価

中小企業の組織再編において、合併比率や株式交換における交換比率などの

比率を決定する場合、算定方法には、絶対的・科学的算定方法が存在するわけではなく、当事会社の株主及び税務当局を納得させることが重要であって、実務的には、財産評価基本通達における「取引相場のない株式」の評価を拠り所にするケースが多いと思われます。

この場合には、所得税基本通達59－6、法人税基本通達9－1－14における中心的同族株主である場合の価額（土地と有価証券等をその時の価額とした純資産価額方式法人税等非控除型）又は小会社方式で同純資産額と類似業種比準価額の50％併用方式を採用し、同一の尺度に基づく（含む微調整）算定方式であれば、評価の安全性や納得性が得やすいものと思われます。

同族株主間での合併存続法人、合併消滅法人の株式保有割合が異なる場合には株主間での実質的な会社資産に対する持分の移転が生じ、株主が親族である場合には、相続税法第9条の規定によりその他の利益の享受として贈与とみなし、贈与税の課税対象とみなされることがあるので注意が必要です。

非適格合併においては被合併法人の最終事業年度の法人税等は合併法人に承継されるので、純資産価額方式で計算するときは、現実に課税される法人税等を織り込むことになります。

(2) 関係通達
① 法基通9－1－14 （上場有価証券等以外の株式の価額の特例）

　法人が、上場有価証券等以外の株式（9－1－13の(1)及び(2)に該当するものを除く。）について法第33条第2項《資産の評価換えによる評価損の損金算入》の規定を適用する場合において、事業年度終了の時における当該株式の価額につき「財産評価基本通達」の178から189－7まで《取引相場のない株式の評価》の例によって算定した価額によっているときは、課税上弊害がない限り、次によることを条件としてこれを認める。
(1) 当該株式の価額につき財産評価基本通達179の例により算定する場合 （同通達189－3の(1)において同通達179に準じて算定する場合を含む。）において、当該法人が当該株式の発行会社にとって同通達188の(2)に定める「中心的な同族株主」に該当するときは、当該発行会社は常に同通達178に定める「小会社」に該当するものとしてその例によること。
(2) 当該株式の発行会社が土地（土地の上に存する権利を含む。）又は証券取引所に上場されている有価証券を有しているときは、財産評価基本通達185の本文に定める「1株当たりの純資産価額（相続税評価額によって計算した金額）」の計

算に当たり、これらの資産については当該事業年度終了の時における価額によること。
(3)　財産評価基本通達185の本文に定める「1株当たりの純資産価額（相続税評価額によって計算した金額）」の計算に当たり、同通達186－2により計算した評価差額に対する法人税額等に相当する金額は控除しないこと。

② 所基通59－6（株式等を贈与等した場合の「その時における価額」）

　　法第59条第1項の規定の適用に当たって、譲渡所得の基因となる資産が株式（株式の引受けによる権利及び新株引受権を含む）である場合の同項に規定する「その時における価額」とは、23～35共－9に準じて算定した価額による。この場合、23～35共－9の(5)ニに定める「1株又は1口当たりの純資産価額等を参酌して通常取引されると認められる価額」とは、原則として、次によることを条件に、「財産評価基本通達」（法令解釈通達）の178から189－7まで（（取引相場のない株式の評価））の例により算定した価額とする。
(1)　財産評価基本通達188の(1)に定める「同族株主」に該当するかどうかは、株式等を譲渡又は贈与した個人の当該譲渡又は贈与直前の保有株式数により判定すること。
(2)　当該株式の価額につき財産評価基本通達179の例により算定する場合（同通達189－3の(1)において同通達179に準じて算定する場合を含む。）において、株式等を譲渡又は贈与した個人が当該株式の発行会社にとって同通達188の(2)に定める「中心的な同族株主」に該当するときは、当該発行会社は常に同通達178に定める「小会社」に該当するものとしてその例によること。
(3)　当該株式の発行会社が土地（土地の上に存する権利を含む。）又は証券取引所に上場されている有価証券を有しているときは、財産評価基本通達185の本文に定める「1株当たりの純資産価額（相続税評価額によって計算した金額）」の計算に当たり、これらの資産については、当該譲渡又は贈与の時における価額によること。
(4)　財産評価基本通達185の本文に定める「1株当たりの純資産価額（相続税評価額によって計算した金額）」の計算に当たり、同通達186－2により計算した評価差額に対する法人税額等に相当する金額は控除しないこと。

(3)　営業権
①　営業権の評価問題

　相続税法基本通達で純資産価額方式で評価する場合には営業権を評価しなければならない場合があります。相続税基本通達では、「法に規定する「財産」とは、金銭に見積ることができる経済的価値のあるすべてのものをいうのである」として、「財産には、法律上の根拠を有しないものであっても経済的価値

が認められているもの、例えば、営業権のようなものが含まれること。」と営業権についても評価することを明確にしているからです（相基通11の2-1）。すなわち、自社株評価においては有償取得であるか自己創設であるか問わず、一定の計算式に従って営業権が計算されます。

また、営業権に当たって用いる基準年利率が1.5％まで下がった（財基通4-4）結果、一定の会社では、財産評価基本通達の計算上「営業権」が「発生」する結果になります。

このような1.5％等の低い基準年利率によって営業権を計算することは問題がありますが、最終的には個別の判断によって計算することになります。

② 営業権評価の算式

営業権の価額は、次の算式によって計算した価額と課税時期を含む年の前年の所得の金額（営業権の価額が相当高額であると認められる著名な営業権については、その所得の金額の3倍の金額）とのうちいずれか低い金額に相当する価額によって評価するとされています（財基通165（営業権の評価））。

すなわち、超過利益金額が10年継続すると見込む評価方法を採用し、超過利益金額を基準年利率による複利年金現価率にて現在価値を算定することとしています。

$$\text{平均利益金額} \times 0.5 - \text{企業者報酬の額} - \text{総資産価額} \times \text{営業権の持続年数（原則として、10年とする。）に応ずる基準年利率} = \text{超過利益金額}$$

$$\text{超過利益金額} \times \text{上記の営業権の持続年数に応ずる基準年利率による複利年金現価率} = \text{営業権の価額}$$

■収益還元方式及びDCF方式

Q IX 2 中小企業でも、第三者や上場会社が関係する組織再編実務などにおいて、一要素にのみ着目した会社価値の測定には限界があることから、資産面、収益面、キャッシュフローなど各側面に着目した評価額を算出し、最終的に各評価額を併用する併用方式も採用されていますが、具体的にどのように算定するのでしょうか。

A 第三者や上場会社が関係する組織再編実務などにおいては純資産評価のみではなく、評価の安全性、予測可能性といった課税目的に拘束されない、資産面、収益面、キャッシュフローなど各側面に着目した評価額を算出する場合が考えられます。

解説

1 組織再編における非公開会社の株価

課税計算の目的でない株式の評価（＝時価）算定が要請される事例として、反対株主の買取請求権の行使、新株予約権の行使等のほか、企業の買収・合併等組織再編の場面での株式評価が典型例として挙げられます。これについては、次のようにいわれています。

「反対株主の買取請求権の行使、新株予約権の行使等の商法上の株式評価については、現在では、各側面から企業を評価した評価額を併用する併用方式による評価が定着している。株式交換、合併等の組織再編において、株価算定が要請される第一の目的は、交付比率算定である。交付比率は旧株に対する新株の割当てのために求められ、当事会社間の発行株式の価値を調整する機能を有している。

交付比率の算定方法には、絶対的・科学的算定方法が存在するわけではない。結局は、当事会社の株主を納得させることが重要であって、そのためにも比率算定までの過程が明らかにされる必要があり、商法においてその開示が要請されているところである。

また、交付比率が適正であるためには、その算定の基礎となる当事会社それぞれの株式の評価が適正であることが前提となる。従って、各企業の個別評価

額の応用ともいえるわけであるが、ここでは、評価の安全性、予測可能性といった課税目的に拘束されない評価を求めていることが特徴的である。」（緑川正博　著「非公開株式の評価」216頁　ぎょうせい）

　すなわち、組織再編における非公開会社の株価は原則として収益還元方式、純資産価額方式及び比準方式をそれぞれ算出し、それらを組み合わせた併用方式により評価しているケースがあります。

　「併用割合について、数字を前後して優先度合をつける場合には、その理由が重要である。評価額が２つあればそれぞれ50％の併用、評価額が３つあれば３分の１ずつ、４つあれば４分の１ずつの併用と、平均的にそれぞれの評価額を併用する場合には、ある意味では評価方式の妥当性さえ主張されていれば、その評価額に問題はないと思慮される。しかし、いずれかの評価額にウエイト付けをした場合は、そのウエイトの理由が重要であり、株主に対して説明されなければならず、そのために開示が要請されているともいえる。」（前掲書226頁）

2　税務上の収益還元方式

　前掲書によれば、「税務上の非公開株式の主な評価規定である財産評価基本通達においては、少数株主が所有する株式の評価方式として収益還元方式（配当還元方式）が採用されており、同族株主などの大株主が所有する株式の評価方式として収益還元方式は採用されていない。仮に同族株主の株式評価として収益還元方式が採用される場合には、当該企業の収益全額を資本還元率で除す収益還元方式が適すると考えられるが、過去の相続税の判決において「将来収益の評定に難がある」として、その適用が退けられていることもある。税務上、収益面に関する評価といった場合には、もっぱら類似業種比準方式による調整ですませられているといえる。」（前掲書226頁）

　併用方式においては類似業種比準方式による調整も許容されるものと思われます。

3　ディスカウントキャッシュフロー（DCF）法

　事業計画の見方により、過去延長型又は予測によりフリーキャッシュフローを求め、それを現在価値に割り引く方式です。

　DCF計算実務において用いられる割引率（資本コスト）は一般に、CAPM

(Capital Asset Pricing Model)理論によって算定した株主資本コストと負債コストとの加重平均資本コスト、すなわちWACC（Weighted Average Cost of Capital）に基づいて算出しています。

WACCの算式は次のとおりです。

$$WACC = \frac{D}{D+E} \times (1-T) \times rd + \frac{E}{D+E} \times re$$

D：有利子負債の時価　　rd：負債コスト
E：株主資本の時価　　　re：株主資本コスト
T：実効税率

株主資本コスト（re）は資本資産評価モデル（CAPM: Capital Asset Pricing Model）により算出され、CAPMモデルの算式は次のとおりです。

$$re = rf + \beta \times (rm - rf)$$

rf：リスクフリーレート
β：任意の株式の市場全体に対する相対的変化率（市場感応度）
（rm－rf）：マーケットリスクプレミアム（株式投資収益率―リスクフリーレート）

ここで、リスクフリーレートは、10年国債利回り（例として約1.5％）を使用し、投資収益率は基本的にTOPIXをベースにしたリターン（配当込み）を使用するケースが多くなります。

簡略にいえば、

割引率＝自己資本コスト＋負債コスト
自己資本コスト＝1.5％＋市場感応度×マーケットリスクプレミアム

しかし、非現実的な事業計画に基づいた収益向上を認めてしまうと、評価額が非常に高額になるため注意しなければなりません。

4　比準方式

前掲書によれば、「比準方式による場合には、ほとんどの場合が、相続税評価額において採用している類似業種比準方式ではなく、類似会社比準方式によっている。これは、両方式が同様に、評価会社の株価を業種が類似する公開会社の株価を通して、市場価格にスライドさせる手法であるものの、類似業種比準方式の場合の類似業種は、その業界の平均値であり、標本会社も明らかに

されていないことが一因である。従って、画一的な評価が求められず、評価会社の個別の価値を厳密に算定するには、類似会社比準方式の方がより優れているといえる。」（前掲書229頁）と指摘されています。

Q IX 3 ■自己株式の買受価額

非公開会社（非上場会社）における自己株式の買受価額の算定は、実務の課題ですが、具体的にどのように算定し、どのような点に留意する必要がありますか。

A

非公開会社の株式の価額については、税法上、支配株主価額と少数株主価額があり、実務上難しいテーマであります。自己株式の買受けにおける適正時価は、法人株主の場合は法人税基本通達9-1-14、個人株主の場合は所得税基本通達59-6を考慮しつつ、譲渡者たる株主の立場から適正な買受価額を決定していくことと考えられます。

解説

1　自己株式の適正な時価と買受価額

非公開会社の株式の時価をどのように算定し決定するかは、税務上、非常に難しい問題の1つです。純粋な第三者間取引の場合は、当事者同士の交渉によって成立する価額が時価といえることから、恣意性がない限り税務上のトラブルは少ないと思われます。

しかし、同族関係者間における取引など、恣意性が介入しやすいと受け取られる場面での株式の価額の決定には、常に税務上適正かどうかの判断が必要となります。

非公開会社の自己株式の時価は、税務では、法人税基本通達9-1-14、所得税基本通達59-6等に従って決定することになります（関係通達についてはIX-1参照）。公開会社の株式の価額については、取引相場が存在することから「一物一価」ですが、非公開会社の株式の価額については、税法上、支配株主価額と少数株主価額があり、以下のような「一物三価」が存在します。

① 法人等に譲渡する場合の中心的同族株主の株式評価
② 財産評価基本通達上の原則評価
③ 財産評価基本通達上の例外評価

更に、非公開会社の株式の時価について、譲渡者（売り手）か取得者（買い手）か、また、法人か個人かによって、それぞれの立場での価額が複数存在することになります。

〈評価の判断〉

財産評価基本通達	取得者の取得後の株数によって判断
法人税基本通達	財産評価基本通達に準拠
所得税基本通達	譲渡者の譲渡直前の株数によって判断

　このことから、実務においては税務上のトラブルの発生しにくい、高額となる原則的評価額（法人税基本通達9－1－14又は所得税基本通達59－6に定める㋐純資産価額方式（法人税等非控除型）又は㋑小会社方式）にて買受けを行わなければならないか、との疑義が生じます。

　財産評価基本通達及び法人税基本通達では、これまで、非公開株式の売買においては、取得者（買い手）の立場における価額を適正時価として判定してきましたが、平成12年12月に発遣された所得税基本通達59－6では、譲渡者（売り手）の立場で適正時価を判定すると規定しました。

　自己株式の買受けについては、通常の取引とは異なり、売買価格の決定権は取得者（買い手）にはありません。自己株式の買受けは、もっぱら譲渡者（売り手）である株主の要請に対して、株主総会が決議することによって成立する取引であり、取得者（買い手）である発行法人（取締役会）においては、総会決議の授権に基づき執行する立場でしかありません。従って、自己株式の買受けの場合の時価は、取引の実態から見て、所得税基本通達59－6における譲渡者（売り手）たる株主の立場で判定することが合理的であるといえます。

　従って、自己株式の買受けにおける適正時価は、法人株主の場合は、法人税基本通達9－1－14、個人株主の場合は、所得税基本通達59－6を考慮しつつ、譲渡者たる株主の立場から適正な買受価額を決定していくことと考えられます。

　この場合、時価の算定は、法人税基本通達9－1－14及び所得税基本通達59－6の規定によって、以下のように評価します。

① 　中心的同族株主は、法人税基本通達9－1－14又は所得税基本通達59－6に定める㋐純資産価額方式（法人税等非控除型）又は㋑小会社方式

② 　中心的同族株主以外の同族株主は、財産評価基本通達に定める原則的評価方式

③　財産評価基本通達に定める例外評価に該当する株式については、課税上特に弊害がない場合に限り例外評価（配当還元方式）

2　同一年度内の複数買受

　複数の立場の違う株主から自己株式を買い受けようとする場合、税務上の適正時価を評価すると、ある株主は純資産価額方式による高い価額、また別の株主は配当還元方式による低い価額となる場合があります。この場合、同一事業年度内であっても、その都度、適法に決議を行っていれば、複数の買受価額が存在することは可能であると思われます。

3　自己株式の買受けが低額で行われた場合の株主持分価値の贈与税課税

　自己株式の買受けが低額で行われた場合、他の株主（譲渡株主以外の株主）の株式持分価値に変動が生じることになり、その変動部分について、贈与税の課税問題が生じる可能性があります（相基通9－2）。この場合の低額買受けとは、当該株主の立場で評価した適正時価と買受価額の比較ではなく、他の株主との株式持分価値との比較において低額な場合をいいます。

　自己株式の低額買受けの場合は、他の株主の株式持分価値が上昇します。その場合、譲渡株主から他の株主に対する贈与税課税、特に、同族会社が、同族関係者以外の従業員等から「配当還元価額」程度の価額で自己株式を買い受けた場合、配当還元価額は、通常、原則的評価額に比べて低額となるので、同族株主等に対する贈与税課税に発展する可能性があると考えられます。

　このような場合、同価額程度にて処分される見込みの場合は、贈与税課税の問題はないと思われます。例えば、会社が従業員等から「配当還元価額」程度の価額で自己株式を買い受け、ほぼ同額で他の従業員等に売却処分するような場合です。逆に、処分の見込み又は計画がまったくないときは、自己株式の買受けの段階で、この贈与税課税の問題が生じる可能性があります。（参照：尾崎　三郎　監修「詳説　自社株評価Q＆A」清文社）

X 組織再編等と株式の評価

■現物出資等受入差額

Q X 1
評価会社に現物出資などにより受け入れた資産がある場合、1株当たりの純資産価額の計算において控除する評価差額に対する法人税額等相当額の計算はどのようになりますか。

A
現物出資等により受け入れた資産の受入価額が著しく低いときは、現物出資等時点での相続税評価額等との差額は、控除の対象とされません。

解説

1　評価会社の有する各資産の中に、現物出資、合併、株式交換又は株式移転により著しく低い価額で受け入れた資産（以下「現物出資等受入資産」といいます。）がある場合は、1株当たりの純資産価額の計算において、評価差額に対する法人税額等に相当する金額のうち、次の現物出資等受入差額の金額は、控除の対象とされません（財基通186-2）。

$$\text{評価差額に対する法人税額等に相当する金額} = \{(A) - (B) + \text{現物出資等受入差額}\} \times 42\%$$

(A)：評価時期における相続税評価額による純資産価額

(B)：評価時期における各資産の帳簿価額の合計額から評価時期における各負債の帳簿価額の合計額を控除した金額

現物出資等受入差額：現物出資、合併、株式交換又は株式移転の時における現物出資等受入資産の相続税評価額（注）から現物出資等受入資産の帳簿価額を控除した金額

(注)　評価時期における現物出資等受入資産の相続税評価額が、現物出資等時の相続税評価額以下である場合は、評価時期における相続税評価額となります（合併の場合は、下記3へ）。

2 適用除外

　評価時期における現物出資等受入資産の相続税評価額が、総資産の相続税評価額に占める割合が20％以下の場合には、原則として上記1の規定の適用はありません。ただし、人為的にこの割合を低下させたと認められる場合には、財産評価基本通達第6項（この通達の定めにより難い場合の評価）の規定が適用される可能性があります。

3 合併の場合の現物出資等受入差額の特例

　現物出資等受入資産が合併により著しく低い価額で受け入れた資産（以下「合併受入資産」といいます。）であり、合併等受入資産の被合併会社における帳簿価額が相続税評価額以下である場合は、現物出資等受入差額の金額は、合併受入資産の被合併会社における帳簿価格から合併受入資産の合併会社における帳簿価額を控除した金額となります。

4 留意点

(1) 現物出資等受入差額に対する法人税等相当額控除不適用の規定は、もともと、A社B社方式のように人工的に作り出した評価差額から法人税額等相当額を控除することによる節税策を排除するために設けられたものです。

① 現物出資等時における現物出資受入資産の評価額＜評価時期における現物出資受入資産の評価額

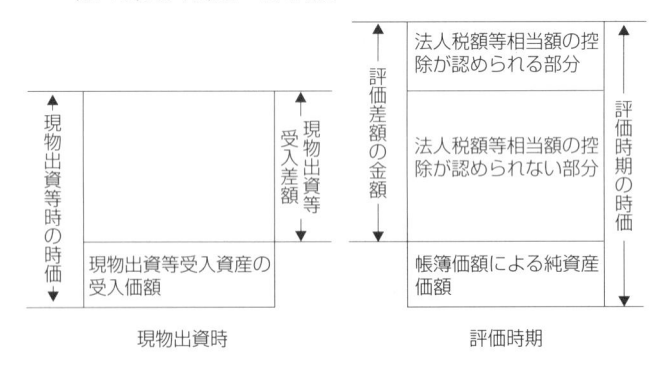

②　合併時における合併受入資産の被合併法人の帳簿価額＜合併時における合併受入資産の評価額の場合

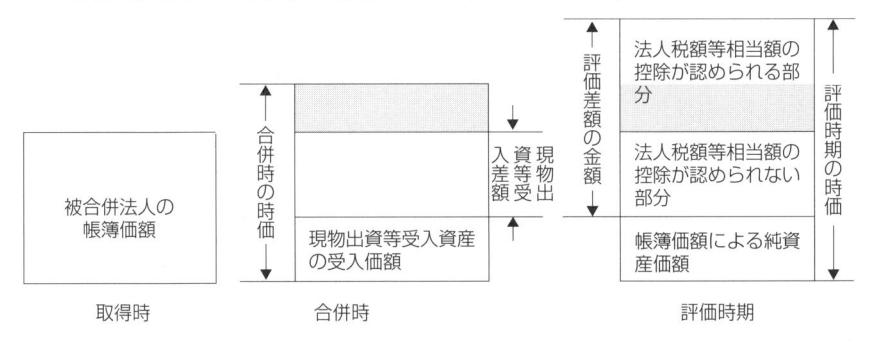

```
                                                    ┌─ 法人税額等相当額の
                                          評価差額    │  控除が認められる部分
                         ┌─ 現物        ┌─ の金額   │
              合併       │  出資       │          ├─ 法人税額等相当額の    評価
              時の       │  等受       │          │  控除が認められない    時期
  被合併法人の  時価   入差 │  入差      評価       │  部分                  の時
  帳簿価額            額  │  額       時期         │                        価
                         │           の時         ├─ 帳簿価額による純資
                         └─ 現物出資等受入資産    │  産価額
                            の受入価額             └─
  取得時              合併時                    評価時期
```

(2)　平成11年の財産評価基本通達の改正により、このような低額受入現物出資を利用した節税策に制限が設けられました。

(3)　平成13年度の組織再編税制の創設により、合併受入資産の受入価額は、適格合併の場合は簿価受入、非適格合併の場合は時価による引継ぎとされたことにより、人為的に評価差額を作り出すことはできなくなりました。従って、実質的にこの規定は、平成13年度改正前に行われた合併について適用となります。合併の場合は、図のように、圧縮した帳簿価額について受入差額加算となります。

(4)　平成11年度改正以後及び平成18年度改正以後の株式交換・株式移転については、適格株式交換・株式移転により完全親会社が取得した完全子会社株式の取得価額は、完全子会社の旧株主の数が50人未満である場合、旧株主の完全子会社株式の帳簿価額であり、旧株主の数が50人以上である場合、完全子会社の簿価純資産価額となります（法令119①九、十一）。

旧株主の数が50人以上である場合は、簿価純資産価額による受入れですので、時価と比べて著しく低いとして問題となることは少ないと思われます。

そこで、完全子会社の旧株主の数が50人未満であり、旧株主の帳簿価額の合計額＜完全子会社の簿価純資産価額＜株式交換時の完全子会社の詳価額である適格株式交換等である場合について検討してみます。

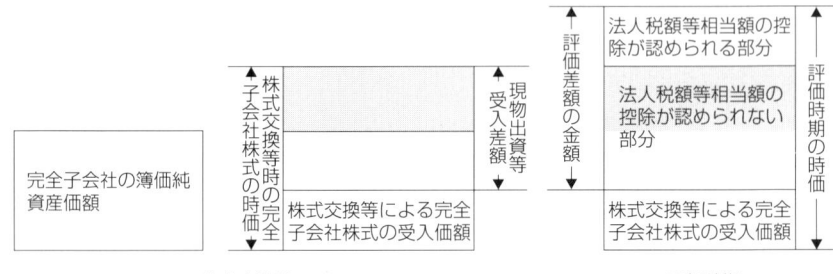

現行通達では、株主数が50人未満の適格株式交換等についてもA社B社法指揮の現物出資と同じように子法人株式の評価額と、子法人株主の当該株式帳簿価額合計額との差額全部が受け入れ差額となります。

　上記の合併と同じ考えであれば、この部分はアミカケの部分だけであって、財産評価基本通達186－2（注）1がなぜ合併だけに限定されているのか、なぜ株式交換・株式移転がこの規定の範囲に含まれないのかは、不明です。（参考：緑川　正博　著「非公開株式の評価」126頁　ぎょうせい）

　なお、株式交換・株式移転の場合も合併における取扱いに準じて考えると、下の図のようになると考えられますが、評価に際しては、個別にご検討ください。

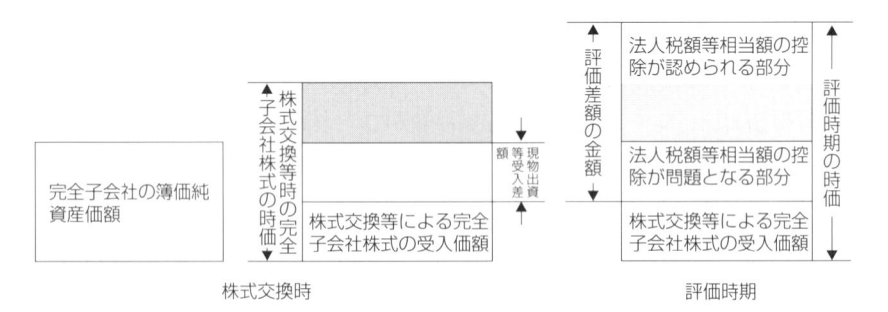

Q X 2 ■課税時期の直前に合併した場合の取扱い

評価会社が課税時期の直前あるいは直前期末以前2年間のうちに、吸収合併をしている場合の類似業種比準価額の計算はどのようになりますか。

A

類似業種比準価額方式における比準要素である(B)年配当金額、(C)年利益金額、(D)純資産価額は、課税上弊害のない限り、合併法人と被合併法人のそれぞれの要素による合算方式で計算されます。

解説

1 合併の前後において会社実態に変化がない場合

評価会社が課税時期の直前に合併をした場合において、合併の前後で会社実態に変化がないと認められるときは、類似業種比準価額方式の各比準要素は、合併法人と被合併法人の各々の比準要素の金額の合計額を基にして計算します。この「会社実態に変化がないと認められる場合」とは、次の要件を満たすような場合をいいます。

(1) 合併の前後で会社規模（大、中、小会社）や主たる業種に変化がないこと
(2) 合併前後の1株当たりの配当、利益、純資産価額に大きな変動がないこと

しかし、これはあくまでも判断の1つの目安であり、実際の適用においては、個々の事実認定に属する問題となります。

直前々期の前期末	直前々期末	直前期末	課税時期	
			▲	課税時期の直前々期に合併があった場合
	合併	▲		課税時期の直前期に合併があった場合
		合併	▲	課税時期の直前期末終了後に合併があった場合
			合併	

2 課税時期の直前々期に合併があった場合

類似業種比準価額方式の各比準要素は、合算方式により計算します。ただし、合併の前後で会社実態に変化がある場合には、直前々期の利益金額を用いて計算することは適当ではありませんので、1株当たりの利益金額の計算において、直前2年間の平均値を採用することはできません。ただし、直前期の利益金額により、分母を4として類似業種比準方式の計算はできます。また、会社法適用後の営業年度においては、1株当たりの配当金額について留意する必

要があります(注)。

> (注) 平成18年9月5日に公表された「財産評価基本通達」の一部改正(案)では次のように説明されています。
>
> 比準要素の1つである「1株当たりの配当金額」は、「直前期末以前2年間におけるその会社の利益の年配当金額」を基に計算していました。しかし、会社法の規定では、「配当」は旧商法が採っていた各事業年度の決算で確定した「利益処分による配当」ではなく、「剰余金の配当」とされ、株主総会の決議があればいつでも何回でも株主に配当することができることに変更されました。これに伴い、類似業種比準方式の計算においても「1株当たりの配当金額」は「直前期末以前2年間における剰余金の配当金額」を基に計算することとします。

3 課税時期の直前期に合併があった場合

合併の前後で会社実態に変化がない場合は、類似業種比準価額方式の各比準要素は、合算方式により計算します。合併の前後で会社実態に変化があり、合併期日が直前々期末の翌日に当たる場合には、利益金額と純資産価額の比準2要素を基に合算方式により計算します。それ以外の場合で、合併の前後で会社実態に変化があるときは、比準要素のうち、直前々期の配当金額及び直前期の利益金額を用いて計算することは適当ではありませんので比準要素数1の会社の株式の評価方法に準じて計算することになります(財基通189-2)。

○比準要素数1の会社の評価方法

原則的評価方式:純資産価額(注1)と併用方式のいずれかを選択

併用方式の計算式:類似業種比準価額(注2)×25％＋純資産価額(注1)×(1-25％)

(注1) 同族株主等の保有議決権割合が50％以下の場合は「純資産価額×80％」となります。

(注2) A×(D)／D×0.7

A:類似業種の株価　D:類似業種の簿価純資産価額

(D):評価会社の簿価純資産価額

「0.7」は、中会社については「0.6」、小会社については「0.5」とします。

(注3) 同族株主以外の株主等が取得した株式に該当する場合には、配当還元評価額と原則的評価方式によった場合の評価額のいずれか低い金額となります。

4 課税時期の直前期末終了後に合併があった場合

合併の前後で会社実態に変化がない場合は、類似業種比準価額方式の各比準要素は、合算方式により計算します。合併の前後で会社実態に変化がある場合

には、比準 3 要素を用いて計算することは適当ではありませんので、比準要素数 0 の会社の評価方法に準じて、純資産価額(同族株主等の保有議決権割合が50%以下の場合は「純資産価額×80%」)により計算することとなります(財基通189－4)。

　(参考：尾崎　三郎　監修「詳説　自社株評価Q&A」130～133頁　清文社)

Q X-3 ■課税時期の直前に分割した場合の取扱い

評価会社が課税時期の直前に分割をしている場合の類似業種比準価額の計算はどのようになりますか。

A

新設分割により設立した場合には、開業後3年未満の会社等の株式の評価方法に準じて計算することとなります。

解説

1 評価会社が課税時期の直前あるいは直前期末以前2年間のうちに、吸収分割をしている場合は、吸収合併の場合と同様に判断することとなります（X－2参照）。

2 評価会社が新設分割により設立された会社である場合には、開業後3年未満の会社等の評価方法に準じて計算することとなります（財基通184－4）。

○開業後3年未満の会社の評価方法

原則的評価方式：純資産価額（注1）

(注1) 同族株主等の保有議決権割合が50%以下の場合は「純資産価額×80%」となります。

(注2) 同族株主以外の株主等が取得した株式に該当する場合には、配当還元評価額と原則的評価方式によった場合の評価額のいずれか低い金額となります。

Q4 ■会社法改正と類似業種比準方式等の改正

会社法及び18年法人税法改正により、類似業種比準方式等の計算はどうなりますか。

A 平成18年10月27日付で財産評価基本通達の改正が公表され、平成19年1月1日以後の相続等により取得した株式について適用されます。

解説

1 「資本金50円換算」方式の改正

類似業種の株価及び各比準要素の数値を換算する株式数が、「1株当たりの資本金の額を50円とした場合の株式数」から「1株当たりの資本金等の額（法法2十六）を50円とした場合の株式数」に改正されました。

平成18年9月5日公表の『「財産評価基本通達」の一部改正案概要』では、会社法の施行により、株式会社の資本金の額が1,000万円を下回ることを禁止した最低資本金制度が廃止され、資本金を資本準備金等に振り替え、資本金の額をゼロとすることも可能となったこと等によると説明しています。

なお、各比準要素とは、類似業種の配当金額（B）、利益金額（C）、簿価純資産価額（D）、及び評価会社の配当金額Ⓑ、利益金額Ⓒ、簿価純資産価額Ⓓをいいます。

2 自己株式の取扱いの改正

類似業種比準価額の算定に用いる1株当たりの各比準要素の計算方法において、直前期末の発行済株式数から自己株式（会法113④）に相当する株式数を控除することとなりました。

平成18年度の税制改正における法人税法の改正により、自己株式については、資産の部に計上せず、資本金等の額を減少させることとされました。これに伴い、類似業種比準方式の計算においても法人税法上の金額を基としている簿価純資産価額Ⓓから自己株式を控除することとし、併せて発行済株式数からも自己株式数を控除することとしています。（改正案概要）

また、改正前では、自己株式を消却させた場合とさせない場合では、株式の

評価額は異なることとなっていましたが、この改正により、そのような不合理は解消されることとなりました（財基通180）。

3　比準要素である配当金額の改正

比準要素の１つである「１株当たりの配当金額」は、「直前期末以前２年間におけるその会社の利益の年配当金額」を基に計算していました。しかし、会社法の規定では、「配当」は旧商法がとっていた各事業年度の決算で確定した「利益処分による配当」ではなく「剰余金の配当」とされ、株主総会の決議があればいつでも何回でも株主に配当することができることに変更されました。これに伴い、類似業種比準方式の計算においても「１株当たりの配当金額」は「直前期末以前２年間における剰余金の配当金額」を基に計算することとします。（改正案概要）

また、会社法の規定による「配当」は、株主に対する利益の配当だけではなく、資本の払戻しも「剰余金の配当」に含めることとされたため、「１株当たりの配当金額」を計算する場合には、剰余金の配当のうち資本の払戻しに該当するものを除くこととします。

4　類似業種比準価額の計算式（財基通180）

類似業種比準価額の計算は次のようになります。

$$A \times \left[\frac{\frac{Ⓑ}{B} + \frac{Ⓒ}{C} \times 3 + \frac{Ⓓ}{D}}{5} \right] \times 0.7$$

上記算式中の「A」、「Ⓑ」、「Ⓒ」、「Ⓓ」、「B」、「C」及び「D」は、それぞれ次によります。

「A」＝類似業種の株価
「Ⓑ」＝評価会社の１株当たりの配当金額
「Ⓒ」＝評価会社の１株当たりの利益金額
「Ⓓ」＝評価会社の１株当たりの純資産価額（帳簿価額によって計算した金額）
「B」＝課税時期の属する年の類似業種の１株当たりの配当金額
「C」＝課税時期の属する年の類似業種の１株当たりの年利益金額
「D」＝課税時期の属する年の類似業種の１株当たりの純資産価額（帳簿価額によって計算した金額）

（注１）　B、C及びDの金額は１株当たりの資本金等の額を50円とした場合の金額として

計算します。
(注2)　1株当たりの資本金等の額が50円以外の金額であるときは、上記算式により計算した金額に、1株当たりの資本金等の額の50円に対する倍数を乗じて計算した金額とします。

5　配当還元方式の改正 (財基通188の2)

　取引相場のない株式を配当還元方式により評価する場合には、「1株当たりの資本金の額を50円とした場合の年配当金額及び株式数」を基に計算することとしていましたが、法人税法第2条第16号に規定する「資本金等の額」により「1株当たりの資本金等の額を50円とした場合の年配当金額及び株式数」を基に計算します。

$$\frac{その株式に係る年配当金額*}{10\%} \times \frac{その株式の1株当たりの資本金等の額}{50円}$$

＊財基通183(1)に定める1株当たりの配当金額をいいます。ただし、その金額が2円50銭未満のもの及び無配のものにあっては2円50銭とします。

(注)　上記算式により計算した金額がその株式を財基通179(取引相場のない株式の評価の原則)の定めにより評価するものとして計算した金額を超える場合には、財基通179(取引相場のない株式の評価の原則)により計算した金額となります。

XI　自己株式の取得・消却・処分等

Q XI 1　■自己株式の取得手続の概要

会社法の施行により、中小企業が自己株式を取得する場合の手続が機動的になったと聞きましたが、その法務の概要について教えてください。

A

中小企業が自己株式を取得する場合、旧商法では、「特定の者からの相対取引による自己株式の取得」として年に一度の定時株主総会において、必要事項を決議（特別決議）しておくことが必要でした。そのため、自己株式の機動的な取得の支障となっていました。

会社法では、定時・臨時を問わず株主総会の決議による授権で足るものとされ（会法156①、309②二）、また、譲渡人（会社に株式を売却する株主）を指定しない方法も新設されるなど、自己株式の取得方法が多様化されました。

解説

1　あらかじめ指定した譲渡人からの自己株式の取得

この方法は、従来からの手続として残されたもので、あらかじめ会社に株式を譲渡する「譲渡人」を指定し、その譲渡人から直接株式を取得する「相対取引」です。

この場合は、株主総会の特別決議により、次の事項を定めて取締役（取締役会設置会社においては取締役会）に授権します。

① 取得する株式の数（種類株式発行会社では、株式の種類及び種類ごとの数）
② 株式と引換に交付する金銭等の内容と総額
③ 株式を取得することができる期間
④ 譲渡人となる株主

なお、この場合、譲渡人以外の株主は、自己を譲渡人に加えることも請求できます。

この譲渡人以外の株主による売主追加の議案変更請求権は、以下の4つの場合には、適用が排除されます。それは、①取得する株式が市場価格ある株式であり、かつ取得価額が市場価格を越えない場合（会法161）、②非公開会社が株主の相続人その他の一般承継人から、相続等により取得した株式を取得する場合（会法162）、③子会社から自己株式を取得する場合（会法163）、④定款に売主追加の議案変更請求権を排除する旨の規定がある場合（会法164）です。これらの場合には、特定の株主のみから自己株式を取得することに合理性が認められるからです。

2　譲渡人を指定しない方法による自己株式の取得

　この方法は、会社法の施行により新しく新設された手続で、予め譲渡人を指定せずに会社が自己株式を取得できる方法です。

　この場合は、株主総会の普通決議により、次の事項を定めて取締役（取締役会設置会社においては取締役会）に授権します。

　①　取得する株式の数（種類株式発行会社では、株式の種類及び種類ごとの数）
　②　株式と引換に交付する金銭等の内容と総額
　③　株式を取得することができる期間

　授権決議後は、会社は取締役又は取締役会の決議を経て、全株主に対して1株当たりの取得価格などの買受条件を通知し、これに応じた株主から自己株式を取得することができるようになります。

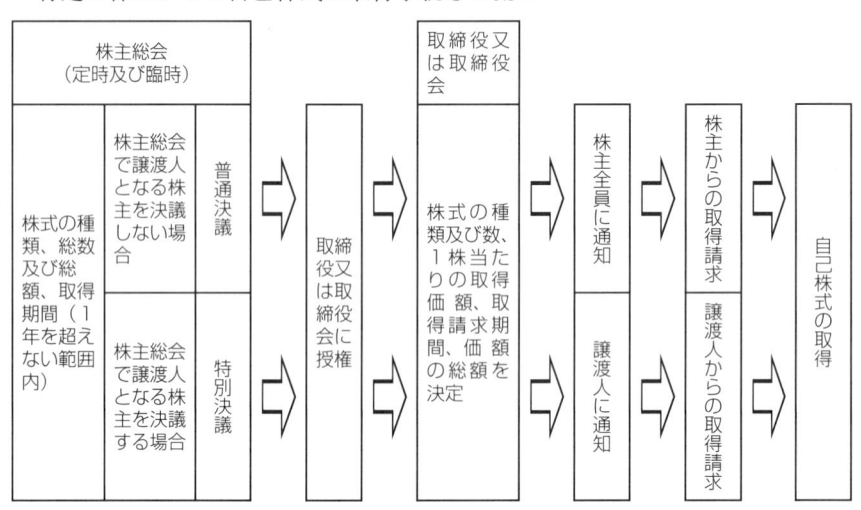

特定の株主からの自己株式の取得手続きの流れ

株主総会（定時及び臨時）			取締役又は取締役会に授権	取締役又は取締役会	株主全員に通知	株主からの取得請求	自己株式の取得
株式の種類、総数及び総額、取得期間（1年を超えない範囲内）	株主総会で譲渡人となる株主を決議しない場合	普通決議	取締役又は取締役会に授権	株式の種類及び数、1株当たりの取得価額、取得請求期間、価額の総額を決定	株主全員に通知	株主からの取得請求	自己株式の取得
	株主総会で譲渡人となる株主を決議する場合	特別決議			譲渡人に通知	譲渡人からの取得請求	

3　財源規制

　自己株式の取得は、株主に金銭等を交付して行うため、剰余金の配当と同様の財源規制が設けられています。従って、剰余金の分配可能額を超えて自己株式の取得を行うことはできないので注意が必要です。財源規制については、XI-16「分配可能額の計算」をご参照ください。

Q XI-2 ■自己株式の取得・保有（いわゆる「金庫株」）の会計と税務の概要

自己株式の取得・保有（いわゆる「金庫株」）における会計と税務の概要について教えてください。

A 自己株式を取得・保有（いわゆる「金庫株」）した場合の会計処理については、会社法施行後も、実質的に従前と変わりはありません。

ただし、平成17年12月9日公表の企業会計基準第5号「貸借対照表の純資産の部の表示に関する会計基準（以下、「BS基準」といいます。）の公表により、従来の「資本の部」が「純資産の部」に変更され、更に、その内訳項目が変更されました。それに伴い、平成18年8月11日に改正企業会計基準第1号「自己株式及び準備金の額の減少に関する会計基準」（以下、「改正自己株基準」といいます。）が公表され、取得した自己株式は、その取得原価をもって「純資産の部」の「株主資本」から控除することとされています（改正自己株基準7項）。

一方、税務については、平成18年度税制改正において、会社法施行に伴う税制の整備の一環として、自己株式の取扱いが変更されました。

従来、法人税法では自己株式の取得については資本取引に準じて取り扱うものの、保有の場面においては資産（有価証券）として取り扱ってきました。しかし、会社法では、新株発行と金庫株の処分の手続きが募集株式の発行等と一体化されるなど、新株と金庫株の取扱いについて相対的な差異が縮小されました。そこで、法人税法においても、会社法との整合性を図るため、自己株式を保有の場面において資産として取り扱わないものとすることとなりました。

従って、法人税では、自己株式の取得に際して、取得をした株式に対応する「資本金等の額」（「取得資本金額」）を減少させるという取扱いに変更されています。

また、対価の額から取得資本金額を控除した金額が、減少する利益積立金額となります（上場株式の市場における取得など、みなし配当の額が生じる事由に該当しない自己株式の取得は除きます）。この利益積立金額の取扱いについては、従前と同様です（法法2十六、十八、法令8①二十、二十一、9①

XI 自己株式の取得・消却・処分等

八)。

解説

1　自己株式の取得・保有の会計

(1)　概要

　自己株式の取得及び保有(いわゆる「金庫株」)については、平成13年商法改正により原則禁止の取扱いから原則自由の取扱いに変更されました。

　会計基準については、企業会計基準委員会において、平成14年2月21日に企業会計基準第1号「自己株式及び準備金の額の減少に関する会計基準」が公表され、自己株式は、それまでの資産としての取扱いから資本の控除項目へと変更されました。

　この会計処理の考え方は、会社法施行後の現在においても変更されていません。ただし、BS基準の適用により、従来の「資本の部」が「純資産の部」に変更され、更に、その内訳項目が変更されました。また、改正自己株基準により、取得した自己株式は、その取得原価をもって「純資産の部」の「株主資本」から控除し(改正自己株基準7項)、期末に保有する自己株式は、「純資産の部」の「株主資本」の末尾に自己株式として一括して控除する形式で表示することとされました(同8項)。この取扱いは、会社計算規則においても同様となっています(会計規108②五)。

　なお、平成17年12月27日、企業会計基準委員会では、企業会計基準第6号「株主資本等変動計算書に関する会計基準」(以下、「変動基準」といいます。)を公表しました。会社計算規則においても、株主資本等変動計算書が作成すべき計算書類として新たに加えられています(会計規91①)。

　株主資本等変動計算書には、純資産の部の各項目の変動を記載します。このため、純資産の部のうち、株主資本の内訳項目である自己株式についても、株主資本等変動計算書に前期末残高、当期変動額及び当期末残高を記載するとともに、自己株式の種類及び株式数に関する事項を注記する必要があります(変動基準6項、9項、会計規127③⑦、136二)。

(2)　自己株式の取得等に関する付随費用の取扱い

　改正自己株基準では、自己株式の取得、処分及び消却に関する付随費用は、

損益計算書の営業外費用に計上することとされており（改正自己株基準14項）、自己株式の取得に係る付随費用は、取得原価には含めないこととされています。

2　自己株式取得・保有の税務

(1)　自己株式の取得に関連する平成18年度税制改正の概要

　これまで法人税法では、自己株式は資産（有価証券）として取り扱われてきたため、原則として、株主に交付した金銭等の額のうち当該自己株式に対応する「資本等の金額」を超えるときは、その超える分について利益積立金額から控除することとされていました（旧法法2十八カ・旧法令119①一）。

　しかし、平成18年度の法人税法改正では、会社法制の整備に対応して、取得法人における自己株式の資産性を否定し、自己株式の取得時に、当該自己株式に対応する資本金等の額（取得資本金額）を資本金等の額（注1）から直接控除する取扱いに変わりました（法法2二十一）。これにより、平成18年4月1日以後自己株式を取得する場合には、会社法や会計基準に合わせて純資産の控除項目として取り扱うことになります。

(注1)　平成18年度税制改正では、資本金と従前の資本積立金額を併わせて「資本金等の額」となりました。

　いわゆる「金庫株」として自己株式を取得する場合、取得法人が株主に対して交付する金銭等の額のうち、取得資本金額を超える部分の金額については利益積立金額を減額しますが、この利益積立金額の減額に相当する金額は、株主へのみなし配当課税として取り扱われます（法法2十六、十八、24①四、法令8①二十、9①八）。この利益積立金額の取扱いについては、従来と変わりません（みなし配当が生じない自己株式の取得については、XI-5参照）。

　このように、税務上、取得法人において、自己株式の取得は、有価証券の取得ではなく、株主資本の払戻しと捉えることとなったため、自己株式の「取得に要した費用」についても、平成18年4月1日以後は、取得した期の損金の額に算入することができるようになります（注2）。

(注2)　平成18年税制改正前は、自己株式の取得は有価証券の取得と同等に考えられていたので、取得に要した費用は、自己株式の税務上の取得価額に含まれ、取得時の損金算入は認められていませんでした。

　なお、平成18年4月1日前に取得した自己株式に係る「取得に要した費用」

については、平成18年4月1日付けで資本金等の額から減額することになります（平18改法令附4①、詳細はⅩⅠ-7参照）。

（取得法人の自己株式取得時の税務上の貸借対照表）

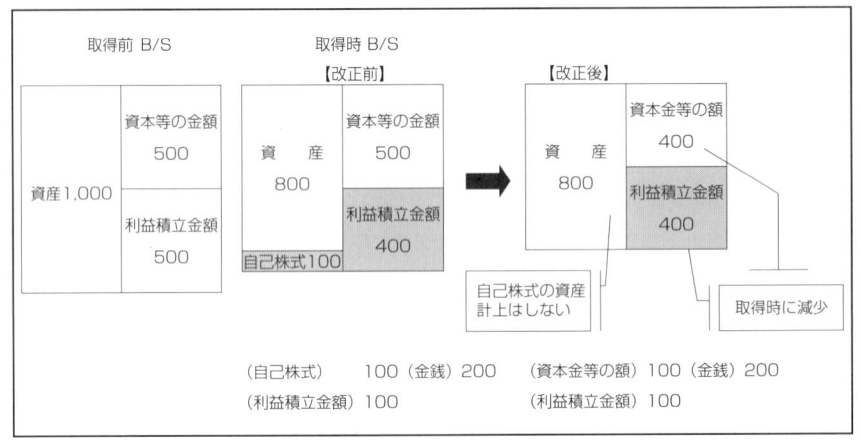

取得前 B/S

資産1,000	資本等の金額 500
	利益積立金額 500

取得時 B/S
【改正前】

資産 800	資本等の金額 500
	利益積立金額 400
自己株式100	

【改正後】

資産 800	資本金等の額 400
	利益積立金額 400

自己株式の資産計上はしない

取得時に減少

（自己株式）100　（金銭）200　　（資本金等の額）100　（金銭）200
（利益積立金額）100　　　　　　　（利益積立金額）100

（出典　財務省広報　ファイナンス別冊「平成18年度　税制改正の解説」249頁）

Q XI 3 ■自己株式を取得する法人の税務

自己株式を取得する法人の税務について教えてください。

A

自己株式の取得には、みなし配当課税が生じる自己株式の取得と、みなし配当課税が生じない自己株式の取得があります。

みなし配当が生じる自己株式の取得の場合は、自己株式の取得に際し、取得する法人が交付した金銭等の額のうち「取得資本金額」に相当する金額は、資本金等の額を減少させます。また、取得資本金額を超える部分の金額については、利益積立金額を減少させますが、この部分は、株主に対するみなし配当としての課税対象となります。

みなし配当が生じない自己株式の取得については、株主に交付する金銭等の額を資本金等の額から減少させることになります。

解説

1　みなし配当課税が生じる「自己株式の取得等」（法令8①二十イ）

(1) 取得資本金額

法人が自己株式を取得した場合には、資本金等の額を減少させることになりますが、株主等に対する株主資本（出資）の払い戻しという観点においては、下記①から③に掲げる経済行為は同様の効果を生じさせるものといえます。そこで、法人税法では、これらの経済行為を「自己株式の取得等」と定義し、資本金等の額を減少させることとしています（法令8①二十イ）。

① 自己の株式の取得（証券取引所の開設する市場における購入による取得その他の政令で定める取得を除く。）

② 出資の消却（取得した出資について行うものを除く。会社法以外の法律を根拠法として設立された法人が該当。）、出資の払戻し、社員その他法人の出資者の退社又は脱退による持分の払戻しその他株式又は出資をその発行した法人が取得することなく消滅させること。

③ 組織変更（組織変更に際してその組織変更をした法人の株式又は出資以外の資産を交付したものに限る）

この①から③に該当する「自己株式の取得等」の場合には、「取得資本金額」を資本金等の額から減少させます。取得資本金額とは、自己株式の取得に際して株主に交付した金銭等の額のうち当該自己株式に対応する資本金等の額であり、具体的には下記の算式のように計算します。

〈算　式〉

【種類株式を発行していない会社の場合】

$$\text{減少する資本金等の額} = \text{取得資本金額}$$

$$= \text{取得法人の当該自己株式の取得直前の資本金等の額} \times \frac{\text{当該自己株式の取得に係る株式の数}}{\text{取得直前の発行済株式の総数（自己が有する自己の株式を除く）}}$$

【種類株式を発行している会社の場合（XI-6参照）】

$$\text{減少する種類資本金額} = \text{取得資本金額}$$

$$= \text{取得等をした種類株式の取得直前の種類資本金額} \times \frac{\text{取得等をした種類株式の数}}{\text{取得直前の同一の種類株式（取得直前に有していた自己株式を除く）の総数}}$$

【持分会社の場合】

$$\text{減少する資本金等の額} = \text{取得資本金額}$$

$$= \text{持分の払い戻し直前の資本金等の額} \times \frac{\text{出資金額}}{\text{持分の払い戻し直前の出資総額}}$$

　このように取得資本金額の計算は、その直前の資本金等の額を発行済株式数で除して取得株数を乗じることになりますが、自己株式の取得等についてその取得等の時に資本金等の額を減少させることから、取得資本金額の計算上は、発行済株式の数から既に有している自己株式の数を除いたところで計算することになります。

　なお、自己株式の取得に際し、株主に交付した金銭等の額が上記算式により算出した取得資本金額に満たない場合は、実際に交付した金銭等の額を取得資本金額とみなして資本金等の額から減少させます。

　更に、2以上の種類株式を発行している会社の自己株式の取得については、XI-6をご参照ください。

持分会社については、退社又は出資の払い戻しについての規定となっています。持分会社においては、出資の口数はなく、社員ごとに出資金額が管理されており、その出資額により取得資本金額を計算します。また、持分会社には「自己持分の取得」という概念はありません。持分会社が自己持分の移転を受けた場合は、取得とともに消滅することになります。

(2) 減少する利益積立金額（法令9①八）

　自己株式の取得等に際し、株主に交付した金銭等の額が取得資本金額を超える場合は、その超える部分の金額については利益積立金額を減少させます。

　この減少させる利益積立金額は、株主等に対するみなし配当として課税されることになります。

〈算　式〉

　　減少する利益積立金額　＝　交付した金銭等の合計額が取得資本金額を超える場合におけるその超える部分の金額

(3) みなし配当に係る源泉徴収

　みなし配当課税が生ずる自己株式の取得が行われた場合には、自己株式を取得した法人は、自己株式を譲渡した株主に対して、(a)自己株式の取得の対価である旨、(b)自己株式を取得した日、(c)みなし配当金額に相当する金額の1株当たりの金額を通知しなければなりません（法令23④）。

　更に、この場合には、取得法人は、当該みなし配当に係る所得税額の源泉徴収義務を負うこととされています。

2　みなし配当課税が生じない「自己の株式の取得」

(1) 「自己の株式の取得」（法令8①二十一）

　上場会社等が市場購入の方法により自己株式を取得した場合、その他次の表に掲げる事由による「自己の株式の取得」の場合には、自己株式の対価の額に相当する金額を資本金等の額から減少させることとなります。この場合、利益積立金の減少はなく、株主に対してみなし配当課税は生じません（法法24①四かっこ書、法令8二十一、23③、所法25①四、所令61①等）。

法人税法施行令第8条第1項第21号

	「自己の株式の取得」事由	減少する資本金等の額
1	証券取引所の開設する市場における購入による取得、その他一定の取得（注）（下記2から10までに掲げる以外のもの）	取得対価の額
2	適格合併、適格分割又は適格現物出資による被合併法人、分割法人又は現物出資法人からの移転	被合併法人、分割法人又は現物出資法人におけるその移転の直前の帳簿価額に相当する金額
3	剰余金の配当、利益の配当又は剰余金の分配、解散による残余財産の分配又は合併による合併法人からの交付による取得	その交付を受けた時の価額に相当する金額
4	合併法人が合併の直前に有していた被合併法人の株式又は合併により被合併法人から移転を受けた資産に含まれていた当該被合併法人若しくは他の被合併法人の株式（抱合株式）に対し法人税法第24条第2項の規定により合併法人の割当を受けたものとみなされた場合のその株式の割当	【その合併が適格合併である場合】その抱合株式のその割当の直前の帳簿価額に相当する金額
5		【その合併が適格合併に該当しない合併（被合併法人の株主に合併法人の株式のみが交付されるものに限ります。）である場合】その抱合株式のその割当の直前の帳簿価額（みなし配当の額がある場合には、そのみなし配当の額に相当する金額を加算した金額）に相当する金額
6		【その合併が適格合併に該当しない合併（被合併法人の株主に合併法人の株式のみが交付されるものを除きます。）である場合】その自己の株式のその割当の時の価額に相当する金額
7	分割承継法人が分割型分割の直前に有していた分割法人の株式又は分割型分割により分割法人から移転を受けた資産に含まれていた当該分割法人若しくは他の分割法人の株式（抱合株式）に対し分割承継法人の株式の交付を受けた場合のその交付	【その分割型分割が適格分割型分割である場合】その抱合株式の交付の直前の分割純資産対応帳簿価額（法人税法第61条の2第4項に規定する分割純資産対応帳簿価額をいいます。）に相当する金額
8		【その分割型分割が適格分割型分割に該当しない分割型分割（分割法人の株主に分割承継法人の株式以外の資産が交付されるものを除きます。）である場合】その抱合株式の交付の直前の分割純資産対応帳簿価額（みなし配当の額がある場合にはみなし配当の額に相当する金額を加算した金額）に相当する金額
9		【その分割型分割が適格分割型分割に該当しない分割型分割（金銭等交付分割型分割に限ります。）である場合】その自己の株式の交付の時の価額に相当する金額
10	組織変更により組織変更をした法人の株式に代えて自己の株式の交付を受けた場合のその交付	その自己の株式のその組織変更の時の価額に相当する金額

（注）　上記表中「1」における、その他一定の取得とは、以下のとおりです。
　　①　店頭売買登録銘柄（株式で、証券業協会が、その定める規則に従い、その店頭売買につき、その売買値段を発表し、かつ、当該株式の発行法人に関する資料を公開するものとして登録したものをいう。）として登録された株式のその店頭売買による購入
　　②　事業の全部の譲受け
　　③　合併又は分割若しくは現物出資（適格分割又は適格現物出資及び事業を移転し、かつ、当

該事業に係る資産に当該分割又は現物出資に係る分割承継法人又は被現物出資法人の株式が含まれている場合の当該分割又は現物出資に限る。）による被合併法人又は分割法人若しくは現物出資法人からの移転
④　合併に反対する当該合併に係る被合併法人の株主等の買取請求に基づく買取り
⑤　会社法第192条第1項（単元未満株式の買取りの請求）又は第234条第4項（一に満たない端数の処理）（同法第235条第2項（一に満たない端数の処理）又は他の法律において準用する場合を含む。）の規定による買取り
⑥　法人税法施行令第119条の8の2（取得請求権付株式の取得等の対価として生ずる端数の取扱い）又は所得税法施行令第167条の7第5項に規定する一株に満たない端数に相当する部分の対価としての金銭の交付

(2) 取得請求権付株式等の請求権行使等による取得（法法24①四かっこ書、61の2⑪、所法25①四かっこ書、57の4③）

　次に掲げる有価証券をそれぞれの事由により譲渡をし、かつ、その事由により取得法人の株式又は新株予約権の交付を受けた場合については、譲渡がなかったものとして取り扱われます。すなわち、下記に該当する場合は、請求権行使等により交付を受けた取得法人の株式又は新株予約権の価額は、譲渡する株式の当該譲渡直前の帳簿価額を引き継ぐことによって課税が繰り延べられることになります。

　ただし、この場合、交付を受けた株式又は新株予約権の価額が譲渡をした有価証券の価額とおおむね同額となっていないと認められる場合については、通常の自己株式の取得として、みなし配当課税がある場合と同じ課税関係となります。

①　取得請求権付株式

　取得請求権付株式を当該取得請求権付株式に係る請求権の行使により、当該取得をする法人の株式のみを対価として取得する場合

②　取得条項付株式

　取得条項付株式を当該取得条項付株式に係る取得事由の発生により、当該取得をする法人の株式のみを対価として取得する場合（その取得の対象となった種類の株式のすべてが取得をされる場合には、その取得の対価として当該取得をされる株主等に当該取得をする法人の株式及び新株予約権のみを対価として取得する場合を含む。）

③　全部取得条項付種類株式

　全部取得条項付種類株式を当該全部取得条項付種類株式に係る取得決議により、当該取得をする法人の株式のみを対価として、又は当該取得をする法人の

株式及び新株予約権のみを対価として取得する場合
(3) 相続株式取得の特例
　非上場会社の株式を相続により相続人が取得し、その株式を発行法人である非上場会社に売却する際、一定の事由を充たした場合は、売却した株主に対するみなし配当課税が除外される課税の特例措置があります。
　詳細は、XI-6「相続株式取得の特例」(措法9の7　他)をご覧ください。

Q XI 4 ■自己株式を保有する場合の同族会社の判定

会社が自己株式を保有する場合の同族会社の判定について、法人税法と財産評価基本通達とでは取扱いが異なるのでしょうか。

A

法人税法における同族会社の判定は、その会社の株式数又は議決権の数によって行います。また、その判定において、その会社が自己株式を有する場合には、株主等からその会社を除くと共に、発行済株式の総数及び議決権の総数から自己株式に係る数を除きます（法法2十、法令4③）。

財産評価基本通達における同族株主の判定においては、議決権の割合により判定することになります。

解説

1 法人税法における同族関係者の範囲

平成18年の税制改正前の法人税法における同族会社の判定は、発行済株式数の50％を超えて保有しているかどうかで判定をしていました。

平成18年の税制改正では、発行済み株式数の50％超の保有基準に加えて、議決権の数による判定、いわゆる議決権基準による判定の方法も加えられました。

これにより、平成18年4月1日以後に開始する事業年度からは、特殊の関係にある法人（同族会社）の判定については、従来の株式保有基準又は議決権基準によって行うことになります。また、いずれの数による判定であっても、自己株式を有する法人について、同族会社であるかどうかを判定する場合には、株主等からその会社（発行法人）を除くとともに、その発行済株式の総数及び議決権の総数から自己株式に係る数を除くこととなります（法法2十、法令4③）。

議決権基準による同族会社の判定とは、次の議決権のいずれかにつきその総数（議決権を行使できない株主等が有する当該議決権の数を除く）の50％超の議決権を有する場合で判定します。

① 事業の全部若しくは重要な部分の譲渡、解散、継続、合併、分割、株式

交換、株式移転又は現物出資に関する決議に係る議決権
　②　役員の選任及び解任に関する決議に係る議決権
　③　役員の報酬、賞与その他の職務執行の対価として会社が供与する財産上の利益に関する事項についての決議に係る議決権
　④　剰余金の配当又は利益の配当に関する決議に係る議決権
　これは、様々な種類株式を発行することが可能になったことに伴う改正です。従って、1つの種類株式が、上記①～④のいずれかの議決権について50％超の議決権を有する場合においても、同族会社の判定に該当することになります。

2　財産評価基本通達188における同族株主の判定

　財産評価基本通達では、取引相場のない株式を評価するに当たっての同族株主の判定に当たっては、平成13、14年の商法改正に伴う単元株制度の創設や株式の多様化に対応するため、平成15年の評価通達の改正により、法人税法施行令第4条第2項中の「株式の総数」は「議決権の数」と、「発行済株式の総数」は「議決権総数」と、「数の株式」は「数の議決権」と読み替えて、議決権割合で判定します。この規定の趣旨は、自己株式については議決権総数から除くということにあります。

　すなわち、取引相場のない株式を評価する場合における、株式の取得者の議決権割合を判定する場合、評価会社が発行している株式のうちに発行会社自身が所有している株式、すなわち自己株式がある場合には、その自己株式に係る議決権の数はゼロとして計算した議決権の数をもって評価会社の議決権総数とすることになっています。

　このように、議決権割合による基準といっても、平成18年改正による法人税法上の議決権割合の判定の基準とは異なり、すべての発行済株式に対する議決権の割合で判定します。

　これについて、財産評価基本通達における議決権割合の判定は、平成18年法人税の改正以後も、経過措置として、平成18年中の取扱いは従来通り取り扱われることになっています。すなわち、平成18年中に相続、遺贈又は贈与により取得した取引相場のない株式の評価に当たって、同族株主の判定をする場合においては、平成18年度の法人税法関係法令改正前の法人税法施行令第4条に基

づき判定することになります(平成18年7月7日国税庁資産評価企画官情報第1号、資産課税課情報第10号)。

Q XI 5 ■株式を発行法人に譲渡する場合(金庫株)における株主の税務

株式を発行法人に譲渡する場合の株主の課税について教えてください。

A

株式を発行法人に譲渡する場合の株主の課税関係については、原則としてみなし配当課税の規定が適用されます(法法24①四、所法25①四)。また、譲渡損益の部分については、法人株主の場合は、通常の法人税の課税、個人株主の場合は譲渡益に対して譲渡所得課税となります。

なお、上場会社等が市場買付により自己株式を購入した場合にあっては、特例として、法人株主・個人株主共にみなし配当課税は行われず、譲渡益課税のみとなります。

解説

1 株式を発行法人に譲渡する場合(金庫株)における発行法人と株主との税務の捉え方の違い

平成18年の税制改正により、株式を発行する法人が自己株式を取得・保有する場合において、法人税法では、自己株式を資産(=有価証券)として取り扱わないこととする改正がされました。これにより、発行法人が自己株式を取得する場合には、資本取引として捉えられるため、資本金等の額を減少させることとなりました(XI-3参照)。

しかしながら、その一方で、株式を売却する株主においては、有価証券の売買取引として捉えられることになります。

従って、株式を売却する株主の課税問題としては、原則的にみなし配当と譲渡損益に関する課税問題が生じることになります。また、上場株式の市場取引における取得などのみなし配当の額が生じる事由に該当しない場合については、譲渡損益に関する課税問題のみとなります。

	自己の株式を取得する法人		当該法人の株主	
	資本金等の額の減少	利益積立金額の減少	株式譲渡損益	みなし配当
自己株式の取得（相対取引）	取得資本金額（取得対価を限度）（法令8①二十）（※後述参照）	取得対価－取得資本金額（法令9①八）	譲渡対価（みなし配当を除く）－帳簿価額（法法61の2①）	譲渡対価－譲渡した部分に対応する取得資本金額（法令23①四）
自己株式の取得（市場取引）	取得対価（法令8①二十一）	なし	譲渡対価－帳簿価額（法法61の2①）	なし

2 株主の税務

(1) 原則

株式を発行法人に譲渡する場合における株主の課税関係は、原則として、みなし配当課税の規定が適用されます（法法24①四、所法25①四）。また、譲渡損益の部分については、法人株主の場合は、通常の法人税の課税、個人株主の場合は譲渡益に対して譲渡所得課税の規定が適用されます。

この場合のみなし配当の額及び有価証券の譲渡損益の額は、次のとおりです。

イ　みなし配当の額

〈算式〉

みなし配当の額＝

$$\left(\begin{array}{c}\text{交付を受け}\\ \text{た金銭等の}\\ \text{合計額}\end{array} - \begin{array}{c}\text{取得法人の当該自己株式の}\\ \text{取得直前の資本金等の額又}\\ \text{は連結個別資本金等の額}\end{array}\right) \times \dfrac{\text{当該株主（法人・個人）が取得直前に有していた取得法人の当該自己株式の取得に係る株式の数}}{\text{取得直前の発行済株式等の総数（自己が有する自己の株式を除く）}}$$

ロ　有価証券の譲渡損益の額

〈算式〉

$$\text{譲渡損益の額} = \text{交付を受けた金銭等の合計額} - \text{みなし配当の額} - \text{その株式の1単位当たりの帳簿価額} \times \text{譲渡した株式の数}$$

(2) 特例

上場会社等が市場買付により自己株式を購入した場合にあっては、特例として、法人株主・個人株主共にみなし配当課税は行われず、譲渡益課税のみとなります（法法24①四かっこ書、所法25①四かっこ書）。株式取得法人の利益積

立金額の減算はありません。

公開買い付けは、原則として、みなし配当課税の特例の適用はありません。

個人株主については、租税特別措置法第9条の6によりみなし配当はありません。

株主の税務の概要

		法人株主	個人株主
自己株式取得に応じた売却株主	市場取引	みなし配当課税なし（法法24①四かっこ書、法令23③） 譲渡損益については通常の法人税が課税（法法61の2①）	みなし配当課税なし（所法25①四かっこ書、所令61①） 譲渡益については上場株式等譲渡損益課税（措法37の10、37の11）
	上場会社及び店頭登録会社が公開買付で行う場合	みなし配当課税あり（法法24①四） ただし、受取配当等の益金不算入の適用あり（法法23） 配当としての源泉徴収あり（所法181） 譲渡損益については通常の法人税課税（法法61の2①）	みなし配当課税なし （ただし、平成19年3月31日までの時限措置。配当としての源泉徴収も凍結）。（措法9の6） 譲渡益については上場株式等譲渡益課税（措法9の6、37の10、37の11）
	上記以外の取引（非公開会社等）		みなし配当課税あり （原則総合課税、配当控除の適用あり） 配当としての源泉徴収あり（所法25①四、181） 譲渡益部分については譲渡益課税（申告分離課税のみ）（措法37の10）

■相続株式取得の特例 （措法9の7　他）

Q XI 6　非上場会社の株式を相続により相続人が取得し、その株式を発行法人である非上場会社に売却した場合、みなし配当課税の特例があると聞きましたが、その特例について教えてください。

A　非上場株式を、いわゆる「金庫株」として発行法人に株式を譲渡する場合の株主の課税関係は、譲渡益の大半がみなし配当課税として課税されるため、総合課税による所得税・住民税率（最高税率50％。ただし配当税額控除があるため最大で43.6％（＝50％－（5％＋1.4％））で課税されることになります（XI-4参照）。従って、上場株式を譲渡した場合（平成19年末までは10％）に比べ、税負担が加重となっています。

そのため、非上場会社の株式を相続により取得し、相続税の納税額のある相続人が、その株式を発行法人である非上場会社に売却する場合については、みなし配当課税の対象から除外するという課税の特例措置が講じられています（措法9の7）。

また、この場合、相続により取得した株式を発行法人に譲渡した場合の取得費加算の特例も併用することができます。

解説

1　原則的な取扱い

株式をその発行法人に対して譲渡した場合には、その発行法人が自己株式の取得を行ったこととなります。従って、原則として、その株式を譲渡した株主において、みなし配当課税が行われることとなります（法法24①四、61の2①、所法25①四、措法37の10）。

ただし、証券取引所（証券取引所に類するもので外国の法令に基づき設立されたものを含む。）の開設する市場における購入等により自己株式を取得した場合には、株主に対するみなし配当課税は行われません（法法24①四かっこ書、法令23③、所法25①四かっこ書、所令61①）。

従って、相続により被相続人から非上場会社の株式を取得した相続人（個人株主）が、その株式を発行法人に譲渡した場合には、原則的には、その株式を

譲渡した個人株主に対し、みなし配当課税が行われることとなります。

2 相続財産に係る非上場株式をその発行会社に譲渡した場合のみなし配当課税の特例

(1) 特例の概要

　相続又は遺贈（死因贈与を含む。）による財産の取得をした個人で、その相続又は遺贈につき相続税法の規定により納付すべき相続税額があるものが、その相続の開始があった日の翌日から相続税の申告書の提出期限の翌日以後3年を経過する日までの間に、その相続税額に係る課税価格の計算の基礎に算入された上場株式等以外の株式（以下、「非上場株式」といいます。）を当該非上場株式の発行会社に譲渡した場合においては、譲渡対価として交付を受けた金銭の額がその発行会社の資本金等の額のうち、その交付の基因となった株式に対応する部分の金額を超えるときは、その超える部分の金額については、みなし配当の規定（所法25）を適用しません（措法9の7）。

　なお、この規定は、これまで、有限会社においては適用がありませんでしたが、新会社法の施行により、特例有限会社の出資持分も株式とみなされることとなったため、平成18年5月1日以降に相続したものについても適用を受けられることになりました。

(2) 手続

　この特例を受けるためには、譲渡するときまでにその適用を受ける旨、その他下記の事項を記載した所定の届出書を発行会社に提出する必要があります（措令5の2①④）。

① その適用を受けようとする者の氏名及び住所又は居所並びにその者の被相続人の氏名及び死亡の時における住所又は居所並びに死亡年月日

② 租税特別措置法第9条の7第1項の適用により納付すべき相続税額又はその見積額

③ 相続税の課税価格に算入した株式の数及び当該課税価格算入株式のうち当該非上場会社に譲渡をしようとするものの数

④ その他参考となるべき事項

　上記届出書を譲渡人から受理した発行法人においては、相続税の課税価格算入株式を譲り受けた場合において、

① 譲り受けた株式数
② 1株当たりの譲受対価
③ 譲受年月日

を記載した届出書と譲渡人から受理した届出書を、当該譲り受けた日の属する年の翌年1月31日までに当該発行会社の所轄税務署に提出しなければなりません（措令5の2②）。〔届出書のサンプルは409頁参照〕

また、これらの書類の写しを作成・保存しなければなりません（措令5の2③）。

(3) 発行法人（自己株式取得法人）の税務処理

上記の手続に基づいて行われる相続税の課税価格算入株式に係る自己株式の取得については、株主における所得税法上の取扱いは、みなし配当（配当所得、所法25①四）ではなく、譲渡所得として取り扱い、申告することが前提となるため、発行法人（自己株式の取得法人）は、みなし配当に係る源泉徴収義務はありません。

しかし、発行法人の資本金等の額及び利益積立金額の処理については、自己株式の取得、すなわち、法人税法第24条第1項第4号に掲げる事由として、法人税法施行令第8条第1項第20号及び第9条第1項第8号に該当するため、取得資本金額及び利益積立金額を減少させることになります。

(4) 原則的な取扱いとの関係

この特例では、その適用対象者である個人株主が「その相続又は遺贈につき相続税法の規定により納付すべき相続税額があるもの」であることが重要な要件の1つとなります。

すなわち、納付すべき相続税額が生じない相続により、非上場株式を取得した個人株主が、その非上場株式を発行法人に譲渡した場合には、原則どおり、みなし配当課税が行われることとなります。

3 相続により取得した株式についての他の制度との関係

(1) 相続により取得した株式を発行法人に譲渡した場合の取得費加算

相続又は遺贈による財産の取得をした個人で、その相続又は遺贈につき相続税法の規定により納付すべき相続税額があるものが、その相続の開始があった日の翌日から相続税の申告書の提出期限の翌日以後3年を経過する日までの間

に、その相続税額に係る課税価格の計算の基礎に算入された資産を譲渡した場合には、その譲渡所得に係る取得費に、次の算式により計算した金額が加算されます（措法39）。

〈算式〉

$$\text{譲渡資産が土地以外の資産である場合の取得費加算額} = \text{資産を譲渡した者の確定相続税額} \times \frac{\text{譲渡資産の課税価格の基礎に算入された価額（相続税評価額）}}{\text{資産を譲渡した者の相続税の課税価格（※）}}$$

※　債務控除前の相続税の課税価格です。

相続により株式を取得した相続人（個人株主）が、その株式を発行法人に譲渡した場合には、その譲渡した株主における課税は、基本的に、配当所得課税となり、譲渡所得税の特例である取得費加算の規定は、適用できませんでした。しかし、平成16年の税制改正により、租税特別措置法第9条の7によるみなし配当等の課税の特例が設けられ、両規定を併せて適用することで、優遇された取扱いを受けることができます。

〈相続取得した非上場株式を発行法人へ譲渡した場合の適用関係の比較〉

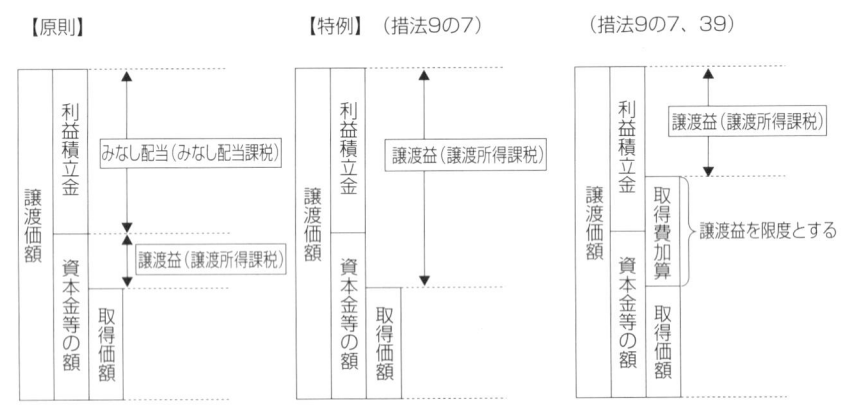

(2)　物納

　納付すべき相続税額を金銭で納付することが困難であること、その株式が物納適格であることその他一定の要件を満たす場合には、相続により取得した非上場株式を物納に充てることが可能です。物納が許可された場合には、物納に

よる譲渡所得等の非課税の特例が適用となり、原則的に生じる株式等に係る譲渡所得等が非課税となります（措法40の3）。

　つまり、含み益のある非上場株式を物納できれば、結果的に、非常に優遇された取扱いを受けることになります。更に、発行法人が物納された非上場株式の買受希望者となり、これを買受ければ、相続人から実質的に無税で自己株式の取得を行うことになります。なお、この場合の物納財産の収納価額は、課税価格計算の基礎となった当該財産の価額、すなわち、相続税評価額（相法43①）となります。

　ただし、平成18年の税制改正において、非上場株式のうち譲渡制限付株式の場合は、物納不適格であることが明確化されています。したがって、非上場株式を物納に充てる場合は、株式の譲渡制限を外す必要があります。

　なお、譲渡制限会社が株式の譲渡制限を外した場合、会社法上、公開会社に分類されることとなるため、会社の機関設計や決算書の注記の内容などが大幅に変わりますので注意が必要です。

(3)　相続により物納された非上場会社の株式を発行法人が買受けるときの発行法人の税務処理

　上記(2)の手続において、相続により物納された非上場株式を、発行法人が買い受けるときの発行法人の資本金等の額及び利益積立金額の処理については、自己株式の取得、すなわち、法人税法第24条第1項第4号に掲げる事由として、法人税法施行令第8条第1項第20号及び第9条第1項第8号に該当するため、取得資本金額及び利益積立金額を減少させることになります。

4　相続により取得した株式を発行法人に譲渡する場合における会社法上の手続（会法162）

　前述（XI-1「自己株式の取得手続の概要」）したように、会社が予め指定した譲渡人からの自己株式を取得する場合には、特定の株主以外の株主は、原則として、自己を売主として追加するよう請求することができます。請求する機会を確保するために、会社は株主に、自己を売主として追加するよう請求することができる旨を通知します（会法160②③）。

　しかし、公開会社でない会社が、株主の相続人その他の一般承継人から、相続等により取得した株式を取得する場合には、特定の株主以外の株主による売

主追加請求権は、適用されません（会法162）。ただし、当該相続人が株主総会又は種類株主総会において、当該株式についての議決権を行使していない必要があります（会法162②）。

相続財産に係る非上場株式をその発行会社に譲渡した場合のみなし配当課税の特例に関する届出書（譲渡人用）

発行会社受付印 / 税務署受付印 平成　年　月　日　税務署長殿	譲渡人	（フリガナ）氏　名	㊞
		住所又は居所	〒　　　　　　　電話　－　－

租税特別措置法第9条の7第1項の規定の適用を受けたいので、租税特別措置法施行令第5条の2第1項の規定により、次のとおり届け出ます。

被相続人	氏　名		死亡年月日	平成　年　月　日
	死亡時の住所又は居所			
納付すべき相続税額又はその見積額		円	（注）納付すべき相続税額又はその見積額が「0円」の場合にはこの特例の適用はありません。	
課税価格算入株式数				
上記のうち譲渡をしようとする株式数				
その他参考となるべき事項				

相続財産に係る非上場株式をその発行会社に譲渡した場合のみなし配当課税の特例に関する届出書（発行会社用）

税務署受付印 平成　年　月　日　税務署長殿	発行会社	（フリガナ）名　称	※整理番号 ㊞
		所在地	〒　　　　　　　電話　－　－

上記譲渡人から株式を譲り受けたので、租税特別措置法施行令第5条の2第2項の規定により、次のとおり届け出ます。

譲り受けた株式数	
1株当たりの譲受対価	
譲受年月日	平成　年　月　日

（注）上記譲渡人に納付すべき相続税額又はその見積額が「0円」の場合には、当該特例の適用はありませんので、みなし配当課税を行うことになります。この場合、届出書の提出は不要です。

※税務署処理欄	法人課税部門	整理簿	確認印	資産回付	資産課税部門		通信日付印 年　月　日	確認印

18・06 改正

XI　自己株式の取得・消却・処分等　　409

■平成18年4月1日前に取得している自己株式とその付随費用に関する取扱い

Q XI 7
平成18年4月1日よりも前に取得し保有している自己株式について、税務上の帳簿価額の減額をする必要があるようですが、具体的に、どのような処理になるのでしょうか。

また、同日前の自己株式を取得するための付随費用についても、どのように処理すればいいのでしょうか。

A
平成18年4月1日前に、税務上、資産計上されていた自己株式の帳簿価額については、その帳簿価額相当額を資本金等の額から減額することにより、帳簿価額から減額することになります。また、同日前の自己株式を取得するための付随費用についても、資本金等の額から減額して、税務上の自己株式の帳簿価額をゼロとすることになります。

なお、同日以後に自己株式を取得する場合の付随費用は、税務上、損金算入することになります。

解説

1 平成18年税制改正前の自己株式の税務上の帳簿価額

平成13年6月の商法改正により、一定の手続を経れば、会社は自己株式を自由に取得・保有することが認められるようになりました。同年10月の税制改正においても、改正商法の施行に合わせた自己株式の取得・保有についての取扱いが明らかになりました。そこにおいて、自己株式は税務上有価証券として取り扱われ、資産として税務上の簿価を管理することが必要でした。

平成18年の税制改正により、保有自己株式の資産性が否定され、自己株式を取得した場合は直ちに資本金等の額を減額することになりました。従って、平成18年4月1日よりも前に取得し保有していた自己株式についても、同日、資本金等の額を減額することになります。

平成18年4月1日よりも前に取得・保有していた自己株式の税務上の帳簿価額は、厳密には、以下の3つに分類されることになります。

① 平成13年9月までに取得していた自己株式
② 平成13年4月1日以後、組織再編成により取得した自己株式

③ 平成13年10月以後に取得した自己株式

①②については、会計上と税務上の帳簿価額が同じであり、税務申告調整がされていません。しかし、③については、株主にみなし配当課税があった場合の自己株式の取得は、会計上の帳簿価額を修正した税務上の帳簿価額が存在します。株主にみなし配当がない場合の自己株式の取得の場合は、自己株式取得に係る付随費用が会計上と税務上の帳簿価額に差異を生じさせています。すなわち、会計上は、付随費用は営業外費用として損益計算書に計上されますが（企業会計基準第1号　自己株式及び準備金の減少に関する会計基準　14項）、税務上は、自己株式を資産（有価証券）として取り扱うので、付随費用は自己株式の取得原価に加えられるべきものとして、税務上の帳簿価額に組み入れることになります。したがって、この付随費用だけが申告調整（加算留保）されています。

2　平成18年4月1日に保有している自己株式の取扱い

このように、平成18年4月1日よりも前に取得・保有していた自己株式の税務上の帳簿価額は、上記①〜③の3つに分類されることになります。

これらの保有自己株式の帳簿価額について、会社は、平成18年4月1日に税務上の自己株式の帳簿価額を減額し、同時に、その帳簿価額相当額を資本金等の額から減額する事が必要です（平18改法令附4①）。

従って、平成18年4月1日現在の資本金等の額は、以下のようになります。

$$\text{H18年4月1日現在の資本金等の額} = \text{H18年4月1日現在の資本金の額} + \left(\text{H18年3月31日現在の資本積立金額} - \text{H18年3月31日現在の自己株式の帳簿価額}\right)$$

この処理により、資本金等の額が減少するため、自己株式を大量に保有していた会社などは、地方税の均等割などにも少なからず影響がある会社もあるものと思われます。

3　自己株式の取得等に関する付随費用の取扱い

企業会計基準第1号「自己株式及び準備金の額の減少に関する会計基準」では、自己株式を取得する際に生じる付随費用は、損益計算書の営業外費用に計上するとされています。

平成18年の税制改正によって、同年4月1日以後に自己株式の取得に係る付随費用は損金算入できるようになりました。
　しかしながら、平成18年税制改正前においては、自己株式は、税務上、資産として有価証券として取り扱っていたため、取得に係る付随費用は、取得原価として取り扱われてきました。従って、会計上、費用扱いしてきた付随費用については、税務上は資産計上することになるので、別表5(1)「利益積立金額の明細」に留保されています。
　そこで、別表五㈠「利益積立金額の明細」に留保されている付随費用について、平成18年4月1日にどのように取り扱うかという問題が生じます。
　これについて、同日に資産計上している自己株式の帳簿価額について資本金等の額に振替える処理をすることと同様に、付随費用についても税務上の自己株式の帳簿価額を構成するものであるため、資本金等の額に振り替えるものと考えられます。

Q XI 8 ■2以上の種類株式を発行している会社の自己株式の取得

2以上の種類の株式（種類株式）を発行している法人が、自己株式を取得した場合の税務上の処理について教えてください。

A

これまで、種類株式については、株式が発行法人に取得される場合のみなし配当の計算において、いわゆる普通株式と種類株式とを区別せずに1株当たりの資本等の金額を計算し、それを超える部分の金額をみなし配当の額としてきました。しかし、平成18年改正により、株式の種類ごとに資本金等の額を区分管理することにより、これらの各株式の種類に応じた課税の取扱いとなるよう見直されました。

解説

1 種類資本金額

平成18年改正により、2以上の種類株式を発行している場合には、それぞれの種類株式に係る資本金等の額（種類資本金額）を区分して管理することになりました（法令8②～⑤）。これにより、種類株式ごとに資本金等の額を管理し、みなし配当や株式の譲渡損益の計算をすることになります。

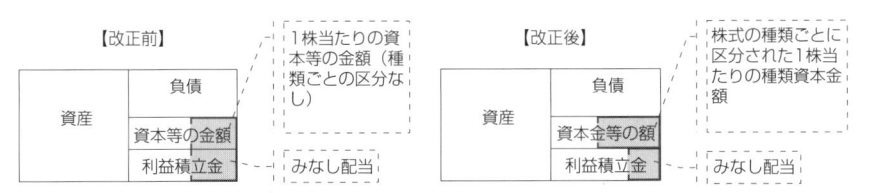

【改正前】
資産 / 負債・資本等の金額・利益積立金
1株当たりの資本等の金額（種類ごとの区分なし）
みなし配当

【改正後】
資産 / 負債・資本金等の額・利益積立金
株式の種類ごとに区分された1株当たりの種類資本金額
みなし配当

(1) 平成18年4月1日以後に発行する種類株式

平成18年4月1日以後に種類株式を発行する場合の種類資本金額については、以下のようになります。

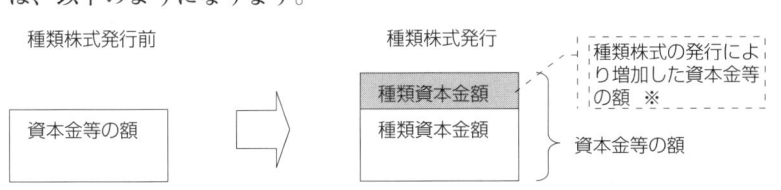

種類株式発行前：資本金等の額
種類株式発行：種類資本金額／種類資本金額
種類株式の発行により増加した資本金等の額 ※
資本金等の額

XI 自己株式の取得・消却・処分等　413

※　種類株式の発行に伴い増加した資本金等の額（法令8②）
　　合併等の場合の調整計算（法令8③～⑤）

(2) 平成18年4月1日前に2以上の種類株式がある場合

平成18年4月1日前に発行された2以上の種類株式がある場合、同日における資本金等の額を基礎として、次のいずれかの方法で同日における種類資本金額を計算することとされています（平18改法令附4④）。

① 発行価額法

いわゆる普通株式以外の種類株式の発行価額の合計額をそれぞれの種類株式の種類資本金額とし、平成18年4月1日の資本金等の額から種類資本金額の合計額を控除した額を普通株式の種類資本金額とする方法

② 時価按分

資本金等の額×各種類株式の時価総額／発行済株式の時価総額

③ その他合理的な方法

ただし、資本金等の額を発行済株式数で除して算出した1株当たりの資本金等の額にそれぞれの種類株式の数を乗じて単純に計算する方法は認められません。

2　種類株式を発行する法人が「自己株式の取得等」をした場合（法令8①二十ロ）

(1) 対象となる自己株式の取得等の事由

種類資本金額を基礎として減少する利益積立金額（みなし配当の額）を計算する対象となる自己株式の取得等の事由は、以下の法人税法第24条第1項第4号から第6号までに掲げる事由とされています。

① 自己の株式の取得（証券取引所の開設する市場における購入による取得、その他一定の取得、取得請求権付株式等の請求権行使等による取得で、法人税法第61条の2第11項の規定により株主の譲渡損益が繰り延べられる場合におけるその取得を除く。）

② 出資の消却（取得した出資について行うものを除く。会社法以外の法律を根拠法として設立された法人が該当。）、出資の払戻し、社員その他法人の出資者の退社又は脱退による持分の払戻しその他株式又は出資をその発行した法人が取得することなく消滅させること。

③ 組織変更（組織変更に際してその組織変更をした法人の株式又は出資以外の資産を交付したものに限る）

(2) 取得資本金額の計算

上記の事由があった場合に減少する資本金等の額（取得資本金額）は、次の計算によります。

○ 減少する資本金等の額

〈算　式〉

減少する資本金等の額 ＝ 取得資本金額

＝ 取得等をした種類株式の直前の種類資本金額 × 取得等をした種類株式の数 / 直前の同一の種類株式（取得直前に有していた自己株式を除く）の総数

ここで、「種類資本金額」とは、以下の金額について、加算及び減算をしたものをいいます。

種類資本金額 ＝ （＋）その種類の株式の通常の交付により増加した資本金等の額
　　　　　　　（＋）新株予約権の行使によりその種類の株式の交付により増加した資本金等の額
　　　　　　　（＋）取得条項付新株予約権の取得対価として自己の株式を交付した場合に増加した資本金等の額
　　　　　　　（－）その種類の株式の株主等に対する資本の払戻又は残余財産の一部の分配により減少した資本金等の額
　　　　　　　（－）その種類の株式に係る自己株式の取得等（みなし配当の額が生ずる事由に該当する場合の自己株式の取得等）により減少した資本金等の額
　　　　　　　（－）その種類の株式の取得（みなし配当の額が生ずる事由に該当しない場合の自己株式の取得等）により減少した資本金等の額

また、減少する利益積立金額（みなし配当に相当する金額）の計算は、以下のとおりです。

○ 減少する利益積立金額

〈算　式〉

　減少する利益積立金額　＝　交付金銭等の合計額　－　取得資本金額

　従って、その種類株式の取得に係るみなし配当及び譲渡損益の額は以下のように計算します。

○　みなし配当（法令23①四ロ）

　　＝　受取対価　－　種類資本金額　÷　当該種類株式総数　×　譲渡した当該種類株式の数

○　譲渡損益（法61の2①）

　　＝　受取対価（みなし配当部分を除く）　－　帳簿価額

Q XI 9 ■合併等があった場合の種類資本金額の調整

合併等があった場合の種類資本金額の調整について教えてください。

A 合併等の態様により、当事法人は、それぞれ種類資本金額を増加又は減少させることになります（法令8③～⑤）。

なお、取得請求権付株式等の請求権の行使等の対価として自己株式を交付した場合については、譲渡損益課税が繰り延べられる場合（法法61の2⑪）に限り、種類資本金額の付替計算を行います。

解説

2以上の種類の株式を発行する法人が合併等を行った場合には、次のとおり種類資本金額の調整を行うこととされています。

(1) 法人が自己を合併法人、分割承継法人、被現物出資法人、株式交換完全親法人又は株式移転完全親法人とする合併、分割、現物出資、株式交換又は移転（以下、「合併等」といいます）を行った場合

次の計算式により計算した金額をそれぞれの種類の株式に係る種類資本金額に加算します。すなわち、合併等の場合には、増加資本金額を交付株式の種類ごとの時価比をもって各種類資本金額に配賦します。

$$\text{増加する種類資本金額} = \text{合併等により増加する資本金等の額} \times \frac{\text{合併等により交付したその種類の株式の合併等の直後の価額の合計額}}{\text{合併等により交付した株式の合併等の直後の価額の合計額}}$$

(2) 法人が自己を分割法人とする分割型分割を行った場合

次の計算式により計算した金額をそれぞれの種類の株式に係る種類資本金額から減算します。すなわち、分割型分割の場合には、減少資本金額を各種類株式の時価比をもって各種類資本金額に配賦します。

ただし、分割型分割によってその価額が減少しないと認められる株式、すなわち、例えば、一定の期日に一定の金額を対価として取得する旨の定めがある取得条項付株式など、社債的性質を有するものについては、その種類資本金額を減少させるのは適当ではありません。そのため、その種類株式の種類資本金

額については変動しません。

$$減少する種類資本金額 = 分割型分割により減少する資本金等の額 \times \frac{その種類株式（自己株式及び分割型分割によってその価額が減少しなかったと認められる種類の株式を除く）の分割型分割の直後の価額の合計額}{法人の発行済株式または出資（自己株式及び分割型分割によってその価額が減少しなかったと認められる種類の株式を除く）の分割型分割直後の価額の合計額}$$

(3) 法人が取得請求権付株式等の請求権の行使等（法法61の2⑪の規定により株主の譲渡損益課税が繰り延べられる場合に限る）の対価として自己株式を交付した場合

　その行使等のときの直前の取得した株式（旧株）と同一の種類株式に係る種類資本金額をその種類株式（自己株式を除く）の総数で除し、これにその取得をした株式の数を乗じて計算した金額を、その新株と同一の種類株式に係る種類資本金額に加算します。

　また、同時に、その旧株と同一の種類の株式に係る種類資本金額からも減算します。

　すなわち、取得請求権つき株式等の請求権の行使等による旧株の取得と新株の交付は、株式の種類を単に転換しただけであると考えることができます。従って、旧株の種類資本金額を株数按分し、転換した部分の金額を新株の種類資本金額に付け替えることになります。

Q XI 10　■財産評価基本通達183と自己株式の取扱い

財産評価基本通達における類似業種比準方式の株式評価について、自己株式の取扱いはどのようになっているのでしょうか。

A

課税時期が平成18年中である贈与・相続における類似業種比準方式の株式評価については、比準要素のうち簿価純資産額の計算で、評価会社の直前期末の発行済株式数及び保有自己株式の帳簿価額を減少させないで計算することになりますが、課税時期が平成19年以後である場合は、評価会社の直前期末の発行済株式数及び保有自己株式の帳簿価額を控除して計算することになると思われます。

解説

1　平成18年中の取扱い

財産評価基本通達183（評価会社の1株当たりの配当金額等の計算）においては、類似業種比準方式の比準要素について、1株当たりの年配当金額、年利益金額、簿価純資産額の計算においては、いずれも、直前期末の発行済株式総数で除して計算することになっています。この発行済株式総数の取扱いについては、いずれも、自己株式の数を控除しないことになっていました。

従って、類似業種比準方式を適用する際の評価会社の「1株当たりの純資産価額（帳簿価額によって計算した金額（「簿価純資産額」））」について、『直前期末における「資本金額＋資本積立金額＋利益積立金額」』として計算し、この場合、自己株式の保有は、評価上考慮せずに、すなわち、自己株式の帳簿価額を「簿価純資産額」から減少させないで計算することになっていました。

しかし、平成18年の税制改正では、法人税法において資本積立金額という概念がなくなったほか、自己株式の取得については、保有自己株式の資産性が否定されたことに伴って、取得時に資本金等の額から減額することになり、税務上の帳簿価額をもたない取扱いに変更されました。

そのため、類似業種比準方式を適用する際の評価会社の簿価純資産額の計算において、自己株式の取り扱いが、平成18年4月1日以後の法人税法上の取扱基準と異なることになり、今後の取り扱いをどうするかという疑義が生じま

す。
　これについて、国税庁は平成18年7月7日、国税庁資産評価企画官情報第1号、資産課税課情報第10号において、平成18年中は以下のような経過措置を講じると発表しました。【経過措置】
　○　直前期末が平成18年3月31日以前の「簿価純資産額」
　　　「資本金額＋資本積立金額＋利益積立金額」
　○　直前期末が平成18年4月1日以後の「簿価純資産額」
　　　「資本金等の額＋利益積立金額＋平成18年3月31日現在の自己株式の帳簿価額＋平成18年4月1日から直前期末までの間に取得した自己株式に係る「取得資本金額」の合計額」
　これにより、財産評価基本通達では、平成18年中は、従来と同じ評価方法が踏襲されることになります。

【直前期末が平成18年8月31日の場合の事例】

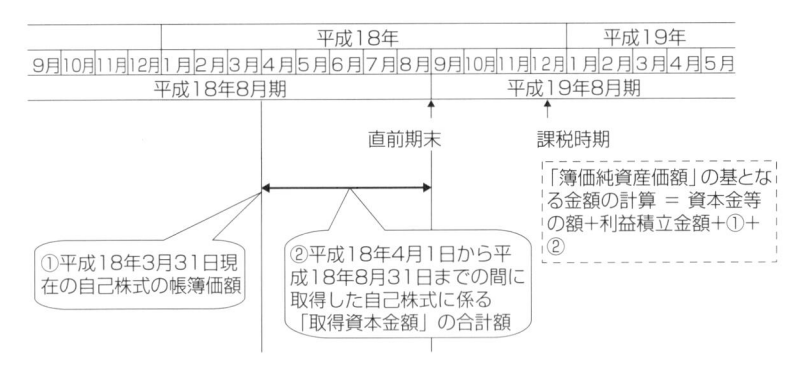

	平成18年												平成19年					
9月	10月	11月	12月	1月	2月	3月	4月	5月	6月	7月	8月	9月	10月	11月	12月	1月	2月	3月	4月	5月
平成18年8月期												平成19年8月期						

　　　　　　　　　　　　　　　　↑　　　　　　　　↑
　　　　　　　　　　　　　　　直前期末　　　　課税時期

　　　　　　　　　　　　　　　　　　　　　「簿価純資産価額」の基となる金額の計算 ＝ 資本金等の額＋利益積立金額＋①＋②

①平成18年3月31日現在の自己株式の帳簿価額

②平成18年4月1日から平成18年8月31日までの間に取得した自己株式に係る「取得資本金額」の合計額

2　平成19年1月1日以後の取扱い

　平成19年以後の取扱いについては、平成18年10月27日付で「財産評価基本通達」の一部改正が公表されました。
　これにより、平成19年1月1日以後に課税時期となる場合は、類似業種比準方式における評価会社の1株当たりの純資産価額の計算については、会社が自己株式を保有している場合には、法人税に準拠し、取扱いが変わることとなります。
　すなわち、類似業種比準方式の計算においても法人税法上の金額を基として

いる簿価純資産価額（D及びⒹ）とし、併せて発行済株式数からも自己株式数を控除することとなりました。

【類似業種比準方式の算式】

$$A \times \left[\frac{\frac{Ⓑ}{B} + \frac{Ⓒ}{C} \times 3 + \frac{Ⓓ}{D}}{5} \right] \times 0.7 \text{（等）}$$

「A」＝類似業種の株価

「Ⓑ」＝評価会社の1株当たりの配当金額

「Ⓒ」＝評価会社の1株当たりの利益金額

「Ⓓ」＝評価会社の1株当たりの純資産価額（帳簿価額によって計算した金額）

「B」＝課税時期の属する年の類似業種の1株当たりの配当金額

「C」＝課税時期の属する年の類似業種の1株当たりの年利益金額

「D」＝課税時期の属する年の類似業種の1株当たりの純資産価額（帳簿価額によって計算した金額）

　(注)　類似業種比準価額の計算に当たっては、Ⓑ、Ⓒ及びⒹの金額は財産評価基本通達183（評価会社の1株当たりの配当金額等の計算）により、1株当たりの資本金等の額を50円とした場合の金額として計算することに留意する。

なお、参考までに、自己株式がある場合の純資産価額方式の評価については、これまでも、自己株式は「商法上、財産性はない」と判断されていたため、自己株式は除いたところで計算する、という取扱いとされていました。この取扱いについての変更はありません。

$$\text{1株当たりの純資産価額} = \frac{\text{相続税評価額の合計額（自己株式は含まない）} - \text{各負債の合計額} - \text{評価差額（自己株式に対するものを除く）に対する法人税等相当額}}{\text{課税時期における発行済株式数} - \text{自己株式数}}$$

Q XI 11 ■自己株式の無償取得

自己株式を無償で発行法人が株主から取得した場合、取得した法人は、税務上、受贈益課税は生じるのでしょうか。

A 自己株式の無償取得の場合は、取得法人には受贈益課税は生じません。

解説

1 自己株式を無償で取得する場合の会計処理

改正企業会計基準適用指針第2号「自己株式及び準備金の額の減少等に関する会計基準の適用指針（平成18年8月11日）」（以下、「自己株指針」といいます）第14項では、自己株式を無償で取得する場合には、会計上は自己株式の数のみの増加として処理することとされています。これは、自己株式の取得は株主との間の資本取引であり、会社所有者に対する会社財産の払戻しと位置付け、株主資本から控除する会計処理を採用していることとの整合性を保持する観点によるとされています（自己株指針43）。

2 自己株式の無償取得の税務

自己株式を発行法人が株主から無償で取得した場合、自己株式の時価相当額について、法人税法22条による受贈益課税は生じるのではないかという懸念があります。

もっとも、平成18年改正前の法人税法では、自己株式は有価証券（資産）であるとされていましたから、無償による取得の場合は、法人税法第22条によりその時価相当額について受贈益が生じるものと考えられていました。

平成18年改正により、保有自己株式の資産性が否定され（法人税法第2条第21号において「自己が有する自己の株式又は出資を除く」として保有自己株式を有価証券の定義から除外）、自己株式は取得の時点で資本金等の額を減額するという資本取引に準じた取扱いに変わりました。従って、法人税法第22条による受贈益課税は生じないものと考えられます。

しかしながら、無償であっても自己株式の取得は、法人税法施行令第8条第

1項第20号に該当し、同号により計算された取得資本等金額を資本金等の額から減少させるべきものと考えられます。ただし、同条かっこ書において、「当該金額（＝取得資本等金額）が当該自己株式の取得等により交付した金銭の額（＝無償取得の場合は「ゼロ」）……（中略）……を超える場合には、その超える部分の金額を減算した金額」と規定されています。すなわち、同号により計算される取得資本等未満の金額で自己株式の取得を行った場合は、その取引金額を減額することになるので、無償の場合は、ゼロとなります。

従って、税務上の仕訳は発生しないので、受贈益課税も行われないことになります。

自己株式の無償取得時の税務上の仕訳

　　○　平成18年改正前

　　　（借方）　　　　　　　（貸方）

　　　自己株式（資産）××　／　受贈益××

　　○　平成18年改正後（H18.4.1以降）

　　　仕訳なし

　　　∴　受贈益課税なし

3　自己株式を無償譲渡する株主の税務

株主においては、発行法人に株式を譲渡することは、有価証券の売買になります。法人税法第2条第21号「有価証券」では「自己が有する自己の株式又は出資を除く」とあり、発行法人が保有する自己株式は有価証券ではありませんが、株主にとっては、売却する時点までは、有価証券であることには変わりはありません。

従って、株式を発行法人に無償で譲渡する場合には、株主にとっては、その有価証券（自己株式）の時価取引があったものとみなされ、帳簿価額と時価との差額については、損益取引として認識しなければならないことになります。

4　株主間の課税関係

相続税基本通達9－2では、同族会社に対し無償で財産の提供があった場合、その財産を提供した者から他の株主（又は社員）への贈与があったものとして取り扱うものとするとしています。

従って、自己株式を無償で発行会社が取得した場合は、その取得した自己株

式の時価に相当する分だけ、株式の価値が他の株主へ按分的に移転します。この移転を受けた株式価値は、自己株式を会社に無償譲渡した株主からの贈与として取り扱われることになると思われます。

Q XI 12 ■自己株式取得の事例

自己株式を取得するときの、取得法人及び株主の会計・税務処理を事例で教えてください。

A

みなし配当がある場合の原則処理と、みなし配当がない場合の特例処理とがあります。

解説

1 みなし配当がある場合の自己株式の取得

【事例1】

〈前提〉

自己株式取得直前の取得法人の純資産の部

（会計上）		（税務上）	
資本金	100	資本金等の額	200
その他資本剰余金	100		
利益剰余金	1,000	利益積立金額	1,000
合計	1,200	合計	1,200

発行済株式総数は10株です。

このうち、発行法人は、株主から1株100で取得します。なお、発行法人には、この自己株式取得以前から保有している自己株式はありません。

(1) 取得法人における会計処理と税務処理

会計基準では、自己株式の取得が株主に対する会社財産の払戻しの性格を有することから、「取得した自己株式は、取得原価をもって純資産の部の株主資本から控除する」（企業会計基準第1号　自己株式及び準備金の額の減少等に関する会計基準、7項（最終改正平成18年8月11日。以下、「自己株基準」といいます。））とされています。

しかし、税務上は、原則として、株主に交付した金銭等の額のうち、当該株式に対応する取得資本金額に相当する金額については資本等の金額を減少させ、取得資本等金額を超える部分の金額については、利益積立金額を減少させ

ます（法法2十六、十八、24①四、法令8①二十、①9八）。つまり、税務では、自己株式取得による株主への払戻しの原資が、払込資本に相当する資本金等の額である部分と、留保利益に相当する利益積立金額である部分を明確に区別しています。

資本金等の額に相当する部分は、株主において株式の譲渡損益課税の対象となり、利益積立金額に相当する部分は、株主においてみなし配当課税の対象となります。

平成18年税制改正により、会社は自己株式を取得した場合、取得資本金額を資本金等の額から直接控除することになりました。

自己株式の取得時の会計上と税務上の仕訳は以下のようになります。会計上と税務上の仕訳の差異については、別表において申告調整することになります。

なお、株主においてみなし配当課税の対象となる場合は、取得する法人側において、源泉徴収義務が生じます。下記仕訳では、みなし配当に対する20％の源泉徴収を「預り金」として考慮しています。

〈会計上の仕訳〉
（借）自己株式　　　　　　100　／（貸）現金預金　　　84
　　　　　　　　　　　　　　　　　　　預り金　　　　16

〈税務上の仕訳〉
（借）資本金等の額（※1）20　／（貸）現金預金　　　84
　　　利益積立金額（※2）80　　　　預り金　　　　16
※1　減少する資本金等の額
　　　資本金等の額　200　×　1株／10株　＝　20（取得資本金額）
※2　減少する利益積立金額
　　　交付金銭　100　－　取得資本金額20　＝　80

〈税務調整仕訳〉
（借）資本金等の額　　　　20　／（貸）自己株式　　　100
　　　利益積立金額　　　　80

この場合の自己株式の取得は、会計上、資本取引になるため、会計上の損益計算には一切影響しません。また、税務上も、その所得計算の過程にはまったく影響しません。

ただし、税務上は、次のような処理が必要となります。

すなわち、取得直前の資本金等の額のうち取得株式に対応する部分の金額（取得資本金額）につき、「資本金等の額」を減少させ、その金額を超える部分の金額について、利益積立金額を減少させなければなりません。具体的には、別表五㈠の「Ⅰ　利益積立金額の計算に関する明細書」において、利益積立金額80を減少させ、「Ⅱ　資本金等の額の計算に関する明細書」において、資本金等の額20を減少させることになります。

また、別表四において、自己株式の認容額80について、減算留保の記載を行い、同額について、加算社外流出（配当）の記載を行います。具体的な別表の記載は、次のとおりです。

別表四

区分			総額	処分	
				留保	社外流出
当期利益		1	1,000	1,000	
加算	みなし配当金額	9	80		配当　80
減算	自己株式	17	80	80	
所得金額			1,000	920	80

別表五㈠

Ⅰ　利益積立金額の計算に関する明細書

区分		期首現在利益積立金額	当期中の増減		差引翌期首現在利益積立金額
			減	増	
		①	②	③	④
利益準備金	1				
積立金	2				
自己株式	3			▲80	▲80
繰越利益金	26	1,000	1,000	2,000	2,000
差引合計額	31	1,000	1,000	1,920	1,920

Ⅱ 資本金等の額の計算に関する明細書

区　分		期首現在資本金等の額	当期中の増減		差引翌期首現在資本金等の額
			減	増	
		①	②	③	④
資本金又は出資金	32	100 円	円	円	100 円
資 本 準 備 金	33				
その他資本剰余金	34	100			100
自 己 株 式	35			▲20	▲20
差 引 合 計 額	36	200		▲20	180

株主資本等変動計算書　　　　　　　　　　　　　　　　　（単位：百万円）

	株主資本							純資産合計
	資本金	資本剰余金		利益剰余金		自己株式	株主資本合計	
		その他資本剰余金	資本剰余金合計	その他利益剰余金 繰越利益剰余金	利益剰余金合計			
前記末残高	100	100	100	1,000	1,000	0	1,200	1,200
当期変動額								
当期純利益				1,000	1,000		1,000	1,000
自己株式の取得						▲100	▲100	▲100
当期変動額合計	0	0	0	1,000	1,000	▲100	900	900
当期末残高	100	100	100	2,000	2,000	▲100	2,100	2,100

(2) 株主における会計処理・税務処理

上記事例における株主側の処理は、以下のようになります。

株主が譲渡直前に所有する発行法人株式は2株（帳簿価額100）です。株主は、この2株のうち1株を100で譲渡しました。

〈会計上の仕訳〉

（借）現金預金　　　　　　　　84　／（貸）その他有価証券　　（※1）50
　　　租税公課　　　　　　　　16　／　　　有価証券譲渡損益　　　　50

※1　譲渡原価の額
　　　直前のA社株式の帳簿価額　100 × $\dfrac{譲渡株式数1株}{譲渡直前の所有株式数2株}$ = 50

なお、中小企業などでは、一般的に、下記の税務上の仕訳で会計処理をしています。

〈税務上の仕訳〉

税務上の交付金銭の内訳

交付金銭等の額の合計額　100	
取得資本金額　20	利益積立金額　80

（借）現金預金　　　　　　　　　84　（貸）その他有価証券　　　　　　50
　　　租税公課　　　　（※3）16　　　　受取配当金　　　（※2）80
　　　有価証券譲渡損　（※4）30

※2　みなし配当の額（法法24①四、法令23①四）
　　　交付金銭等の合計額100－所有株式に対応する取得資本金額20　＝　みなし配当80
※3　租税公課は、源泉徴収された所得税を示しています。
※4　税務上の有価証券譲渡損益の額（法法61の2①）
　　　（交付金銭等の合計額100－みなし配当80）－譲渡原価50　＝　譲渡損30

　発行法人が、相対取引により自己株式を取得した場合には、譲渡した株主においては、有価証券の譲渡損益とみなし配当の課税問題が生じます。

　本設例では、発行法人の取得資本金額（20）が株主の帳簿価額（50）を下回っている場合には、その差額（30）は譲渡損となり、一方で交付金銭等の額（100）と取得資本金額（20）との差額（80）が、株主におけるみなし配当の額となります。

　このように、みなし配当を考慮しない会計上の損益の取扱いとは違いが生じますから、注意が必要です。

　なお、その株主が法人株主であれば、上記みなし配当の額について、受取配当等の益金不算入の適用を受けることができます。

2　みなし配当がない場合の自己株式の取得

　上場会社等が市場購入の方法等により、自己株式を取得する場合は、税法上、特例に該当し、発行法人は自己株式の取得の対価の額に相当する金額の資本等の金額を減額させる処理のみとなり、利益積立金額は減少させません（法令8①二十一）。従って、株主に対するみなし配当も発生しませんから、発行法人における源泉徴収も不要です。

上記【事例1】と同様の前提で、対価100で取得した場合の仕訳と別表五㈠Ⅱの記載例は、次のとおりです。

【事例2】
〈前提〉
　【事例1】に同じ

　　〈会計上の仕訳〉
　　（借）自己株式　　　　　　100　／（貸）現金預金　　　　100

　　〈税務上の仕訳〉
　　（借）資本金等の額　　　　100　／（貸）現金預金　　　　100

　　〈税務調整仕訳〉
　　（借）資本金等の額　　　　100　／（貸）自己株式　　　　100

別表五㈠

Ⅱ　資本金等の額の計算に関する明細書

区　分		期首現在資本金等の額	当期中の増減 減	当期中の増減 増	差引翌期首現在資本金等の額
		①	②	③	④
資本金又は出資金	32	円 100	円	円	円 100
資 本 準 備 金	33				
その他資本剰余金	34	100			100
自 己 株 式	35			▲100	▲100
差 引 合 計 額	36	200		▲100	100

Q XI 13

■その他資本剰余金を財源とする自己株式の消却

自己株式の消却について、会計基準の取扱いはどうなっているのでしょうか。

また、平成18年税制改正により、その税務処理は変わったのでしょうか。

A 自己株式消却の会計処理について、改正企業会計基準第1号「自己株式及び準備金の額の減少に関する会計基準」（平成18年8月11日、以下「改正自己株基準」といいます。）は、会社計算規則第47条3項に合わせて、優先的にその他資本剰余金から減額することとなりました（改正自己株基準11項）。

また、平成18年税制改正前は、法人税法では、自己株式の税務上の簿価（「取得資本等金額」）を、消却時に資本積立金額から減額していましたが、平成18年4月1日以後は、取得時に「取得資本金額」を資本金等の額から減額することになりましたので、消却時には、税務上の仕訳は生じません。

解説

1 会計基準の改正

これまで会計基準では、自己株式の消却財源について、資本剰余金又は利益剰余金のいずれから減額するかは会社の意思決定に委ねられていました。

改正自己株基準では、会社計算規則第47条第3項に合わせて、優先的にその他資本剰余金から減額することに変更されました（改正自己株基準11項）。

また、自己株式を消却したことにより、会計期間末におけるその他資本剰余金の残高がマイナスとなった場合には、その他資本剰余金をゼロとし、そのマイナスの金額をその他利益剰余金（繰越利益剰余金）から減額することとなりました（改正自己株基準12項）。

2 その他資本剰余金を財源とする自己株式の消却をするときの法人の税務

以下、前問の【事例1】の翌事業年度において自己株式を消却する場合の会計と税務について、【事例3】で検討しましょう。

【事例 3】

〈前提〉

【事例 1】による自己株式の取得の後、翌事業年度において自己株式を消却します。

なお、消却財源は、その他資本剰余金で賄うことができるので、利益剰余金を減額することはできません。

　　〈会計上の仕訳〉
　　（借）その他資本剰余金　　　100　／（貸）自己株式　　　100
　　〈税務上の仕訳〉
　　　仕訳なし

税務上は、取得時に資本金等の額を減少させているので、消却時は、税務上は特に仕訳は発生しません。

また、会計上、利益剰余金に変動は生じないため、別表五(一)「Ⅰ　利益積立金額の計算に関する明細書」については、自己株式の消却に伴う記載は生じません。

別表五(一)

Ⅰ　利益積立金額の計算に関する明細書

区　分		期首現在利益積立金額	当期中の増減		翌期首現在利益積立金額
		①	減 ②	増 ③	⑤
利 益 準 備 金	1				
積 立 金	2				
自己株式（みなし配当）	3	▲80			▲80
繰 越 利 益 金	26	2,000	2,000	3,000	3,000
差 引 合 計 額	31	1,920	2,000	3,000	2,920

これまで自己株の消却処理については、別表五(一)「Ⅱ　資本金等の額の計算に関する明細書」では、消却時に資本積立金を減算していましたが、平成18年改正以後は、取得時に資本金等の額を減算するので、いわゆる「申告調整」は不要となりました。従って、会計上の処理を反映させて、正しい税務上の資本金等の額の残高を把握することになります。

税務上の自己株式の価額（取得資本等金額）は20であったため、税務上は取

得時に資本金等の額から減額しています。しかし、消却時に会計上100の自己株式を消却してしまうと、消却しすぎることになりますが、税務上は、既に取得の段階で資本金等の額を減少させています。従って、会計上の自己株式の消却額を戻すことによって、税務上の適正な消却後の資本金等の額を管理することになります。

Ⅱ　資本金等の額の計算に関する明細書

区　分		期首現在資本金等の額	当期中の増減		差引翌期首現在資本金等の額
			減	増	
		①	②	③	④
資本金又は出資金	32	円 100	円	円	円 100
資本準備金	33				
その他資本剰余金	34	100	100		0
自己株式	35	▲20		100	80
差引合計額	36	180	100	100	180

株主資本等変動計算書　　　　　　　　　　　　　　　（単位：百万円）

	株主資本							純資産合計
	資本金	資本剰余金		利益剰余金		自己株式	株主資本合計	
		その他資本剰余金	資本剰余金合計	その他利益剰余金 繰越利益剰余金	利益剰余金合計			
前期末残高	100	100	100	2,000	2,000	▲100	2,100	2,100
当期変動額								
当期純利益				1,000	1,000		1,000	1,000
自己株式の消却		▲100	▲100			100	0	0
当期変動額合計		▲100	▲100	1,000	1,000	100	1,000	1,000
当期末残高	100	0	0	3,000	3,000	0	3,100	3,100

■その他資本剰余金に十分な財源がない場合の自己株式の消却

Q XI 14
当社は、その他資本剰余金がない会社です。従って、自己株式の消却は、その他利益剰余金を財源として消却することになるのでしょうか。この場合の別表4と5(1)の記載はどのようになりますか。

A
その他資本剰余金のない会社であっても、自己株式の消却はいったんその他資本剰余金を減額します。しかし、期末にその他資本剰余金がマイナスになっている場合は、マイナスの部分をその他利益剰余金に振り替えて、その他資本剰余金をゼロとします。

税務上は、期末にその他資本剰余金のマイナス部分をその他利益剰余金に振り替えた分だけ、資本金等の額及び利益積立金額の調整が必要です。

解説

改正自己株基準では、会社計算規則第47条第3項に合わせて、優先的にその他資本剰余金から減額することに変更されました（改正自己株基準11項）。

また、自己株式を消却したことにより、会計期間末におけるその他資本剰余金の残高がマイナスとなった場合には、その他資本剰余金をゼロとし、そのマイナスの金額をその他利益剰余金から減額することとなりました（改正自己株基準12項）。

すなわち、期中に自己株式を消却するときは、いったん、その他資本剰余金をマイナスします。しかし、期末になっても、その他資本剰余金がマイナスであった場合、会計上はマイナスの部分を利益剰余金に振り替える処理をすることになります。従って、会計処理においては、消却時に直接その他利益剰余金から減額しませんから注意が必要です。

中小企業などでは、その他資本剰余金を財源として消却できない場合が多いものと考えられます。従って、多くのケースでその他資本剰余金がマイナスになり、期末にその他利益剰余金に振り替える処理を必要とすると考えられます。以下、この場合の事例を検討してみましょう。

【事例4】

〈前提〉
自己株式取得直前の取得法人の純資産の部

（会計上）		（税務上）	
資本金	200	資本金等の額	200
利益剰余金	1,000	利益積立金額	1,000
合計	1,200	合計	1,200

発行済株式総数は10株です。

このうち、発行法人は、株主から1株100で取得した翌期において、自己株式を消却します。その他の前提は、【事例3】と同様とします。

〈会計上の仕訳〉

消却時（期中）
（借）その他資本剰余金　　　100　／（貸）自己株式　　　　　100

期末
（借）その他利益剰余金
　　　（繰越利益金）　　　　100　／（貸）その他資本剰余金　100

〈税務上の仕訳〉

消却時（期中）
　　仕訳なし
期末
　　仕訳なし

〈税務調整仕訳〉

（借）資本金等の額　　　　　100　／（貸）利益積立金額　　　100

税務上は、取得時に資本金等の額を減少させているので、消却時は、税務上は特に仕訳は発生しません。

しかしながら、会計上、自己株式について、その他資本剰余金を財源として消却し、更に、期末においてその他資本剰余金からその他利益剰余金に科目の振替が行われ、それによって株主資本の記載が変わるため、それに伴う別表五㈠「Ⅰ　利益積立金額の計算に関する明細書」「Ⅱ　資本金等の額の計算に関する明細書」の記載を修正することが必要となります。

別表五㈠

I 利益積立金額の計算に関する明細書

区　分		期首現在利益積立金額 ①	当期中の増減 減 ②	当期中の増減 増 ③	翌期首現在利益積立金額 ④
利 益 準 備 金	1				
積 立 金	2				
自己株式(みなし配当)	3	▲80			▲80
資 本 金 等 の 額				(※3) 100	100
繰 越 利 益 金	26	2,000	2,000	3,000 (※2) ▲100	2,900
差 引 合 計 額	31	1,920	2,000	3,000	2,920

II 資本金等の額の計算に関する明細書

区　分		期首現在資本金等の額 ①	当期中の増減 減 ②	当期中の増減 増 ③	差引翌期首現在資本金等の額 ④
資本金又は出資金	32	円 200	円	円	円 200
資 本 準 備 金	33				
その他資本剰余金	34		(※1) 100	(※2) 100	0
利 益 積 立 金 額				(※3) ▲100	▲100
自 己 株 式	35	▲20		(※1) 100	80
差 引 合 計 額	36	180	100	100	180

※1　期中の会計上の消却の仕訳を反映させます。
※2　期末の会計上のその他資本剰余金からその他利益剰余金への振り替え処理を反映させます。なお、ここでは、処理を明確にするために、別表示で記載しています。
※3　※2の処理についての税務修正仕訳を反映させます。

株主資本等変動計画書

(単位：百万円)

	株主資本							純資産合計
	資本金	資本剰余金		利益剰余金		自己株式	株主資本合計	
		その他資本剰余金	資本剰余金合計	その他利益剰余金 繰越利益剰余金	利益剰余金合計			
前期末残高	200			2,000	2,000	▲100	2,100	2,100
当期変動額								
当期純利益				1,000	1,000		1,000	1,000
自己株式の消却		▲100	▲100			100	0	0
科目間の振替		100	100	▲100	▲100		0	0
当期変動額合計		0	0	900	900	100	1,000	1,000
当期末残高	200	0	0	2,900	2,900	0	3,100	3,100

Q XI 15 ■自己株式の処分

当社は、保有自己株式を処分します。この場合の会計と税務について教えてください。また、別表4と5⑴の記載はどのようになりますか。

A 自己株式を処分する場合の会計処理は、払込金額が自己株式の帳簿価額を超えるとき（自己株式処分差益が生じるとき）、また、払込金額が自己株式の帳簿価額を下回るとき（自己株式処分差損が生じるとき）、いずれの場合も、自己株式の帳簿価額との差額について、その他資本剰余金として処理します。

自己株式の処分差損が生じてその他資本剰余金を減額した結果、その残高がマイナスとなった場合には、会計期間末において、その他資本剰余金をゼロとし、その分をその他利益剰余金（繰越利益剰余金）から減額することになります。

この場合の税務処理については、自己株式の取得時に、自己株式の取得価額を既に資本金等の額から控除しているので、自己株式の処分に係る金銭の払い込みの額をもって資本金等の額を増加させます。

会計上、会計期間末においてその他資本剰余金の残高がマイナスとなり、その分をその他利益剰余金に振り替えた場合は、税務申告調整が必要となりますが、そのほかの場合は、申告調整は不要です。従って、別表四には影響せず、別表五㈠においても、「Ⅰ　利益積立金額の計算に関する明細書」には影響しません。別表五㈠の「Ⅱ　資本金等の額の計算に関する明細書」においては、会計上の仕訳が反映されるのみとなります。

解説

【事例5】

自己株式処分差益が生じる場合

〈前提〉

発行法人は、株主から1株100で取得した翌期において、自己株式を200で処分します。その他の前提は、【事例3】と同様とします。

〈会計上の仕訳〉

（借）現金　　　　　　　　　200　／（貸）自己株式　　　　　　100
　　　　　　　　　　　　　　　　　　　　その他資本剰余金　　　100

〈税務上の仕訳〉

（借）現金　　　　　　　　　200　／（貸）資本金等の額　　　　200

〈税務調整仕訳〉

　仕訳なし

　会計上は、いわゆる自己株式処分差益はその他資本剰余金の計上し、自己株式処分差損はその他資本剰余金から減額します。

　税務上は、取得時に資本金等の額を減少させているので、自己株式の処分差額は生じません。払込み金銭の額をもって資本金等の額を増加させることになります。

別表五(一)

I　利益積立金額の計算に関する明細書

区分		期首現在利益積立金額	当期中の増減 減	当期中の増減 増	翌期首現在利益積立金額
		①	②	③	⑤
利 益 準 備 金	1				
積　立　金	2				
自己株式（みなし配当）	3	▲80			▲80
繰 越 利 益 金	26	2,000	2,000	3,000	3,000
差 引 合 計 額	31	1,920	2,000	3,000	2,920

II　資本金等の額の計算に関する明細書

区分		期首現在資本金等の額	当期中の増減 減	当期中の増減 増	差引翌期首現在資本金等の額
		①	②	③	⑤
資本金又は出資金	32	円 200	円	円	円 200
資 本 準 備 金	33				
その他資本剰余金	34			100	100
自　己　株　式	35	▲20		100	80
差 引 合 計 額	36	180		200	380

株主資本等変動計算書

(単位:百万円)

	株主資本							純資産合計
	資本金	資本剰余金		利益剰余金		自己株式	株主資本合計	
		その他資本剰余金	資本剰余金合計	その他利益剰余金	利益剰余金合計			
				繰越利益剰余金				
前期末残高	200			2,000	2,000	▲100	2,100	2,100
当期変動額								
当期純利益				1,000	1,000		1,000	1,000
自己株式の処分		100	100			100	200	200
当期変動額合計		100	100	1,000	1,000	100	1,200	1,200
当期末残高	200	100	100	3,000	3,000	0	3,300	3,300

Q XI 16 ■分配可能額の計算

分配可能額の計算方法について教えてください。

A 分配可能額の計算については、最終事業年度末日の剰余金の額から、最終事業年度の末日後の剰余金変動項目について加減算したのち、自己株式の帳簿価額等、会社法第461条第2項に掲げる各号及び会社計算規則第186条に定められた額を加減算した金額をいいます。

解説

1 会社法における計算関係規定の役割

会社法における計算関係規定の目的は2つあります。すなわち、①株主や債権者に対して会社の財産や損益の状況を適切に開示するための計算関係書類の作成に関連する規定を整備すること、②株主と債権者との利害調整を図るための分配可能額の算定に係る規定を整備することです。

このうち、①については会社法第431条（会計の原則）や会社計算規則第3条（会計慣行の斟酌）の規定からも明らかなように、会社法固有の観点からというよりも、会計慣行に従いつつ、会社法における必要最低限の規定を整備するというものといえます。

一方、②については、会社法固有の政策的な要請に基づく規定を整備するという色合いが強く、会計処理の結果である剰余金の額から、会社法上の政策的な観点から一定の項目について加減算することにより分配可能額を算定するよう規定されています。

2 分配可能額の算定順序

分配可能額の算定については、会社法第461条第2項において定義されています。しかし具体的に算定する場合には、その前提となる剰余金の額（会法446、会計規177、178）や、分配可能額の控除額を定める会社計算規則第186条の規定を考慮し計算することになります。これらの規定に沿って順次計算をしてゆけば、分配可能額は算定することは可能ではありますが、分配可能額の考え方を踏まえると、次のような計算順序で算定することが便宜であると考えら

れます。
(1) 最終事業年度の末日における剰余金
(2) 最終事業年度の末日の剰余金の額からの各種の控除項目
(3) 連結配当規制適用会社に関する調整
(4) 最終事業年度の末日後の株主資本の各科目の振替
(5) 剰余金の配当
(6) 自己株式の取得
(7) 自己株式の消却
(8) 自己株式の処分
(9) 吸収型再編行為
(10) その他の株主資本の変動事由
(11) 臨時決算
(12) 成立1年目の分配可能額

3　最終事業年度の末日における剰余金

　分配可能額の計算は、剰余金の額の算定をスタートとして計算します。最終事業年度の末日における剰余金の額は、会社法第446条第1号及び会社計算規則第177条の規定により、下記のように定められています。

```
　　＋　資産の額
　　＋　自己株式の帳簿価額
　　－　負債の額
　　－　資本金及び準備金
　　－　その他法務省令で定める額（会計規177）※
　＝　その他資本剰余金＋その他利益剰余金
　＝　最終事業年度の末日の剰余金の額

        ※　　＋　資産の額
             ＋　自己株式の帳簿価額
             －　負債の額
             －　資本金及び準備金
             －　その他資本剰余金の額
             －　その他利益剰余金の額
           ＝　法務省令で定める額
```

　このように、最終事業年度の末日における剰余金は、結果的に、その日における「その他資本剰余金」と「その他利益剰余金」の合計額となります。

ここで、「最終事業年度」とは、会社法第2条第24号の定義により、「各事業年度に係る第435条（計算書類等の作成及び保存）第2項に規定する計算書類につき第438条（計算書類等の定時株主総会への提出等）第2項の承認（第439条（会計監査人設置会社の特則）前段に規定する場合にあっては、第436条（計算書類等の監査等）第3項の承認）を受けた場合における当該各事業年度のうちもっとも遅いもの」をいいます。従って、分配可能額の算定における最終事業年度の末日とは、その事業年度の計算書類が確定した場合における事業年度の末日となります。

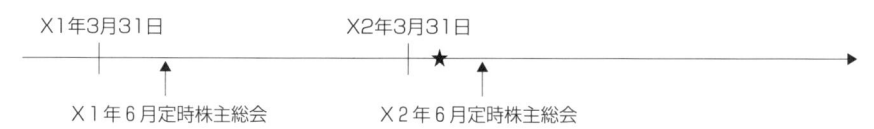

```
  X1年3月31日        X2年3月31日
───┼──────────┼───★──────────
    ↑              ↑
 X1年6月定時株主総会   X2年6月定時株主総会
```

　例えば、X2年6月の株主総会において、X2年3月31日末の事業年度に係る計算書類が確定した場合においては、同日に決議された決算配当についての分配可能額の計算では、X2年3月31日を最終の事業年度の末日として算定します。

　しかし、★印時点を効力発生日とする分配可能額の算定が必要な場合においては、計算書類が確定している事業年度はX1年3月31日末の事業年度であるため、X1年3月31日を最終の事業年度の末日として分配可能額の算定をすることになります。

4　剰余金の構成要素

(1)　その他資本剰余金の増減事由

　その他資本剰余金の増減事由は、次のとおりです。

増加事由	減少事由
自己株式の処分差益（会計規37②一、58①三等）	自己株式の処分差損（会計規三七②一、58①三等）
	自己株式の消却（会計規47③）
資本金・資本準備金の取崩し（会計規50①一、二）	資本金・資本準備金の積立て（会計規45、50②一）
合併、分割に際しての相手方会社からの引継ぎ（会計規61①三ロ、66①三等）	
	剰余金の配当（会計規46）

XI　自己株式の取得・消却・処分等

(2) その他利益剰余金の増減事由

その他利益剰余金の増減事由は、次のとおりです。

増加事由	減少事由
当期純利益（会計規52①二）	当期純損失（会計規52②二）
利益準備金の取崩し（会計規52①一）	利益準備金への積立て（会計規45、52②一）
合併、分割に際しての相手方会社からの引継ぎ（会計規61①五ロ、66①五等）	合併、分割に際しての相手方会社からの引継ぎ（会計規61①五ロ、66①五等）
	合併、分割等に際しての債務超過部分の引受け（会計規59①五ロ、64①五ロ、69①五ロ等）
	剰余金の配当（会計規46）
	その他資本剰余金のマイナス部分等の吸収（会計規52③）

5　最終事業年度の末日の剰余金の額からの控除項目

(1) 自己株式の帳簿価額（会法461②三）

　会社法461条2項3号の規定により、自己株式の帳簿価額は、分配可能額の計算上控除します。これは、自己株式の帳簿価額が、過去に株主に対して株式の取得と引き換えに払い戻した財産の価額の合計額に相当するものであるからです。

　なお、この自己株式の帳簿価額を減額することについて、同条では時点の限定を加えていないので、最終事業年度の末日後に自己株式の取得又は消却又は処分を行った場合には、その都度分配可能額が変動することとなります（後述参照）。

(2) のれん等調整額（会法461②六、会計規186一）

　会社計算規則第186条第1号では、のれん等調整額のうち資本等金額を超える部分について、分配可能額の計算上は控除することとしています。

　のれん等調整額とは、最終事業年度の末日における資産の部に計上したのれんの額の2分の1と繰延資産の額の合計額です。また、ここでいう資本等金額とは、最終事業年度の末日における資本金の額と準備金の額の合計額です。

　のれん等調整額のうちの減算額
　　　　　＝　資本等金額　－　のれん等調整額
　※のれん等調整額　＝　最終事業年度の末日における「資産の部に計上したのれんの1／2　＋　繰延資産」

> ※ 資本等金額 ＝ 最終事業年度の末日における「資本金の額＋準備金の額」
> ただし、「資本等金額とその他資本剰余金の合計額」が「のれんの額の１／２」を下回る場合には、「その他資本剰余金の額＋繰延資産」を控除します。

のれん等調整額の減算する金額について、具体的には、以下のように計算します。

① のれん等調整額が資本等金額以下の場合

（のれん等調整額≦資本等金額）

この場合は、資本等金額がのれん等調整額によって生じうる損失等をカバーしていると考えられるので、分配可能額の算定上は減算しません。

② のれん等調整額が資本等金額及びその他資本剰余金以下の場合

（のれん等調整額≦資本等金額＋その他資本剰余金）

この場合は、資本等金額でカバーしきれていない部分、すなわち、「のれん等調整額」から資本等金額を減じて得た額を、分配可能額から控除します。

③ のれん等調整額が資本等金額及びその他資本剰余金を超え、かつ、のれんの１／２の額が資本等金額及びその他資本剰余金以下の場合

$$\begin{pmatrix} のれん等調整額＞資本等金額＋その他資本剰余金 \\ のれんの１／２≦資本等金額＋その他資本剰余金 \end{pmatrix}$$

この場合は、上記②と同様に計算した額を分配可能額から控除します。

④ のれんの１／２の金額が資本等金額及びその他資本剰余金を超える場合

（のれんの１／２＞資本等金額＋その他資本剰余金）

この場合は、のれんの１／２の金額についてその他資本剰余金の額を上限として減額し、繰延資産についてはその全額を控除します。

【具体例】

資本金	100	
資本準備金	100	
その他資本剰余金	200	

	ケース1	ケース2	ケース3	ケース4	ケース5	ケース6	ケース7
のれん1／2	100	200	300	400	500	600	500
繰延資産	100	100	100	100	100	100	200
のれん等調整額	200	300	400	500	600	700	700
	↓	↓	↓	↓	↓	↓	↓
のれん等調整額のうち減算する額	0	100	200	300	300	300	400
計算方法	①	②	③	③	④	④	④

その他資本剰余金　＋　繰延資産

　このような計算をする必要があるのは、以下のような理由によります。

　すなわち、のれん及び繰延資産については、貸借対照表上資産の部に計上されているものの、実質的には費用の繰延べでしかないといえるため、分配可能額の計算上、これを資産として取り扱い、株主に対して会社財産の払い戻しを認めることは必ずしも適切であるとはいえません。そのため、分配可能額の算定においては、のれん等調整額を減額するとしています。

ⅰ）繰延資産

　旧商法においては、繰延資産のうち、開業と試験研究費、及び開発費については、準備金超過部分について配当可能利益から控除するという取扱いがされていました（旧商法施行規則124①）。しかし、このような一定の費用について資産計上を認めることによって、株主が配当を受けやすくするという政策的な目的には合理性がありません。従って、会社法では、分配可能額の算定上は、原則として資産扱いをしないこととされました。

ⅱ）のれん

　会社法では、のれんについて、会社計算規則第2編第2章第2節において詳細な規定を設けていますが、その元となる考え方は企業結合会計基準がベースとなっています。企業結合会計基準では、のれんは、企業結合に際して生じた対価の価額と識別可能な財産の価額との差額であるという側面が強くなってい

ます。従って、基本的には、のれんそのものは換価可能性があるとはいえず、費用又は損失の繰延べという側面があることは否定できません。しかしその一方で、一定の対価を支払って取得した事業と識別可能財産との「差額のれん」については、将来の収益によって回収可能なものも含まれているともいえます。

　そこで、会社法ではのれんの２分の１について、分配可能額から控除することとしています。この２分の１とする根拠は特になく、上記のような事情に照らし合わせて、概ね半分についての資産性を否定したものと考えられます。

　なお、のれん等調整額においては、「資産の部に計上したのれんの額」が計算の基礎となります。のれんには、負債の部に計上されるべきのれん、すなわち「負ののれん」が生じることもあり、貸借対照表の資産の部に計上するのれんについて、負ののれんと相殺されている場合と、負ののれんと両建で計上される場合においては、両建で計上される場合の方が分配可能額から減ずるのれん等調整額が大きくなるので、注意が必要です。

　また、のれんの２分の１に相当する額の分配可能額からの減額についてその他資本剰余金を上限としている理由は次のとおりです。

　まず、のれんが計上されるケースは、次の４つが考えられます。

　ⅰ）　株式を対価とした企業結合によるのれん
　ⅱ）　金銭を対価とした企業結合によるのれん
　ⅲ）　承継財産を簿価で評価すべき場合に計上するのれん
　ⅳ）　相手方が計上していたのれんの承継

　ⅰ）については、企業結合会計基準を適用した場合において、パーチェス法を採用し、対価として交付した自社の株式の市場価格その他の時価の合計額と識別可能財産との差額に相当する部分であり、典型的に計上されるのれんです。

　ⅱ）については、ⅰ）と同様、パーチェス法を採用した場合ですが、対価が自社の株式ではなく、金銭その他の会社財産を対価として交付したときにおける、識別可能財産との差額に相当する部分です。

　ⅲ）については、共通支配下における取引であり、資産・負債の帳簿価額については適正な帳簿価額を相手方から引き継がなければならない場合において、対価として交付する会社財産と承継する資産・負債に付すべき帳簿価額とに差

額が生じる場合ののれんです。

ⅳ)については、承継財産を簿価で評価すべき場合において、企業結合前に相手方の会社において他の企業結合に生じていたのれんを承継する場合です。

これらをケース別に考えるとき、ⅰ)については、のれんが計上される場合の相手勘定は払込資本、すなわち、資本金又は資本剰余金です。自社の株式を対価として交付する場合、時価を基準として算定されるため、場合によっては、相手方の会社の超過収益力等を超えたのれんを計上せざるを得ないという事態も想定されます。しかし、これを多額に計上してしまうと、分配可能額を不当に増加させる要因となり得ることになります。

また、ⅱ)及びⅲ)については、交付する会社財産である対価との差額を埋めるものであるので、のれんの計上に伴い積極的に配当可能額を増加させるべきものではありません。

更にⅳ)については、対価が自社の株式であるか金銭等であるかによってⅰ)～ⅲ)と同様の問題点が浮上します。従って、会社法では、政策的に分配可能額に対して一定の規制を加える必要があるとの観点から、その他資本剰余金の額を上限として分配可能額から減額することとしました。

なお、のれんの過大な計上によって生じる問題については、決算過程における適切な減損処理によって対応すべきことが前提であることはいうまでもありません。

(3) 評価・換算差額等（会法461②六、会計規186二、三）

会社計算規則第186条第2号、第3号では、その他有価証券差額金のうち、評価差損（2号）と土地評価差額金のうち評価差損（3号）をそれぞれ分配可能額の計算上、減額することになっています。

これは、分配可能額の計算上、未実現利益・損失をどのように反映させるべきかが問題となるわけですが、概して、保守性の観点からは、未実現利益については分配可能額には算入せず、未実現損失については、現実化したものとして分配可能額から減額すると考えるのが一般的です。しかし、このような考え方を押し進めると、償却資産についても分配可能額の算定上減額すべきであるという極論に至ってしまいます。

そのため、一定の評価損益が生じた場合についてだけ、これを払戻規制上ど

のように考慮するかという立法的な割り切りで考えざるを得ません。

そこで、会社法では、評価損益と分配可能額について、次のような考え方で捉えています。

① 評価損が生じた結果、分配可能額が減少する場合

減価償却費など通常の資産の評価減の場合、これらは当期の費用となり、その他利益剰余金の減額を通じて、分配可能額を減少させています。

② 評価益が生じた結果、分配可能額が増加する場合

取得原価主義の元で評価益を計上することができるのは、次のような場合であり、それぞれ当期純利益を通じて、分配可能額を増加させています。

- 債権額よりも低い価額で債権を取得した場合で、毎期の償却額、即ち債権額に相当するまで貸借対照表上の価額を増加させた場合
- 売買目的有価証券、デリバティブにより生じた正味の債権等の時価評価によって貸借対照表上の価額を増加させた場合

これらについては、その流動性が金銭等と等価であり、また当該評価額で換価可能性が確保されているのであれば、会社法上、債権者との関係において、分配可能額の算定上、特に問題はないと考えられています。

③ 評価損益が生じても、分配可能額が変動しない場合

その他有価証券・土地などの時価評価又は再評価によって増加した部分・減少した部分は、その他有価証券評価差額金等に計上され、剰余金の額には影響を与えていません。しかし、分配可能額の算定上は、評価差損の取扱について、純資産額の減少という考慮していた旧法の取扱いと同様、保守性の観点から減額されるように整理されました。

なお、繰延ヘッジ損益については、分配可能額の算定においては一切関係させていません。これは、繰延ヘッジ損益が適正な期間損益対応のための調整勘定であるに過ぎないと考えられているためです。

(4) 300万円に不足する額（会法461②六、会計規186六）

最低資本金規制の廃止に伴い、会社計算規則第186条第6号では、300万円から分配可能額に組み入れられない純資産の部の項目を控除し、その差額が残る場合には、これを分配可能額から減額することとしています。

具体的には、以下の算式によります。

分配可能額からの減額　＝　300万円－（資本金の額＋準備金の額＋新株予約権の額＋最終事業年度の末日の評価・換算差額のうちの評価差益）

　このように、資本金が300万円未満の場合であっても、評価・換算差額等の評価差益等を加えれば300万円を超えるような場合は、分配可能額からの減額はありません。
　また、純資産の部の合計額が300万円未満であれば、結果的に、分配可能額はゼロ未満となります。

(5)　連結配当規制（会法461②六、会計規186四）
　連結配当規制を採用した株式会社は、連単剰余金差損額（連結の方が少ない場合）について、その差額を分配可能額から減額できるとしています。
　これは、株式会社をめぐる規制体系が、近年、単体の会社を問題とするものから連結ベースを問題とするものへ、その力点がシフトしてきていることに配慮して、会社法においても連結ベースでの配当規制を取り入れるべきであるということに対応したものです。
　連結配当規制適用会社とは、ある事業年度の末日が最終事業年度の末日となる時から、当該ある事業年度の次の事業年度の末日が最終事業年度の末日となる時までの間における当該株式会社の分配可能額の算定につき、会社計算規則第186条第4号（連結配当規制）の規定を適用する旨を、当該ある事業年度に係る計算書類の作成に際して定めた株式会社（ある事業年度に係る連結計算書類を作成しているものに限ります。）をいいます（会計規2③七十二）。
　連結配当規制は、株式会社が任意にその適用を選択することができ、また、各事業年度ごとにその選択が可能であるので、継続性は特に問われていません。
　具体的には、以下の算式によります。
　　　分配可能額からの減額　＝　最終事業年度の末日の「株主資本の額　＋　その他有価証券評価差額金の差損額　＋　土地評価差額金の差損額　－のれん等調整額」の連単の差額（連結の方が少ない場合）

　連結配当規制適用会社となることにより、次のようなメリットとデメリット

があります。
① デメリット

　連結ベースでの剰余金に相当するもの（注）が、単体ベースのものよりも小さい場合には、分配可能額が少なくなります。しかし、連結ベースで剰余金が十分にある会社においては、連結配当規制を適用したとしても分配可能額への影響はありません。

　　（注）　連結貸借対照表には、資本準備金・利益準備金という概念は存在せず、資本剰余金と利益剰余金という概念しか存在しません。したがって、単体と連結の株主資本を比べる場合には、単体上の資本準備金・利益準備金といった、単体の貸借対照表では分配可能額に含まれないものも含めて比較されることになります。

② メリット

　簿価債務超過の子会社を親会社が吸収合併する場合や、子会社の債務超過部門を親会社が承継する吸収分割をするような場合には、親会社から交付する対価がないときや、あるいは、ごく少額であったとしても、親会社においては、株主総会の決議を経なければなりません（会法795、会計規195）。

　しかし、連結配当規制の適用を受けている場合には、親会社における分配可能額に子会社が有する損失がすでに適切に反映されているといえることから、株主総会の決議を要しないこととする措置が講じられています（会計規195③④）。

　従って、連結グループ内での再編を行おうとする場合には、連結配当規制の適用を選択することにより、迅速かつ円滑に進めることができるようになります。

　なお、この連結配当規制適用会社となる手続については、ある事業年度に係る計算書類の作成に際して決定すればよく、決定機関等についての規定は設けられていません。従って、取締役会での決議も特に必要とされていないので、連結配当規制の適用を受ける旨の注記がなされた計算書類について、会計監査人・監査役等の監査を受け、取締役会設置会社においては取締役会、それ以外の株式会社においては株主総会の承認決議を経ることにより、その時点から連結配当規制適用会社となります。

6　最終事業年度の末日後の変動項目

　最終事業年度の末日から、最終事業年度に係る貸借対照表が確定した時点、すなわち、当該事業年度の数値に基づいて分配可能額を算定すべきこととなる時点までの間に、分配可能額の変動要因となる事象が生じ得ます。会社法では、効力発生日までの変動項目についても、分配可能額の算定上考慮することとしています。

(1)　株主資本の計数の変動による剰余金の増減（会法461②一）

　最終事業年度の末日から、最終事業年度に係る貸借対照表が確定した時点までの、以下のような株主資本の計数の変動は、分配可能額の算定上考慮します。

増加事由（会法446三、四）	減少事由（会法446七、会計規178①一）
資本金・資本準備金の額の減少	その他資本剰余金の減少（資本金・資本準備金の額の増加）
利益準備金の額の減少	その他利益剰余金の額の減少（利益準備金の額の増加）

(2)　剰余金の配当（会法461②一、446六）とそれに伴う準備金の計上（会法446七、会計規178①二）による控除

　最終事業年度の末日後に剰余金の配当をすると、当然のことながら剰余金の額が減少し、分配可能額も減少します（会法446六、461②一、会計規46一、二）。

　また、剰余金の配当に伴い準備金の計上が義務付けられる場合は、その準備金計上額相当分について剰余金の額が減少し、分配可能額も減少することになります（会計規178①二）。

　現物配当については、配当の効力発生日における配当財産の時価と適正な帳簿価額に差額がある場合には、その差額は配当の効力発生日の属する期の損益となりますが、その差額たる損益は、当期事業年度の末日までは剰余金に反映されないことになります。

　すなわち、現物配当により分配可能額から減額されるべき額は、評価換え後の当該資産の価額をもって計算することになります。従って、含み益のある財産を配当する場合、前事業年度の末日における帳簿価額よりも配当時の帳簿価

額（評価換え後）が大きくなり、評価換え後の金額を分配可能額から減額することになります。しかし、評価換えによる益は分配可能額に影響を与えないので、その点、注意が必要です。

なお、以下の場合については、評価換えは不要とされています。
① 分割型の会社分割
② 保有する子会社株式の全てを株式数に応じて比例的に配当する場合
③ 企業集団内への企業へ配当する場合
④ 市場価格がないことなどにより公正な評価額を合理的に算定することが困難と認められる場合

(3) 自己株式の取得（会法461②三）による控除

自己株式の取得をした場合には、一般的に、その取得した価額分だけ自己株式の帳簿価額が増加します。したがって、その増加した帳簿価額相当分の分配可能額が減額されることになります。

以下、分配可能額の計算上、留意すべき態様について説明します。

① 連結配当規制適用会社における子会社からの自己株式の取得

連結配当規制適用会社が子会社から自己株式の取得をした場合には、会社計算規則第186条第4号（上記5(5)参照）が適用されています。そのため、子会社の有する親会社株式のうち、親会社である連結配当規制適用会社の当該子会社に対する持分に相当する額は、既に減算項目として考慮されています。そこへ、連結配当規制適用会社が子会社から自己株式を取得すれば、自己株式の帳簿価額が増加することになるため、分配可能額は二重控除の形で減少することになります。

そこで、会社計算規則第186号第4号ロでは、子会社から取得した親会社株式のうち、連結配当規制適用会社の当該子会社に対する持分に相当する額を分配可能額の算定上加算して、二重控除を排除する措置を講じています。

② 取得請求権付株式、取得条項付株式、全部取得条項付種類株式

これらの株式を取得するに当たって、その対価が自己株式以外の財産である場合には、その取得価額が自己株式の帳簿価額となり、その増加した帳簿価額相当分の分配可能額が減額されることになります。

しかし、これらの株式の取得の対価として自己株式を交付する場合には、自

己株式の入れ替えが行われるに過ぎず、実質的な財産の流出はありません。従って、この場合には、取得した自己株式の帳簿価額を分配可能額の算定上加算することになり、結果として分配可能額は変動しないことになります。

③ 全部取得条項付種類株式の取得のうち、特定募集に当たる場合

特定募集とは、全部取得条項付種類株式の取得と同時に第三者に処分し、その処分対価で取得対価を賄うという手法です。従って、全部取得条項付種類株式は当該株式会社を通過しているだけですので、会社からの実質的な財産の流出はありません。従って、この場合も、②と同様、取得した自己株式の帳簿価額を分配可能額の算定上加算することになり、結果として分配可能額は変動しないことになります。

(4) 自己株式の消却の取扱い

自己株式の消却については、分配可能額の算定上の影響はありません。

自己株式を消却すると、自己株式の帳簿価額が減額されるため、その一面だけを捉えると分配可能額の増加要因となりますが、一方で、この処分の処理に伴い同額の剰余金が減少するため、その一面だけを捉えると分配可能額の減少要因となります。

従って、自己株式の消却においては、分配可能額は変わらないことになります。

(5) 自己株式の処分の取扱い

自己株式の処分については、自己株式の対価額と自己株式の帳簿価額に差額が生じる場合は、処分差損益が生じるため、剰余金の増減を通じて分配可能額の増減要因となり得ます。しかしながら、会社法では、自己株式の処分額については、通常の決算か臨時決算を経ない限り、分配可能額に組み入れないこととされています。

従って、自己株式の処分時においては、自己株式の対価額を分配可能額から減額し、同時に、同額（処分差損益＋帳簿価額）が分配可能額の増加要因となるため、自己株式の処分においても、分配可能額は変わらないことになります。

なお、組織再編行為にかかる自己株式対価額については、特則が設けられています。

すなわち、組織再編行為で処分する自己株式については、剰余金・分配可能額を包括的に当該組織再編行為の前後の剰余金変動額で処理することとしています。このため、このうちから、別途自己株式部分のみを取り出して制限することはしません。従って、組織再編行為により処分する自己株式については、自己株式対価額を分配可能額から減額する旨の規定により減額を相殺する旨の規定が置かれています（会計規186①十）。

(6) 吸収型組織再編の受入行為による加減算（会法461②一、446七、会計規178①四）

吸収型組織再編行為（吸収合併、吸収分割による権利義務の承継、株式交換による株式の取得）を株式会社の剰余金の額については、吸収型組織再編受入行為の前後のその他資本剰余金、その他利益剰余金の差額相当分だけ増減することとされています。そしてその変動額は、直接、分配可能額にも反映させることにもなります。このため、吸収型組織再編受入行為により増減した剰余金の額が、分配可能額の増減額となります。

なお、相手方の有していた自己株式を承継取得することにより分配可能額が減少することと、吸収型組織再編受入行為による自己株式の処分対価額は通常の自己株式の取得の場合とは異なり、直ちに分配可能額に組み入れることは、上記(5)で述べたとおりです。

7　臨時決算

臨時決算とは、事業年度の途中で決算をし、その期間内の純利益・純損失及び自己株式対価額を分配可能額に組み入れる手続です。ただし、臨時決算によっては剰余金の額は変動しません。臨時決算においては、分配可能額のみが変動することに注意を要します。

(1) 期間損益の加減算（会法461②二イ、461②五、会計規184、185）

臨時決算をした場合は、臨時決算までの期間損益が分配可能額に加減算されます。

(2) 自己株式処分対価の加算（会法461②二ロ）

最終事業年度の末日後に生じた自己株式処分対価額は、分配可能額の計算上減算されていますが（会法461②四）、臨時決算をした場合には、臨時決算日までに処分した自己株式処分対価額は分配可能額に加算されることになります。

なお、組織再編行為や特定募集の場合における自己株式処分対価額については既に加算されているため（会計規186十）、臨時決算の額からは減算されることになります（会計規186七）。

Q XI 17 ■剰余金の配当における法人税法の取扱い

会社法の施行により、剰余金の配当に関する法人税法上の取扱いは、どのように変わったのでしょうか。

A その他利益剰余金からの配当については、法人税法第23条の配当として全額利益積立金額から控除することになります（法令9①五）。

その他資本剰余金からの配当は、株式の譲渡対価（減資資本金額）と、みなし配当に配分し、前者は資本金等の額から控除し、後者は利益積立金から控除することが明らかとなりました（法令8①十九、9①七）。

解説

1 会社法における剰余金の配当

会社法上、剰余金の配当とは、利益の配当、中間配当、資本及び準備金の減少に伴う払戻し（その他資本剰余金からの配当）に分類できます。人的分割も「物的分割＋剰余金の配当」として整理されました（会法758⑧、763⑫）。

また、利益配当に関する回数制限はなくなり、一定の手続を経れば、年に何回でも利益の配当をすることが可能となりました（会法454①）。

剰余金の配当をする場合は、配当により減少する剰余金の額の1／10を、資本金の1／4に達するまで準備金を積み立てなければなりません（会計規45）。その積立ては、その他資本剰余金から配当をした場合は、資本準備金を増加させ（会計規45①二イ）、その他利益剰余金から配当をした場合は、利益準備金を増加させて積み立てる必要があります（会計規45②）。

人的分割の場合も、準備金を積み立てる場合がありますが、会社法第792条により、財源規制はありません。会社計算規則第66条と同規則第81条の場合は、株主資本について承継会社の増加額と分割会社の減少額を対応させることとなります。

なお、資本及び準備金の減少に伴う払戻しについては、その他資本剰余金からの配当として捉えることになります。つまり、資本金の額や資本準備金の額を減少させ、その他資本剰余金の額を増加させることと、その他資本剰余金から株主に配当として払い戻すことは、別の手続として捉えられることとなりま

した。従って、従来商法で、「有償減資」や「有償減準備金」と説明されてきた手続は、「株主資本の計数の変動」と「剰余金の配当」という別々の手続として整理されています。

2　その他利益剰余金からの配当と税務

　法人が、その他利益剰余金から配当等をする場合は、その全額を利益積立金額から控除します。ここで、その他利益剰余金からの配当等とは、剰余金の配当（株式又は出資に係るものに限るものとし、資本剰余金の額の減少に伴うもの及び分割型分割によるものを除く。）、利益の配当（分割型分割によるものを除く。）、剰余金の分配（出資に係るものに限る。）の額等をいいます（法令9①五）。

　また、株主においては、その全額を法人税法第23条（個人においては所得税法第24条）における受取配当金として益金算入の処理をします。ただし、法人においては受取配当等の益金不算入規定、個人においては配当控除の適用の対象となります。

3　その他資本剰余金からの配当と税務

(1)　払戻法人の税務

　法人（払戻法人）が、その他資本剰余金から剰余金の配当をする場合は、減資資本金額を計算し、減資資本金額に相当する金額ついては、株主資本の払戻として資本金等の額を減額します。また、交付した金銭等の価額うち減資資本金額を超える部分については、利益積立金額を減額します。

$$減資資本金額 = 払戻し直前の資本金等の額 \times \frac{当該資本の払戻しにより減少した資本剰余金の額}{前期末簿価純資産価額}（小数点3位未満切上げ）$$

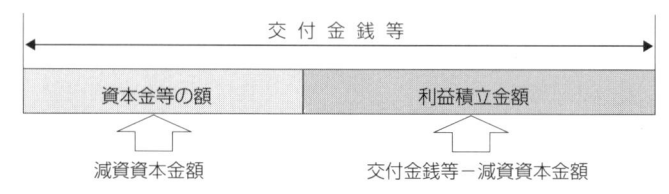

```
←――――――――― 交 付 金 銭 等 ―――――――――→
│   資本金等の額    │      利益積立金額       │
        ↑                    ↑
     減資資本金額      交付金銭等－減資資本金額
```

(2)　株主の税務

　また、株主においては、交付を受けた金銭等の額のうち、減資資本金額に対

応する部分については、株主資本の払戻しとして株式の譲渡対価となり、譲渡原価との差額が有価証券の譲渡損益（法法61の2⑫、措法37の10③三）として取り扱うことになります。そして、その余の部分については、みなし配当（法法24①三、所法25①三）として取り扱うことになります。

株主における有価証券の譲渡損益の計算をする場合、まず、下記の算式①により譲渡対価の計算をします。

また、下記の計算式②において譲渡原価を計算します。しかしながら、この場合、資本剰余金の配当に伴う譲渡損益の計算であって、実際には株式が売却されるわけではなく、株主が保有する株式数には変化はありません。そこで、②の計算で譲渡原価として計算した金額について、株主が保有する株式の帳簿価額から減額して、帳簿価額を修正することになります。

① 株主資本の払戻における譲渡対価の計算（法令23①三）

$$\text{株式の譲渡対価} = \underbrace{\text{払戻直前の資本金等の額} \times \frac{\text{当該資本の払戻しにより減少した資本剰余金の額}}{\text{前期末簿価純資産価額}}}_{\text{払戻対応資本金額等}} \times \frac{\text{保有株式数}}{\text{発行済株式総数}}$$

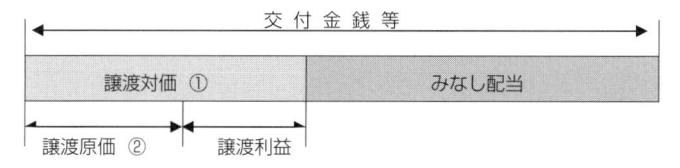

（小数点3位未満切上げ）

② 株主資本の払戻における株式の譲渡原価の計算（法令119の9）

$$\text{株式の譲渡原価} = \text{払戻直前の株式の帳簿価額} \times \frac{\text{当該資本の払戻しにより減少した資本剰余金の額}}{\text{前期末簿価純資産価額}}$$

（小数点3位未満切上げ）

交付金銭等＝譲渡対価①＋みなし配当
譲渡対価①＝譲渡原価②＋譲渡利益

XI　自己株式の取得・消却・処分等

【事例】

〈前提〉
資本剰余金の配当　直前期末の払戻法人の純資産の部

（会計上）		（税務上）	
資本金	1,000	資本金等の額	2,000
その他資本剰余金	1,000		
利益剰余金	10,000	利益積立金額	10,000
合計	12,000	合計	12,000

発行済株式総数は10株です。

このうち、払戻法人は、株主に対し500のその他資本剰余金から配当をします。

同時に、資本準備金を50積み立てます。

また、剰余金の処分として1,000を別途積立金に組み入れました。

(1) 払戻法人の処理

〈会計上の仕訳〉

（借）その他資本剰余金	500	（貸）現金預金	416.8
		預り金	（※3）83.2
その他資本剰余金	50	資本準備金	50
繰越利益金	1,000	別途積立金	1,000

〈税務上の仕訳〉

（借）資本金等の額	（※1）84	（貸）現金預金	416.8
利益積立金額	（※2）416	預り金	（※3）83.2
その他資本剰余金	50	資本準備金	50
繰越利益金	1,000	別途積立金	1,000

※1　減少する資本金等の額
　　資本金等の額　2,000 × $\frac{500}{12,000}$ ＝ 2,000 × 0.042
　　＝ 84（減資本金額）
　　$\frac{500}{12,000}$ ＝ 0.0416… → 0.042

※2　減少する利益積立金額
　　交付金銭　500 － 取得資本金額　84 ＝ 416

※3　預り金 ＝ 源泉所得税
　　株主にとってみなし配当となる利益積立金額　416 × 税率20%
　　＝ 83.2

〈税務調整仕訳〉

（借）利益積立金額　　416 ／（貸）資本金等の額　　416

その他資本剰余金の配当であっても、税務上は、資本金等の額の払出しに相

当する部分と利益積立金額の払出しに相当する部分に分けて計算します。従って、会計上、全額資本剰余金からの配当として処理しているので、利益積立金額に相当する部分については別表上の申告調整が必要となります。

また、利益積立金額の払い出しに相当する部分については、法人税法上の所得金額の計算については影響しませんが、留保所得の計算には影響しますので、別表四の申告調整が必要となります。

具体的には、別表五㈠の「Ⅰ　利益積立金額の計算に関する明細書」において、利益積立金額416を減少させ、「Ⅱ　資本金等の額の計算に関する明細書」において、資本金等の額84を減少させることになります。

また、別表四において、みなし配当となる金額416について、減算留保の記載を行い、同額について、加算社外流出（配当）の記載を行います。具体的な別表の記載は、次のとおりです。

別表四

区　分			総　額	処　分	
				留　保	社外流出
当　期　利　益		1	10,000	10,000	
加算	みなし配当金額	9	416		配当　416
減算	資本金等の額	17	416	416	
所　得　金　額			10,000	9,584	416

別表五㈠

Ⅰ　利益積立金額の計算に関する明細書

区　分		期首現在利益積立金額	当期中の増減		差引翌期首現在利益積立金額
			減	増	
		①	②	③	④
利　益　準　備　金	1				
別　途　積　立　金	2			1,000	1,000
資本剰余金の配当 （資本金等の額）	3			▲416	▲416
繰　越　利　益　金	26	10,000	10,000	19,000	19,000
差　引　合　計　額	31	10,000	10,000	19,584	19,584

Ⅱ 資本金等の額の計算に関する明細書

区　分		期首現在資本金等の額	当期中の増減		差引翌期首現在資本金等の額
			減	増	
		①	②	③	④
資本金又は出資金	32	円 1,000	円	円	円 1,000
資本準備金	33			50	50
その他資本剰余金	34	1,000	550		450
利益積立金額	35			416	416
差引合計額	36	2,000	550	466	1,916

株主資本等変動計算書

（単位：百万円）

	株主資本								自己株式	株主資本合計	純資産合計
	資本金	資本剰余金			利益剰余金						
		資本準備金	その他資本剰余金	資本剰余金合計	その他利益剰余金		利益剰余金合計				
					別途積立金	繰越利益剰余金					
前期末残高	1,000	0	1,000	1,000		10,000	10,000		0	12,000	12,000
当期変動額											
剰余金の配当		50	▲550	▲500						▲500	▲500
別途積立金組入					1,000	▲1,000	0			0	0
当期純利益						10,000	10,000			10,000	10,000
当期変動額合計		50	▲550	▲500	1,000	9,000	10,000		0	9,500	9,500
当期末残高	1,000	50	450	500	1,000	19,000	20,000		0	21,500	21,500

(2) 株主の処理

　　株主A　保有株式数　5株

　　払戻直前の帳簿価額　800

〈会計上の仕訳〉

(借) 現金預金　　　　　208.4　／　(貸) 受取配当金　　　　　　250
　　 租税公課　　　　　 41.6　／

〈税務上の仕訳〉

(借) 現金預金　　　　　208.4　／　(貸) 有価証券　　　(※1) 33.6
　　 租税公課　　　　　 41.6　／　　　 受取配当金　　　　　　208
　　　　　　　　　　　　　　　　　　　 有価証券売却益
　　　　　　　　　　　　　　　　　　　　　　　　　(※2) 8.4

※1　株式の譲渡原価　＝　800　×　0.042　＝　33.6
※2　株式の譲渡対価　＝　2,000　×　0.042　×　5株／10株　＝　42
　　 有価証券売却益　＝　譲渡対価 42　－　※1譲渡原価 33.6　＝　8.4

なお、株主Aは、株式の帳簿価額を修正します。

　　修正後の株式の帳簿価額　＝　800　－　※1譲渡原価 33.6　＝　766.4
　　∴　株主A　配当後の保有株式数　5株
　　　　配当後の帳簿価額　766.4

■類似業種比準方式の「1株当たりの配当金額」と資本剰余金の配当

Q XI 18

類似業種比準方式の計算における評価会社の「1株当たりの配当金額」の計算において、その他資本剰余金からの配当は、どのように取り扱うべきでしょうか。

また、会社法の施行により、配当は年に何度でも行えるようになり、各事業年度の決算で確定した利益処分による配当という考え方もなくなりました。従って、年配当金額の計算期間は、どのようになるのでしょうか。

A 平成18年中は、経過措置としてその他資本剰余金を減資とする配当は、類似業種比準方式の計算における評価会社の「1株当たりの配当金額」の計算には含めません。

また、旧商法に基づくいわゆる利益処分による配当を支払ったときの計算期間は従来通りですが、会社法施行後の「剰余金の配当」の計算期間については、定時株主総会の翌日から翌事業年度の定時株主総会の日までの間とし、この間に支払決議がされた配当を計算の対象とします。

解説

1 平成18年中の取扱い

会社法の施行に伴い、配当は年何回でも行えるようになりました。そこで、相続、遺贈又は贈与により取得した取引相場のない株式の評価に当たって、類似業種比準方式を適用する際の評価会社の「1株当たりの配当金額」の計算の基となる年配当金額の計算期間をいつからいつまでの期間にするべきかという疑義が生じます。

これについて、国税庁は、平成18年7月7日、国税庁資産評価企画官情報第1号、資産課税課情報第10号において、平成18年中は以下のような経過措置を講じると発表しました。

すなわち、直前期末が平成18年4月30日以前(会社法施行以前)の場合は、

① 直前期末の年配当金額

直前期における利益の配当金額

②　直前々期の年配当金額

　直前々期における利益の配当金額

とし、直前期末が平成18年5月1日以後（会社法施行後）の場合は、

①　直前期末の年配当金額

　直前々期に係る定時株主総会の日の翌日から、直前期に係る定時株主総会の日までの間に配当の支払い決議がされた配当の合計額

②　直前々期の年配当金額

　直前々期における利益の配当金額

として計算します。また、会社法施行により、「その他資本剰余金」を原資とした「剰余金の配当」も可能となりましたが、これをどのように取り扱うべきか、という問題も生じます。

　これについて、上記国税庁の見解では、その他資本剰余金を原資とする金額を除くとしています。その他資本剰余金を原資とした配当は、旧商法における「利益の配当」ではなく、資本の払い戻しとして捉えることができます。

　つまり、平成18年中に課税時期のある相続・贈与税において取引相場のない株式の評価計算をする際は、類似業種比準方式を適用する際の評価会社の「1株当たりの配当金額」の計算については、法人税法第23条の利益配当のみが計算の対象であり、同法第24条のみなし配当の規定により計算される配当は、考慮しないということが明らかにされました。

【直前期末が平成18年5月31日の場合の事例】

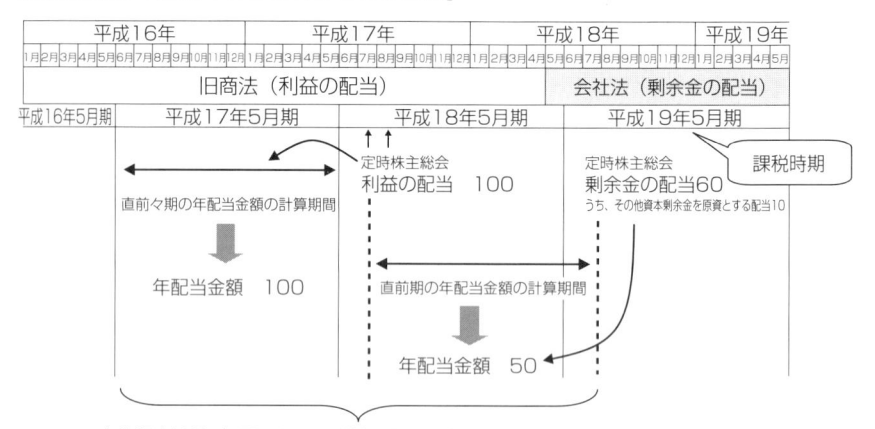

平成16年	平成17年	平成18年	平成19年
旧商法（利益の配当）		会社法（剰余金の配当）	
平成16年5月期	平成17年5月期	平成18年5月期	平成19年5月期

定時株主総会　利益の配当　100
定時株主総会　剰余金の配当60
うち、その他資本剰余金を原資とする配当10
課税時期

直前々期の年配当金額の計算期間 → 年配当金額　100

直前期の年配当金額の計算期間 → 年配当金額　50

直前期末以前2年間における利益の年配当金額＝100＋50＝150

※ 財基通188-2（配当還元価額「その株式に係る年配当金額」）の計算においても同じ取扱いとなります。

2　平成19年1月1日以後の取扱い

　平成19年以後の取扱いについては、平成18年10月27日付で「財産評価基本通達」の一部改正が公表されました。

　これにより平成19年1月1日以後に課税時期となる場合は、類似業種比準方式における評価会社の1株当たりの配当金額の計算については、各事業年度中に配当金交付の効力が発生した剰余金の配当金額を基として計算することとされました。また、資本金等の額から払い出された配当も含まれません。

　更に、1株当たりの配当金額を計算する際に分母となる発行済株式数には、自己株式が含まれないことが明らかになりました。これは、1株当たりの利益金額や、1株当たりの純資産額を計算する際も同様です（Ⅺ-10参照）。

【類似業種比準方式の算式】

$$A \times \left[\frac{\frac{ⓑ}{B} + \frac{ⓒ}{C} \times 3 + \frac{ⓓ}{D}}{5} \right] \times 0.7$$

「A」＝類似業種の株価
「ⓑ」＝評価会社の1株当たりの配当金額
「ⓒ」＝評価会社の1株当たりの利益金額

「Ⓓ」＝評価会社の１株当たりの純資産価額（帳簿価額によって計算した金額）
「Ｂ」＝課税時期の属する年の類似業種の１株当たりの配当金額
「Ｃ」＝課税時期の属する年の類似業種の１株当たりの年利益金額
「Ｄ」＝課税時期の属する年の類似業種の１株当たりの純資産価額（帳簿価額によって計算した金額）

(注) 類似業種比準価額の計算に当たっては、Ⓑ、Ⓒ及びⒹの金額は183（評価会社の１株当たりの配当金額等の計算）により、１株当たりの資本金等の額を50円とした場合の金額として計算することに留意する。

また、参考までに、配当還元価額の計算における「その株式に係る年配当金額」の計算においても同じ取扱いになります。

【配当還元方式の算式】

配当還元価額＝（その株式に係る年配当金額／10％）×（その株式の１株当たりの資本金等の額／50円）

XII 種類株式の実務

Q XII-1 ■種類株式の概要

種類株式の概要について説明してください。

A 会社法上、定款に定めることにより、会社法第108条第1項各号に定める事項について内容の異なる2以上の種類の株式を発行することができることとされましたが、一般にこれを種類株式といいます。

なお、会社法第108条第1項各号に定める事項とは次のとおりです。

108①号数	異なる定めをできる事項の種類	その有無又はその優先性若しくは劣後性の区別
1	剰余金の配当	有又は無 有の場合更に 優先又は劣後
2	残余財産の分配	有又は無 有の場合更に 優先又は劣後
3	株主総会において議決権を行使することができる事項	有又は無
4	譲渡による当該種類の株式の取得について当該株式会社の承認を要すること	有又は無
5	当該種類の株式について、株主が当該株式会社に対してその取得を請求することができること（取得請求権付株式）	有又は無
6	当該種類の株式について、当該株式会社が一定の事由が生じたことを条件としてこれを取得することができること（取得条項付株式）	有又は無
7	当該種類の株式について、当該株式会社が株主総会の決議によってその全部を取得すること（全部取得条項付種類株式）	有又は無
8	株主総会、取締役会又は清算人会において決議すべき事項のうち、当該決議のほか、当該種類の株式の種類株主を構成員とする種類株主総会の決議があることを必要とするもの（拒否権付株式又は黄金株）	有又は無
9	当該種類の株式の種類株主を構成員とする種類株主総会において取締役又は監査役を選任すること（役員選任権付種類株式、なお非公開会社にのみ認められ、委員会設置会社及び公開会社には認められない）	有又は無

Q XII 2 ■種類株式と法人税

種類株式に関する法人税法の定めについて説明してください。

A

法人税法の改正により、種類株式についてについては主として以下の2点が定められました。

(1) 種類株式を発行する法人が自己株式の取得等をした場合に減少する資本金等の額に関する取扱い（法令8①二十）

(2) 取得請求権付株式等の請求権の行使等による株式の譲渡に関する取扱い（法法61の2⑪一～三）

解説

1 法人が自己株式の取得等をした場合には資本金等の額を減少することとされていますが、その法人が種類株式を発行している場合には、その減少する資本金等の額（以下「取得資本金額」といいます。）は、その取得等をする株式の種類株式ごとに区分した資本金等の額（以下「種類資本金額」といいます。）を基礎として計算することとされました（法令8①二十）。

これまでは種類株式を発行する法人が自己株式を取得する際のみなし配当の額の計算において、いわゆる普通株式と種類株式とを区別せずに1株当たりの資本等の金額を計算し、取得価額が当該金額を超える部分の金額をみなし配当の額としていました。

しかし今般、会社法の制定によりこれまでよりも多様な種類株式の発行が可能となったことから、課税関係においても、これらの各種類株式毎に資本金等の額を区分して管理することとされたものです＊。

＊ 財務省広報「ファイナンス」別冊「平成18年度　税制改正の解説」251頁

改正法の施行日（平成18年4月1日）において二以上の種類の株式を発行している法人は、施行日におけるその法人の種類資本金額を、以下のいずれか方法により算定することになります（平18改法令附4④）。

① 一の種類の株式以外の各種類の株式（当該法人が有する自己の株式を除く。）の発行価額の合計額をそれぞれ当該各種類の株式に係る種類資本金

額とし、施行日の資本金等の額から当該各種類の株式に係る種類資本金額の合計額を減算した金額を当該一の種類の株式に係る種類資本金額とする方法
② 当該法人の施行日の資本金等の額を施行日における発行済株式又は出資（当該法人が有する自己の株式を除く。）の価額の合計額で除し、これに当該法人の各種類ごとの株式（当該法人が有する自己の株式を除く。）の施行日における価額の合計額を乗じて計算した金額を当該各種類の株式に係る種類資本金額とする方法
③ その他合理的な方法

このうち①及び②の方法に係る計算事例を以下に示します。

【①の方法に係る計算事例】

（前提）当該法人は種類株式甲、乙及び丙の3種類を発行しており、甲の発行価額は100、乙の発行価額は200である。また、平成18年4月1日における資本金等の額は600である。

（計算）種類株式甲に係る種類資本金額＝種類株式甲の発行価額の合計額100
　　　　種類株式乙に係る種類資本金額＝種類株式乙の発行価額の合計額200
　　　　種類株式丙に係る種類資本金額＝平成18年4月1日における資本金等の額
　　　　　　　　　　　　　　　　　　　600－（種類株式甲に係る種類資本金額100
　　　　　　　　　　　　　　　　　　　＋種類株式乙に係る種類資本金額200）＝
　　　　　　　　　　　　　　　　　　　300

【②の方法に係る計算事例】

（前提）当該法人は種類株式甲、乙及び丙の3種類を発行しており、平成18年4月1日における甲の価額は100、乙の価額は200、丙の価額は300で合計は600である。また、平成18年4月1日における資本金等の額は300である。

（計算）種類株式甲に係る種類資本金額＝施行日現在資本金等の額300×施行日現在
　　　　　　　　　　　　　　　　　　　の種類株式甲の価額100／施行日現在の発行
　　　　　　　　　　　　　　　　　　　済株式の価額の合計額600＝50
　　　　種類株式乙に係る種類資本金額＝施行日現在資本金等の額300×施行日現在
　　　　　　　　　　　　　　　　　　　の種類株式乙の価額200／施行日現在の発行
　　　　　　　　　　　　　　　　　　　済株式の価額の合計額600＝100

$$\text{種類株式丙に係る種類資本金額} = \text{施行日現在資本金等の額}300 \times \text{施行日現在の種類株式丙の価額}300 / \text{施行日現在の発行済株式の価額の合計額}600 = 150$$

なお制度の概要は以下のとおりです。

① 対象となる自己株式の取得等の事由

種類資本金額を基礎として利益積立金額の減少額(みなし配当の額)を計算する対象となる自己株式の取得等の事由は、法人税法第24条第1項4号～6号に掲げる以下の事由となります。

法法24①号数	取得の事由
4	自己の株式又は出資の取得(証券取引所の開設する市場における購入による取得その他の政令で定める取得及び法人税法第61条の2第11項第1号から第3号まで(有価証券の譲渡益又は譲渡損の益金又は損金算入)に掲げる株式又は出資の同項に規定する場合に該当する場合における取得を除く。)
5	出資の消却(取得した出資について行うものを除く。)、出資の払い戻し、社員その他法人の出資者の退社又は脱退による持分の払戻しその他株式又は出資をその発行した法人が取得することなく消滅させること
6	組織変更(当該組織変更に際して当該組織変更をした法人の株式又は出資以外の資産を交付したものに限る。)

② 取得資本金額の計算

上記①の事由があった場合に減少する資本金等の額(取得資本金額)は、次の計算式のとおりとされています(法令8①二十ロ)。

$$\frac{\text{法人の自己株式の取得等の直前の当該自己株式の取得等に係る株式と同一の種類の株式に係る種類資本金額}}{\text{自己株式の取得等の直前の当該種類の株式(法人がその直前に有していた自己株式を除く。)の総数}} \times \text{自己株式の取得等に係る当該種類の株式の数}$$

以下に計算事例を示します。

【計算事例】

(前提)当該法人は種類株式甲、乙及び丙の3種類を発行しており、甲種類資本金額は50、自己株式の取得直前の甲株式の総数は50株、自己株式の取得により取得された甲株式の数は20株であり、乙種類資本金額は100、丙種類資本金額は150である。

（計算）取得資本金額

$$= \frac{自己株式の取得の直前の甲種類資本金額50}{自己株式の取得の直前の甲株式の総数50株} \times 自己株式の取得に係る甲株式の数20株 = 20$$

③　種類資本金額

　上記②における種類資本金額とは、その法人の自己株式の取得等の直前までの下記(i)から(iv)に掲げる項目（法令8①一～四に定める項目）の金額の合計額から(v)から(vii)に掲げる項目（法令8①十九～二十一に定める項目）の金額を控除した金額とされています（法令8②）。

(i)　当該種類の株式に関する、法人税法施行令第8条第1項第1号に該当する新株発行又は自己株式の譲渡により増加した資本金等の額

(ii)　新株予約権の行使によるその種類の株式の交付により増加した資本金等の額

(iii)　取得条項付新株予約権の取得の対価として自己の株式を交付した場合に増加した資本金等の額

(iv)　協同組合等がその種類の出資者の加入に伴い徴収した加入金の額

(v)　その種類の株式の株主等に対する資本の払い戻し又は残余財産の一部の分配により減少した資本金等の額

(vi)　その種類の株式に係る自己株式の取得等により減少した資本金等の額

(vii)　その種類の株式の取得（注）により減少した資本金等の額

（注）取得の事由は以下のものに限ります。

法令8①二十一該当箇所	取得の事由
本文	法人税法第24条第1項第4号に規定する証券取引所の開設する市場における購入による取得その他一定の取得
イ	適格合併、適格分割又は適格現物出資による被合併法人、分割法人又は現物出資法人からの移転
ロ	剰余金の配当、利益の配当又は剰余金の分配による取得、解散による残余財産の分配による取得及び合併による合併法人からの交付による取得
ハ	合併法人が合併の直前に有していた被合併法人の株式又は合併により被合併法人から移転を受けた資産に含まれていた当該被合併法人若しくは他の被合併法人の株式に対し合併法人の株式の割当を受けた場合又は法人税法第24条第2項の規定により合併法人の株式の割当を受けたものとみなされた場合の当該株式の割当
ニ	分割承継法人が分割型分割の直前に有していた分割法人の株式又は分割型分割により分割法人から移転を受けた資産に含まれていた当該分割法人若しくは他の分割法人の株式に対し分割承継法人の株式の交付を受けた場合の当該交付

	ホ	組織変更により組織変更をした法人の株式に代えて自己の株式の交付を受けた場合の当該交付

 以下に計算事例を示します。

【計算事例】
(前提) 当該法人は種類株式甲及び乙の2種類を発行している。平成18年9月10日に甲株式(自己株式)を取得することとなった。当該日までに甲株式の発行により増加した資本金等は100、新株予約権の行使により甲株式を交付したことによって増加した資本金等は20、取得条項付新株予約権の取得の対価として甲株式を交付したことによって増加した資本金等は10、甲株式に係る自己株式の取得により減少した資本金等の額は15であった。

 (計算) 甲種類資本金額＝100＋20＋10－15＝115

④ 合併等があった場合の種類資本金額の調整

 2以上の種類の株式を発行する法人が合併等を行った場合には、次のとおり種類資本金額の調整を行うこととされています（法令8③～⑤）。

　(ⅰ) 法人が自己を合併法人、分割承継法人、被現物出資法人、株式交換完全親法人又は株式移転完全親法人とする合併、分割、適格現物出資若しくはその直前に営む事業及びその事業に係る主要な資産又は負債の概ね全部が移転する非適格現物出資、株式交換又は株式移転（以下「合併等」といいます。）を行った場合には、以下の計算式により計算した金額をそれぞれの種類の株式にかかる種類資本金額に加算することとされています。

$$\text{合併等により増加する資本金等の額} \times \frac{\text{合併等により交付したその種類の株式の合併等の直後の価額の合計額}}{\text{合併等により交付した株式の合併等の直後の価額の合計額}}$$

 すなわち、合併等の場合には、増加資本金額を交付株式の種類ごとの時価の比によって各種類資本金額に配賦することとされています。

 以下に計算事例を示します。

【計算事例】
(前提) 当該法人は種類株式甲及び乙の2種類を発行している。合併により資本金等の額が500増加することとなった。なお、合併により交付した甲株式の

XII 種類株式の実務　473

合併直後の価額は100であり、同じく交付した乙株式の合併直後の価額は150であった。

（計算）

$$\text{合併による甲種類資本金額の増加額} = \text{合併により増加する資本金等}500 \times \frac{\text{合併により交付した甲株式の合併直後の価額の合計額}100}{\text{合併により交付した株式（甲及び乙）の合併直後の価額の合計額}250}$$

$$= 200$$

$$\text{合併による乙種類資本金額の増加額} = \text{合併により増加する資本金等}500 \times \frac{\text{合併により交付した乙株式の合併直後の価額の合計額}150}{\text{合併により交付した株式（甲及び乙）の合併直後の価額の合計額}250}$$

$$= 300$$

　(ii)　法人が自己を分割法人とする分割型分割を行った場合には、以下の計算式により計算した金額をそれぞれの種類の株式に係る種類資本金額から減算することとされています。

$$\text{分割型分割により減少する資本金等の額} \times \frac{\text{その種類の株式（自己が有する自己の株式及び分割型分割によってその価額が減少しなかったと認められる種類の株式を除く。）の分割型分割の直後の価額の合計額}}{\text{法人の発行済株式又は出資（自己が有する自己の株式及び分割型分割によってその価額が減少しなかったと認められる種類の株式を除く。）の分割型分割の直後の価額の合計額}}$$

　すなわち、分割型分割の場合には、減少資本金額を各種類株式の時価の比によって各種類資本金額に配賦することとされています。ただし、分割型分割によってその価額が減少しないと認められる株式（注）についての種類資本金額を減少するのは適当ではないため、その種類株式の種類資本金額は変動しないこととされています

　　（注）　例えば、一定の期日に一定の金額を対価として取得する旨の定めがある取得条項付株式など社債的性質を有するものが該当すると考えられます＊。
　　　＊　財務省広報「ファイナンス」別冊「平成18年度　税制改正の解説」252頁

　(iii)　法人が取得請求権付株式等の請求権の行使等（法人税法第61条の2第11項の規定により株主の譲渡損益の計上が繰り延べられる場合に限ります。）の対価として自己の株式を交付した場合には、その行使等の時の直前のその取得をした株式（旧株）と同一の種類の株式に係る種類資本

金額をその種類の株式（自己が有する自己の株式を除きます。）の総数で除し、これにその取得をした株式の数を乗じて計算した金額を、その新株と同一の種類の株式に係る種類資本金額から減算することとされています。

すなわち、取得請求権付株式等の請求権の行使等による旧株の取得と新株の交付は株式の種類の転換と考えられるため、旧株の種類資本金額を株数按分して転換した部分の金額を新株の種類資本金額に付け替えることとされています。

以下に計算事例を示します。

【計算事例】
（前提）当該法人は種類株式甲及び乙の2種類を発行している。乙株式（取得請求権付）の株主より、乙株式5株について請求権が行使され、対価として甲株式を10株交付することとなった。当該請求権行使の直前の甲種類株式に係る種類資本金額は200、甲株式数は100株であり、同じく行使直前の乙種類株式に係る種類資本金額は400、乙株式数は100であった。

（計算）乙株式に係る種類資本金額の減少額
　　　　＝甲株式に係る種類資本金額の増加額
　　　　＝請求直前の乙株式に係る種類資本金額400÷請求直前の乙株式の総数100株×取得株式数5株
　　　　＝20

2　取得請求権付株式等の請求権の行使等による株式の譲渡に関する取扱い

① 法人がその有する次の株式の対象事由による譲渡が適用要件を満たす場合には、その譲渡対価は、その譲渡をした株式の譲渡直前の帳簿価額に相当する金額とされ、その譲渡損益の計上を繰り延べることとされました（法法61の2⑪一～三）。

株式の範囲	対象事由	適用要件
取得請求権付株式	請求権の行使	イ　取得の対価として取得法人の株式のみが交付されること ロ　取得した株式と交付を受けた株式が概ね同額であること
取得条項付株式	取得事由の発生	イ　取得の対価として取得をされる株主等にその法人の株式のみが交付されること（その取得の対象となった種類の株式のすべてが取得をされる場合には、その取得の対価としてその取得をされる株主等

		にその取得をする法人の株式及び新株予約権のみが交付される場合を含みます。) ロ　取得された株式と交付を受けた株式又は新株予約権が概ね同額であること
全部取得条項付種類株式	取得決議	イ　取得の対価として取得をされる株主等に発行法人の株式及び新株予約権のみが交付されること ロ　取得された株式と交付を受けた株式又は新株予約権が概ね同額であること

　すなわち、旧商法の転換予約権付株式、強制転換条項付株式、償還株式及び買受株式は、会社法では取得請求権付株式の取得と対価の交付という構成とされ、旧商法の株式の強制消却は会社法では全部取得条項付種類株式の取得と対価の交付及び取得した自己株式の消却という構成とされ、これらの取得の対価として新株、自己株式、新株予約権、金銭その他あらゆる資産を交付し、又は何も交付しないことが可能となりました。これは、株主側から見れば株式の譲渡となるため、法人税法上は譲渡損益が計上され、また、みなし配当の額が生ずるところです。しかしながら、その対価が発行法人の株式のみである場合には、従前の転換株式の転換と経済的な効果は変わらず、投資が継続しているという点を考慮し、いわゆる簿価譲渡として課税を繰り延べるとともに、みなし配当課税を適用除外とすることとされたものです。ただし、合併又は分割型分割の場合と同様、対価に発行法人の株式以外の資産が含まれている場合（複数の株主の株式が取得される場合に、いずれかの株主に発行法人の株式以外の資産が交付される場合）には、対価として交付される発行法人の株式に対応する部分を含めて課税の繰延はしないこととされています。

　また、適用要件として「概ね同額」とあるのは、例えばグループ法人内や同族会社の株主間でこれらの株式を使用して持分割合を恣意的に移転させることができますが、このような場合についてまで譲渡益課税を繰り延べることは適当でないことから、課税の繰延は正常な取引として行われた場面に限るという趣旨で設けられたものです。従って、通常のオプションプレミアム程度の価額差であれば、「概ね同額」であると考えられます*。

＊　前掲書273頁

　また、すべての株主を対象として株式が取得され、対価として株式と新株予約権が交付される場合には、株式の取得及び株式の交付という取引と新株予約権無償割当という取引の2つの取引が同時に行われたものと同様とみることが

できるため、この場合にも課税を繰り延べることとされています。

なお、これらの譲渡損益の計上が繰り延べられる場合には、みなし配当課税の適用も除外されており、また、発行法人側の資本金等の額及び利益積立金額も変動しないこととされています（法法24①四、法令8①一チ）。

　（注）　100％減資などの場面で全部取得条項付種類株式が取得決議に基づき無償で取得された場合には、対価が株式のみであるという要件を満たさないため法人税法第61条の2第11項の規定の適用はありませんが、通常の譲渡として法人税法第61条の2第1項の規定の適用の対象となり、株主においてはその株式の帳簿価額に相当する金額が譲渡損となります。

② 　上記①の株主等である法人が取得をした株式の取得価額は、その譲渡をした株式の譲渡直前の帳簿価額に相当する金額（その交付を受けるために要した費用がある場合には、その費用の額を加算した金額）とされました。また、上記イの株主等である法人が取得をした新株予約権の取得価額は、零とされました（法令119①十四～十八）。

③ 　取得請求権付株式の請求権の行使の場合に会社法第167条第3項の規定により1株に満たない端数が生じる場合のその1株に満たない端数に相当する部分（これに準ずるものを含みます。）は、その行使により交付を受ける発行法人の株式に含まれることとされました（法令119の8の2）。

すなわち、取得請求権付株式の行使に伴い交付を受ける株式について、転換比率の設定により1株未満の端数が生ずる場合には、その端数部分の株式の価額に相当する金銭を交付する（会法167）こととされていますが、法人税法上はいったん端数に相当する株式が交付され、直ちに金銭をもって買取られたと考えることとされました。従って、そのような端数代わり金が交付された場合にも、簿価譲渡の要件を満たすこととなります。なお「これに準ずるもの」とは、会社法以外の法律（外国法を含みます。）における同様のものという趣旨です＊。

＊　前掲書274頁

また、上記により買取ったとみなされた場合のその買取りについては、自己株式の取得に該当することとなりますが、会社法第234条の端数部分の発行法人による買取りがみなし配当課税の対象外とされていることと同様に、その買取りについてもみなし配当課税の対象外とされています（法令23③七）。

XII　種類株式の実務　477

Q XII-3 種類株式と相続税評価額

種類株式の相続税法上の評価額について説明してください。

A 種類株式については、具体的な評価方法が定められていません。

解説

　株式の相続税評価の方法は、財産評価基本通達に規定されていますが、そこでは上場株式及び非公開株式のいわゆる普通株式に関する評価方法が示されているのみです。なお非公開会社の（普通）株式の評価方法としては類似業種比準価額方式、純資産価額方式又は配当還元方式が定められており、これを斟酌することも考えられます。

　なお、平成15年7月4日付けの「資産評価企画官情報第1号『財産評価基本通達の一部改正について』通達等のあらましについて（情報）」において、以下の見解が公表されています。

　「（前略）…種類株式については、普通株式に比べて権利内容及び転換条件等がどのように異なるのかにより、個々にその発行価額が設定されるとともに、その後の様々な要因により時価が決まっていくと考えられる。したがって、今後、評価方法が問題となる種類株式が出てきた場合には、その種類株式について普通株式の権利内容に比べてどのような相違があるのか、転換条件はどうなっているのかなどを確認することが重要となる。例えば、種類株式の発行価額が普通株式の時価と同じであり、転換時も種類株式1株に対し普通株式1株となるようなものについては、種類株式の時価と普通株式の時価に価格差がない場合もあると考えられる。また、種類株式の発行価額及び権利内容が普通株式のそれらとかなりの相違があり、普通株式への転換条件も種類株式1株に対し普通株式X株となっているものについては、その種類株式の評価額を決定する場合、それらの内容等を十分に考慮する必要がある。種類株式については、上記を参考にして個別に評価することとする。」

上記は商法上の種類株式についての見解ですが、これが会社法施行後も続くとすれば、税務上、非公開会社の種類株式は、他の種類株式（種類株式を発行する会社は、それぞれ内容の異なる種類の株式を発行することとなるため、普通株式は存在しないこととなります。）の内容と比較検討した上で、その相違性に応じて個別に評価されることになると考えられます。

Q XII 4 ■種類株式と所得税

種類株式に関する所得税法の定めについて説明してください。

A
所得税法上、取得請求権付株式等に係る譲渡所得等の特例が創設されました。

解説

1 創設の趣旨＊

商法では、ある種類の株式が消滅し、他の種類の株式が発行されたのと同一の効力が生ずることとされる株式の転換という概念があり、税法上もある種類の株式が別の種類の株式に換わったに過ぎないということで課税関係は生じないものとされていました。会社法において、この株式の転換は、ある株式を株式会社が取得するとともに、他の株式を株式会社が発行し、又は自己株式を交付することと整理されました。

これを前提とすると、株式を相対取引で別の株式と交換するのと同様に、この時点で損益が顕在化するという考え方もあり得ます。しかし、単に法律上の整理が行われたに過ぎず、実態は変わらないことから、課税を繰り延べる措置を講じることとされました。なお、通常は考えにくい取引ですが、譲渡した株式と交付を受けた株式との時価がおおむね同額でない場合は、関連者間等で両者の価値移転のために行われるなどの可能性があるため、その場合には譲渡益課税を行うこととされています。

また、新株予約権付社債に付された新株予約権の行使については、その行使に際し社債の償還金をもって払込みがなされ株式を取得するという考え方を採っていましたが、会社法上、新株予約権付社債に付された新株予約権を行使することは、その社債部分を現物出資し、その対価として株式を取得するものと整理されたことから、新株予約権付社債についての社債について、その新株予約権の行使により株式が交付された場合の課税の繰延べ措置を講じることとされました。

＊　前掲書166頁
2　制度の内容
　居住者が、各年において、その有する次の①から⑥までに掲げる有価証券をそれぞれ①から⑥までに定める事由により譲渡をし、かつ、その事由により取得をする法人の株式（出資を含みます。）又は新株予約権の交付を受けた場合（その交付を受けた株式又は新株予約権の価額がその譲渡をした有価証券の価額とおおむね同額となっていないと認められる場合を除きます。）には、事業所得の金額、譲渡所得の金額又は雑所得の金額の計算については、その有価証券の譲渡がなかったものとみなすこととされています（所法57の4③）。
　①　取得請求権付株式
　その取得請求権付株式に係る請求権の行使によりその取得の対価としてその取得をする法人の株式のみが交付される場合のその請求権の行使（所法57の4③一）
　②　取得条項付株式
　その取得条項付株式に係る取得事由の発生によりその取得の対価としてその取得をされる株主等にその取得をする法人の株式のみが交付される場合（その取得の対象となった種類の株式のすべてが取得をされる場合には、その取得の対価としてその取得をされる株主等にその取得をする法人の株式及び新株予約権のみが交付される場合を含みます。）のその取得事由の発生（所法57の4③二）
　③　全部取得条項付種類株式
　その全部取得条項付種類株式に係る取得決議によりその取得の対価としてその取得をされる株主等にその取得をする法人の株式及び新株予約権のみが交付される場合のその取得決議（所法57の4③三）
　④　新株予約権付社債についての社債
　その新株予約権付社債に付された新株予約権の行使によりその取得の対価としてその取得をする法人の株式が交付される場合のその新株予約権の行使（所法57の4③四）
　⑤　取得条項付新株予約権（注）
　その取得条項付新株予約権に係る取得事由の発生によりその取得の対価とし

て取得をされる新株予約権者にその取得をする法人の株式のみが交付される場合の取得事由の発生（所法57の4③五、所令167の7①）
　　（注）　取得条項付新株予約権とは、新株予約権について、これを発行した法人が一定の事由（以下「取得事由」といいます。）を条件としてこれを取得することができる旨の定めがある場合の新株予約権をいい、次の(i)又は(ii)に掲げる新株予約権を除きます。
　　　(i)　新株予約権を引き受ける者に特に有利な条件又は金額により交付された新株予約権
　　　(ii)　役務の提供その他の行為に係る対価の全部又は一部として交付された新株予約権（上記(i)に該当するものを除きます。）
　⑥　取得条項付新株予約権が付された新株予約権付社債
その取得条項付新株予約権に係る取得事由の発生によりその取得の対価として取得をされる新株予約権者にその取得をする法人の株式のみが交付される場合の取得事由の発生（所法57の4③六）

3　株式又は新株予約権の取得価額

　この特例の適用を受けた居住者が上記2の①から⑥までに掲げる事由により取得をした株式又は新株予約権をその後譲渡した場合の事業所得の金額、譲渡所得の金額又は雑所得の金額の計算上収入金額から控除する取得費の計算の基礎となる株式又は新株予約権の取得価額は、それぞれ次の①から⑧までに掲げる金額とされます（所令167の7④一〜八）。

　①　上記2の①の取得請求権付株式に係る請求権の行使によりその取得請求権付株式の取得の対価として交付を受けたその法人の株式（上記2の①の適用を受ける場合のその法人の株式に限ります。）：　取得請求権付株式の取得価額（取得をする株式の取得に要した費用がある場合には、その費用を加算した金額）

　②　上記2の②の取得条項付株式に係る取得事由の発生（取得の対価として株主等にその法人の株式のみが交付されたものに限ります。）によりその取得条項付株式の取得の対価として交付を受けたその法人の株式（上記2の②の適用を受ける場合のその法人の株式に限ります。）：　取得条項付株式の取得価額（取得をする株式の取得に要した費用がある場合には、その費用の額を加算した金額）

　③　上記2の②の取得条項付株式に係る取得事由の発生（取得の対象となっ

た種類の株式のすべてが取得され、かつ、その取得の対価として株主等にその法人の株式及び新株予約権のみが交付されたものに限ります。）により取得条項付株式の取得の対価として交付を受けたその法人の次の(i)の株式及び(ii)の新株予約権（上記2の②の適用を受ける場合のその法人の株式及び新株予約権に限ります。）：　株式及び新株予約権の区分に応じそれぞれ次の(i)又は(ii)の金額

(i) その法人の株式：　取得条項付株式の取得価額（取得をする株式の取得に要した費用がある場合には、その費用の額を加算した金額）

(ii) その法人の新株予約権：　零

④ 上記2の③の全部取得条項付種類株式に係る取得決議（取得の対価として株主等にその法人の株式のみが交付されたものに限ります。）によるその全部取得条項付種類株式の取得の対価として交付を受けたその法人の株式：　全部取得条項付株式の取得価額（取得をする株式の取得に要した費用がある場合には、その費用の額を加算した金額）

⑤ 上記2の③の全部取得条項付種類株式に係る取得決議（取得の対価として株主等にその法人の株式及び新株予約権のみが交付されるものに限ります。）によるその全部取得条項付種類株式の取得の対価として交付を受けたその法人の次の(i)の株式及び(ii)の新株予約権（上記2③の適用を受ける場合のその法人の株式及び新株予約権に限ります。）：　株式及び新株予約権の区分に応じそれぞれ次の(i)又は(ii)の金額

(i) その法人の株式：　全部取得条項付種類株式の取得価額（取得をする株式の取得に要した費用がある場合には、その費用の額を加算した金額）

(ii) その法人の新株予約権：　零

⑥ 上記2の④の新株予約権付社債についての社債に係る新株予約権の行使によるその社債の取得の対価として交付を受けたその法人の株式（上記2の④の適用を受ける場合のその法人の株式に限ります。）：　新株予約権付社債の取得価額（取得をする株式の取得に要した費用がある場合には、その費用の額を加算した金額）

⑦ 上記2の⑤の取得条項付新株予約権に係る取得事由の発生によるその取

得条項付新株予約権の取得の対価として交付を受けたその法人の株式（上記2の⑤の適用を受ける場合のその法人の株式に限ります。）： 取得条項付新株予約権の取得価額（取得をする株式の取得に要した費用がある場合には、その費用の額を加算した金額）

⑧ 上記2の⑥の取得条項付新株予約権が付された新株予約権付社債に係る取得事由の発生によるその新株予約権付社債の取得の対価として交付を受けたその法人の株式（上記2の⑥の適用を受ける場合のその法人の株式に限ります。）：新株予約権付社債の取得価額（取得をする株式の取得に要した費用がある場合には、その費用の額を加算した金額）

4　1株に満たない端数の取扱い

　会社法では、株主が取得請求権付株式に係る請求権を行使した場合において、株式会社がその株式の取得の対価として他の株式を交付する際に1株に満たない端数があるときは、その株式1株の市場価格として一定の方法により算定した額（市場価格のない株式については1株当たりの純資産額）にその端数を乗じて得た額に相当する金銭をその請求権の行使をした株主に交付することとされています（会法167③）。

　また、新株予約権付社債を有する新株予約権者がその新株予約権を行使した場合において、その新株予約権者に交付する株式の数に1株に満たない端数があるときは、会社法第283条ただし書の規定により同法第236条第1項第9号の端数を切り捨てる旨の定めがある場合を除き、その株式1株の市場価格として一定の方法により算定した額（市場価格のない株式については1株当たりの純資産額）にその端数を乗じて得た額に相当する金銭をその請求権の行使をした株主や新株予約権者に交付することとされています（会法283）。

　上記2①又は④の特例については、その取得の対価としてその法人の株式のみの交付があった場合に適用されますが、上記2①の取得請求権付株式に係る請求権の行使又は④の新株予約権付社債に付された新株予約権の行使によりその法人の株式と併せてこの1株に満たない端数（これに準ずるものを含みます。）に相当する部分に係る金銭の交付を受けた場合であっても、その1株に満たない端数に相当する部分はその法人の株式に含まれるものとして特例が適用されることを示しています（所令167の7⑤）。

Q XII 5 ■既存株式の種類株式への変更等

種類株式の内容を変更する手続について説明してください。また、これまで普通株式のみを発行した株式会社が、その一部の内容を変更して異なる種類の株式に転換することは可能でしょうか。

A 株式会社が既存株式の内容を変更するための手続は、以下のとおりです。普通株式のみを発行していた株式会社が、その一部を種類株式に転換することも可能であると解されています。

1 株式の内容の変更のための手続

旧商法においては、発行した種類株式の内容の変更手続は、必ずしも明確ではありませんでした。会社法では、この点の規定が整備されています。

① 原則

定款の変更が必要ですので、株主総会の特別決議が必要です（会法466、309②十一）。そして、ある種類の株式の種類株主に損害を及ぼすおそれがあるときは、当該種類の株式の種類株主を構成員とする種類株主総会の特別決議を経る必要があります（会法322①一ロ）。なお、種類株式発行会社は、ある種類の株式の内容として、会社法第322条第1項の規定による種類株主総会の決議を要しない旨を定款で定めることができます（会法322②）。

② 全部取得条項付種類株式への変更

株主総会（特別決議）のほか、全部取得条項を付する種類株式の種類株主（潜在的な種類株主を含む。）を構成員とする種類株主総会の特別決議を経る必要があります（会法第111②、324②一）。

また、株主総会前に反対通知を行い、かつ、種類株主総会で反対した種類株主は、株式会社に対し、自己の有する株式を公正な価格で買い取ることを請求することができます（会法116①二）。

更に、当該種類の株式を目的とする新株予約権を発行している場合、当該新株予約権者は、株式会社に対し、自己の有する新株予約権を公正な価格で買い取ることを請求することができます（会法118①二）。

③ 一部の種類に譲渡制限を付する定め

XII 種類株式の実務 485

株主総会の特別決議のほか、譲渡制限を付する種類株式の種類株主（潜在的な種類株主を含みます。）を構成員とする種類株主総会の特殊決議（議決権を行使することができる株主の半数以上で、かつ、当該株主の議決権の3分の2以上の賛成）を要します（会法111②、324③一）。反対株主の株式買取請求も認められます（会法116①二）。

④ 取得条項の設定及び変更

当該種類株主の意思にかかわらず、一定の事由が生じると強制的に取得することができる旨を定め、また、そのような定めの変更（廃止を除きます。）をしようとするときは、当該種類株主の全員の同意を要します（会法111①）。

2 普通株式の種類株式への転換

普通株式のみを発行していた株式会社が、その一部を種類株式に転換することも可能であると解されています。この場合、登記実務においては、前述の定款変更の手続のほか、株主全員（議決権を行使することができない株主も含みます。）の同意が必要であると解されています。

Q XII 6 ■種類株式の新規発行

これまで普通株式のみを発行していましたが、異なる種類の株式を新たに発行するための手続について説明してください。

A 株式会社が新たに異なる種類の株式を発行するための手続は、以下のとおりです。

1 定款の変更

従来、種類株式を発行していなかった株式会社が、新たにある種類の株式を発行するためには、当該種類株式の内容及び発行可能種類株式総数を定款で定めなければなりません（会法108②）。定款変更のために、株主総会の特別決議が必要となります（会法309②十一、466）。

また、株式の種類の追加によって、ある種類の株式の種類株主に損害を及ぼすおそれがあるときは、当該種類の株式の種類株主を構成員とする種類株主総会の特別決議（会法322①一イ）が必要です。この場合、当該種類株主総会において議決権を行使することができる株主の議決権の過半数（3分の1以上の割合を定款で定めた場合にあっては、その割合以上）を有する株主が出席し、出席した当該株主の議決権の3分の2（これを上回る割合を定款で定めた場合にあっては、その割合）以上に当たる多数をもって行わなければなりません（会法324②四）。

決議の種類	必要とされる条件	定足数要件	決議要件
株主総会特別決議（会法309②十一、466）	常に必要	議決権を行使することができる議決権の過半数を有する株主の出席（ただし、3分の1以上の割合を定款で定めた場合にあっては、その割合以上）	出席した当該株主の議決権の3分の2以上の多数（ただし、これを上回る割合を定款で定めた場合にあっては、その割合以上）
種類株主総会特別決議（会法322①一イ、324②四）	ある種類の株式の種類株主に損害を及ぼすおそれがある場合にのみ必要	議決権を行使することができる種類株主の議決権の過半数を有する株主の出席（ただし、3分の1以上の割合を定款で定めた場合にあっては、その割合以上）	出席した当該種類株主の議決権の3分の2以上の多数（ただし、これを上回る割合を定款で定めた場合にあっては、その割合以上）

発行可能種類株式総数及び発行する各種類株式の内容については、登記事項とされています（会法911③七）。

2　種類株式の要綱

　種類株式の内容は、会社法第108条第2項各号において詳細に規定されていますが、これらの事項の全部を定款で定めなければならない訳ではなく、定款ではその内容の要綱を定めておき、具体的内容については、当該種類の株式を初めて発行する時までに、株主総会（取締役会設置会社にあっては株主総会又は取締役会、清算人会設置会社にあっては株主総会又は清算人会）の決議によって定める、ということもできます（会法108③、会規20）。後日具体的内容を定めた時は、変更の登記が必要となります（会法915①）。

　例えば、剰余金の配当について異なる種類の株式を発行する場合、会社法施行規則第20条第1項第1号は、当該株式について配当財産の種類のみが会社法第108条第3項にいう「当該種類の株式を初めて発行する時までに、株主総会（取締役会設置会社にあっては株主総会又は取締役会）の決議によって定める旨を定款で定めることができる」事項以外の事項である旨定めていますから、配当財産の種類以外の内容については要綱を定款に定め、配当に係る優先株・劣後株を発行する時までに、株主総会（取締役会設置会社においては株主総会又は取締役会）の決議によって定めれば足りることになります。

3　株式の発行

　株式の発行手続については、通常の募集株式の発行手続と同様です。

Q XII 7 ■種類株式の時価発行

種類株式を実際に発行する場合に必要な手続について説明してください。

A

種類株式を実際に発行する場合の手続は以下のとおりです。

1 募集事項の決定

会社法は、新株発行に関して、基本的には旧商法の立場を踏襲しています。しかしながら、従来は例外として位置付けられていた株式譲渡制限会社に関する取扱いを基本としたこと、種類株式に関する取扱いも発行手続に関する条項において明示したこと、種類株式の譲渡制限株式が導入されたこと等大幅な変更もあります。

まず、用語に関する変更は主として以下のとおりです。

従来（旧商法）の取扱い	会社法の取扱い
「株式発行」	「募集」（ただし新株の発行と自己株式の処分を含みます。）
「新株の発行」	「募集株式の発行」
「発行事項の決定」	「募集事項の決定」

なお、募集株式の募集事項とは、以下の内容となります（会法199①）。

会法199①の号数	募集事項
1	募集株式の数（種類株式発行会社では、種類と数）
2	募集株式の払込金額又はその算定方法
3	金銭以外の財産を出資の目的とするときは、その旨及び当該財産の内容・価額
4	募集株式と引換えにする金銭の払込み又は財産の給付の期日又は期間
5	株式を発行するときは増加する資本金及び資本準備金に関する事項

なお金銭の払込等をする時期の定め方は、払込期日に加えて、期間を定める方法も可能になりました（会法199①四）。

以下では、まず、株主割当以外の場合について、公開会社とそれ以外の会社に分けて概説し、次に、株主割当ての場合を説明します。

① 株主割当てでない場合 ── 公開会社における募集事項の決定

前述のように、公開会社における募集事項の決定に関する規定は特別として位置付けられていますが、その決定機関は、従来どおり取締役会とされ（会法201①）、払込金額（従来の「発行価額」）が募集株式を引き受ける者に特に有利な金額である場合には株主総会の特別決議が必要になります（会法201①、199③、309③五）。

　取締役会のみで種類株式の募集を決定する場合に、既に当該種類株式が上場されているなど、その種類株式に市場価額があるときは、「公正な価額による払込みを実現するために適当な払込金額の決定の方法により決定する旨」を定めることもできます（会法201②）。株主に対する当該募集事項の通知は、公告によることができる（会法201③④）ほか、募集事項について通知すべき日（払込期日（又は払込期間の初日）の2週間前）までに、有価証券届出書の届出（証取法4①又は②の届出）をしている場合その他法務省令で定める場合には、有価証券届出書等の開示で代えることができ、重ねて通知・公告を行うことは要求されません（会法201⑤）。

　募集を行う種類株式が譲渡制限株式である場合には、更に種類株主総会の決議も要求されます。まず、新規に譲渡制限株式の募集を行う場合、決議の手続は、前述の他の種類株式の場合と同様です（会法199④ただし書）。他方、既発行の譲渡制限株式が存在する場合には、取締役会又は株主総会の決議に加えて、当該種類株主総会の決議がなければ募集に関する決定の効力を生じません。ただし、定款で種類株主総会の決議を要しない旨を定めることもできます（会法199④）。この種類株主総会の決議は、特別決議です（会法324②二）。

　更に、この譲渡制限株式の払込金額が株式を引き受ける者に特に有利な金額である場合、取締役は株主総会において有利発行を必要とする理由を説明しなければなりません（会法199③）。

② 株主割当てでない場合 ── 公開会社ではない会社における募集事項の決定

　公開会社ではない会社、すなわちその発行するすべての株式の内容として定款に譲渡制限の定めを設けている株式会社では、募集事項の決定は原則として株主総会の特別決議によらなければなりません（会法199①②、309②五）。募集株式の払込金額が特に有利な金額である場合には、取締役はその株主総会においてそうした募集を必要とする理由を説明しなければなりません（会法199

③)。

　株主総会の決議よって、募集事項の決定を取締役（取締役会設置会社では取締役会）に委任することもできます。当該の有効期間は、従来同様、決議の日から1年です（会法200③）。

　募集株式の種類が譲渡制限株式である場合には、募集事項を決定する株主総会の決議又は募集事項の決定を取締役又は取締役会に委任する株主総会の決議に加えて、当該種類の株式の種類株主を構成員とする種類株主総会の特別決議が必要とされます（会法199④、200④、324②二）が、いずれも定款の定めにより排除することができます。

③　株主割当ての場合

　株主割当てとは、株主に株式の割当てを受ける権利を与える場合であり、会社法は公開会社と公開会社ではない会社とで同一の取扱いとして第202条を設けています。

　株主割当てを行うには、募集事項のほか、(i)株主に対し募集株式の割当てを受ける権利を与える旨及び(ii)その募集株式の引受けの申込期日を定めなければなりません（会法202①）。種類株式発行会社では、202条の「株主に株式の割当てを受ける権利を与える」場合とは、当該株主の有する種類株式と同一の種類の株式を割り当てることを指すため（会法202①かっこ書）、違う種類の種類株式を種類株主に持株割合に応じて割り当てる場合は、有償であれば前述の募集株式の発行、無償であれば株式無償割当てになります。

　募集事項及び前述の(i)及び(ii)の事項は、ⓐ取締役会設置会社以外の会社で、これらの事項を取締役の決定によって定めることができる旨の定款規定がある場合には取締役の決定、ⓑこれらの事項を取締役会の決議で定めることができる旨の定款規定がある場合及び公開会社である場合には取締役会の決議、ⓒⓐ及びⓑ以外の場合には株主総会の決議で定めるものとされています（会法202③）。従来、株主割当ては、株式譲渡制限の有無にかかわらず、株式会社では取締役会（有限会社では社員総会）において定めるものとされていましたが、会社法では、公開会社以外の会社では、このように、原則として株主総会の特別決議（会法309②五）で定めるものとされました。

　他方で、株主割当ての場合には、払込金額が特に有利な金額であっても手続が

XII　種類株式の実務　　491

異なることはなく、また、株主に割り当てる募集株式が譲渡制限株式であっても当該種類株式の種類株主総会決議は不要とされます（会法202⑤）。しかし、種類株式発行会社の種類株主に株主割当てで譲渡制限株式を割り当てる場合やその他の種類株式を割り当てる場合にも、引受けに応じられないために既存の種類株主が不利益を受けるなどのおそれがあることから、株主に株式の割当てを受ける権利を与えるために、前述の(i)及び(ii)を定める場合にも、ある種類の株式の種類株主に損害を及ぼすおそれがあるときは、当該種類株式の種類株主総会の決議が必要とされています（会法322①四）。これについても、種類株主総会の決議を要しない旨を定款で定めることができます（会法322②）。

Q XII 8 ■種類株式発行法人の組織再編

種類株式発行法人の組織再編について説明してください。

A 種類株式発行法人の組織再編の概要は以下のとおりです。

1 各Ｍ＆Ａの手法と種類株式・新株予約権との関連について

① 株式持分の譲渡

株式持分の譲渡とは、対象となる法人の株主がその保有する株式持分を買収者に譲渡することによって法人の支配権を買収者に移転することです。取引としては、新旧株主間の相対取引ですので、(i)両当事者間の「株式譲渡契約」と(ii)「名義書換手続（譲渡承認申請を含みます）」が必要とされます。

当該方法によった場合には、手続が簡便であるほか、法人格に影響ないため官公庁の許認可及び取引先との契約関係に変化が生じないことや株主有限責任によりリスクが限定的であること、また発行済株式の100％未満で経営権取得が可能となる（過半数で実質支配が可能）ことなどのメリットがあります。

他方で、買収対象会社の株式の取得により当該対象会社を買収するため、買収資産の取捨選択ができないことや簿外負債のリスクがあることなどのデメリットがあります。

ここで、買収対象会社が種類株式を発行している場合に、共益権（特に議決権）に関して、拒否権付株式等がある場合、これを買収対象にしなくてはなりませんが、議決権の制限株式は、意思決定における支配権に影響を与えないので、買収対象としなくてもよいといえます。

また、買収会社の種類株式を買収の対価とするケースでは、典型的な「株式交換」となります。これは、対象会社の株式のすべてを取得する場合、現金ではなく、買収会社の株式を対価とすることを意味します。

② 事業の譲渡（会社法第467条（旧商法第245条にいう営業譲渡））

事業の全部又は重要な一部の譲渡及び事業の全部の譲受けについては原則として株主総会の特別決議によります（会法309③十一）。

なお、簡易組織再編、略式組織再編に相当する場合には、株主総会の決議が

不要となります。

　当該方法によった場合、対象法人の事業のうち「特定の一部」だけを買収できることや、それに応じて対象法人の予想される偶発債務等を除外することができるなどのメリットがあります。

　他方、事業譲渡契約の締結やその承認手続、実行手続が煩雑かつコストがかかること、資産の譲渡には個別に対抗要件具備の必要があること、従業員との労働関係や、原則として許認可も承継されないこと、事業譲渡に伴う譲渡益に課税されることなどのデメリットがあります。

　また、事業の譲渡による場合は、買収対価として議決権制限株式を付与することにより、既存の共益権を保護しつつこれを実行することができます。

③　合併

　合併とは2社以上の契約（会法748）により成立する法律行為です。当事会社の一部又は全部が解散し、消滅する会社の権利義務の全部を合併後存続する会社に承継させ、又は合併により設立する会社に承継させるものです。

　前者を吸収合併（会法2二十七）後者を新設合併（会法2二十八）といいます。これらには原則として株主総会の特別決議による承認が必要です。

　当該方法による場合、株式を割り当てればよいから新たに資金投入の必要はないため買収資金の節約ができること、対象企業の株主等に現金等買収企業の株式以外の対価を付与することで買収企業からこれら対象企業の株主等を排除することができることのほか、繰越欠損金の活用や対象会社の株式を償却することによって株式取得費用を損金計上できるなどの税務上のメリット、対象会社の権利義務が包括的に承継され、個別の権利移転行為は必要ないこと、従業員との労働関係や原則として許認可もそのまま承継されることなどのメリットがあります。

　他方で、手続が煩雑となること、賃金格差や両社の経営風土の相違による問題、特に人的摩擦等の問題が起こりやすいというデメリットがあります。

　合併による場合には、種類株式の割当てにより共益権の調整をすること等の活用方法考えられます。

④　株式交換・株式移転

　株式交換とは、株式会社がその発行済株式の全部を他の株式会社又は合同会

社に取得させること（会法2三十一）であり、ある会社を完全子会社化するために利用されます。

株式移転とは、1～2社以上の株式会社がその発行済株式の全部を新たに設立する株式会社に取得させること（会法2三十二）であり、完全親会社を設立するために用いられます。いずれも「合併」類似の組織再編行為です。

「株式交換」は、買収して100％子会社とするために使われる場合と既存のグループ内企業の再編に用いられる場合があります。一方、「株式移転」は持株会社を設立するために用いられます。

当該方法による場合、対象会社の発行済株式総数を強制的に取得することが可能であること、対価を買収会社の株式等現金以外にすることにより買収資金が不要となること、及び法人格は別々で残り、結果として賃金格差や企業風土の差等おのおのの経営の自主性を保持できることなどのメリットがあります。

他方で、手続が煩雑であり、かつ株式買取請求権が発生すること、他社の事業部門の一部のみを取得したい場合や発行済株式の一部のみを取得すれば足りる場合には余計な部分まで取得してしまうことなどのデメリットがあります。

なお株式交換・移転においても対価として種類株式を用いることができます。

⑤　会社分割

会社分割とは株式会社又は合同会社が、その事業の全部又は一部を新たに設立する会社（新設分割）又は既存の他の会社（吸収分割）に承継させることを目的とする会社の行為をいいます。

当該方法によった場合、ほぼ合併と同様のメリットがある他、労働契約の承継についても、労働者の個別の同意は不要となっています（労働承継法）。

他方で、事業の譲渡のケースと逆に偶発債務を排除できないこと、債権者保護手続が原則必要であるなど手続が煩雑であること、一定の条件下で株式買取請求権が発生することなどのデメリットがあります。

会社分割による場合、対価を取得条項付株式や全部取得条項付株式とすることにより、支配権の強化に利用する方法が考えられます。

【参考】 種類株式の時価評価の必要性について

　本問では組織再編における種類株式活用のメリット等に触れていますが、組織再編において種類株式を用いる場合に、種類株式の評価が適切に行われないと、対価の適切なやり取りが実現せず、実質的に種類株式を利用した組織再編ができないこととなってしまいます。

　各組織再編行為において種類株式の適切な評価が得られない場合の問題点について簡単に纏めると以下のとおりです。

組織再編行為	種類株式の適切な評価額が得られない場合の不具合事項
合併	合併比率の算定が適切に行われないこと
会社分割	割当株式数の算定が適切に行われないこと
株式交換・移転	交換比率・移転比率の算定が適切に行われないこと
事業譲渡	対価を種類株式とする場合にその数量が定まらないこと

　以上の不具合事項があることで、経済合理性のある組織再編行為の実行が妨げられると考えられます。また、仮に当事者が各数値を恣意的に決定することで組織再編行為自体を進める場合には税務上の問題に直結するものと考えられます。

　会社法施行規則第25条第4項第2号では、種類株式を発行している場合の「株式係数」として、各種類の株式に1以外の係数を定めることで、会社の純資産額を各種類株式に按分する方法を示していますが、当該「株式係数」についても、種類株式の適切な評価方法があって初めてこれを適切に定めることができるものと考えられます。

　以上のことから、種類株式の適切な評価方法を定めることが急務であると考えられます。

Q XII 9 ■人的属性種類株式

株主を、その有する株式の内容及び数に応じて平等に取り扱わず、その人的属性に応じて株主ごとに異なる取扱いをすることはできるのでしょうか。

A 非公開会社においては、剰余金の配当を受ける権利、残余財産の分配を受ける権利及び株主総会における議決権に関する事項について異なる取扱いをすることができます。

解説

　株式会社は、株主を、その有する株式の内容及び数に応じて、平等に取り扱わなければならないとされています（会法109①）。しかしながら公開会社でない株式会社については、剰余金の配当を受ける権利、残余財産の分配を受ける権利及び株主総会における議決権に関する事項について異なる取扱いをする旨を定款で定めることができることとされました（会法109②）。

　これは、人的属性に基づいて株主権の内容に差を設けられるという意味です。旧有限会社法では社員の議決権、利益の配当及び残余財産の分配について、社員の出資口数に応じて平等に行うことを原則としつつ、定款で別段の定めをすることを認めていました（旧有限会社法39①、44、73）が、当該有限会社の制度を踏襲したものです。

　ただし上記定款の定めを設ける場合の定款変更は、総株主の半数（これを上回る割合を定款で定めた場合はその割合）以上であって、かつ総株主の議決権の4分の3（これを上回る割合を定款で定めた場合はその割合）以上に当たる多数の賛成がなければできません（会法309④）。

Q XII 10 ■持分会社への組織変更

種類株式を発行している株式会社が持分会社に組織変更する場合の取扱いについて説明してください。

A 株式会社が持分会社に組織変更する場合、以下の(1)～(4)の手続をとる必要があります。

(1) 組織変更計画の作成（会法743、744）
(2) 組織変更計画に関する書面等の備置き及び閲覧等（会法775）
(3) 総株主の同意（会法776①）
(4) 登録株式質権者及び登録新株予約権質権者への通知又は公告（会法776②③）
(5) 新株予約権の買取請求（会法777、778）
(6) 債権者保護手続（会法779）
(7) 株券等提出公告手続（会法219、293）
(8) 組織変更の登記（会法920、930③）

なお、株式会社から持分会社へ組織変更する場合には、各株主に対して交付する持分や金銭等の内容について、その有する株式数に応じて平等に定める必要はありません（744条。吸収合併における749条3項等に相当する規定が定められていない。）。これは、上記(3)において組織変更の過程で総株主の同意を得る必要があることから、あえて株主間の平等を要求する必要がないためです。

また会社の計算上の取扱いは以下のとおりです。

まず、組織変更をすることを理由にその有する資産及び負債の帳簿価額を変更することはできないとされています（会計規7）。

また、組織変更はあくまで、会社がその同一性を維持しながらその組織を変更する手続であるため、組織変更を行う場合の資本金、剰余金の構成は、原則としてそのまま維持されますが、ただし株式会社と持分会社との計算の概念上の相違に基づき、組織変更後の持分会社の社員資本は以下のようになると定められています（会計規56）。

① 資本金の額：組織変更の直前の株式会社の資本金の額

② 資本剰余金の額：イに掲げる額からロ及びハに掲げる額の合計額を減じて得た額
　イ　組織変更の直前の株式会社の資本準備金の額及びその他資本剰余金の額の合計額
　ロ　組織変更をする株式会社が有する自己株式の帳簿価額
　ハ　組織変更をする株式会社の株主に対して交付する組織変更後持分会社の持分以外の財産の帳簿価額（組織変更後持分会社の社債（自己社債を除く。）にあっては、当該社債に付すべき帳簿価額）のうち、株式会社が資本剰余金の額から減ずるべき額と定めた額
③ 利益剰余金の額：イに掲げる額からロに掲げる額を減じて得た額
　イ　組織変更の直前の株式会社の利益準備金の額及びその他利益剰余金の額の合計額
　ロ　組織変更をする株式会社の株主に対して交付する組織変更後持分会社の持分以外の財産の帳簿価額（組織変更後持分会社の社債（自己社債を除く。）にあっては、当該社債に付すべき帳簿価額）のうち、株式会社が利益剰余金の額から減ずるべき額と定めた額

なおこの結果、組織変更に際して社員に交付する持分以外の財産の価額については特に制限は設けられていないため、剰余金の額を超えて社員に財産が交付された場合には、別途資本金の減少手続がとられない限り、剰余金のマイナスとして取り扱われることとなります。
（郡谷　大輔　他　編著「論点解説　新会社法―千問の道標」653頁　商事法務参照）

Q XII 11 ■株式会社への組織変更

持分会社が株式会社に組織変更し、且つ種類株式を発行する場合の取扱いについて説明してください。

A 持分会社が株式会社に組織変更する場合、以下の(1)～(4)の手続をとる必要があります。

(1) 組織変更計画の作成（会法743、746）
(2) 総社員の同意（会法781①）
(3) 債権者保護手続（会法781②（779を準用））
(4) 組織変更の登記（会法920、930③）

持分会社から株式会社への組織変更において、組織変更後の株式会社を種類株式発行会社とする場合には、社員ごとに種類株式を発行することができることになります（会法746①五）。

また会社の計算上の取扱いは以下のとおりです。

まず、組織変更をすることを理由にその有する資産及び負債の帳簿価額を変更することはできないとされています（会計規7）。

また、組織変更はあくまで、会社がその同一性を維持しながらその組織を変更する手続であるため、組織変更を行う場合の資本金、剰余金の構成は、原則としてそのまま維持されますが、ただし持分会社と株式会社との計算の概念上の相違に基づき、組織変更後の株式会社の株主資本は以下のようになると定められています（会計規57）。

① 資本金の額：組織変更の直前の持分会社の資本金の額
② 資本剰余金の額：イに掲げる額からロに掲げる額を減じて得た額
　　イ　組織変更の直前の持分会社の資本剰余金の額
　　ロ　組織変更をする持分会社の社員に対して交付する組織変更後株式会社の株式以外の財産の帳簿価額（組織変更後株式会社の社債等（自己社債を除く。）にあっては、当該社債等に付すべき帳簿価額）のうち、組織変更をする持分会社が資本剰余金の額から減ずるべき額と定めた額
③ 利益準備金の額：零

④　その他利益剰余金の額：イに掲げる額からロに掲げる額を減じて得た額
　　イ　組織変更の直前の持分会社の利益剰余金の額
　　ロ　組織変更をする持分会社の社員に対して交付する組織変更後株式会社の株式以外の財産の帳簿価額（組織変更後株式会社の社債等（自己社債を除く。）にあっては、当該社債等に付すべき帳簿価額）のうち、組織変更をする持分会社がその他利益剰余金の額から減ずるべき額と定めた額

　なおこの結果、組織変更に際して株主に交付する株式以外の財産の価額については特に制限は設けられていないため、剰余金の額を超えて株主に財産が交付された場合には、別途資本金の減少手続がとられない限り、剰余金のマイナスとして取り扱われることとなります。

〔**参考** 経済産業省 「平成19年度税制改正について」より〕
種類株式の評価方法の明確化（相続税）

　会社法の下で活用の幅が広がった種類株式は、中小企業の事業承継においても活用が期待されているが、相続税法上の評価方法が不明確で活用が進まないとの指摘が有る。そこで、中小企業の事業承継において活用が期待される典型的な種類株式について、その評価方法を明確化する。

概要

　種類株式（以下三類型）の相続税法上の評価方法を、以下のとおり明確化する（国税庁より年度内公表予定）。

(1) 配当優先の無議決権株式

　普通株式と同様に評価することが原則（純資産価額方式の場合には配当優先の度合いに関わらず普通株式と同額評価）。ただし、相続時の納税者の選択により、相続人全体の相続税評価総額が不変という前提※で、議決権がない点を考慮し、無議決権株式について普通株式評価額から5％を評価減することも可能とする。

※無議決権株式の評価減分を議決権株式に加算

(2) 社債類似株式（一定期間後に償還される特定の無議決権＋配当優先株式）

　以下の条件を満たす社債に類似した特色を有する種類株式は、社債に準じた評価（発行価額と配当に基づく評価）を行う。

　①優先配当、②無議決権、③一定期間後に発行会社が発行価額で取得、④残余財産分配は発行価額を上限、⑤普通株式への転換権なし

［典型的活用方法（経営権集中と財産分配の両立）］
財産の大半が自社株式である中小オーナー経営者が、後継者に経営権を集中させたいが、複数の相続人がいる場合
→(1)又は(2)を発行し、無議決権株式を非後継者に相続、普通株式（議決権有）を後継者に相続

(3) 拒否権付株式

　拒否権付株式（普通株式＋拒否権）は、普通株式と同様に評価する。

> ［典型的活用方法］
> 中小オーナー経営者が、承継後の経営安定のため、一定期間は後継者の独断専行経営を防げる形にしておきたい場合
> →拒否権付株式を発行・保有し、後継者への権限委譲後一定期間は保有

＜改正の効果＞

　評価方法明確化により予測可能性が高まり、種類株式の活用が大いに促進され、事業承継の円滑化に資する。

XIII 特例有限会社

Q XIII 1 ■特例有限会社の概要

特例有限会社について説明してください。

A 会社法の施行により、有限会社という会社形態は廃止され、旧有限会社は株式会社に統合されました。従って、会社法施行日以後は有限会社を設立することはできません。つまり、旧有限会社は会社法施行日以後、整備法を根拠に株式会社として存続し、会社法の規定の適用を受けます（整法2①）。このような旧有限会社を「特例有限会社」といいます（整法3②）。旧有限会社には、次の3つの選択肢があります。

① 有限会社のままでいる（特例有限会社）
② 株式会社への移行（商号変更）
③ 持分会社への移行（組織変更）

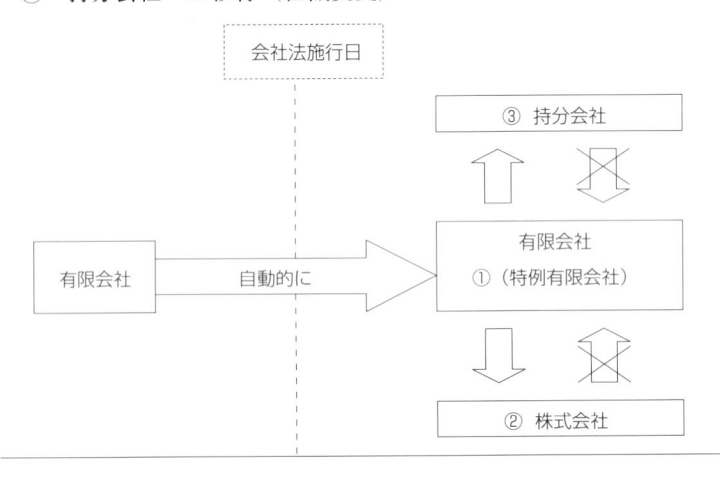

解説

1 有限会社のままでいる（特例有限会社として）

(1) 特例有限会社の定義と位置付け

　特例有限会社とは、会社法施行日に、有限会社であり、その商号中に「有限会社」という文字を用いている、会社をいいます（整法3②）。つまり、会社法施行日に旧有限会社法に基づく有限会社であった会社は、会社法の施行の日から、自動的に「特例有限会社」となり、通常、特例有限会社に移行するにあたり、定款変更や登記といった手続きは必要ありません（整法42）。特例有限会社といっても、会社法上の位置づけは株式会社ですから、原則、会社法の株式会社に関する規律の適用を受けることになります（整法2①）。ところが、会社法の株式会社に関する規定の中には、取締役の任期、決算公告義務など旧有限会社にとって負担となる規制があります。そこで、整備法は、このような事態を避け、会社法施行に伴い、旧有限会社に適用されていた規制よりも厳格な規制を受けることのないよう種々の規定を設けており、この適用を受けることができる旧有限会社を「特例有限会社」としています（整法2〜46）。

(2) 特例有限会社の定款・登記の取扱い

　会社法施行後、旧有限会社の定款は自動的に特例有限会社の定款とみなされます。

①　旧有限会社は自動的に特例有限会社に移行されます（整法2①②）。

有限会社法の取扱い		会社法の取扱い
有限会社の定款	→	特例有限会社の定款
有限会社の社員	→	特例有限会社の株主
有限会社の持分	→	特例有限会社の株式
有限会社の出資1口	→	特例有限会社の1株

②　特例有限会社の発行可能株式総数及び発行済株式の総数は、以下のとおりです（整法2③）。

$$\text{発行可能株式総数及び発行済株式の総数} = \frac{\text{有限会社の資本の総額}}{\text{有限会社の出資1口の金額}}$$

③　有限会社から特例有限会社に移行することによって、定款の記載内容も

以下のように読み替えられますので、定款変更は必要ないということになります（整法5）。また、読み替えられた有限会社の登記は、特例有限会社の登記とみなされますので、変更登記も必要ありません。

有限会社の定款の記載		特例有限会社の定款の記載
目的	→	目的
商号	→	商号
本店の所在地	→	本店の所在地
資本の総額	→	記載等なし

※ 「資本の総額」は定款に記載等をする必要がないというだけですから、会社法の施行と同時に、資本金の額自体がなくなるわけではなく、会社法施行の際に定款に記載されていた「資本の総額」が「資本金の額」となります。

出資一口の金額	→	記載等なし

※ 会社法の株式会社にはない概念ですから、実体法上、この概念はなくなります。

社員の氏名及び住所	→	記載等なし
各社員の出資の口数	→	記載等なし
一定の場合の公告の方法	→	会社の公告方法

　旧有限会社の定款に、議決権（旧有法39①ただし書）、利益の配当（旧有法44）、残余財産の分配（旧有法73）について別段の定めがある場合には、その別段の定めに係る持分は、特例有限会社のその別段の定めのある種類株式とみなされます（整法10）。この場合には、会社法施行の日から6か月以内に、発行する株式の内容、発行済株式の総数並びにその種類及び種類ごとの数についての登記をする必要があります（整法42）。

(3)　特例有限会社の機関設計

　特例有限会社の機関としては、株主総会と取締役を必ず設置しなければなりません。会社法が有限会社法を取り込む形で一本化されたため、会社法における株式会社の最もシンプルな機関設計も株主総会と取締役だけで、特例有限会社と同じ機関設計となります。しかし、特例有限会社の機関設計が株式会社の機関設計と同じになっても、株主総会の特別決議の要件は、特例有限会社の方がハードルが高くなっています（整法14③、会法309②）。このほか、任意に監

査役をおくことができます（会計監査に限られます）が、取締役会、会計参与、委員会、会計監査人、監査役会を設置することはできません（会法326①、整法17、24）。

　特例有限会社の取締役の選解任は、原則として株主総会の普通決議によります（会法329①、341）。また、取締役の任期に制限はありません（整法18）。

(4)　旧有限会社制度からの主な変更点

　①　社員数（出資者）の上限（50人）が撤廃されました。

　旧有限会社法では、社員数（出資者）の上限が50人でしたが（旧有法8①）、その上限がなくなり無制限になりました。

　②　社債・新株予約権（新株予約権付社債を含む）の発行が可能に。

　旧有限会社法では、社債・新株予約権の発行が認められていませんでした（旧有法59）。しかし、特例有限会社は、会社法の適用を受けるため、社債・新株予約権（新株予約権付社債を含む）の発行が可能となりました。

　③　合併、分割に際して存続会社や承継会社になることはできません。

　旧有限会社は、株式会社を新設会社とする新設分割はできませんでしたが、これ以外の、旧有限会社を設立する新設分割、他の旧有限会社又は株式会社との間の吸収分割はできました（旧有法63の2、63の7）。また、旧有限会社は、株式会社又は旧有限会社と合併することができました（旧有法59①）。この場合において、合併後存続する会社又は新設会社は、旧有限会社のみならず、株式会社とすることもできました。

　しかし、特例有限会社は、企業同士の合併や吸収・分割といった組織再編の場合に存続会社となることはできず、必ず消滅会社となります（整法37）。

(5)　特例有限会社と通常の株式会社との主な相違点

　①　有限会社の文字を商号として用いなければなりません。

　通常の株式会社への移行手続をするまでは、商号の中に株式会社という文字を使用することはできず、有限会社という文字を使用しなければなりません（整法3①）。

　②　株主総会以外の機関は監査役のみ。

　特例有限会社は、定款の定めがあれば、会計監査業務のみの監査役を設置することができます（整法24）。ただし、取締役会、会計参与（会法374）、監査

役会、会計監査人、委員会を設置することができません（整法17①②）。
　③　株主総会の特別決議要件が通常の株式会社より厳格となっています。
　④　企業再編の手段として、株式交換・株式移転といった方法を用いることができません（整法38）。
(6)　特例有限会社のままでいるメリット
　①　役員の任期が無制限に。

　会社法においては、取締役の任期は原則2年であり、株式譲渡制限会社は定款に定めることにより10年まで伸長でき、監査役の任期は原則4年であり、株式譲渡制限会社は定款に定めることにより10年まで伸長ができます。この取締役・監査役の任期に関する規定が特例有限会社については適用されませんので、特例有限会社の取締役・監査役の任期は無制限となります（整法18、会法332、336）。

　②　決算公告が不要に。

　株式会社では定時株主総会の終了後遅滞なく計算書類の公告を行う必要があります（会法440）。しかし、特例有限会社では計算書類を公告する必要はありません（整法28）。

　③　休眠会社のみなし解散の適用除外に。

　株式会社では、最後の登記の日から12年を経過した場合、一定の手続の後、解散したものとみなされます（会法472）。しかし、特例有限会社には休眠会社の規定は適用されませんので、登記を放置しておいても解散とはみなされません（整法32）。

　④　大会社であっても会計監査人による監査が不要に。

　特例有限会社は会計監査の義務付けはありません（整法17、会法326②、328②）。

(7)　特例有限会社のままでいるデメリット
　①　合併、分割に際して存続会社や承継会社になることはできません（整法37）。

　特例有限会社同士、又は特例有限会社を存続会社及び事業承継会社とする吸収合併及び吸収分割はできません。

　②　特例有限会社のままでは株式交換や株式移転ができません（整法38）。

株式交換や株式移転を活用した組織再編を行うには、特例有限会社を株式会社に商号変更する必要があります。

③　柔軟な機関設計ができません

特例有限会社の機関設計は、取締役と株主総会だけです（任意に監査役が設置可）。

④　特別決議の要件が厳しい（整法14③）。

総株主の半数以上（これを上回る割合を定款で定めた場合にあっては、その割合以上）であって、その株主の議決権の4分の3以上の多数で決議するというものです。

結果として、定款変更や合併などの決議は、株式会社と比較して困難となります。

⑤　株式の譲渡制限があります（整法9①②）。

旧有限会社と同様、株主間の譲渡は自由ですが、株主以外の者への譲渡は、株主総会の決議が必要となります。また、株式の譲渡に際し、これと異なる定めはできません。

2　特例有限会社から株式会社への移行

(1)　手続

特例有限会社が会社法の下で通常の株式会社に移行するためには以下①②の手続が必要となります。

①　株主総会決議

特例有限会社の商号を「株式会社」という文字を用いた商号に変更する旨の株主総会決議をします（整法45①）。

②　登記

そして、①の定款変更の決議から、本店の所在地においては2週間以内、支店の所在地においては3週間以内に、特例有限会社の解散の登記、商号変更後の株式会社についての設立の登記をします（整法45②46）。なお、いったん、株式会社へ移行した場合、特例有限会社に戻ることはできません（整法3③④）。

(2)　既存の役員の任期

特例有限会社の取締役の任期については、会社法の任期に関する規律（会法

332）を適用しない旨の規定が設けられています（整法18）。これに対し、特例有限会社が株式会社に商号変更した場合の取締役の任期については、特段の規定が設けられていません。この場合、商号変更前に選任された取締役の任期については、会社法上の取締役の任期に関する規律が適用されます。結果、特例有限会社の取締役のうち、その選任後の期間が通常の株式会社の取締役の任期の範囲内である者は、商号変更によってその任期が満了することはありませんが、選任後の期間がすでに会社法上の取締役の任期を経過している者は、商号変更と同時に任期が満了することになります（ただし商号変更が、従前の取締役の任期を遡及的に満了させるわけではありません）。

　（例）　選任後1年経過→商号変更後、更に1年間任期が継続
　　　　　選任後15年経過→商号変更と同時に任期が満了
　　　　　選任後6年経過→商号変更とともに取締役の任期を10年に延長する定款変更が行われたときは、その商号変更後、更に4年間任期継続

3　持分会社への移行（組織変更）

　→XIV-1　解説の2(4)を参照。

Q XIII 2 ■特例有限会社の組織再編

特例有限会社の組織再編について説明してください。

A 特例有限会社は、吸収合併における存続会社、吸収分割における承継会社になることはできません（整法37）。また、株式交換・株式移転を行うことができません（整法38）。

解説

1 旧有限会社（旧法）における会社分割・合併の取扱い

会社分割	分割会社	新設会社（新設分割）	承継会社（吸収分割）
	旧有限会社	○旧有限会社	○旧有限会社
		×株式会社	○株式会社

旧有限会社は、株式会社を新設会社とする新設分割はできませんでしたが、これ以外の、旧有限会社を設立する新設分割、他の旧有限会社又は株式会社との間の吸収分割はできました（旧有法63の2、63の7）。

合併	消滅会社	新設会社（新設合併）	存続会社（吸収合併）
	旧有限会社	○旧有限会社	○旧有限会社
		○株式会社	○株式会社

また、旧有限会社は、株式会社又は旧有限会社と合併することができました（旧有法59①）。この場合において、合併後存続する会社又は新設会社は、旧有限会社のみならず、株式会社とすることもできました。

2 特例有限会社における会社分割・合併の取扱い

会社分割	分割会社	新設会社（新設分割）	承継会社（吸収分割）
	特例有限会社	×特例有限会社	×特例有限会社
		○特例有限会社以外の会社	○特例有限会社以外の会社

合併	消滅会社	新設会社（新設合併）	存続会社（吸収合併）
	特例有限会社	×特例有限会社	×特例有限会社
		○特例有限会社以外の会社	○特例有限会社以外の会社

特例有限会社は、会社法の規定による株式会社です（整法2①）が、吸収合

XIII 特例有限会社

併における存続会社若しくは吸収分割における承継会社となることはできません（整法37）。しかし、旧有限会社法では、このような制限はありませんでした（旧有法59①、63の7①）。また、特例有限会社は、株式交換・株式移転をすることもできません（整法38）。この点は、旧有限会社法においても同様でした。

つまり、特例有限会社は、特例有限会社が吸収合併消滅会社（会法749①）又は新設合併消滅会社（会法753①）となり、特例有限会社以外の会社、つまり新会社法に規定する株式会社又は持分会社が、吸収合併存続会社（会法749）又は新設合併設立会社（会法753）となる吸収合併又は新設合併はできます。また、特例有限会社が吸収分割会社（会法758①）又は新設分割会社（会法763⑤）となり、特例有限会社以外の会社、つまり新会社法に規定する株式会社又は持分会社が、吸収分割承継会社（会法757）又は新設分割設立会社（会法763）となる吸収分割又は新設分割はできます。

特例有限会社同士の会社分割・合併については、ともに分割会社又は消滅会社となりますので、特例有限会社同士のままでは、会社分割・合併は不可能ということになります。

特例有限会社自身は、吸収合併によって他の会社を消滅させ、当該他の会社の権利義務の全部を承継すること、吸収分割によって他の会社の事業に関する権利義務を承継することはできません。また、株式交換・株式移転によって、他の会社を完全子会社化することもできません。

よって、特例有限会社のままでは、組織再編行為を利用した買収行為が不自由であり、今後積極的に事業を拡張させたい場合には不都合と思われます。

【参考条文】

（整備法）

> 第37条　特例有限会社は、会社法第749条第1項に規定する吸収合併存続会社又は同法第757条に規定する吸収分割承継会社となることができない。
> 第38条　特例有限会社については、会社法第5編第4章並びに第5章中株式交換及び株式移転の手続に係る部分の規定は、適用しない。

(旧有限会社法)

> 第59条　有限会社は、他の有限会社又は株式会社と合併することができる。この場合に合併後存続する会社又は合併によって新設する会社は、有限会社又は株式会社でなければならない。
> 第63条の2　有限会社は、その営業の全部又は一部を、分割によって新たに設立する有限会社に受け継がせること（新設分割）ができる。
> 第63条の7　ある有限会社と他の有限会社や株式会社は、その一方の営業の全部又は一部を他方に受け継がせること（吸収分割）ができる。

Q XIII 3 ■特例有限会社の株式

特例有限会社の株式における税制上の措置について説明してください。

A 特例有限会社の「出資」は「株式」とみなされます（整法2②）ので、これにより、「みなし配当課税の不適用特例」（措法9の7）の適用が可能となります。

解説

会社法改正により、旧有限会社の「出資」は、特例有限会社の「株式」とみなされます。結果、相続で取得した有限会社の「出資」を同社に買い取ってもらうような場合には、これまで有限会社の出資買取りには認められていなかった「みなし配当課税の不適用特例」（以下「不適用特例」）（措法9の7）の適用が可能となります。同時に、取得費加算の特例（措法39）の適用も可能となります。

また、相続税の物納制度の対象財産となります。しかし、この場合株式会社へ商号変更し、同時に譲渡制限規定を廃止する必要があります。

1 会社法施行前

非上場株式を相続した株主の過重な税負担を軽減するために、特例として、相続開始の日から3年以内に、相続により取得した株式を発行会社に買い取ってもらった場合には「みなし配当課税（総合課税　所得税・住民税率最高50％）」は行わず、所得税15％と住民税5％の株式譲渡所得課税を適用することが認められていました。

しかし、「不適用特例」の対象は「上場会社等以外の株式会社の発行した株式」を譲渡した場合に限られており、有限会社が発行している出資持分については、株式と異なることから適用対象外とされていました。つまり、出資持分を相続し発行会社に譲渡した場合には、資本等の金額を超える部分については、みなし配当とされ最高で50％の税率が課税されていました※（所法25）。

```
譲渡価格－｛資本等の金額（資本金＋資本準備金）×持分比率｝＝みなし配当
みなし配当に対する税金＝みなし配当×税率（総合課税、最高50％※）
資本等の金額－取得価格＝譲渡益
譲渡益に対する税金＝譲渡益×20％
```

※ 50％は配当控除があるため最大43.6％

2 会社法施行後

　会社法施行後、従来の有限会社は、特例有限会社とされ、出資持分は、自動的に「株式」とみなされることから、租税特別措置法上で規定する「上場株式等以外の株式会社の発行した株式」に該当し、商号変更することなく、「不適用特例」の適用を受けることが可能となりました。ただし、この取扱いは、会社法施行日である平成18年5月1日以後に相続したものから対象となりますので注意が必要です。同時に、相続財産を譲渡した場合の取得費加算特例（措法39）についても、適用可能となります。

```
譲渡価格－｛取得価格＋相続税額×譲渡株式比率（取得費加算）｝＝譲渡益
譲渡益に対する税金＝譲渡益×20％
```

【相続税がある相続人が相続取得した非上場株式を自社に売却した場合の課税関係】

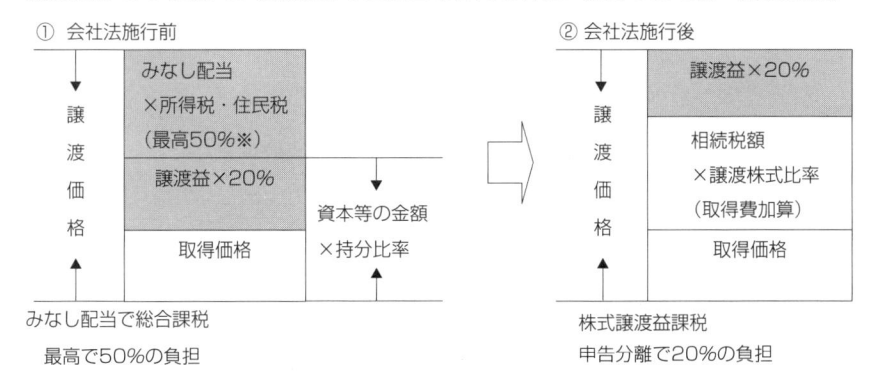

① 会社法施行前

譲渡価格	みなし配当×所得税・住民税（最高50％※）
	譲渡益×20％
	取得価格
	資本等の金額×持分比率

みなし配当で総合課税
最高で50％の負担

② 会社法施行後

譲渡価格	譲渡益×20％
	相続税額×譲渡株式比率（取得費加算）
	取得価格

株式譲渡益課税
申告分離で20％の負担

※50％は配当控除があるため最大43.6％

3 平成18年度税制改正で非上場株式の物納要件が緩和

　平成18年度税制改正で非上場株式の物納要件が緩和され、譲渡制限のない取引相場のない株式は、業績等を問わず、物納が認められるようになりました。

　そこで、特例有限会社の株式も、相続税の物納の対象財産となるように判断されがちです。しかし、特例有限会社の株式は、物納不適格財産である譲渡制

限株式(整法9)であり、この譲渡制限株式以外の定款変更は認められていません。特例有限会社は、株式会社へ商号変更し、それと同時に譲渡制限規定を廃止すれば、物納申請ができますのでこの点、留意しなければいけないと思われます。

Q XIII 4 ■特例有限会社の資本

特例有限会社の資本について説明してください。

A 特例有限会社の資本金については、会社法施行日（平成18年5月1日）における資本の総額を出資一口の金額で除して得た数が、発行済株式の総数とされ（整法2③）、旧有限会社に規定されていた資本の総額及び出資一口の金額についての定めは、会社法施行日以後は定款に当該定めがないものとして取り扱うとされています（整法5①）。これにより、旧有限会社の設立時に要求されていた「資本の総額＝出資総額」の概念はなくなりました。

会社法では、資本金の額を定款に記載する必要はありませんが、現に存在する資本金についてはそのまま引き継ぐことになりますので、登記上「資本の総額」が「資本金の額」とみなされます（整法42①）。旧有限会社では、資本の総額が定款記載事項となっていましたが（旧有法6①三）、特例有限会社では、定款の記載事項ではなくなりましたので、定款変更を伴わず資本金の額を変更することができます。

解説

1 資本金の額

(1) 旧有限会社の資本金

旧有限会社においては、資本の総額及び出資一口の金額がともに定款記載事項とされていました（旧有法6①三、四）。また、最低資本金の制度があり、その金額は300万円とされていました（旧有法9）。旧有限会社は設立に際して、資本金の額と出資総額との一致が要求されていましたので、資本金の金額は出資一口の金額に出資口数を乗じた金額となっていました。資本の総額が定款記載事項とされていたため、資本の増加・減少には、定款変更が必要でした。

(2) 特例有限会社の資本金

特例有限会社については、会社法の施行日における資本総額を出資一口の金

額で除して得た額が発行済株式の総数（かつ、発行可能株式総数）とされます（整法2③）。また、旧有限会社の定款に規定されていた資本の総額及び出資一口の金額についての定めは、会社法施行日以後は定款に当該定めがないものとして取り扱うとされています（整法5①）。

```
資本金300万円、出資一口の金額5万円の旧有限会社
              ↓
    発行済株式の総数60株の株式会社
```

つまり、特例有限会社については、出資総額の概念がなくなり、資本総額と出資総額の関係も切り離されました。かつ、資本の総額は定款記載事項ではなくなりましたので、定款変更をせず、資本の増加・減少が可能となりました。

2　準備金の額

(1)　旧有限会社の準備金

旧有限会社については、出資一口の金額のうち資本金に組み入れない額という概念は存在しませんでした（旧商法288ノ2①一）。従って、組織再編をする場合を除き、出資一口の金額を超えて出資を行った場合のみ資本準備金が発生していました（旧有法46①）。また、配当を行う場合には、利益準備金が発生していました（旧有法46、旧商法288）。

(2)　特例有限会社の準備金

特例有限会社が行う株式の発行に際して株主となる者が特例有限会社に対し、払込又は給付をした財産額のうち、2分の1を超えない額は資本金としないことができ、その額は資本準備金として計上しなければなりません（会法445②③）。

特例有限会社が剰余金の配当をする場合には、法務省令（会計規45）で定めるところにより、当該剰余金の配当により減少する剰余金の額の10分の1を乗じて得た額を、資本準備金又は利益準備金に計上しなければなりません（会法445④）。

3　資本の増加

(1)　旧有限会社の資本の増加

旧有限会社の場合、資本総額と出資総額が一致することと解されていましたので、資本金の額の増加に当たって出資口数若しくは出資一口の金額又は両方

を増加させる必要があり、これを基準として増加する資本金の額が定まっていました。旧有限会社の資本の増加は、定款記載事項のため定款変更が必要でしたので、出資口数増加による資本の増加は、社員総会の特別決議が必要でした（旧有法49）。これは、株主総会における特別決議より厳格でした（旧有法48）。出資一口の金額の増加による資本の増加は、社員有限責任の原則から、総社員の同意が必要でした。また、旧有限会社には、配当可能利益、法定準備金の資本組入れに関する規定はありませんでした。

(2) 特例有限会社の資本の増加

　特例有限会社の資本金は、会社法の施行日において旧有限会社の資本金の額が増減することなく引き継がれますので、その後は、原則、株式の発行に際して株主となる者が特例有限会社に対して払い込み又は給付をした財産の額だけ増加することとなります（会法445①）。特例有限会社は、株主総会の普通決議（会法309①）により、剰余金の額（利益準備金は不可）を減少して、資本金の額を増加することができます（会法450、会計規48）。

4　資本の減少

(1) 旧有限会社の資本の減少

　旧有限会社が減資を行う場合は、社員総会の特別決議が必要であり、原則として出資一口の金額の減少又は出資口数の減少（出資持分の併合又は消却）による方法がとられていました。また、資本の減少に伴い、旧有限会社の社員に対して払い戻しを行うことが可能とされていました（旧有法58）。

(2) 特例有限会社の資本の減少

　特例有限会社が、資本金の額を減少する場合においては、株主総会の特別決議により（会法309②九、整法14③）、減少する資本金の額、減少する資本金の額の全部又は一部を準備金とするときは、その旨及び準備金とする額、資本金の額の減少がその効力を生ずる日を定めなければなりません。設立時の最低資本金の規制が廃止になりましたので、資本金の額の減少に限度はありません（会法447）。また、特例有限会社が株主に対して払い戻しを行う場合は、資本金の額の減少手続に加え、剰余金の配当手続が必要になりました（会法453以下）。

XIV 組織変更

Q XIV-1 ■組織変更の手続

株式会社から持分会社(合名・合資・合同)への組織変更はできますか。また、その逆はどうですか。

A

旧商法は、物的会社である株式会社と人的会社である合名会社間及び合資会社間の組織変更は認めていませんでした。しかし、会社法は、株式会社から持分会社(合名会社・合資会社・合同会社)への組織変更、持分会社から株式会社への組織変更を認めています(会法743、2二十六)。なお、持分会社間での会社の種類の変更をする場合には、組織変更の手続ではなく、定款変更による持分会社の「種類の変更」の手続をすることになります(会法638)。

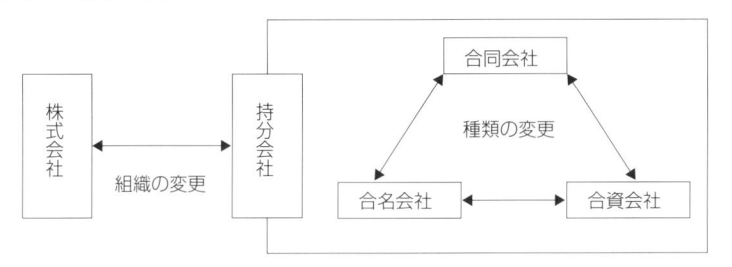

```
┌─────┐      ┌─────┐            ┌──合同会社──┐
│株式会社│ ←→ │持分会社│         種類の変更
└─────┘      └─────┘         合名会社 ←→ 合資会社
         組織の変更
```

解説

組織変更とは、持分会社が株式会社に、又はその逆になることで、持分会社内の変更(合資会社→合同会社など)を含みません(会法743、2二十六)。

また、組織変更の規定は、合併、会社分割、株式交換及び株式移転と同一の会社法第五編に規定され、常に債権者保護手続が必要になりました。

組織変更は、会社がその同一性を維持しながら、その組織を変更する手続ですから、債務超過状態でも組織変更は可能であり、資本金の額も原則としてそのまま維持されます(会計規56、57)。

1 組織変更に関する改正

会社法においては、旧商法で認めていなかった株式会社と合名会社間、及び株式会社と合資会社間の組織変更を認めています。それは、一人会社の設立・存続（会法641）や法人が無限責任社員になることを認める（会法576①、598①）など、合名・合資会社の使い勝手がよくなることにより、合同会社も含め、合名・合資会社の利用が多く見込まれると考えられるからです。

また、合同会社と株式会社との間の組織変更を認めているのは、設立当時は小規模であるため合同会社という会社類型を選択したとしても、その後の会社の成長等の実情に合わせて株式会社に組織変更することが認められるべきと考えられるからです。

2 組織変更手続

(1) 株式会社から持分会社への組織変更

株式会社が持分会社へ組織変更をしようとする場合には、以下の①から⑧の手続が必要です。

① 組織変更計画の作成（会法743、744）
② 組織変更に関する書面等の備置き及び閲覧等（会法775）
③ 総株主の同意（会法776①）
④ 登録株主質権者及び登録新株予約権質権者への通知又は公告（会法776②③）
⑤ 新株予約権買取請求（会法777、778）
⑥ 債権者保護手続（会法779）
・「官報＋定款紙」又は「官報＋電子公告」で個別催告は省略可（会法779③）。
⑦ 株券等提出公告手続（会法219、293）
⑧ 組織変更の登記（会法920、930③）
・組織変更前の会社については解散の登記
・組織変更後の会社については設立の登記

(2) 持分会社から株式会社への組織変更

持分会社が株式会社に組織変更をしようとする場合には、以下の①～④の手続が必要です。

① 組織変更計画の作成（会法743、746）
② 総社員の同意（会法781①）
③ 債権者保護手続（会法781②、779）
・合同会社に限り「官報＋定款紙」又は「官報＋電子公告」で催告は省略可
・合名・合資会社は催告の省略は不可（会法781②、779③）
④ 組織変更の登記（会法920、930③）

(3) 持分会社間での会社の「種類の変更」

　持分会社間での会社の種類の変更をする場合（例えば、合資会社から合同会社へ変更する場合）には、組織変更の手続ではなく、定款変更による持分会社の種類の変更の手続をすることになります（会法638）。また、持分会社の種類の変更登記は、種類変更前の持分会社については解散の登記をし、種類の変更後の持分会社については設立の登記をしなければなりません（会法919）。

(4) 特例有限会社から持分会社への組織変更

　特例有限会社は、持分会社へ直接組織変更することができます。しかし、その逆の持分会社が特例有限会社へ組織変更することはできません。

　特例有限会社は、会社法の規定による株式会社として存続するものであり（整法2①）、会社法の組織変更に関する規定が直接適用されることから、通常の株式会社への移行手続（整法45、46）を経ることなく、持分会社へ直接組織変更をすることができます。

Q XIV 2 ■組織変更後持分会社の社員資本及び組織変更後株式会社の株主資本

組織変更における組織変更後持分会社の社員資本及び組織変更後株式会社の株主資本について説明してください。

A 株式会社が持分会社に組織変更する場合の組織変更後持分会社の社員資本及び持分会社が株式会社に組織変更する場合の組織変更後株式会社の株主資本は、原則として、組織変更前の株式会社の株主資本及び組織変更前持分会社の社員資本の構成がそのまま維持され、組織変更を理由とした資本構成の変更は認められません（会計規56、57）。

会社法は、株式会社と持分会社との組織変更において、資産及び負債の評価替えを禁止しているため（会計規7）、資本金等の額についても変更しないこととしています。しかし、持分会社には準備金（資本準備金・利益準備金）及び自己株式（持分）という概念がありませんので、株式会社が持分会社に組織変更する場合には、その調整が必要となります。そのため株式会社における資本準備金及びその他の資本剰余金は、組織変更後の持分会社の資本剰余金となり、株式会社が有する自己株式の帳簿価格は、組織変更後の持分会社の資本剰余金の額から控除されることとなります。

解説

1 株式会社・持分会社に係る純資産の部の表示

株式会社・持分会社に係る純資産の部の表示については、会社計算規則により次ページ表のように区分して表示されます（会計規105①三、108）。

会計計算規則によると、持分会社の貸借対照表における純資産の部の表示は、「Ⅰ 社員資本、Ⅱ 評価・換算差額等」に区分しなければなりません（会計規108①三）。また、株式会社においては、「Ⅰ 株主資本、Ⅱ 評価・換算差額等、Ⅲ 新株予約権」に区分しなければなりません（会計規108①一）。持分会社においては、新株予約権制度の規定はありませんので、純資産の部での表示は必要ありません。

持分会社における社員資本に係る項目は、「1、資本金、2、出資金申込証拠金、3、資本剰余金、4、利益剰余金」に区分しなければなりません（会計

規108③)。株式会社においては、自己株式及び自己株式申込証拠金の区分が設けられています（会計規108②五、六）が、持分会社では自己株式（自己持分）の取得は禁止されていますので自己持分等の区分は設けられていません（会法587②)。

会社計算規則は株式会社の貸借対照表の資本剰余金に係る項目について、(1)資本準備金と(2)その他資本剰余金の区分を規定し、利益剰余金に係る項目について、(1)利益準備金と(2)その他利益剰余金の区分を規定しています（会法108④⑤)。持分会社の資本剰余金・利益剰余金においては、準備金（資本準備金・利益準備金）制度が設けられていないため、各剰余金において（資本・利益）準備金とその他（資本・利益）剰余金を区分することはありません。

持分会社における純資産の部（あるいは社員資本）の表示は、株式会社に比べ、シンプルですが、持分会社においては、定款自治（社員自治）・組合的規律により損益の分配が行われ、持分会社と社員の間で利益の配当・出資の払戻し・持分の払戻しが行われることになりますので、各社員ごとの資本金・資本剰余金・利益剰余金の管理が持分会社の適切な運営上必要不可欠となります。

[株式会社]
```
純資産の部
  Ⅰ　株主資本
    1　資本金
    2　新株式申込証拠金
    3　資本剰余金
      (1)　資本準備金
      (2)　その他資本剰余金
                  資本剰余金合計
    4　利益剰余金
      (1)　利益準備金
      (2)　その他利益剰余金
          ××積立金
          繰越利益剰余金
                  利益剰余金合計
    5　自己株式
    6　自己株式申込証拠金
                  株主資本合計
  Ⅱ　評価・換算差額等
    1　その他有価証券評価差額金
    2　繰延ヘッジ損益
    3　土地再評価差額金
              評価・換算差額等合計
  Ⅲ　新株予約権
                  純資産合計
```

[持分会社]
```
純資産の部
  Ⅰ　社員資本
    1　資本金
    2　出資金申込証拠金
    3　資本剰余金
    4　利益剰余金
  Ⅱ　評価・換算差額等
    1　その他有価証券評価差額金
    2　繰延ヘッジ損益
    3　土地再評価差額金
```

2　組織変更後持分会社の社員資本（株式会社→持分会社に組織変更）

株式会社が持分会社に組織変更する場合には、組織変更後持分会社の社員資本は次のとおりです（会計規56）。

① 資本金の額は、組織変更直前の株式会社の資本金の額を引き継ぐことになります（会計規56①一）。

資本金の額は、組織変更直前の株式会社の資本金の額となります。仮に、純資産額が資本金の額に満たない場合、いわゆる欠損金が存ずる場合や債務超過である場合でも、資本金を変更することはできません。

② 資本剰余金の額は、以下のとおりです（会計規56①二）。

| 組織変更直前の株式会社の資本準備金の額及びその他資本剰余金の額の合計額 | − | 組織変更をする株式会社が有する自己株式の帳簿価額 | ＋ | 組織変更をする株式会社の株主に対して交付する組織変更後持分会社の持分以外の財産の帳簿価額※のうち株式会社が資本剰余金の額から減ずるべき額と定めた額 |

　※　組織変更後持分会社の社債（自己社債を除く）にあっては、当該社債に付すべき帳簿価額

持分会社には、資本準備金は存在しませんので、株式会社が資本準備金としていた額は、全額、資本剰余金となります（会計規56①二イ）。

組織変更をする株式会社が有する自己株式は、組織変更により消滅することとなるため、自己株式の帳簿価額が０となるとともに、当該自己株式の帳簿価額相当分は、株式の消却と同様にその他資本剰余金から減額されることとなります（会計規56①二ロ）。

組織変更において、組織変更をする株式会社の株主に対して財産（組織変更後の持分会社の持分を除く）を交付する場合、その財産の帳簿価額相当分は資本剰余金から減額されることとなります（会計規56①二ハ）。

③ 利益剰余金の額は、以下のとおりです（会計規56①三）。

| 組織変更直前の株式会社の利益準備金の額及びその他利益剰余金の額の合計額 | − | 組織変更をする株式会社の株主に対して交付する組織変更後持分会社の持分以外の財産の帳簿価額※のうち株式会社が利益剰余金の額から減ずるべき額と定めた額 |

　※　組織変更後持分会社の社債（自己社債を除く）にあっては、当該社債に付すべき帳簿価額

持分会社には、利益準備金は存在しませんので、株式会社が利益準備金とし

ていた額は、全額、利益剰余金となります（会計規56①三イ）。

組織変更において、組織変更をする株式会社の株主に対して財産（組織変更後の持分会社の持分を除く）を交付する場合、その財産の帳簿価格相当分は利益剰余金から減額されることとなります（会計規56①三ロ）。

④　組織変更をする株式会社が新株予約権を発行していた場合は、組織変更において、新株予約権がすべて消滅するため、新株予約権の帳簿価格は0となります（会計規87④二）。

3　組織変更後株式会社の株主資本（持分会社→株式会社に組織変更）

(1)　持分会社が株式会社に組織変更する場合には、組織変更後株式会社の株主資本は次のとおりです（会計規57）。

①　資本金の額は、組織変更直前の持分会社の資本金の額を引き継ぐことになります（会計規57①一）。

資本金の額は、組織変更の直前の持分会社の資本金の額となります。

②　資本準備金・利益準備金の額は、0です（会計規57①二、四）。

持分会社が株式会社に組織変更する場合には、新たに準備金の区分が生じますが、持分会社においては、資本準備金も利益準備金も存在しません。そこで、持分会社から株式会社への組織変更では、資本準備金及び利益準備金の額は0となります。もっとも、会社法第451条の規定により、組織変更の効力が発生した時にその他資本剰余金・その他利益剰余金の全部又は一部を資本準備金・利益準備金とすることは差し支えありません。

③　その他の資本剰余金・その他の利益剰余金の額は、以下のとおりです（会計規57①三、五）。

| 組織変更の直前の持分会社の資本剰余金・利益剰余金の額 | − | 組織変更をする持分会社の社員に対して交付する組織変更後株式会社の株式以外の財産の帳簿価格※のうち組織変更をする持分会社が資本剰余金・その他利益剰余金の額から減ずるべき額と定めた額 |

　　　　　　　　※　組織変更後株式会社の社債等（自己社債を除く）にあっては、当該社債等に付すべき帳簿価額

持分会社の資本剰余金の額・利益剰余金の額は、金銭その他の組織変更後株式会社の株式以外の財産を交付した場合を除き、そのままの金額が、組織変更後株式会社のその他資本剰余金の額・その他利益剰余金の額になります（会計規57①三、五）。しかし、組織変更をする持分会社の社員に対して、金銭その

他の組織変更後株式会社の株式以外の財産を交付したときは、その組織変更後株式会社のその他資本剰余金の額又はその他利益剰余金の額からその交付する資産の帳簿価額を減額することになります（会計規57①三ロ、五ロ）。

(2) 持分会社の出資請求権

　会社計算規則第9条は、持分会社が組織変更をする場合において、当該持分会社が当該組織変更の直前に持分会社が社員に対して出資の履行をすべきことを請求する権利に係る債権を資産として計上しているときは、当該組織変更の直前に、当該持分会社は、当該債権を資産として計上しないものとみなすと、規定しています。

① 合同会社が株式会社に組織変更する場合

　合同会社が会社計算規則第9条1項の規定により資産として計上している出資履行請求権を資産として計上しないことと定めたとみなされる場合は、当該債権につき資本金及び資本剰余金に計上されていた額はすべて資本剰余金から減額されることになります（会計規54②五）。

② 合名会社・合資会社が株式会社に組織変更する場合

　合名会社・合資会社が会社計算規則第9条第1項の規定により資産として計上している出資履行請求権を資産として計上しないことと定めたとみなされる場合には、当該債権につき資本金に計上されていた額はすべて資本金から減額されることなり、当該債権につき資本剰余金に計上されていた額はすべて資本剰余金から減額されることとなります（会計規53②三、54②四）。

Q XIV-3 ■組織変更における税務上の取扱い

組織変更における税務上の取扱いについて説明してください。

A 組織変更をする際、組織変更をする会社の株主又は社員に対し、株式又は出資に代えて金銭等を交付することができます（会法744①五、746①七）。

1 株式会社→持分会社

株式会社から持分会社へ組織変更をする際、組織変更をする株式会社の株主に対して、組織変更後持分会社の出資以外の金銭その他の資産を交付した場合、その株主において、みなし配当課税（法法24①六）及び有価証券の譲渡損益課税（法法61の2①⑩）が行われます。

2 持分会社→株式会社

持分会社から株式会社へ組織変更をする際、組織変更をする持分会社の社員に対して、組織変更後株式会社の株式以外の金銭その他の資産を交付した場合、その社員において、みなし配当課税（法法24①六）及び有価証券の譲渡損益課税（法法61の2①⑩）が行われます。

3 出資又は株式のみの交付を受けた場合

旧株の譲渡対価及び新株（出資又は株式）の取得価額は、旧株の帳簿価額とします（法法61の2⑩、法令119①十三）。

```
        ┌─────────┐  組織の変更  ┌─────────┐
        │ 株式会社 │←──────→│ 持分会社 │
        └─────────┘            └─────────┘
              ↓
   ┌──────────────────────────┐
   │ 株式又は出資以外の金銭等の交付 │
   └──────────────────────────┘
       ↓                    ↓
    ┌────┐              ┌────┐
    │ なし │              │ あり │
    └────┘              └────┘
```

なし側	組織変更法人の株主又は社員の取扱い	あり側
みなし配当課税なし 有価証券の譲渡損益課税なし		みなし配当課税あり 有価証券の譲渡損益課税あり
資本金等の額及び利益積立金額の変動なし	組織変更法人の取扱い	資本金等の額及び利益積立金額の減少

資本金等の減少額＝譲渡対価の額
利益積立金額の減少額＝みなし配当額

解説

1　株式会社→持分会社

(1)　組織変更後持分会社の出資のみが交付される場合

　株式会社から持分会社へ組織変更をする際、組織変更をする株式会社の株主に対して、組織変更後持分会社の出資のみが交付される場合は、みなし配当課税及び有価証券の譲渡損益課税は生じないことから、組織変更を行う株式会社における資本金等の額及び利益積立金額の変動はないこととされています（法令8①一ト）。

　組織変更に際し、組織変更をする株式会社の株主に対して交付された出資の取得価額は組織変更直前の帳簿価額に相当する金額とされます。ただし、その株式の交付を受けるために要した費用の額がある場合には、その費用をその取得価額に加算します（法法61の2⑩、法令119①十三）。

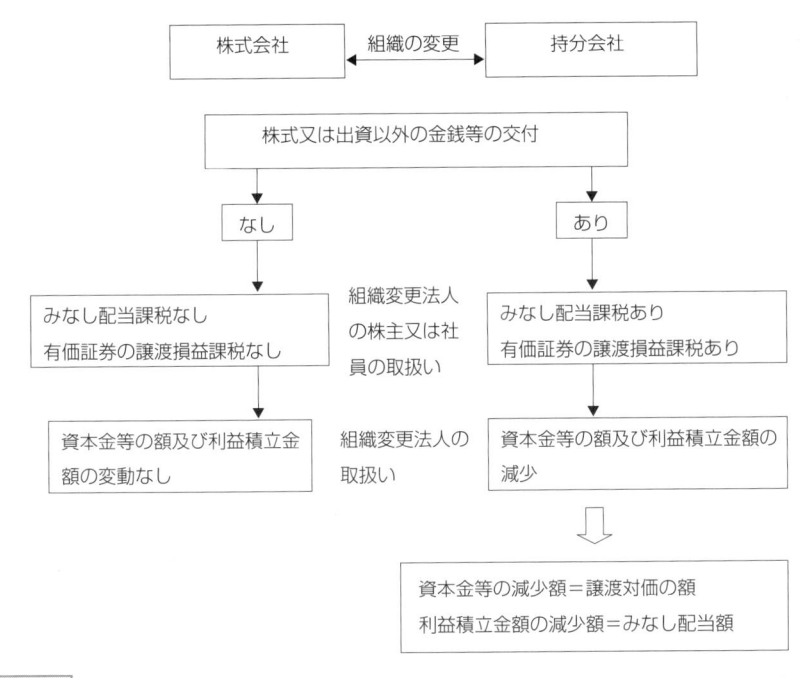

(2) 組織変更後持分会社の出資以外の金銭その他の資産が交付される場合
① 組織変更を行う株式会社における取扱い

　株式会社から持分会社へ組織変更をする際、組織変更をする株式会社の株主に対して、組織変更後持分会社の出資以外の金銭その他の資産が交付される場合は、次のそれぞれの金額について、組織変更をする会社の資本金等の額及び利益積立金額が減少します。

　イ　減少する資本金等の額（法令8①二十イ）

　組織変更する法人への株式の譲渡に係る株式の数又は出資の金額

$$\text{減少する資本金等の額} = \text{取得資本金額} = \text{組織変更する法人の組織変更直前の資本金等の額} \times \frac{\text{組織変更する法人への株式の譲渡に係る株式の数又は出資の金額}}{\text{組織変更直前の発行済株式又は出資（自己の株式又は出資を除く）の総数又は出資の総額}}$$

　ロ　減少する利益積立金額（法令9①八）

$$\text{減少する利益積立金額} = \text{交付した金銭等の合計額が上記の取得資本金額を超える場合におけるその超える部分の金額}$$

② 組織変更を行う株式会社の株主における取扱い

　イ　みなし配当課税

　株式会社から持分会社へ組織変更をする際、組織変更をする株式会社の株主に対して、組織変更後持分会社の出資以外の金銭その他の資産を交付した場合、その株主について、みなし配当課税が行われ、この場合のみなし配当の額は、次のとおりです（法法24①六、所法25①六）。

$$\text{みなし配当の額} = \text{交付を受けた金銭等の合計額} - \left(\text{組織変更法人の組織変更直前の資本金等の額又は連結個別資本金等の額} \times \frac{\text{組織変更直前に有していた組織変更法人の組織変更に係る株式の数}}{\text{組織変更直前の発行済株式等の総数}}\right)$$

　ロ　有価証券の譲渡損益課税

　株式会社から持分会社へ組織変更をする際、組織変更をする株式会社の株主に対して、組織変更後持分会社の出資以外の金銭その他の資産を交付した場合、その株主について、有価証券の譲渡損益課税が行われ、この場合の譲渡損益の額は、次の算式により計算した金額です（法法61の2①、措法37の10③六）。

$$\begin{pmatrix}譲渡損\\益の額\end{pmatrix} = \begin{pmatrix}株主等が交付を受け\\る金銭等の価格の合\\計額\end{pmatrix} - \begin{pmatrix}みなし配\\当の額\end{pmatrix} - \begin{pmatrix}その株式の1単位当\\たりの帳簿価額\end{pmatrix} \times \begin{pmatrix}譲渡した\\株式の数\end{pmatrix}$$

2　持分会社→株式会社

(1)　組織変更後株式会社の株式のみが交付される場合

　持分会社から株式会社へ組織変更をする際、組織変更をする持分会社の社員に対して、組織変更後株式会社の株式のみが交付される場合は、みなし配当課税及び有価証券の譲渡損益課税は生じないことから、組織変更を行う持分会社における資本金等の額及び利益積立金額の変動はないこととされています（法令8①一ト）。

　組織変更に際し、組織変更をする持分会社の社員に対して交付された株式の取得価額は組織変更直前の帳簿価額に相当する金額とされます。ただし、その株式の交付を受けるために要した費用の額がある場合には、その費用をその取得価額に加算します（法法61の2⑩、法令119①十三）。

(2)　組織変更後株式会社の株式以外の金銭その他の資産が交付される場合

①　組織変更を行う持分会社における取扱い

　持分会社から株式会社へ組織変更をする際、組織変更をする持分会社の社員に対して、組織変更後株式会社の株式以外の金銭その他の資産が交付される場合は、次のそれぞれの金額について、組織変更をする会社の資本金等の額及び利益積立金額が減少します。

　　㋑　減少する資本金等の額（法令8①二十イ）上記1⑵①の㋑に同じ
　　㋺　減少する利益積立金額（法令9①八）上記1⑵①の㋺に同じ

②　組織変更を行う持分会社の社員における取扱い

　持分会社から株式会社へ組織変更をする際、組織変更をする持分会社の社員に対して、組織変更後株式会社の株式以外の金銭その他の資産を交付した場合、その社員において、みなし配当課税（法法24①六）及び有価証券の譲渡損益課税（法法61の2①⑩）が行われます。

　　㋑　みなし配当の額（法法24①六、所法25①六）上記1⑵②の㋑に同じ
　　㋺　有価証券の譲渡損益の額（法法61の2①、措法37の10③六）上記1⑵②

の㈹に同じ

3　組織変更による事業年度と課税期間

　税法上、組織変更をした場合、会社の同一性に着目し、組織変更前の法人の解散登記、組織変更後の法人の設立の登記にかかわらず、その解散又は設立はなかったものとして取り扱われます。従って当該法人の事業年度、課税期間は、その組織変更によって区分されず継続することになります（法基通3-2-2）。

XV 組織再編成と消費税等

Q XV 1 ■組織再編成と消費税法上の資産の譲渡等

組織再編成に係る消費税法上の資産の譲渡等について教えてください。

A
(1) 合併や分割のように、資産等の譲渡が包括承継となる場合は、消費税法上の資産の譲渡等には該当しません。
(2) 現物出資、事後設立による資産の譲渡等は消費税法上の資産の譲渡等となります。
(3) 株式交換・移転による株式等の取得は、非課税取引となり、課税売上割合に影響を及ぼします。

解説

1 合併・分割の場合（会法750、752、754、756、759、761、764、766、消法2①八、4①、消令2①五）

消費税は、国内において事業者が行った資産の譲渡等、すなわち、事業として対価を得て行われる資産の譲渡及び貸付け並びに役務の提供を課税の対象とします。これには、貸付金その他の金銭債権の譲受けその他の承継を含みますが、包括承継を除くと規定されています。

会社法では、合併・分割の効力発生により合併存続会社等が権利義務を承継し、合併・分割による資産等の移転は包括承継に該当します。消費税法上、包括承継である資産等の移転は、資産の譲渡等には該当せず、課税対象とはなりません。

従って、合併・分割による資産の移転は、法人税法上、適格か不適格かということと関係なく、消費税の課税の対象とはなりません。

2 現物出資・事後設立の場合

(1) 資産の譲渡等

現物出資及び事後設立による資産の移転は、包括承継には該当しません。

現物出資では、金銭以外の資産を出資して会社を設立します。事後設立は、金銭出資により新会社を設立し、その新会社に対して事業譲渡をします。これらの出資及び事業譲渡は、消費税法においても資産の譲渡等に該当するため、消費税の課税対象となります。ただし、現物出資のうち独立行政法人への移行や特殊法人改革に伴い設立される法人への金銭以外の資産の出資は、消費税の課税対象外となります（消令2①二かっこ書）。

(2) 現物出資・事後設立の課税標準（消令45②三、消基通5－1－6、11－4－1）

現物出資による資産の移転についての消費税の課税標準は、その出資により取得する株式（出資を含みます。）の取得の時における価額に相当する金額となります。

事後設立による資産の移転についての消費税の課税標準は、その移転した資産の譲渡等の対価の額、すなわち、その譲渡について現実に対価として収受し、又は収受すべき金額（時価）となります。

適格現物出資・事後設立で、法人税において帳簿価額による移転となった場合であっても、消費税における譲渡等の対価の額は時価となりますので、留意する必要があります。

3 株式交換・移転

(1) 資産の譲渡等

株式交換・移転では、権利義務の承継ではなく、完全親会社による完全子会社の株式等の取得の形態をとります。つまり有価証券等の譲渡です。

消費税法では、有価証券等の譲渡には消費税を課さないこととしており、株式交換・移転による株式等の取得は、非課税取引となります（消法6①、同法別表第一(二)）。

(2) 譲渡対価の額

交換比率等の計算の基礎となった時価の金額となります。具体的には、株主が新たに取得する完全親会社の株式等の価額と交付金銭等の価額の合計額が、

譲渡対価の額です。また、株式移転後の孫会社株式の譲渡では、特定親会社と特定子会社間で授受することとした孫会社株式等の対価の額が譲渡対価の額となります。

(3) 仕入控除税額

　非課税取引の対価の額は、消費税額の計算において、仕入控除税額を計算するときに影響します。課税期間における課税売上割合が95％未満の課税事業者は、その課税期間における課税売上に係る消費税額から課税仕入れに係る消費税額及び課税貨物に係る消費税額の全額は控除することができず、個別対応方式又は一括比例配分方式のいずれかに基づいて計算した消費税額を控除することとなります。

　この課税売上割合の計算に当たり、その分母に有価証券等の譲渡対価とされる額の5％相当額が加算されます（消令48⑤）。つまり、株式交換・移転により、課税売上割合が引き下げられることとなりますので、課税売上割合が95％未満となる場合で、特に直前で、一括比例配分方式に変更している場合は留意する必要があります（消法30）。

$$課税売上割合 = \frac{その課税期間中の課税売上高（税抜き）}{その課税期間中の課税売上高＋その課税期間中の非課税売上高（税抜き）*}$$

　＊　有価証券の譲渡対価については、その5％を加算する。

Q XV 2 ■最後事業年度の消費税等の取扱い

被合併法人の最後事業年度分の消費税等の処理はどうなりますか。

A

税込経理方式を採用している法人が、損金経理により未払消費税等に計上したときは、損金算入が認められます。

解説

1 損金算入が認められる租税公課の損金算入時期

損金算入が認められる租税公課の損金算入時期は、申告納税方式による場合、その税額の記載された租税納税申告書が提出された日の属する事業年度となり、賦課課税方式の場合、租税賦課決定のあった日の属する事業年度となります（法基通9-5-1）。

消費税等について税込経理方式を採用している場合は、納付すべき消費税額等を損金経理により未払消費税等として計上した場合、損金経理した事業年度において損金算入されることとなります（平元直法2-1(7)）。また、還付される消費税等についても、被合併法人の最後事業年度において、収益の額として未収消費税等の計上をしたときは、その最後事業年度の益金の額に算入されます（平元直法2-1(8)）。

税抜経理方式を採用している場合は、被合併法人の最後事業年度で仮受消費税等と仮払消費税等を相殺した結果と、納付税額又は還付税額に差額があれば、その金額は、被合併法人の損金又は益金の額に算入することとなります（平元直法2-1(6)）。

2 納税義務の承継

被合併法人の国税及び地方税の納税義務は、合併等の効力発生日において、合併法人に包括的に承継されます。合併法人は、被合併法人に課されるべき、又は被合併法人が納付し、若しくは徴収されるべき国税を納める義務を承継します（通法6）。被合併法人において、消費税等を未払経理又は未収経理しなかった場合には、合併法人において、その申告の日の属する事業年度の損金の

額又は益金の額に算入されることとなります。

Q XV 3 ■合併の場合の消費税等の納税義務の免除の特例

合併があった場合の消費税等の納税義務免除の判定と簡易課税制度の適用について教えてください。

A
(1) 免税事業者である法人が合併により被合併法人の事業を承継した場合の納税義務の有無については、被合併法人の課税売上高を加味して判定します。

(2) 法人が合併により被合併法人の事業を承継した場合の簡易課税制度の適用の有無については、納税義務の免除の特例とは異なり、合併法人の基準期間の課税売上高のみで判定します。

解説

1 吸収合併の場合の納税義務免除の判定

(1) 合併事業年度

合併法人の合併事業年度の基準期間、又は各被合併法人のその基準期間に対応する期間における課税売上高のうちいずれかが、1,000万円を超える場合には、合併法人の納税義務は免除されません。

合併事業年度においては、合併法人の基準期間の課税売上高と各被合併法人の基準期間に対応する期間における課税売上高を合算せずに、免税点の判定を行います。

〈基準期間に対応する期：合併事業年度を判定事業年度とする場合〉

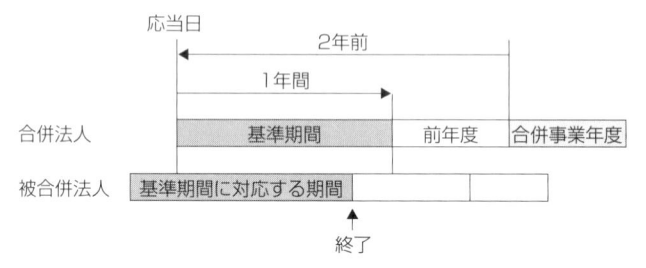

```
                    応当日
                      ←――――― 2年前 ―――――→
                      ←―― 1年間 ――→
合併法人         |  基準期間      | 前年度 | 合併事業年度 |
被合併法人  | 基準期間に対応する期間 |        |
                             ↑
                            終了
```

(2) 基準期間に対応する期間における課税売上高

基準期間に対応する期間における課税売上高とは、合併法人のその事業年度開始の日の2年前の日の前日から、同日以後1年を経過する日までの間に終了

した、被合併法人の各事業年度における課税売上高の合計額を、その各事業年度の月数の合計で除し、これに12を乗じて計算した金額をいいます（消令22①）。

(3) 合併事業年度の翌事業年度及び翌々事業年度

合併事業年度の翌事業年度及び翌々事業年度においては、合併法人の基準期間の課税売上高と、各被合併法人の基準期間に対応する期間における課税売上高との合計額が1,000万円を超える場合は、消費税の納税義務は免除されません（消法11②、消基通1－5－6(2)）。

〈合併事業年度の翌事業年度を判定事業年度とする場合〉

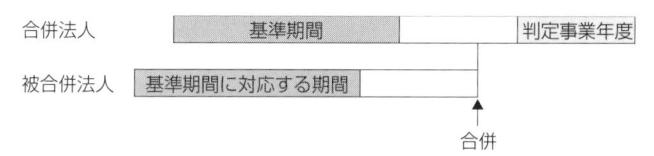

| 合併法人 | 基準期間 | | 判定事業年度 |
| 被合併法人 | 基準期間に対応する期間 | 合併 | |

ただし、合併が合併法人の基準期間内に行われた場合（合併事業年度の翌々事業年度が判定事業年度である場合）には、被合併法人の基準期間に対応する期間における課税売上高は、合併法人の基準期間の月数に占める、その基準期間の初日から合併の日までの期間の月数の占める割合を乗じて計算した金額によります。従って、この場合の各被合併法人の基準期間に対応する期間における課税売上高は次の算式によります（消令22②）。

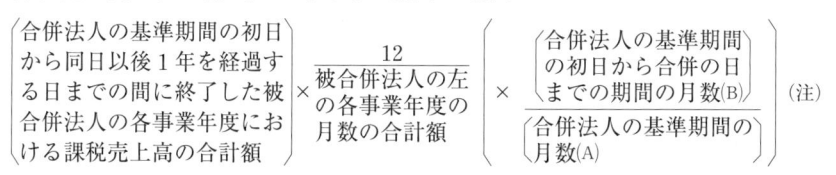

$$\left(\begin{array}{l}\text{合併法人の基準期間の初日}\\\text{から同日以後1年を経過す}\\\text{る日までの間に終了した被}\\\text{合併法人の各事業年度にお}\\\text{ける課税売上高の合計額}\end{array}\right) \times \frac{12}{\substack{\text{被合併法人の左}\\\text{の各事業年度の}\\\text{月数の合計額}}} \times \left(\begin{array}{l}\text{合併法人の基準期間}\\\text{の初日から合併の日}\\\text{までの期間の月数(B)}\\\hline\text{合併法人の基準期間の}\\\text{月数(A)}\end{array}\right) \text{(注)}$$

(注) 各被合併法人ごとに計算します。また、(B)/(A)の割合は合併法人の基準期間の中途に合併があった場合にのみ乗ずるものです。これらの計算において、月数に1か月に満たない端数を生じたときは切り上げます。

〈合併事業年度の翌々事業年度を判定事業年度とする場合〉

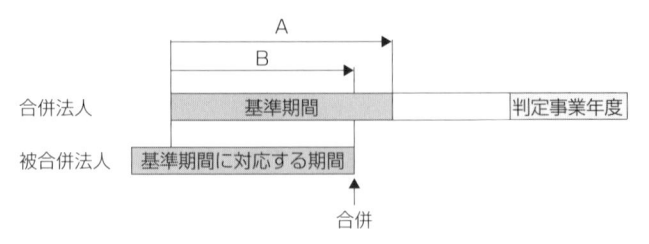

```
                    A
              B
合併法人    | 基準期間 |       | 判定事業年度 |
被合併法人 | 基準期間に対応する期間 |
                        合併
```

2　新設合併の場合の納税義務免除の判定

(1)　合併事業年度

　各被合併法人の基準期間に対応する期間における課税売上高のうちいずれかが、1,000万円を超える場合には、合併法人の納税義務は免除されません（消法11③、消基通1－5－6(1)）。

　基準期間に対応する期間における課税売上高は吸収合併の合併事業年度の場合と同じです（消令22③）。

　ただし、新設合併で設立される法人（特定の社会福祉法人を除く）の資本金が1,000万円以上の場合は、新設法人の特例が適用され、上記判定と関係なく、設立初年度より2年間は課税事業者となります（消法12の2、消令25）。

(2)　合併事業年度の翌事業年度及び翌々事業年度

　合併事業年度の翌事業年度及び翌々事業年度においては、合併法人の基準期間の課税売上高と、各被合併法人の基準期間に対応する期間における課税売上高との合計額が1,000万円を超える場合は、消費税の納税義務は免除されません（消法11④）。

　基準期間に対応する期間における課税売上高は、吸収合併の場合の基準期間に対応する期間における課税売上高に準じて計算しますが、合併法人の基準期間における課税売上高がある場合には、基準期間に対応する期間における課税売上高は、合併前の期間に対応する割合となります。従って、この場合の各被合併法人の基準期間に対応する期間における課税売上高は次の算式によります（消令22④⑥）。

$$\begin{pmatrix}合併法人のその事業年度開始の\\日の２年前の日の前日から同日\\以後１年を経過する日までの間\\に終了した各被合併法人の各事\\業年度の課税売上高の合計\end{pmatrix} \times \frac{\begin{pmatrix}12（注：合併法人がその事業年\\度開始の２年前の日ま前日から\\合併の日までの期間の月数）\end{pmatrix}}{\begin{pmatrix}各被合併法人の左の各事\\業年度の月数の合計額\end{pmatrix}}$$

(注) 合併法人の基準期間において課税売上高があった場合はかっこ内の月数とします。
　　なお、この合算すべき被合併法人の課税売上高は、それぞれの被合併法人ごとに計算します。

〈合併事業年度の翌々事業年度を判定事業年度とする場合〉

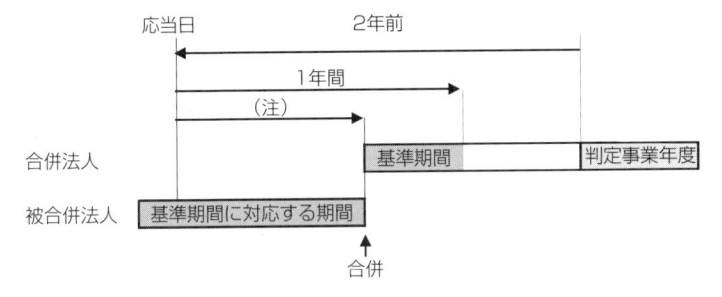

3　合併法人の簡易課税制度の適用

(1) 合併法人が簡易課税制度を選択する場合の基準期間の課税売上高

　吸収合併があった場合において、その合併に係る合併法人の基準期間における課税売上高が5,000万円を超えるかどうかは、その合併法人の基準期間における課税売上高のみによって判定します（消基通13－1－2）。

(2) 合併があった場合の簡易課税制度選択届出書

　① 被合併法人が提出した簡易課税制度選択届出書の効力は、吸収合併又は新設合併によりその被合併法人の事業を承継した合併法人には及びません。従って、その合併法人が簡易課税制度の適用を受けようとするときは、新たに簡易課税制度選択届出書を提出しなければなりません（消基通13－1－3の3(1)）。

　② 法人が新設合併によりその事業を承継した場合、又は吸収合併により簡易課税制度の適用を受けていた被合併法人の事業を承継した場合において、その法人が合併のあった日の属する課税期間中に簡易課税制度選択届出書を提出したときは、その課税期間から簡易課税の効力が発生することとなります（消基通13－1－3の3、消令56一、三）。

Q XV 4 ■分割等の場合の消費税等の納税義務の免除の特例

分割、現物出資、事後設立があった場合の消費税等の納税義務免除の判定と簡易課税制度の適用について教えてください。

A

(1) 分割等があった場合の納税義務の有無の判定は次のようになります。

① 分割等をした事業年度における新設分割子法人は、新設分割親法人の分割事業年度の基準期間における課税売上高に基づき判定します。

② 分割等をした事業年度の翌事業年度以後は、新設分割子法人及び新設分割親法人のそれぞれの基準期間の課税売上高を一定の計算により合算した金額により、納税義務の有無を判定します。

③ 新設分割子法人が特定要件に該当する場合は、②の基準により継続して判定されます。

(2) 吸収分割の場合の簡易課税の適用の有無については、分割承継法人の基準期間の課税売上高のみで判定し、新設分割、現物出資、事後設立などの分割等があった場合においては、納税義務の有無の判定に準じて判定します。

解説

1 消費税における分割等の意義と分割等のあった日

消費税法においては、新設分割と吸収分割とを区別し、現物出資、事後設立を含めて、新たな法人が設立される次のものを分割等といい、次に掲げる日を分割等のあった日としています（消法12⑦、消基通1-5-9）。

(1) 新設分割……設立登記の日

(2) 次の要件を満たす現物出資……設立登記の日

① 新たな法人を設立するための現物出資

② その新たな法人の設立の時において、被現物出資法人の発行済株式の総数又は出資金額の全部を現物出資法人が有することとなるもの

③ その出資により新たに設立する法人に事業の全部又は一部を引き継ぐもの

(3) 次の要件を満たす事後設立……事後設立契約による金銭以外の資産の譲渡の日
① 新たな法人を設立するための金銭の出資
② その新たな法人と会社法第467条第1項第5号の事後設立契約を締結した場合の、その契約に基づく金銭以外の資産の譲渡
③ その新たな法人の設立の時において、その被事後設立法人の発行済株式の総数又は出資金額の全部を事後設立法人が有しているもの
④ 金銭以外の資産の譲渡が、その新たな法人の設立の時において予定されており、かつ、その設立の時から6か月以内に行われたこと（消令23⑨）

2 分割があった場合の納税義務の特例

(1) 吸収分割の場合
① 吸収分割があった日の属する事業年度及びその事業年度の翌事業年度（消法12⑤、消令23⑥、消基通1－5－6の2(3)）
㋑ 分割承継法人

分割承継法人の基準期間における課税売上高又は分割承継法人の基準期間に対応する期間における各分割法人の課税売上高のうちいずれかが1,000万円を超えるときは、分割承継法人の分割の日から分割があった日の属する事業年度終了の日の属する事業年度終了の日までの課税資産の譲渡等については、納税義務は免除されません。

㋺ 分割法人

分割法人の消費税の納税義務は、その分割法人の基準期間における課税売上高により判定します。

② 基準期間対応する期間における課税売上高（消令23⑥⑦）

分割承継法人のその事業年度開始の日の2年前の日の前日から、同日以後1年を経過する日までの間に終了した、分割法人の各事業年度における課税売上高の合計額を、各事業年度の月数の合計額で除し、これに12を乗じて計算した金額

〈基準期間に対する期間〉

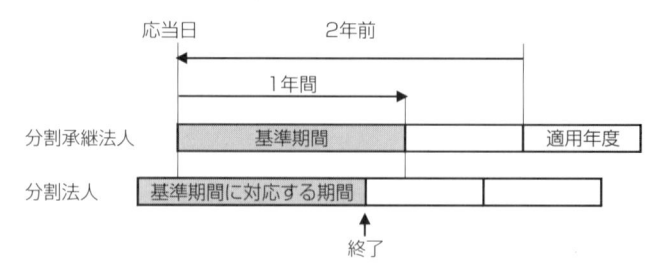

```
応当日      2年前
 ←─────────────→
      1年間
   ←─────────→
分割承継法人 │   │基準期間│    │適用年度│
分割法人   │基準期間に対応する期間│    │    │
                  ↑
                 終了
```

③ 分割事業年度の翌々事業年度以後の事業年度（消基通 1－5－6の2(4)）
　㋑ 分割承継法人
　　分割承継法人の基準期間における課税売上高によって判定します。
　㋺ 分割法人
　　分割法人の基準期間における課税売上高によって判定します。
(2) 分割等の場合
　① 分割等があった日の属する事業年度及びその事業年度の翌事業年度（消法12①②、12の2、消基通1－5－6の2(1)、1－5－17）
　㋑ 新設分割子法人
　　新設分割子法人の基準期間に対応する期間におけるその各新設分割親法人の課税売上高のうちいずれかが1,000万円を超える場合には、納税義務が免除されません。
　　また、新設分割法人が新設法人に該当する場合にも、納税義務は免除されません。
　㋺ 新設分割親法人
　　新設分割親法人の基準期間における課税売上高によって判定します。

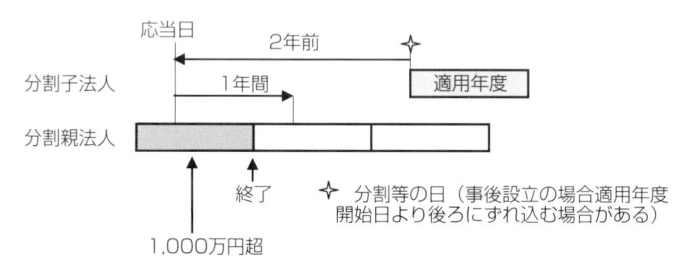

```
        応当日   2年前    ✧
         ←──────────→
            1年間
         ←─────→
分割子法人             │適用年度│
分割親法人 │     │  │  │
         ↑    ↑
      1,000万円超 終了

✧ 分割等の日（事後設立の場合適用年度
  開始日より後ろにずれ込む場合がある）
```

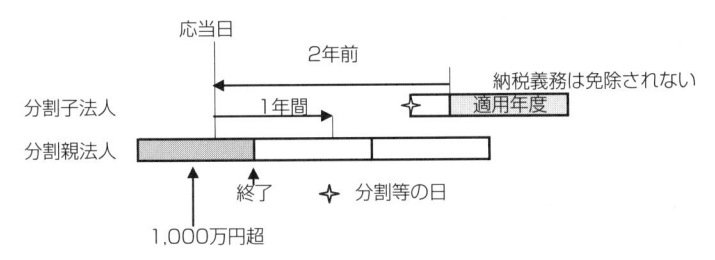

```
           応当日
            ┌──── 2年前 ────┐
                                    納税義務は免除されない
  分割子法人     ├─1年間─┤     ┃適用年度┃
  分割親法人  ▓▓▓▓▓▓▓▓│       │        │
            ↑      終了   ✦ 分割等の日
         1,000万円超
```

② 分割等（新設分割親法人が一の場合に限ります。）があった日の属する事業年度の翌々事業年度以後の事業年度（消法12③、消基通1−5−6の2(2)）

㋑ 新設分割子法人

　新設分割子法人が「特定要件」に該当し、かつ、新設分割子法人の基準期間における課税売上高とその新設分割子法人の基準期間に対応する期間における新設分割親法人の課税売上高との合計額が1,000万円を超える場合は、納税義務が免除されません。

　特定要件に該当しない場合は、新設分割子法人の基準期間の課税売上高により、原則どおりに判定します。

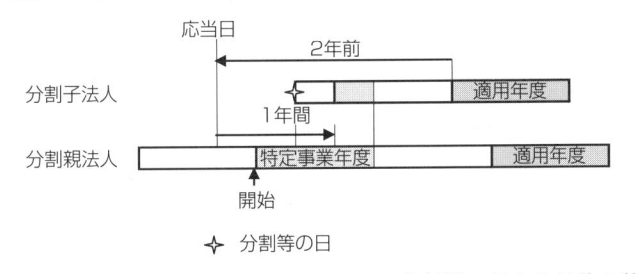

```
           応当日
            ┌──── 2年前 ────┐
  分割子法人         ✦     ▓▓▓▓│適用年度│
                ├─1年間─┤
  分割親法人  │   │特定事業年度│       │適用年度│
                ↑
               開始
              ✦ 分割等の日
```

$$\text{分割法人の基準期間の課税売上高} \times \frac{12}{\text{基準期間の月数}} \times \frac{\text{分割等の日から最後の特定事業年度終了日までの月数}}{\text{分割親法人の特定事業年度の月数合計}}$$

　　　　　　　　　　　↑
　　　　分割親法人の特定事業年度中に分割等があった場合に乗じる割合

$$\text{分割親法人の特定事業年度の課税売上高の合計額} \times \frac{12}{\text{特定事業年度の月数の合計}}$$

㋺ 新設分割親法人

　新設分割子法人が「特定要件」に該当し、かつ、新設分割親法人の基準期

間における課税売上高とその新設分割子法人の基準期間に対応する期間における新設分割子法人の課税売上高との合計額が1,000万円を超える場合は、納税義務が免除されません。

　分割等のあった事業年度及びその翌事業年度並びに翌々事業年度において特定要件に該当しない事業年度は、新設分割親法人の基準期間の課税売上高により、原則どおり判定します。

$$\text{分割親法人の適用年度開始の日の2年前の日の前日から同日以後1年を経過する日までの貴簡内に開始した分割子法人の各事業年度の課税売上高の合計額} \times \frac{12}{\text{各事業年度の月数合計}} \times \frac{\text{分割等の日から分割親法人の基準期間の末日までの月数}}{\text{分割親法人の基準期間に含まれる事業年度の月数合計}}$$

　　　　　　　　　　　　↑
　　　　分割親会社の基準期間の初日の翌日から適用年度開始の日の1
　　　　年前の日の前々日までの間に分割等があった場合に乗じる割合

$$\text{分割親法人の基準期間の課税売上高} \times \frac{12}{\text{基準期間の月数の合計}}$$

③　分割等があった日の属する事業年度の翌々事業年度以後の事業年度における基準期間に対応する期間（消令23⑤）

　分割子法人の適用年度開始の日の2年前の日の前日から、同日以後1年を経過する日までの間に開始した分割親法人の各事業年度となります。

④　特定要件（消法12③④、消令24、消基通12-5-13）

㋑　新設分割子法人の発行済株式の総額又は出資金額の50％超が新設分割親法人及びその新設分割親法人と特殊な関係にある者の所有に属すること、会社運営上の重要な事項に係る議決権のような一定の議決権について、その総数の50％超と有すること、持分会社の社員（業務執行社員を定めた場合は業務執行社員）の半数超を有することが特定要件となります。

㋺　特殊な関係にある者とは次の者をいいます。

　　i　新設分割親法人の株主等（株主又は合名会社、合資会社若しくは有限会社の社員その他法人の出資者）の1人（個人である株主等に限るものとし、次に掲げる者を含みます。）が新設分割親法人を支配している場合におけるその株主等の1人

a　株主等の親族
　　b　株主等と婚姻の届出をしていないが事実上婚姻関係と同様の事情にある者
　　c　株主等の使用人
　　d　aからcまでに掲げる者以外の者で株主等から受ける金銭その他の資産によつて生計を維持しているもの
　　e　aからdまでに掲げる者と生計を一にするこれらの者の親族
ⅱ　新設分割親法人の株主等の1人（個人である株主等については、その者とⅰaからeまでに規定する関係のある個人を含みます。）及び次に掲げる会社が新設分割親法人を支配している場合におけるその株主等の1人及び次に掲げる会社
　　a　株主等の1人が他の会社を支配している場合における他の会社
　　b　株主等の1人及びこれとaに規定する関係のある会社が他の会社を支配している場合における他の会社
　　c　株主等の1人並びにこれとa及びbに規定する関係のある会社が他の会社を支配している場合における他の会社
ⅲ　新設分割親法人の2以上の株主等（同一の個人又は法人とⅱaからcまでに規定する関係のある会社に限ります。）及びそれぞれこれらの株主等とⅱaからcまでに規定する関係のある会社が新設分割親法人を支配している場合におけるその2以上の株主等及び関係のある会社
ⅳ　次に掲げる会社
　　a　新設分割親法人が他の会社を支配している場合における他の会社
　　b　新設分割親法人及びこれとaに規定する関係のある会社が有する他の会社の株式の総数又は出資の金額の合計額が他の会社の発行済株式の総数又は出資金額の100分の50以上に相当する場合における他の会社
　　c　新設分割親法人並びにこれとa及びbに規定する関係のある会社が有する他の会社の株式の総数又は出資の金額の合計額が他の会社の発行済株式の総数又は出資金額の100分の50以上に相当する場合

における他の会社
　ハ　判定時期は、その課税期間の基準期間の末日の現況によります（消法12
　　③）。

3　簡易課税制度の適用
(1)　分割等に係る課税期間の簡易課税制度の適用
　次のそれぞれの事業年度について、基準期間の課税売上高とされる金額が5,000万円を超える場合は、その事業年度に含まれる課税期間が分割等に係る課税期間となり、簡易課税制度の適用を受けることができません（消法37①、消令55、消基通13－1－3の4(2)注）。
　①　分割等の日の属する分割子法人の事業年度及びその翌事業年度
　分割親法人の基準期間に対応する期間における課税売上高（分割親法人が2以上のときは、そのうち最も大きい金額）を基準期間の課税売上高とします。
　②　分割等があった事業年度の翌々年度以後の事業年度
　　イ　新設分割子法人
　　　新設分割子法人が特定要件に該当する場合は、新設分割子法人の基準期間における課税売上高とその新設分割子法人の基準期間に対応する期間における新設分割親法人の課税売上高との合計額を基準期間の課税売上高とします（2(2)②イ）。
　　ロ　新設分割親法人
　　　新設分割子法人が特定要件に該当する場合は、新設分割親法人の基準期間における課税売上高とその新設分割子法人の基準期間に対応する期間における新設分割子法人の課税売上高との合計額を基準期間の課税売上高とします（2(2)②ロ）。
(2)　吸収分割の場合の分割承継法人
　簡易課税制度の適用に関する特則はなく、分割承継法人及び分割法人それぞれの基準期間の課税売上高だけで判定します。
(3)　届出書の効力
　①　判定基準課税売上高が5,000万円以下で、分割子法人が簡易課税制度の適用を受けようとするときは、分割親法人が簡易課税制度選択届出書を提出していても、その効力は分割子法人には及びませんので、分割子法人は

新たに簡易課税制度選択届出書を提出を提出しなければいけません（消基通13−1−3の4⑴）。

分割子法人が新設分割があった日の属する課税期間中に同届出書を提出したときは、その届出の効力はその課税期間から生じます（消基通13−1−3の4⑵）。

② 吸収分割により簡易課税制度の適用を受けていた分割法人の事業を承継した場合において、その法人が吸収分割があった日の属する課税期間中に簡易課税制度選択届出書を提出したときは、その届出の効力はその課税期間から生じます（消基通13−1−3の4⑵）。

もっとも、分割承継法人が分割前から課税事業者である場合は、吸収分割により簡易課税制度の適用を受けていた分割法人の事業を承継しても、効力発生の課税期間の特例の適用はないことに留意する必要があります（消基通13−1−3の4⑵ただし書、消令56四）。

Q XV 5 ■中間納付の要否判断

合併・分割があった場合の消費税額の中間申告納付の要否判断を教えてください。

A 中間納付の要否は、合併の場合は合併法人と被合併法人の確定消費税額より、分割の場合は分割承継法人の確定消費税額より税額を計算して判定します。

解説

1 合併があった場合の中間申告（消法42②〜⑩）

課税事業者である合併法人の中間申告税額は原則として次のようになります。

(1) 吸収合併の場合

合併法人の前年度実績による中間申告税額に次の金額を加算した金額となります。

なお、以下の計算において月数は、暦に従って計算し、1月に満たない端数を生じたときは、これを1月とします。

① その課税期間の直前の課税期間に合併があった場合

$$\frac{\text{被合併法人の合併の日の前日の}}{\text{属する課税期間の確定消費税額}} \times \frac{\text{その直前の課税期間開始の日から}}{\text{合併法人の直前の課税期間の月数}} \times 3^*$$

* 6か月を経過した場合、9か月を経過した場合においては、上記算式中「3か月を経過した日」をそれぞれ「6か月を経過した日」、「9か月を経過した日」と読み替えます。

② その課税期間開始の日から同日以後3か月*を経過した日の前々日までの期間に合併があった場合

$$\frac{\text{被合併法人の確定消費税額}}{\text{その計算の基礎となった被合併法人の課税期間の月数}} \times \begin{array}{c}\text{合併の日の翌日からその3か月を}\\\text{経過した日の前日までの期間の月数}\\\text{（その月数が3を超えるときは、3とする）}\end{array}$$

(2) 設立合併の場合

最初の課税期間の中間申告税額は、次の算式で計算した金額の合計額となり

ます。

$$\frac{\text{各被合併法人の確定消費税額}}{\text{その計算の基礎となった被合併法人の課税期間の月数}} \times 3$$

2 分割があった場合の中間申告（消法42、消基通15－1－1（注））

　課税事業者である分割承継法人が、分割により分割法人の事業を承継した場合であっても、分割承継法人のその直前の課税期間に係る確定消費税額のみに基づき中間申告を行います。

Q XV 6 ■承継法人につき対価の返還や貸倒れが生じた場合

分割承継法人が承継した資産につき対価の返還等や貸倒れが生じた場合の消費税額の控除について教えてください。

A 合併法人又は分割承継法人において売上に係る対価の返還等の金額に係る消費税額を控除します。

解説

1 売上に係る対価の返還等をした場合の消費税額の控除

合併により事業を承継した合併法人又は分割により事業を承継した分割承継法人が、被合併法人又は分割法人により行われた課税資産の譲渡等につき売上に係る対価の返還等をした場合、合併法人又は分割法人が行った課税資産の譲渡等につき売上に係る対価の返還等をしたものとみなして、合併法人又は分割承継法人において売上に係る対価の返還等の金額に係る消費税額を控除します（消法38④）。

2 貸倒れに係る消費税額の控除

合併により事業を承継した合併法人又は分割により事業を承継した分割承継法人が、被合併法人又は分割法人により行われた課税資産の譲渡等の相手方に対する売掛金その他の債権について合併のあった日以後に貸倒れに係る消費税額の控除等の規定が適用される事実が生じたときは、その合併法人又は分割承継法人がその資産の譲渡等を行ったものとみなして、課税資産の譲渡等の税込価額の全部又は一部を領収することができなくなった事業年度の消費税額から控除します。

合併又は分割により被合併法人又は分割法人が貸倒れに係る消費税額の控除等の規定が適用された課税資産の譲渡等の税込価額の全部又は一部を領収した場合には、その合併法人又は分割承継法人が貸倒れに係る消費税額の控除等の規定の適用を受けたものとみなして、その領収した税込価額に係る消費税額を資産の譲渡等に係る消費税額とみなしてその領収した事業年度の課税標準額に対する消費税額に加算します（消法39⑥）。

Q XV 7 ■合併、分割型分割、分社型分割等と届出書

合併、分割型分割、分社型分割等（分社型分割、現物出資、事後設立）があった場合に提出する届出書等を教えてください。

A
組織再編成の場合に必ず提出するもの、特例の適用を受けるときに提出するもの等の他、法人の新設に伴って提出する届出書等があります。

解説

1 組織再編成の場合に必ず提出する届出書等

(1) 異動事項に関する届出

合併、会社による事業の譲渡若しくは譲受けがあった場合には、税務署長に対し異動事項に関する届出を速やかに提出します。この届出書には次の添付書類を添付する必要があります。

　① 登記簿謄本（履歴事項全部証明書）又は抄本（履歴事項一部証明書）
　② 合併契約書、分割計画書又は分割契約書の写し

(2) 組織再編成により会社を設立した場合の届出書

組織再編成により会社を設立した場合においても、通常の設立の場合と同様に次のような届出書を税務署長に対して提出します。

届出書等の名称	届出期限	根拠法令
法人設立届出書（都道府県及び市町村に対しても提出）	設立の日以後2か月以内	法法148、法規63
青色申告の承認申請書	設立の日から3か月を経過した日と、設立事業年度終了の日とのいずれか早い日の前日まで	法法122①、146、法規52、62
給与支払事務所等の開設届出書	開設した日から1か月以内	所法230、所規99
源泉所得税の納期の特例の承認に関する申請書兼納期の特定適用者に係る納期限の特例に関する届出書		所法216、217、措法41の6
棚卸資産の評価方法の届出書	設立第1期事業年度の確定申告書の提出期限まで	法令29②、155の6、188③
減価償却資産の償却方法の届出書	設立第1期事業年度の確定申告書の提出期限まで	法令51②、155の6、188③
申告期限の延長の特例の申請書	申告期限延長の特例を最初に受けよう	法法75の2②、81

XV 組織再編成と消費税等　553

| | | とする事業年度終了の日まで | の24②、145、法規36の2、37の14 |

(3) 組織再編成を行った場合の確定申告書の添付書類

　組織再編成（合併、分割、現物出資又は事後設立）を行った事業年度の法人税確定申告書には、次の書類を添付する必要があります（法規35五、六、法基通17-1-5）。

　① 組織再編成に係る主要な事項の明細書（付表）
　② 合併契約書、分割契約書、分割計画書その他これらに類するものの写し

2　組織再編成に伴い特例の適用を受けるための届出書

(1) 期中損金経理額の届出書

　適格分社型分割等（適格分社型分割、適格現物出資又は適格事後設立）における期中損金経理額等を損金の額に算入するときは、すべての場合において、組織再編の日以後2か月以内に、分割法人等の所轄税務署長に、期中損金経理額の届出書を提出する必要があります（法規27の14）。

届出事項	届出書	根拠法令
減価償却資産	適格分社型分割等により移転する減価償却資産に係る期中損金経理額の損金算入に関する届出書	法法31③、法規21の2
繰延資産	適格分社型分割等により引き継ぐ繰延資産に係る期中損金経理額の損金算入に関する届出書	法法32③、法規21の3
国庫補助金等	適格分社型分割等に係る国庫補助金等で取得した固定資産等の圧縮額の損金算入に関する届出書	法法42⑦、法規24の3
国庫補助金等	適格分社型分割等を行った場合の国庫補助金等に係る期中特別勘定の金額の損金算入に関する届出書	法法43⑦、法規24の4
国庫補助金等	特別勘定を設けた場合の適格分社型分割等に係る国庫補助金等で取得した固定資産等の圧縮額の損金算入に関する届出書	法法44⑤、法規24の6
工事負担金	適格分社型分割等に係る工事負担金で取得した固定資産等の圧縮額の損金算入に関する届出書	法法45⑦、法規24の7
保険金等	適格分社型分割等に係る保険金等で取得した固定資産等の圧縮額の損金算入に関する届出書	法法47⑦、法規24の8
保険差益等	適格分社型分割等を行った場合の保険差益等に係る期中特別勘定の金額の損金算入に関する届出書	法法48⑦、法規24の10
保険金等	特別勘定を設けた場合の適格分社型分割等に係る保険金等で取得した固定資産等の圧縮額の損金算入に関する届出書	法法49⑤、法規24の12
交換	適格分社型分割等に係る交換により取得した資産の圧縮額の損金算入に関する届出書	法法50⑥、法規25

貸倒引当金	適格分社型分割等により移転する個別評価金銭債権に係る期中貸倒引当金勘定の金額の損金算入に関する届出書	法法52⑥、法規25の6
返品調整引当金	適格分社型分割等により移転する対象事業に係る期中返品調整引当金勘定の金額の損金算入に関する届出書	法法53⑤、法規25の8
一括償却資産	適格分社型分割等により引き継ぐ一括償却資産に係る期中償金経理額の損金算入に関する届出書	法令133の2③、法規27の17
繰延消費税額等	適格分社型分割等により引き継ぐ繰延消費税額等に係る期中損金経理額の損金算入に関する届出書	法令139の4⑧、法規28の2
収用等代替資産	適格分社型分割等を行う場合の収用等又は収用換地等に伴い取得した資産の帳簿価額の減額又は設定した期中特別勘定に関する届出及び提出書類の届出	措法64の10
大規模住宅地等造成事業	適格分社型分割等による大規模な住宅地等造成事業の施行区域内にある土地等の造成のための交換等又は譲渡の場合における交換取得資産の帳簿価額の減額又は設定した期中特別勘定に関する届出及び提出書類の届出	措法65の11⑥
大規模住宅地等造成事業	適格分社型分割等を行う場合の大規模な住宅地等造成事業の施行区域内にある土地等の造成のための譲渡に伴う期中特別勘定の設定期間延長承認申請	措法65の12③
転廃業助成金等	適格分社型分割等による転廃業助成金等により固定資産の取得等をした場合における固定資産の帳簿価額の減額又は取得等をする場合において設定をした期中特別勘定に関する届出及び提出書類の届出	措法67の4⑰
特定資産買換	適格分社型分割等を行う場合の特定の資産の買換えの場合における期中特別勘定の設定期間延長承認申請	措令37の7㊴
特定資産の買換	適格分社型分割等による特定資産の買換えの場合における買換資産の帳簿価額の減額又は特定資産の譲渡に伴い設定をした期中特別勘定に関する届出及び提出書類の届出	措法65の7⑪
特定の交換分合	適格分社型分割等による特定の交換分合に伴い土地等を取得した場合における交換取得資産の帳簿価額の減額に関する届出及び提出書類の届出	措法65の10⑥
特別償却準備金	適格分社型分割等による特別償却準備金の損金算入又は適格分割等による特別償却準備金の引継ぎに関する届出	措法52の3⑭
土地等の交換	適格分社型分割等による承継業務の事業計画の施行区域内にある土地等の交換の場合における交換取得資産の帳簿価額の減額に関する届出及び提出書類の届出	措法65の15⑥
認定事業用地適正化計画	適格分社型分割等による認定事業用地適正化計画の事業用地の区域内にある土地等を譲渡した場合における交換取得資産の帳簿価額の減額又は設定した期中特別勘定に関する届出及び提出書類の届出	措法65の13⑥
認定事業用地適正化計画	適格分社型分割等を行う場合の認定事業用地適正化計画の事業用地の区域内にある土地等を譲渡した場合における期中特別勘定の設定に関する承認申請	措規22の9の2⑦

(2) 引継帳簿価額等についての届出書

　適格分割等（適格分割型分割及び適格分社型分割等）において、一定の資産

等を引き継ぐ場合には、分割法人等はその引継帳簿価額等を記載した届出書を分割の日以後2か月以内（外国税額控除については3か月以内）に提出しなければなりません。

届出事項	届出書	根拠法
外国税額控除	適格分割等が行われた場合の外国税額の控除に係る繰越控除限度額等の計算の特例に関する届出	法法69⑥
貸倒引当金	適格分割等が行われた場合の貸倒実績率の特別な計算方法の承認申請	法令97②
繰延資産	適格分割等により移転する資産等と関連を有する繰延資産の引継ぎに関する届出	法規22
国庫補助金等	適格分割等による国庫補助金等に係る特別勘定の金額の引継ぎに関する届出	法規24の5
収用等代替資産	適格分割等による収用等に係る特別勘定の金額の引継ぎに関する届出	措法64の2⑤
大規模住宅地等造成事業	適格分割等による大規模な住宅地等造成事業の施行区域内にある土地等の造成のための譲渡に係る特別勘定の金額の引継ぎに関する届出	措法65の12⑥
特定資産の譲渡	適格分割等による特定の資産の譲渡に係る特別勘定の金額の引継ぎに関する届出	措法65の8⑤
認定事業用地適正化計画	適格分割等による認定事業用地適正化計画の事業用地の区域内にある土地等の譲渡に係る特別勘定の金額の引継ぎに関する届出	措法65の14⑥
返品調整引当金	適格分割等を行った場合の返品率の特別な計算方法の承認申請	法令102②

(3) その他の届出書

適格合併等、適格分割型分割等、分割型分割、分割等において、届出が必要な項目は、次のとおりであり、組織再編の日から2か月以内に提出しなければなりません。

届出事項	届出書	根拠法令
大規模住宅地等造成事業	適格合併等による大規模な住宅地等造成事業の施行区域内にある土地等の造成のための譲渡に伴い特別勘定等を設けた場合において指定期間内に資産の取得が困難な場合の設定期間延長承認申請	措令39の9⑮
特定資産の譲渡	適格合併等による特定の資産の譲渡に伴い特別勘定を設けた場合において指定期間内に資産の取得が困難な場合の設定期間延長承認申請	措令39の7㊺
一括償却資産	適格分割型分割等による一括償却資産の引継ぎに関する届出	法令133の2⑦
繰延消費税額等	適格分割型分割等により移転する資産に係る繰延消費税額等の引継ぎに関する届出	法令139の4⑫

特別買戻損失	分割型分割による特別買戻損失の発生割合の計算方法の認定申請	措規21の9①
特約付販売	分割型分割による特約付販売による収入金額及び特約付販売に係る買戻価額の計算に係る届出	措規21の9②
移転売上金額	分割等による移転売上金額の計算方法の認定申請	法規20⑦
移転売上金額	分割等による売上金額の区分に関する届出	法規20⑫
試験研究費	分割等による移転試験研究費の額の計算方法の認定申請	法規20⑱
試験研究費	分割等による試験研究費の額の区分に関する届出	法規20㉓

3　その他の特例の適用を受けるための明細書

その他にも法人税法の申告書に次の明細書を添付して提出します。

項目	別表	明細書の名称
欠損金額	別表7⑴付表一	適格合併等を行った場合の調整後の控除未済欠損金額の計算に関する明細書
	別表7⑴付表二	共同事業を営むための適格合併等に該当しない場合の引継対象未処理欠損金額又は控除未済欠損金額の特例に関する明細書
外国税額控除	別表6⑶付表二	適格組織再編成に係る合併法人等の調整後の繰越控除余裕額又は繰越控除限度超過額等の計算に関する明細書
	別表6⑶付表三	適格分割等に係る分割法人等の調整後の繰越控除余裕額又は繰越控除限度超過額等の計算に関する明細書
特定引継資産	別表14⑷	特定資産譲渡等損失額の損金不算入及び特定資本関係発生日における時価が帳簿価額を下回っていない資産に関する明細書（法法62の7①）
	別表14⑷付表	時価純資産価額及び簿価純資産価額に関する明細書（法令123の9）
資産調整勘定	別表16⑽	非適格合併等に係る調整勘定の計算の明細書（法法62の8）
課税済留保金額等	別表17（2の2）付表一	適格組織再編成に係る合併法人等の調整後の課税済留保金額及び控除対象外国法人税額等の計算に関する明細書（措法66の8③、68の92③）
	別表17（2の2）付表二	適格分割等に係る分割法人等の調整後の課税済留保金額及び控除対象外国法人税額等の計算に関する明細書
連結中間納付額の調整	別表18の2付表三	連結法人間合併、分割型分割等の場合の調整額の計算に関する明細書（法法81の19④、⑥、法令155の47①）

4　みなし配当等の場合の法定調書の提出

(1)　みなし配当等の場合

　非適格合併の場合の被合併法人の株主や、非適格分割型分割の場合の分割法人の株主に、みなし配当が生じるときには、税務署への法定調書の提出が義務付けられています。また、その際に所得税の源泉徴収税額が生じることによ

り、その金額に相当する金銭等を支払う場合、あるいは、みなし配当は生じないが金銭等を支払う場合があります。金銭等を支払う場合で一定の場合は、個人株主について、交付金銭等についての支払調書を提出する必要があります。

(2) 配当等とみなす金額に関する支払調書

配当等とみなされた金額がある場合には、合併法人等に源泉徴収義務が生じるとともに、合併等の日から1か月以内に「配当等とみなす金額に関する支払調書」に合計表を添えて税務署長に提出しなければなりません（所法225①二）。

(3) 交付金銭等の支払調書

30万円超の金銭等の交付を受けた個人株主等については、翌年1月31日までに、交付金銭等の支払調書に合計表を添えて税務署長に提出しなければなりません（所法225①十一）。ただし、上記(2)の配当等とみなす金額に関する支払調書の提出があった場合には、交付金銭等の支払調書が提出されたものとされ、重ねて提出する必要はありません（所令90の3②、③）。

(4) 株主等に対する通知

上記(2)の配当等とみなす金額がある場合には、合併法人等は、配当等とみなす金額に関する支払通知書を、1か月以内に、被合併会社の株主等に交付しなければなりません（所法225②、法令23④）。

5　株式交換・移転において金銭等の交付があった場合の法定調書の提出

(1) 株式等の譲渡の対価の支払調書

株式交換・移転により、完全子法人の旧株主に交換交付金銭等の支払をした場合には、翌年1月31日までに、株式等の譲渡の対価の支払調書に合計表を添えて税務署長に提出しなければなりません（所法225①十）。

(2) 株主等に対する通知

上記(1)の場合において、完全親法人は、株式等の譲渡の対価に関する支払通知書を、1か月以内に、完全子法人の旧株主等に交付しなければなりません。

6　組織再編成によって引き継がれた資産等に関する届出書等

適格組織再編成によって資産が引き継がれた場合であっても、従前の法人において提出された届出等については、原則として引き継がれません。従って、引き継いだ法人側で、新たにこれらの項目に関する届出書を提出する必要があ

ります。この届出書には、例えば、「棚卸資産の評価方法・有価証券の一単位当たりの帳簿価額の算出方法の変更承認申請書」、「減価償却資産の償却方法の変更承認申請書」、「耐用年数の短縮の承認申請書」、「増加償却の届出書」などがあります。

Q XV 8 ■組織再編成と消費税届出書

組織再編成の際に提出する消費税の届出書について教えてください。

A

分割法人等の提出した消費税簡易課税制度選択届出書等の届出書は、分割承継法人には効果は生じません。

解説

組織再編成によって設立された法人等については、次のように消費税に関する届出書を提出することとなります。

届出書	届出事由	根拠条文	留意点
消費税課税事業者届出書（第3号様式）	合併・分割等により納税義務の免除の規定が適用されなくなった場合	消法57①一 消規26①③④ 消基通17-1-1	① 速やかに合併法人等の納税地の所轄税務署長に提出する。 ② 「相続・合併・分割等があったことにより課税事業者となる場合の付表」（第4号様式）を添付する。 ③ すでに「消費税課税事業者選択届出書」を提出している場合には提出する必要はない。
消費税の新設法人に該当する旨の届出書（第10-(2)号様式）	合併等により設立された法人が新設法人に該当することとなった場合	消基通1-5-17	速やかにその法人の納税地の所轄税務署長に提出する。
消費税課税事業者選択届出書（第1号様式）	合併法人等が課税事業者を選択しようとするとき	消基通1-4-13 1-4-13の2 消法9④ 消令20一、三、四	① 被合併法人等が提出した「消費税課税事業者選択届出書」の効力は合併法人等には及ばない。 ② 新設合併等により事業を承継した場合又は吸収合併等において免税事業者である被合併法人等が課税事業者を選択していた場合には、合併の日又は分割の日の属する課税期間中の提出により、その課税期間より効力が生じる。
消費税簡易課税制度選択届出書（第24様式）	合併法人等が簡易課税の適用を受けようとするとき	消基通13-1-3の3、13-1-3の4 消法37① 消令56一、三、四	① 被合併法人等が提出した「消費税簡易課税制度選択届出書」の効力は合併法人等には及ばない。 ② 新設合併等により事業を承継した場合又は吸収合併等において被合併法人等が簡易課税の適用を受けていた場合には、合併の日又は分割の日の属する課税期間中の提出により、その課税期間より効力が生じる。 ③ 基準期間における課税売上高が1,000万円を超えている合併法人等が、簡易課税の

			適用を受けていた被合併法人等を吸収合併した場合又は分割法人の事業を承継した場合に、合併法人等が上記②の期間中に提出したときは、翌課税期間からの適用となる。
合併による法人の消滅届出書（第8号様式）	法人（免税事業者を除く）が合併により消滅した場合	消法57①五 消規26①五	合併法人が速やかに被合併法人の納税地の所轄税務署長に提出する。

XV 組織再編成と消費税等　561

XVI 組織再編成と会社法上の手続

Q XVI 1 ■吸収合併する際の手続

株式会社が株式会社と吸収合併する際に、会社法上必要となる手続には、どのようなものがありますか。

A

会社法上必要となる手続は次のとおりです。

会社法においては、合併契約の承認手続、株式買取請求の手続、新株予約権買取請求の手続、債権者保護手続等の手続を経る必要がありますが、旧商法下における取扱いと異なり、これらの手続について、時間的な先後関係が定められていません。よって、これらの手続を並列的に行うことにより、会社の実情にあったスケジュールを設計することが可能となりました。なお、以下では、株式会社間の吸収合併につき会社法上必要な手続を解説することとし、存続会社及び消滅会社双方において必要な手続につき「(存続会社・消滅会社)」と表示し、それぞれ一方の当事会社においてのみ必要な手続については、該当する会社を表示することとします。また、スケジュールについては、571ページを参考にしてください。

1 合併契約の締結（存続会社・消滅会社）

(1) 合併契約の締結

吸収合併をする場合には、当事会社は、合併契約を締結しなければなりません（会法748）。この契約は、原則当事会社の取締役会決議（取締役会設置会社）ないし取締役の過半数（取締役会非設置会社）において意思決定を行い、当事会社の代表取締役（委員会設置会社にあっては、代表執行役。以下同じ）が会社を代表して締結することになります。

(2) 合併契約の内容

旧商法では、合併契約書の作成が義務付けられていましたが（旧商法408）、会社法では、書面又は電磁的記録による作成が義務付けられていません。会社法では、合併契約において定めなければならない事項として下記事項を挙げて

います（会法749）が、それ以外の事項について定めることも差し支えありません。なお、合併等対価の柔軟化は、1年延期されておりますので、平成19年4月30日までに締結される合併契約においては、合併対価は存続会社株式に限定されています。

① 当事会社の商号及び住所（1号）
② 交付される対価の種類又は総額等（2号）
 イ 消滅会社の株主に対して、存続会社の株式を交付するときには、当該株式の数（種類株式発行会社にあっては、株式の種類及び種類ごとの数）又はその数の算定方法並びに当該存続会社の資本金及び準備金の額に関する事項（2号イ）
 ロ 消滅会社の株主に対して、存続会社の社債（新株予約権付社債についてのものを除く。）を交付するときには、当該社債の種類及び種類ごとの各社債の金額の合計額又はその算定方法（2号ロ）
 ハ 消滅会社の株主に対して、存続会社の新株予約権（新株予約権付社債に付されたものを除く。）を交付するときには、当該新株予約権の内容及び数又はその算定方法（2号ハ）
 ニ 消滅会社の株主に対して、存続会社の新株予約権付社債を交付するときには、当該新株予約権付社債についてのロに規定する事項及び当該新株予約権付社債に付された新株予約権についてのハに規定する事項（2号ニ）
 ホ 消滅会社の株主に対して、存続会社の上記イないしニ以外の財産を交付するときには、当該財産の内容及び数若しくは額又はこれらの算定方法（2号ホ）
③ 消滅会社の株主に対して交付する対価の割当に関する事項（3号）
④ 消滅会社が新株予約権を発行しているときには、新株予約権の承継等に関する事項（4号、5号）
⑤ 吸収合併効力発生日（6号）

2 合併契約に関する書面等の事前備置（存続会社・消滅会社）

(1) 合併契約に関する書面等の備置き

 吸収合併の当事会社は、下記に掲げる日のいずれか早い日から効力発生日の後

6か月を経過する日までの間（消滅会社にあっては、効力発生日までの間）、合併契約の内容等を記載し、又は記録した書面又は電磁的記録を本店に備え置かなければなりません（会法782①、794①）。
　① 合併契約について株主総会の決議によってその承認を受けなければならないときは、当該株主総会の日の2週間前の日
　② 会社法第797条第3項、第785条第3項、第787条第3項の規定による通知又は同条第4項の公告の日のいずれか早い日
　③ 債権者保護手続をしなければならないときは、債権者への公告又は催告の日のいずれか早い日
(2) 事前開示書類の内容
　吸収合併の当事会社における事前備置書類の内容は、それぞれ下記に掲げるとおりとなります（会法規182、191）。なお、合併契約等備置開始後に各事項に変更が生じたときは、変更後の当該事項を記載した書面等を備え置く必要があります（会法規182⑧、191⑦）。
　① 合併契約の内容（存続会社及び消滅会社において必要）
　② 合併対価の相当性に関する事項（存続会社及び消滅会社において必要）
　③ 合併対価が存続会社の株式であるときには、存続会社の定款（消滅会社において必要）
　④ 合併対価が存続会社以外の法人等の株式、持分、社債等であるときには、次に掲げる事項（消滅会社において必要）
　　イ　合併対価が当該法人等の株式、持分その他これらに準ずるものである場合には、当該法人等の定款その他これに相当するもの
　　ロ　当該法人等がその貸借対照表その他これに相当するものの内容を法令の規定に基づき公告（会法440③の措置に相当するものを含む。）をしているもの又は証券取引法第24条第1項の規定により有価証券報告書を内閣総理大臣に提出しているものでないときには、当該法人等の過去5年間の貸借対照表その他これに相当するもの
　　ハ　当該法人等について登記がされていない場合には、当該法人等を代表する者の氏名又は名称及び住所、当該法人等の取締役、会計参与、監査役その他役員の氏名又は名称

⑤ 消滅会社が新株予約権を発行しているときには、交付する新株予約権又は金銭についての相当性に関する事項（存続会社及び消滅会社において必要）

⑥ 相手方当事会社の計算書類等の内容（存続会社及び消滅会社において必要）

⑦ 当事会社において最終事業年度の末日後に重要な財産の処分、重大な債務の負担その他の会社の財産の状況に重要な影響を与える事象が生じたときは、その内容（存続会社及び消滅会社において必要）

⑧ 債務の履行の見込みに関する事項（存続会社及び消滅会社において必要）

3 吸収合併の承認決議（存続会社・消滅会社）

(1) 合併承認決議

　各当事会社は、効力発生日の前日までに、株主総会の特別決議によって、合併契約の承認を受ける必要があります（会法783、795）。また、存続会社においては、①合併差損が生じる場合（会法795②）、又は、②消滅会社から承継する資産に存続会社の株式が含まれる場合（会法795③）には、合併契約を承認する株主総会において、当該事項を説明する必要があります。なお、譲渡制限のない株式の株主に譲渡制限株式等が交付される場合には、株主総会の特殊決議が必要となり（会法783①③、309③二）、株主に持分等が交付される場合には、総株主の同意が必要となります（会法783②）。その他、種類株主総会が必要となる場合もありますので、ご注意ください（会法795④、783③、322①）。

(2) 略式合併（存続会社・消滅会社）

　吸収合併当事会社の一方が他方当事会社の特別支配会社（会法規136）であるときには、その他方当事会社においては、株主総会における承認は不要となります（会法784①、796①）。ただし、存続会社が消滅会社の特別支配会社である場合で、消滅会社が公開会社のときに、その株主に対して譲渡制限株式が交付される場合、又は、消滅会社が存続会社の特別支配会社である場合で、存続会社が公開会社でない場合であって株式の交付を行う場合には、略式合併の手続をとることができず、原則どおり株主総会の決議が必要となります（会法309③二、783③、796①ただし書）。

(3) 簡易合併（存続会社）

　消滅会社の株主に対して交付する存続会社等の株式の数に1株当たり純資産額を乗じて得た額、消滅会社の株主に対して交付する存続会社の社債、新株予約権又は新株予約権付社債の帳簿価額の合計額及び消滅会社の株主に対して交付する存続会社の株式等以外の財産の帳簿価額の合計額を合計した額が、存続会社の純資産額の5分の1を超えない場合には、原則として株主総会の特別決議による承認を要しません（会法796③）。ただし、①合併差損が生ずるとき、②合併対価が存続会社等の譲渡制限株式であって存続会社が公開会社でないときには、簡易合併の手続をとることができません（会法796③）。

4　反対株主の株式買取請求（存続会社・消滅会社）

(1) 株式買取請求

　吸収合併の場合において、当事会社の反対株主（会法785②、797②）は、それぞれの会社に対し、自己の有する株式を公正な価格で買い取ることを請求することができます（会法785①、797①）。

(2) 吸収合併当事会社における手続

　吸収合併の当事会社は、効力発生日の20日前までに、その株主（消滅会社にあっては、株式買取請求権を有する株主）に対し、①吸収合併をする旨、②相手方当事会社の商号及び住所（存続会社の場合で、承継資産に自己株式が含まれる場合には、当該自己株式に関する事項も必要）を通知しなければなりません（会法785③、797③）。なお、当事会社が公開会社である場合又は株主総会によって合併契約を承認している場合には、上記通知は、公告をもってこれに代えることができます（会法785④、797④）。

5　新株予約権買取請求（消滅会社）

　消滅会社の新株予約権者が新株予約権買取請求権を有する場合には、消滅会社において、通知又は公告を行う必要があります（会法787）。

6　株券・新株予約権証券の提出公告及び通知（消滅会社）

　消滅会社は、吸収合併の効力発生日までにその全部の株式に係る株券を提出しなければならない旨を吸収合併の効力発生日の1か月前までに、公告し、かつ、当該株式の株主及びその登録株式質権者には、各別にこれを通知する必要があります（会法219①）。ただし、消滅会社が発行している全部の株式につい

て株券を発行していない場合には、この手続は不要とされています。また、消滅会社において、新株予約権証券（新株予約権付社債に付されたものである場合にあっては、新株予約権付社債券。以下同じ。）を発行している場合には、新株予約権証券の提出公告及び格別の通知をする必要があります（会法293①）。

7 債権者への公告及び催告（存続会社・消滅会社）

(1) 債権者の異議

吸収合併をする場合、吸収合併の当事会社の債権者は、各当事会社に対し、吸収合併について異議を述べることができます（会法789①、799①）。

(2) 公告及び催告

吸収合併の当事会社は、以下の事項を官報に公告し、かつ、知れている債権者には、各別にこれを催告する必要があります（会法789②、799②）。ただし、吸収合併の当事会社が官報のほか、定款の定めに従い、時事に関する事項を掲載する日刊新聞紙に掲載する方法又は電子公告の方法によってこの公告をするときには、個別催告の手続を省略することができます（会法789③、799③）。

① 吸収合併をする旨（存続会社及び消滅会社において必要）
② 相手方当事会社の商号及び住所（存続会社及び消滅会社において必要）
③ 吸収合併の当事会社の計算書類に関する事項として、下記に掲げる事項（会法規188、199）（存続会社及び消滅会社において必要）なお、この計算書類に関する下記事項の基準となる日は、公告の日又は催告の日のいずれか早い日となります。

　イ　最終事業年度に係る貸借対照表又はその要旨につき吸収合併の当事会社が決算公告をしている場合には下記事項
　　ⅰ　官報で公告をしているときには、当該官報の日付及び当該官報が掲載されている頁
　　ⅱ　時事に関する事項を掲載する日刊新聞紙で公告をしてるときには、当該日刊新聞紙の名称、日付及び当該公告が掲載されている頁
　　ⅲ　電子公告により公告をしているときには、会社法第911条第3項第29号イに掲げる事項（登記されたウェブサイトのアドレス）
　ロ　最終事業年度に係る貸借対照表につき、吸収合併の当事会社が会社法

第440条第3項に規定する措置を執っているときには、会社法第911条第3項第27号に掲げる事項（登記されたウェブサイトのアドレス）
　　　ハ　吸収合併の当事会社が会社法第440条第4項に規定する株式会社である場合において、当該株式会社が証券取引法第24条第1項の規定により最終事業年度に係る有価証券報告書を提出しているときには、その旨
　　　ニ　吸収合併の当事会社が特例有限会社であるため、会社法第440条の規定が適用されないものであるときには、その旨
　　　ホ　吸収合併の当事会社につき最終事業年度がないときには、その旨
　　　ヘ　吸収合併の当事会社が清算株式会社であるときには、その旨
　　　ト　上記以外の場合には、会社計算規則第六編第二章の規定による最終事業年度に係る貸借対照表の要旨の内容（決算公告を同時に行う場合等）
　　④　吸収合併の当事会社の債権者が一定の期間内（この期間は1か月を下ることができません。）に異議を述べることができる旨

8　登記（存続会社・消滅会社）

(1)　登記期間

　吸収合併の効力は、合併契約に定めた効力発生日に生じます（会法750①）。株式会社が吸収合併をしたときは、その効力が生じた日から2週間以内に、その本店所在地において、消滅会社については解散の登記をし、存続会社については変更の登記を行う必要があります（会法921）。

(2)　存続会社の登記手続

　①　登記すべき事項

　吸収合併による変更の登記は、合併をした旨並びに吸収合併により消滅する会社の商号及び本店を登記する必要があります（商登法79）。その他、吸収合併によって資本金の額、発行済株式総数、新株予約権に関する事項等につき変更が生じた場合には、その旨の登記をする必要があります。

　②　登記の添付書類

　吸収合併による変更の登記の申請書には、下記に掲げる書面を添付する必要があります（商登法80）。

　　　イ　吸収合併契約書（1号）
　　　ロ　吸収合併当事会社における合併契約の承認に関する書面（合併契約の

承認機関に応じて、株主総会議事録、種類株主総会若しくは取締役会の議事録等）（商登法46、80⑥）

　　ハ　略式合併又は簡易合併の場合には、その要件を満たすことを証する書面（2号）

　　ニ　吸収合併当事会社における債権者保護手続関係書面（3号、8号）

　　ホ　資本金の額が会社法第445条第5項の規定（会社計算規則第59条ないし第61条参照）に従って計上されたことを証する書面（4号）（共通支配下関係にある会社間（親子会社間を除く））で吸収合併が行われる場合の当該証明書については、下記記載例をご参照ください。）

　　ヘ　消滅会社の登記事項証明書（5号）ただし、存続会社の本店所在地を管轄する登記所の管轄区域内に消滅会社の本店がある場合を除く

　　ト　消滅会社が株券発行会社であるときは、株券提出公告をしたことを証する書面又は株式の全部について株券を発行していないことを証する書面としての株主名簿等（9号）

　　チ　消滅会社が新株予約権を発行しているときは、新株予約権証券提出公告等の書面（10号）

　③　登録免許税

　増加した資本金の額の1,000分の1.5となります。ただし、吸収合併によって消滅した会社の合併直前の資本金の額を超える資本金の額に対応する部分については1,000分の7となります。また、これによって計算した税額が3万円に満たない場合は、3万円となります（印紙税法別表第1第24号(1)ヘ）。

(3)　消滅会社の登記手続

　①　登記すべき事項

　吸収合併による解散の登記は、解散の旨並びにその事由及び年月日を登記する必要があります（商登法71）。なお、この登記の申請は、存続会社の代表取締役が消滅会社を代表して申請することになり（商登法82①）、吸収合併による変更の登記の申請と同時に、かつ当該登記所の管轄区域内に存続会社の本店がないときは、その本店の所在地を管轄する登記所を経由して登記する必要があります（商登法82②③）。

② 登記の添付書類

吸収合併による解散の登記の申請書における添付書類は不要です（商登法82④）。

③ 登録免許税

3万円となります（印紙税法別表第1第24号(1)ソ）。

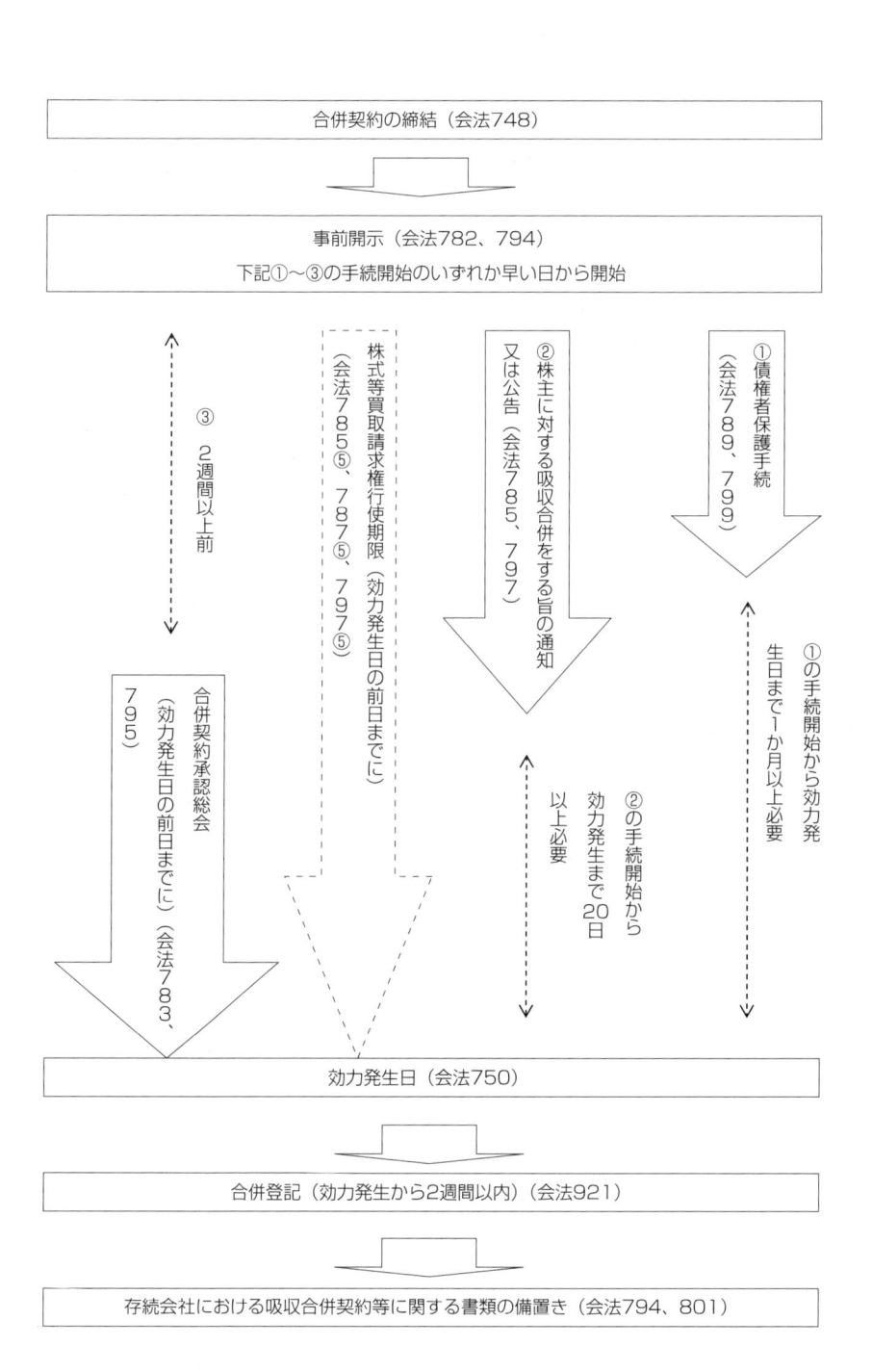

```
┌─────────────────────────────────────────┐
│       合併契約の締結（会法748）          │
└─────────────────────────────────────────┘
                    ↓
┌─────────────────────────────────────────┐
│       事前開示（会法782、794）           │
│  下記①～③の手続開始のいずれか早い日から開始  │
└─────────────────────────────────────────┘
```

③ 2週間以上前 → 合併契約承認総会（効力発生日の前日までに）（会法783、795）

株式等買取請求権行使期限（効力発生日の前日までに）（会法785⑤、787⑤、797⑤）

② 株主に対する吸収合併をする旨の通知又は公告（会法785、797） — ②の手続開始から効力発生まで20日以上必要

① 債権者保護手続（会法789、799） — ①の手続開始から効力発生日まで1か月以上必要

```
┌─────────────────────────────────────────┐
│        効力発生日（会法750）              │
└─────────────────────────────────────────┘
                    ↓
┌─────────────────────────────────────────┐
│  合併登記（効力発生から2週間以内）（会法921）│
└─────────────────────────────────────────┘
                    ↓
┌─────────────────────────────────────────┐
│ 存続会社における吸収合併契約等に関する書類の備置き（会法794、801）│
└─────────────────────────────────────────┘
```

資本金の額の計上に関する証明書

　吸収合併存続会社の資本金の額は、次のとおり計上されている。

(1) 存続会社の合併直前資本金額（会社計算規則第2条第3項第44号）
　　　　　　　　　　　　　　　　　　　　　　　　　　　　　　金〇円
(2) 株主払込資本変動額（会社計算規則第59条第1項第1号ロ）の範囲内で定めた額　　　　　　　　　　　　　　　　　　　　　　　　金〇円
　　ア　吸収型再編簿価株主資本額から吸収型再編対価簿価を減じた額
　　　　〔(ア)－(イ)〕（零未満の場合は零を計上）　　　　　　　　金〇円
　　　(ア)　吸収型再編簿価株主資本額（会社計算規則第2条第3項第39号）
　　　　　　　　　　　　（a－b－c）　　　　　　　　　　　　金〇円
　　　　　a　存続会社が承継する財産（資産に限る）に付すべき価額　金〇円
　　　　　b　存続会社が承継する財産（負債に限る）に付すべき価額　金〇円
　　　　　c　消滅会社が発行していた新株予約権の吸収合併直前の帳簿価額　金〇円
　　　(イ)　吸収型再編対価簿価（会社計算規則第2条第3項第38号）（a＋b）
　　　　　（存続会社の株式以外の消滅会社の株主に交付する財産がない場合には、零を計上）　　　　　　　　　　　　　　　　　　　　　金〇円
　　　　　a　存続会社が消滅会社の株主に対して交付する財産（bを除く）の存続会社における合併直前の帳簿価額　　　　　　　　　　　金〇円
　　　　　b　存続会社が消滅会社の株主に対して交付する存続会社の社債等（自己社債及び自己新株予約権を除く。）の存続会社において付すべき帳簿価額
　　　　　　　　　　　　　　　　　　　　　　　　　　　　　　金〇円
　　イ　吸収型再編対価として処分する自己株式の帳簿価格　　　　金〇円
　　ウ　株主払込資本変動額（ア－イ）　　　　　　　　　　　　金〇円
(3) 吸収合併後資本金額〔(1)＋(2)〕（会社計算規則第59条第1項第1号）　金〇円
　上記のとおり、会社法第445条及び会社計算規則第59条の規定に従って計上されたことに相違ないことを証明する。
　平成〇年〇月〇日
　　　　　　　　　　　　　　　　〇県〇市〇町〇丁目〇番〇号
　　　　　　　　　　　　　　　　株式会社　〇〇
　　　　　　　　　　　　　　　　（存続会社の）代表取締役　〇〇　印

Q XVI 2　■吸収分割する際の手続

株式会社が株式会社と吸収分割する際に、会社法上必要となる手続には、どのようなものがありますか。

A 会社法上必要となる手続は次のとおりです。

解説

　吸収分割とは、株式会社又は合同会社がその事業に関して有する権利義務の全部又は一部を分割後他の会社に承継させることをいいます（会法２二十九）。旧商法においては、会社分割により承継会社又は新設会社に承継する財産は「営業」に限定され、有機的一体性のない財産の移転は除外されていると解されていましたが、会社法においては、有機的一体性も、事業活動の承継も、会社分割の要件ではないことを明らかにするため、会社分割の対象について、「事業」という事業活動を含む概念ではなく、「事業に関して有する権利義務」という財産に着目した規定を設けることとされました（相澤哲他著「論点解説　新・会社法」Q897商事法務）。その他主な改正点として、旧商法における人的分割の制度が会社法においては、物的分割と剰余金の配当という異なる複数の制度を同時に行うものとして整理されている点が挙げられます。

　吸収分割における会社法上の各種手続については、その他組織再編手続と同様、これらの手続について時間的な先後関係が定められていませんので、会社の実情にあったスケジュールを設計することが可能となっています。なお、以下では、株式会社間の吸収分割につき会社法上必要な手続を解説することとし、以下では、承継会社及び分割会社双方において必要な手続につき「(承継会社・分割会社)」と表示し、それぞれ一方の当事会社においてのみ必要な手続については、該当する会社を表示して説明することとします。また、具体的なスケジュールについては、582ページを参考にしてください。

1 吸収分割契約の締結（承継会社・分割会社）

(1) 吸収分割契約の締結

　吸収分割をする場合には、当事会社は、分割契約を締結しなければなりません（会法748）。この契約は、原則当事会社の取締役会決議（取締役会設置会社）ないし取締役の過半数（取締役会非設置会社）において意思決定を行い、当事会社の代表取締役が会社を代表して締結することになります。

(2) 吸収分割契約の内容

　旧商法では、分割契約書の作成が義務付けられていましたが（旧商法374ノ17）、会社法では、書面又は電磁的記録による作成が義務付けられていません。会社法では、分割契約において定めなければならない事項として下記事項を挙げています（会法758）が、それ以外の事項について定めることも差し支えありません。なお、合併等対価の柔軟化は、1年延期されていますので、平成19年4月30日までに締結される吸収分割契約においては、分割対価は承継会社株式に限定されています。

① 当事会社の商号及び住所（1号）
② 承継会社が承継する資産、債務、雇用契約その他の権利義務（2号）
③ 承継会社が分割会社又は承継会社の株式を承継するときには、当該株式に関する事項（3号）
④ 交付される対価の種類又は総額等（4号）

　イ　分割会社に対して、承継会社の株式を交付するときには、当該株式の数（種類株式発行会社にあっては、株式の種類及び種類ごとの数）又はその数の算定方法並びに承継会社の資本金及び準備金の額に関する事項（4号イ）

　ロ　分割会社に対して、承継会社の社債（新株予約権付社債についてのものを除く。）を交付するときには、当該社債の種類及び種類ごとの各社債の金額の合計額又はその算定方法（4号ロ）

　ハ　分割会社に対して、承継会社の新株予約権（新株予約権付社債に付されたものを除く。）を交付するときには、当該新株予約権の内容及び数又はその算定方法（4号ハ）

　ニ　分割会社に対して、承継会社の新株予約権付社債を交付するときに

は、当該新株予約権付社債についてのロに規定する事項及び当該新株予約権付社債に付された新株予約権についてのハに規定する事項（4号ニ）

　ホ　分割会社に対して、承継会社の上記イないしニ以外の財産を交付するときには、当該財産の内容及び数若しくは額又はこれらの算定方法（4号ホ）

⑤　承継会社が吸収分割に際して分割会社の新株予約権の新株予約権者に対して当該新株予約権に代わる承継会社の新株予約権を交付するときには、それらに関する事項（5号、6号）

⑥　吸収分割効力発生日（7号）

⑦　分割会社が効力発生日に剰余金の配当等を行う場合にはその旨（8号）（旧商法下における人的分割制度と類似の方法を採用する場合）

2　吸収分割契約に関する書面等の事前備置（承継会社・分割会社）

(1)　吸収分割契約に関する書面等の備置き

　吸収分割の当事会社は、下記に掲げる日のいずれか早い日から効力生日の後6か月を経過する日までの間、吸収分割契約の内容等を記載し、又は記録した書面又は電磁的記録を本店に備え置かなければなりません（会法782①、794①）。

①　吸収分割契約について株主総会の決議によってその承認を受けなければならないときは、当該株主総会の日の2週間前の日

②　会社法第第785条第3項第4項、第787条第3項第4項、第797条第3項第4項の規定による通知又は公告の日のいずれか早い日

③　債権者保護手続をしなければならないときは、債権者への公告又は催告の日のいずれか早い日

④　上記手続のうちいずれも行う必要がない場合には、分割契約締結の日から2週間を経過した日

(2)　事前開示書類の内容

　吸収分割の当事会社における事前備置書類の内容は、それぞれ下記に掲げるとおりとなります（会法規183、192）。なお、分割契約等備置開始後に各事項に変更が生じたときは、変更後の当該事項を記載した書面等を備え置く必要が

あります（会法規183⑦、192⑦）。
　① 吸収分割契約の内容（承継会社及び分割会社において必要）
　② 分割対価の相当性に関する事項（承継会社及び分割会社において必要）
　③ 吸収分割と同時に行う剰余金の配当等に関する事項（承継会社及び分割会社において必要）（旧商法下における人的分割制度と類似の方法を採用する場合）
　④ 分割会社が新株予約権買取請求の対象となる新株予約権を発行している場合には、会社法第758条第5号及び第6号に掲げる事項についての定めの相当性に関する事項（承継会社及び分割会社において必要）
　⑤ 相手方当事会社の計算書類等の内容（承継会社及び分割会社において必要）
　⑥ 当事会社において最終事業年度の末日後に重要な財産の処分、重大な債務の負担その他の会社の財産の状況に重要な影響を与える事象が生じたときは、その内容（承継会社及び分割会社において必要）
　⑦ 債務の履行の見込みに関する事項（承継会社及び分割会社において必要）

3　吸収分割の承認決議（承継会社・分割会社）

(1) 分割承認決議

　各当事会社は、効力発生日の前日までに、株主総会の特別決議によって、吸収分割契約の承認を受ける必要があります（会法783、795）。また、承継会社においては、①分割差損が生じる場合（会法795②）、又は、②分割会社から承継する資産に承継会社の株式が含まれる場合（会法795③）には、分割契約を承認する株主総会において、当該事項を説明する必要があります。その他、種類株主総会が必要となる場合もありますので、ご注意ください（会法795④、322①）。

(2) 略式分割（承継会社・分割会社）

　吸収分割当事会社の一方が他方当事会社の特別支配会社（会法規136）であるときには、その他方当事会社においては、株主総会における承認は不要となります（会法784①、796①）。ただし、分割会社が承継会社の特別支配会社である場合で、承継会社が公開会社でない場合であって株式の交付を行う場合に

は、略式分割の手続をとることができず、原則どおり株主総会の決議が必要となります（会法796①ただし書）。

(3) 簡易分割（承継会社・分割会社）

① 分割会社における簡易分割

吸収分割によって承継会社に承継させる資産の帳簿価額の合計額が分割会社の純資産額の5分の1を超えない場合には、分割会社においては、株主総会の特別決議による承認を要しません（会法784③）。

② 承継会社における簡易分割

分割会社に対して交付する承継会社の株式の数に1株当たり純資産額を乗じて得た額、分割会社に対して交付する承継会社の社債、新株予約権又は新株予約権付社債の帳簿価額の合計額及び分割会社に対して交付する承継会社の株式以外の財産の帳簿価額の合計額を合計した額が、承継会社の純資産額の5分の1を超えない場合には、分割差損が生ずるとき及び分割対価が承継会社の譲渡制限株式であって承継会社が公開会社でないときを除き、承継会社においては、株主総会の特別決議による承認を要しません（会法796③）。

4 反対株主の株式買取請求（承継会社・分割会社）

(1) 株式買取請求

吸収分割の場合において、当事会社の反対株主（会法785②、797②）は、それぞれの会社に対し、自己の有する株式を公正な価格で買い取ることを請求することができます（会法785①、797①）。なお、分割会社において簡易分割の要件に該当する場合には、分割会社における株式買取請求手続を行う必要はありません（会法785①二）。

(2) 吸収分割当事会社における手続

吸収分割の当事会社は、効力発生日の20日前までに、その株主（分割会社にあっては、株式買取請求権を有する株主）に対し、①吸収分割をする旨、②相手方当事会社の商号及び住所（承継会社の場合で、承継資産に自己株式が含まれる場合には、当該自己株式に関する事項も必要）を通知する必要があります（会法785③、797③）。なお、当事会社が公開会社である場合又は株主総会によって分割契約を承認している場合には、上記通知は、公告をもってこれに代

えることができます（会法785④、797④）。
5　新株予約権買取請求（分割会社）
　分割会社の新株予約権者が新株予約権買取請求権を有する場合には、分割会社において、通知又は公告を行う必要があります（会法787）。
6　新株予約権証券の提出公告及び通知（分割会社）
　分割会社において、会社法第758条第5号イに規定する吸収分割契約新株予約権に係る新株予約権証券（新株予約権付社債に付されたものである場合にあっては、新株予約権付社債券。以下同じ）を発行している場合には、新株予約権証券の提出公告及び格別の通知をする必要があります（会法293①）。
7　債権者への公告及び催告（承継会社・分割会社）
(1)　債権者の異議
　吸収分割をする場合、吸収分割の当事会社の債権者（分割会社にあっては、吸収分割後に分割会社に対して債務の履行を請求することができない債権者。ただし、人的分割類似の方法を採用する場合には、すべての債権者）は、各当事会社に対し、吸収分割について異議を述べることができます（会法789①、799①）。
(2)　公告及び催告
　吸収分割の当事会社は、以下の事項を官報に公告し、かつ、知れている債権者には、各別にこれを催告する必要があります（会法789②、799②）。ただし、吸収分割の当事会社が官報のほか、定款の定めに従い、時事に関する事項を掲載する日刊新聞紙に掲載する方法又は電子公告の方法によってこの公告をするときには、個別催告の手続を省略することができます（会法789③、799③）。
　①　吸収分割をする旨
　②　相手方当事会社の商号及び住所
　③　吸収分割の当事会社の計算書類に関する事項として、下記に掲げる事項（会法規188、199）なお、この計算書類に関する下記事項の基準となる日は、公告の日又は催告の日のいずれか早い日となります。
　　イ　最終事業年度に係る貸借対照表又はその要旨につき吸収分割の当事会社が決算公告をしている場合には下記事項
　　　i　官報で公告をしているときには、当該官報の日付及び当該官報が掲

　　　　載されている頁
　　　ⅱ　時事に関する事項を掲載する日刊新聞紙で公告をしてるときには、
　　　　当該日刊新聞紙の名称、日付及び当該公告が掲載されている頁
　　　ⅲ　電子公告により公告をしているときには、会社法第911条第3項第
　　　　29号イに掲げる事項（登記されたウェブサイトのアドレス）
　　ロ　最終事業年度に係る貸借対照表につき、吸収分割の当事会社が会社法
　　　第440条第3項に規定する措置を執っているときには、会社法第911条第
　　　3項第27号に掲げる事項（登記されたウェブサイトのアドレス）
　　ハ　吸収分割の当事会社が会社法第440条第4項に規定する株式会社であ
　　　る場合において、当該株式会社が証券取引法24条第1項の規定により
　　　最終事業年度に係る有価証券報告書を提出しているときには、その旨
　　ニ　吸収分割の当事会社が特例有限会社であるため、会社法第440条の規
　　　定が適用されないものであるときには、その旨
　　ホ　吸収分割の当事会社につき最終事業年度がないときには、その旨
　　ヘ　吸収分割の当事会社が清算株式会社であるときには、その旨
　　ト　上記以外の場合には、会社計算規則第六編第二章の規定による最終事
　　　業年度に係る貸借対照表の要旨の内容（決算公告を同時に行う場合等）
　④　吸収分割の当事会社の債権者が一定の期間内（この期間は1か月を下る
　　ことができません。）に異議を述べることができる旨

8　登記（承継会社・分割会社）

(1)　登記期間

　吸収分割の効力は、吸収分割契約に定めた効力発生日に生じます（会法759
①）。株式会社が吸収分割をしたときは、その効力が生じた日から2週間以内
に、その本店所在地において、承継会社及び分割会社について吸収分割による
変更の登記を行う必要があります（会法923）。

(2)　承継会社の登記手続

　①　登記すべき事項

　吸収分割による変更の登記は、分割をした旨並びに分割会社の商号及び本店
を登記する必要があります（商登法84①）。

　②　登記の添付書類

吸収分割による変更の登記の申請書には、下記に掲げる書面を添付する必要があります（商登法85）。

　　イ　吸収分割契約書（1号）
　　ロ　吸収分割の当事会社における分割契約の承認に関する書面（分割契約の承認機関に応じて、株主総会議事録、種類株主総会若しくは取締役会の議事録等）（商登法46、85六）
　　ハ　略式分割又は簡易分割の場合には、その要件を満たすことを証する書面（2号、6号）
　　ニ　吸収分割当事会社における債権者保護手続関係書面（3号、8号）
　　ホ　資本金の額が会社法第445条第5項の規定（会社計算規則第63条ないし第65条参照）に従って計上されたことを証する書面（4号）
　　ヘ　分割会社の登記事項証明書（5号）ただし、承継会社の本店所在地を管轄する登記所の管轄区域内に分割会社の本店がある場合を除く
　　ト　分割会社が新株予約権を発行している場合において、その新株予約権者に対して当該新株予約権に代わる承継会社の新株予約権を交付するときには、新株予約権証券提出公告等の書面（9号）
　③　登録免許税

増加した資本金の額の1,000分の1.5となります。ただし、分割会社の吸収分割直前の資本金の額から当該分割の直後における資本金の額を控除した額を超える資本金の額に対応する部分については1,000分の7となります。また、これによって計算した税額が3万円に満たない場合は、3万円となります（印紙税法別表第1第24号(1)チ）。

(3)　分割会社の登記手続
　①　登記すべき事項

吸収分割による変更の登記は、分割の旨並びに承継会社の商号及び本店を登記する必要があります（商登法84②）。なお、この登記の申請は、承継会社における吸収分割による変更の登記の申請と同時に、かつ当該登記所の管轄区域内に承継会社の本店がないときは、その本店の所在地を管轄する登記所を経由して登記する必要があります（商登法87①②）。

　②　登記の添付書類

吸収分割による解散の登記の申請書には、承継会社の代表取締役の印鑑証明書（ただし、承継会社の本店が分割会社の本店と同一登記所管轄区域内にある場合には不要。）及び代理人によって申請する場合の委任状を除き、添付書類はありません（商登法87③）。

③　3万円となります（印紙税法別表第1第24号(1)ネ）。

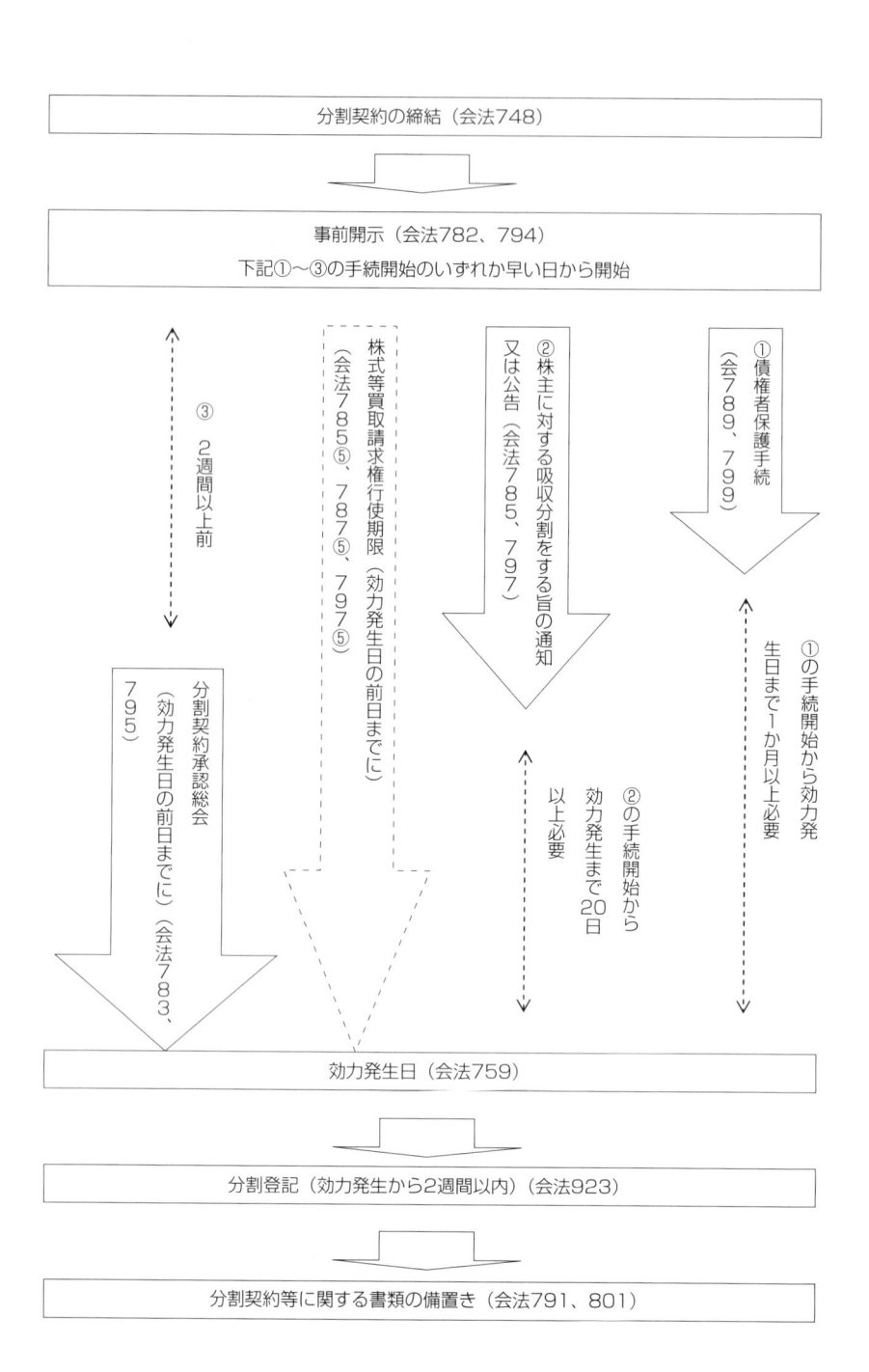

```
┌─────────────────────────────────────────┐
│      分割契約の締結（会法748）            │
└─────────────────────────────────────────┘
                    ↓
┌─────────────────────────────────────────┐
│      事前開示（会法782、794）            │
│  下記①〜③の手続開始のいずれか早い日から開始 │
└─────────────────────────────────────────┘
```

③ 2週間以上前

株式等買取請求権行使期限（効力発生日の前日までに）（会法785⑤、787⑤、797⑤）

② 株主に対する吸収分割をする旨の通知又は公告（会法785、797）

① 債権者保護手続（会法789、799）

①の手続開始から効力発生日まで1か月以上必要

②の手続開始から効力発生まで20日以上必要

分割契約承認総会（効力発生日の前日までに）（会法783、795）

```
┌─────────────────────────────────────────┐
│         効力発生日（会法759）            │
└─────────────────────────────────────────┘
                    ↓
┌─────────────────────────────────────────┐
│  分割登記（効力発生から2週間以内）（会法923） │
└─────────────────────────────────────────┘
                    ↓
┌─────────────────────────────────────────┐
│  分割契約等に関する書類の備置き（会法791、801）│
└─────────────────────────────────────────┘
```

Q XVI-3 新設分割を行う際の手続

株式会社が新設分割により株式会社を設立する際に、会社法上必要となる手続には、どのようなものがありますか。

A 会社法上必要となる手続は次のとおりです。

解説

　会社法においては、新設分割契約の承認手続き、株式買取請求の手続、新株予約権買取請求の手続、債権者保護手続等の手続を経る必要がありますが、その他組織再編手続と同様に、これらの手続について、時間的な先後関係が定められておりません。よって、これらの手続を並列的に行うことにより、会社の実情にあったスケジュールを設計することが可能となりました。（その他、分割の対象や人的分割の廃止については吸収分割をご参照ください。）なお、以下では、株式会社が新設分割により株式会社を設立する場合につき会社法上必要な手続を解説することとし、また、具体的なスケジュールについては、592ページを参考にしてください。

1　新設分割計画の作成

(1)　新設分割計画の作成

　新設分割をする場合には、当時会社は、新設分割計画を作成しなければなりません（会762①）。この新設分割計画は、原則当事会社の取締役会決議（取締役会設置会社）ないし取締役の過半数（取締役会非設置会社）において意思決定を行い、当事会社の代表取締役が会社を代表して作成することになります。

(2)　新設分割計画の内容

　旧商法では、分割計画書の作成が義務付けられていましたが（旧商法374）、会社法では、書面又は電磁的記録による作成が義務付けられていません。会社法では、新設分割計画において定めなければならない事項として下記事項を挙げています（会法763）が、それ以外の事項について定めることも差し支えありません。

① 設立会社の定款（1号、2号）
② 設立会社の役員に関する事項（3号、4号）
③ 設立会社が承継する資産、債務、雇用契約その他の権利義務（5号）
④ 分割会社に対して交付する設立会社の株式の数（種類株式発行会社にあっては、株式の種類及び種類ごとの数）又はその数の算定方法並びに設立会社の資本金及び準備金の額に関する事項（6号）
⑤ 2以上の株式会社が共同して新設分割をするときは、各分割会社に対して交付する前号の株式の割当に関する事項（7号）
⑥ 分割会社に対して、設立会社の社債等を交付するときには、当該社債等についての下記に掲げる事項（8号）
　イ　分割会社に対して、設立会社の社債（新株予約権付社債についてのものを除く。）を交付するときには、当該社債の種類及び種類ごとの各社債の金額の合計額又はその算定方法（8号イ）
　ロ　分割会社に対して、設立会社の新株予約権（新株予約権付社債に付されたものを除く。）を交付するときには、当該新株予約権の内容及び数又はその算定方法（8号ロ）
　ハ　分割会社に対して、設立会社の新株予約権付社債を交付するときには、当該新株予約権付社債についてのイに規定する事項及び当該新株予約権付社債に付された新株予約権についてのロに規定する事項（8号ハ）
⑦ 前項の場合で、2以上の株式会社又は合同会社が共同して新設分割をするときには、分割会社に対して交付する前号の対価の割当てに関する事項（9号）
⑧ 設立会社が新設分割に際して分割会社の新株予約権の新株予約権者に対して当該新株予約権に代わる設立会社の新株予約権を交付するときには、それらに関する事項（10号、11号）
⑨ 分割会社が効力発生日に剰余金の配当等を行う場合にはその旨（12号）（旧商法下における人的分割制度と類似の方法を採用する場合）

2 新設分割計画に関する書面等の事前備置き

(1) 新設分割計画に関する書面等の備置き

分割会社は、下記に掲げる日のいずれか早い日から効力生日の後6か月を経過する日までの間、新設分割計画の内容等を記載し、又は記録した書面又は電磁的記録を本店に備え置かなければなりません（会法803①）。

① 新設分割計画について株主総会の決議によってその承認を受けなければならないときは、当該株主総会の日の2週間前の日

② 会社法第806条第3項、第4項、第808条第3項、第4項の規定による通知・公告の日のいずれか早い日

③ 債権者保護手続をしなければならないときは、債権者への公告又は催告の日のいずれか早い日

④ 上記手続のうちいずれも行う必要がない場合には、分割計画作成の日から2週間を経過した日

(2) 事前開示書類の内容

分割会社における事前備置書類の内容は、それぞれ下記に掲げるとおりとなります（会法規205）。なお、新設分割計画等備置開始後に各事項に変更が生じたときは、変更後の当該事項を記載した書面等を備え置く必要があります（会法規205⑧）。

① 新設分割計画の内容

② 分割対価の相当性に関する事項（1号）

③ 新設分割と同時に行う剰余金の配当等に関する事項（2号）（旧商法下における人的分割制度と類似の方法を採用する場合）

④ 分割会社が新株予約権買取請求の対象となる新株予約権を発行している場合には、会社法第763条第10号及び第11号に掲げる事項についての定めの相当性に関する事項（3号）

⑤ 他の分割会社の計算書類等の内容（4号、5号）

⑥ 分割会社において最終事業年度の末日後に重要な財産の処分、重大な債務の負担その他の会社の財産の状況に重要な影響を与える事象が生じたときは、その内容（6号）

⑦ 債務の履行の見込みに関する事項（7号）

3 新設分割計画の承認決議

(1) 分割承認決議

　各当事会社は、新設分割の登記までに、株主総会の特別決議によって、新設分割計画の承認を受ける必要があります（会法804①）。その他、種類株主総会の決議が必要となる場合もありますので、ご注意ください（会法322①）。

(2) 略式分割

　略式組織再編手続は、吸収型の組織再編（吸収合併・吸収分割・株式交換）においてのみ認められる手続となっているため、新設分割には適用がありません（会法796①）。

(3) 簡易分割

　新設分割によって設立会社に承継させる資産の帳簿価額の合計額が分割会社の純資産額の5分の1を超えない場合には、分割会社においては、株主総会の特別決議による承認を要しません（会法805）。

(4) 種類株主総会が必要とされる場合

　新設分割によりある種類の株主に損害を及ぼすおそれがある場合においては、当該種類株式の株主を構成する種類株主総会の決議が必要となります（会法322①）。

4 反対株主の株式買取請求・新株予約権買取請求

(1) 株式買取請求

　新設分割の場合において、分割会社の反対株主（会法806②）は、それぞれの会社に対し、自己の有する株式を公正な価格で買い取ることを請求することができます（会法806①）。なお、簡易分割の要件に該当する場合には、分割会社において株式買取請求手続を行う必要はありません（会法806①二）。

(2) 分割会社における手続

　分割会社は、新設分割計画を承認する株主総会の決議の日から2週間以内に、その株主に対し、①新設分割をする旨、②他の分割会社の商号及び住所、③設立会社の商号及び住所を通知しなければなりません（会法806③）。また、上記通知は、公告をもって代えることができます（会法806④）。

　なお、この株式買取請求における通知・公告手続きは、株主総会の決議から2週間以内にしなければならない旨規定されていますが、当該規定は期限を定

めたものであって、株主総会決議後にすることを必要とする趣旨ではないとされています（旬刊商事法務1753号「新会社法の解説⑮組織再編行為〔下〕相澤哲・細川充著　39頁）。その他、分割会社において一定の要件を満たす新株予約権を発行している場合には、新株予約権の買取請求の手続や新株予約権証券提出公告手続が必要となる場合があります（会法808、293）。

5　債権者への公告及び催告

(1)　債権者の異議

　新設分割をする場合、新設分割後に分割会社に対して債務の履行を請求することができない債権者（ただし、人的分割類似の方法を採用する場合には、すべての債権者）は、各分割会社に対し、新設分割について異議を述べることができます（会法810①）。

(2)　公告及び催告

　分割会社は、以下の事項を官報に公告し、かつ、知れている債権者には、各別にこれを催告しなければなりません（会法810②）。ただし、分割会社が官報のほか、定款の定めに従い、時事に関する事項を掲載する日刊新聞紙に掲載する方法又は電子公告の方法によってこの公告をするときには、個別催告の手続を省略することができます（会法810③）。

①　新設分割をする旨
②　他の分割会社及び設立会社の商号及び住所
③　分割会社の計算書類に関する事項として、下記に掲げる事項（会規208）
　なお、この計算書類に関する下記事項の基準となる日は、公告の日又は催告の日のいずれか早い日となります。
　イ　最終事業年度に係る貸借対照表又はその要旨につき分割会社が決算公告をしている場合には下記事項
　　ⅰ　官報で公告をしているときには、当該官報の日付及び当該官報が掲載されている頁
　　ⅱ　時事に関する事項を掲載する日刊新聞紙で公告をしてるときには、当該日刊新聞紙の名称、日付及び当該公告が掲載されている頁
　　ⅲ　電子公告により公告をしているときには、会社法第911条第3項第29号イに掲げる事項（登記されたウェブサイトのアドレス）

ロ　最終事業年度に係る貸借対照表につき、分割会社が会社法第440条第3項に規定する措置を執っているときには、会社法第911条第3項第27号に掲げる事項（登記されたウェブサイトのアドレス）
　　ハ　分割会社が会社法第440条第4項に規定する株式会社である場合において、当該株式会社が証券取引法第24条第1項の規定により最終事業年度に係る有価証券報告書を提出しているときには、その旨
　　ニ　分割会社が特例有限会社であるため、会社法第440条の規定が適用されないものであるときには、その旨
　　ホ　分割会社につき最終事業年度がないときには、その旨
　　ヘ　分割会社が清算株式会社であるときには、その旨
　　ト　上記以外の場合には、会社計算規則第六編第二章の規定による最終事業年度に係る貸借対照表の要旨の内容（決算公告を同時に行う場合等）
　④　分割会社の債権者が一定の期間内（この期間は1か月を下ることができません。）に異議を述べることができる旨

6　登記（設立会社・分割会社）

(1)　登記期間

　新設分割は、その登記をもって効力が生じるとされています（会法764）。株式会社が新設分割をして株式会社を設立するときには、下記に掲げる日のいずれか遅い日から2週間以内に、その本店所在地において、分割会社については変更の登記をし、新設分割により設立する会社については設立の登記を行う必要があります（会法924①）。

　①　新設分割計画承認の株主総会（簡易分割の場合を除く）・種類株主総会決議の日
　②　反対株主の株式買取請求の前提としての通知・公告をした日から20日を経過した日（簡易分割の場合を除く）
　③　新株予約権買取請求手続が必要な場合には、新株予約権買取請求の前提としての通知・公告をした日から20日を経過した日
　④　債権者保護手続が終了した日（必要な場合に限る）
　⑤　分割会社が定めた日（2以上の会社が共同して分割する場合は、分割会社間の合意により定めた日）

(2) 設立会社の登記手続
① 登記すべき事項
　新設分割による変更の登記は、分割をした旨並びに分割会社の商号及び本店を登記する必要があります（商登法84①）。その他、設立会社の設立に関しては、会社法第911条第3項各号に定める事項を登記する必要があります。
② 登記の添付書類
　新設分割による変更の登記の申請書には、下記に掲げる書面を添付する必要があります（商登法86）
　　イ　新設分割計画書（1号）
　　ロ　設立会社の定款（2号）なお、新設分割による設立については、設立に関する一部の規定が適用されません（会法814）。従って、この定款は認証を受ける必要はなく、設立に際して出資される財産の価額又はその最低額並びに発起人の氏名又は名称及び住所の記載は不要です。その他、本店の具体的所在地を定款で定めていない場合には、その決定にを証する書面（取締役会議事録又は取締役の過半数の一致を証する証明書）が必要となります。
　　ハ　株主名簿管理人を置いたときにはその者との契約書（3号）
　　ニ　設立時取締役が設立時代表取締役を選定したときには、これに関する書面（3号）設立時代表取締役の選定は、通常の設立と同様に、設立時取締役の過半数をもって選任する手続となります。なお、設立時代表取締役を予め定款で定めることも可能とされています（相澤　哲　他　著「論点解説　新・会社法」Q952　商事法務）。
　　ホ　設立しようとする株式会社が委員会設置会社であるときは、設立時執行役の選任並びに設立時委員及び設立時代表執行役の選定に関する書面（3号）
　　ヘ　設立会社の設立時役員の就任承諾を証する書面（3号）
　　ト　設立時会計参与又は設立時会計監査人を選任したときは、その資格を証する書面等（3号）
　　チ　特別取締役による議決の定めがあるときには、特別取締役の選定及びその選定された者が就任を承諾したことを証する書面（3号）

リ　資本金の額が会社法第445条第5項の規定（会計規80参照）に従って計上されたことを証する書面（4号）
　ヌ　分割会社の登記事項証明書（5号）ただし、設立会社の本店所在地を管轄する登記所の管轄区域内に分割会社の本店がある場合を除く
　ル　分割会社における新設分割計画の承認に関する書面（新設分割計画の承認機関に応じて、株主総会又は種類株主総会の議事録等。簡易分割の場合にはその要件を満たすことを証する書面）（6号）
　ヲ　債権者保護手続関係書面（8号）
　ワ　分割会社が新株予約権を発行している場合において、その新株予約権者に対して当該新株予約権に代わる設立会社の新株予約権を交付するときには、新株予約権証券提出公告等の書面（9号）
　カ　印鑑証明書（設立時取締役全員の印鑑証明書。取締役会設置会社の場合は、設立時代表取締役のもの。）（商登規61②③）
　③　登録免許税
　資本金の額の1,000分の1.5となります。ただし、分割会社の新設分割直前の資本金の額から当該新設分割の直後における資本金の額を控除した額を超える資本金の額に対応する部分については1,000分の7となります。また、これによって計算した税額が3万円に満たない場合は、3万円となります（印紙税法別表第1第24号(1)ト）。
(3)　分割会社の登記手続き
　①　登記すべき事項
　吸収分割による変更の登記は、分割の旨並びに設立会社の商号及び本店を登記する必要があります（商登法84②）。なお、この登記の申請は、設立会社における新設分割による設立の登記の申請と同時に、かつ当該登記所の管轄区域内に設立会社の本店がないときは、その本店の所在地を管轄する登記所を経由して登記する必要があります（商登法87①②）。
　②　登記の添付書類
　新設分割による変更の登記の申請書には、設立会社の代表取締役の印鑑証明書（分割会社の分割による変更登記を申請する登記所管轄区域内に設立会社の本店がない場合）及び代理人によって申請する場合の委任状を除き、添付書類

はありません（商登法87③）。

③　登録免許税

3万円となります（印紙税法別表第1第24号(1)ネ）。

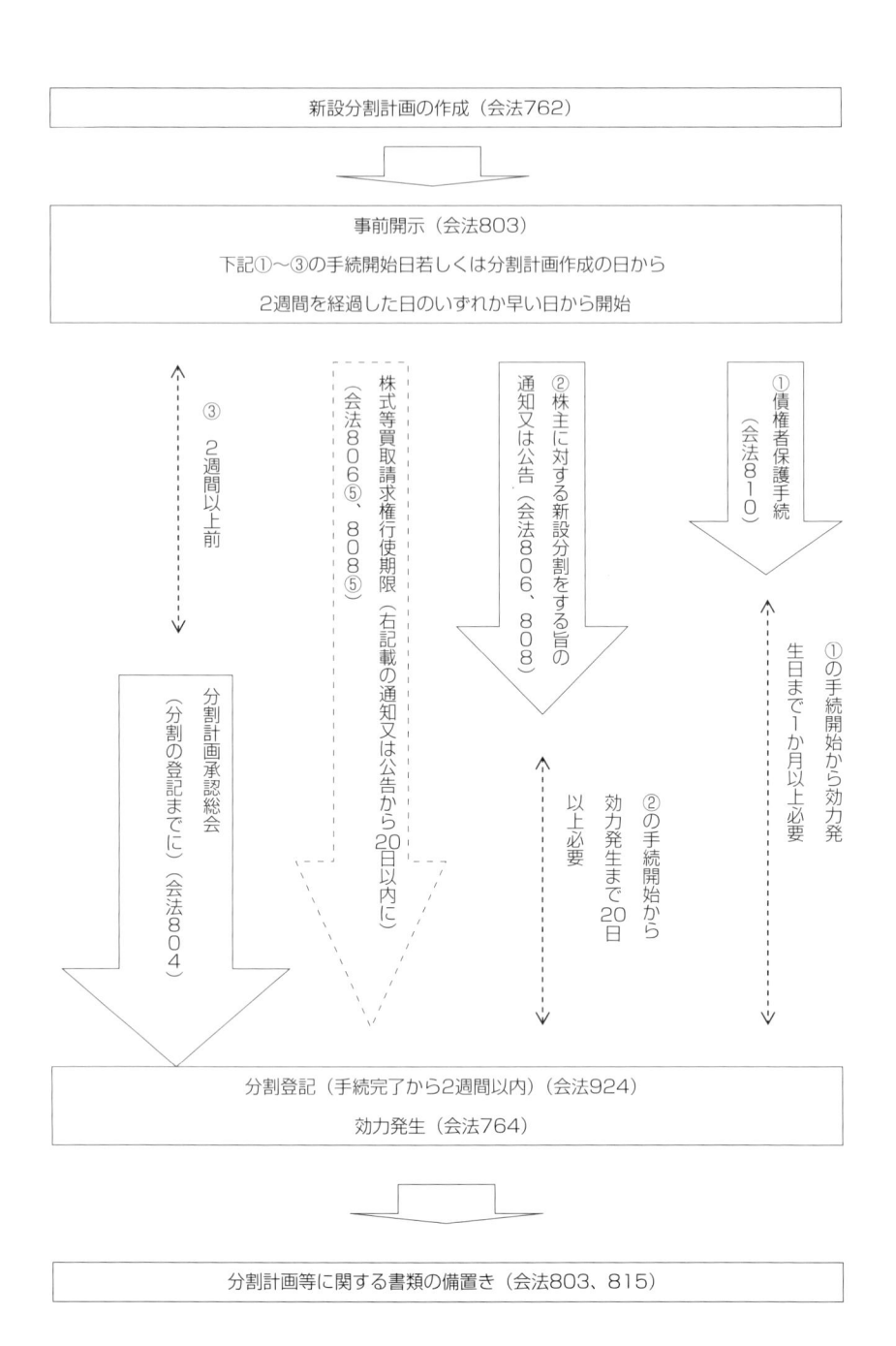

```
┌─────────────────────────────────────┐
│    新設分割計画の作成（会法762）    │
└─────────────────────────────────────┘
                 ↓
┌─────────────────────────────────────────────────┐
│           事前開示（会法803）                   │
│  下記①～③の手続開始日若しくは分割計画作成の日から │
│  2週間を経過した日のいずれか早い日から開始      │
└─────────────────────────────────────────────────┘
```

③ 2週間以上前 ↑

② 株主に対する新設分割をする旨の通知又は公告（会法806、808）
② の手続開始から効力発生まで20日以上必要 ↕

株式等買取請求権行使期限（右記載の通知又は公告から20日以内に）（会法806⑤、808⑤）

① 債権者保護手続（会法810）
① の手続開始から効力発生日まで1か月以上必要 ↕

分割計画承認総会（分割の登記までに）（会法804）
↓

┌───┐
│ 分割登記（手続完了から2週間以内）（会法924）   │
│   効力発生（会法764）   │
└───┘
                 ↓
┌───┐
│ 分割計画等に関する書類の備置き（会法803、815） │
└───┘

Q XVI 4 株式交換を行う際の手続

株式交換の手続について教えてください。

A 株主総会の承認とその他の手続の先後は問わないものとされており、効力発生日までにすべての手続を了すればよいこととなっています。最短のスケジュールとしては、通常の手続では20日＋a、債権者保護手続を要する場合は1か月＋3週間＋a程度の日数を要します。

解説

1 株式交換契約の締結

株式会社が株式交換をする場合において、株式交換完全親会社が株式会社であるときは、株式交換契約において、法定事項を定めなければなりません（会法768①）。例えば、次のような内容です。

> （株式交換）
> 第○条　甲及び乙は、株式交換により、甲を株式交換完全親会社、乙をその株式交換完全子会社とする。
> （株式交換完全子会社の株主に対して交付する対価及びその割当てに関する事項）
> 第○条　甲は、株式交換に際して普通株式○○○株を発行し、株式交換の効力発生日の前日の最終の乙の株主名簿に記載された株主に対し、その所有する乙の株式1株につき、甲の株式○株の割合をもって割当交付する。ただし、甲の所有する乙の株式○○株については、甲の株式の割当てをしない。
> （増加すべき資本金及び資本準備金の額）
> 第○条　甲が株式交換に際し増加する資本金及び資本準備金の額は、次のとおりとする。
> (1)　資本金　甲の資本金の額はこれを増加させないものとする。
> (2)　資本準備金　増加すべき甲の資本準備金の額は、株式交換の効力発生日における乙の簿価株主資本額から甲の先行取得分簿価を控除した額とする。
> （株式交換がその効力を生ずる日）
> 第○条　株式交換の効力発生日は、平成○年○月○日とする。ただし、株式交換

> 手続進行上の必要性その他の事由により、甲乙協議のうえ、これを変更することができる。

なお、株式交換契約書は、印紙税の課税文書ではありません。

2　株主総会による株式交換契約の承認

株式交換契約は、同契約において株式交換がその効力を生ずるとされた日の前日までに、当事会社の株主総会で特別決議による承認を得なければなりません（会法783①、795①、309②十二）。

簡易株式交換や略式株式交換の要件に該当する場合には、株主総会の決議が不要です。しかし、公開会社でない完全親会社が対価として完全親会社の譲渡制限株式を交付する場合は簡易株式交換によることができず（会法796③ただし書、①ただし書）、また、公開会社であり、かつ、種類株式発行会社でない完全子会社の株主に対して完全親会社が対価として完全親会社の譲渡制限株式を交付する場合は略式株式交換によることができません（会法784①ただし書）。

3　債権者保護手続

株式交換においては、原則として債権者保護手続は必要ありません（会法799①三）。ただし、債権者保護手続を行わない場合は、株主払込資本変動額に株式発行割合を乗じて得た額の全額を資本金又は資本準備金として計上しなければならず、その他資本剰余金とすることはできない点は注意が必要です（会計規68①二ロ(2)）。

なお、例外的に債権者保護手続を要する場合には、官報への掲載手続に約3週間、異議申述期間として1か月を要しますし、公告において最終の事業年度に係る貸借対照表の要旨を内容とする必要があります（会規199）。

4　株主保護手続

反対株主は、株式会社に対して自己の有する株式の買取りを請求することができます（会法785①）ので、その権利を保障するために、効力発生日の20日前までに通知をする必要があります（会法785③⑤）。通常は、株主総会の招集（会法299①）と一体として通知すればよいでしょう。

5　株券提出手続

株式交換完全子会社が株券を発行している場合は、効力発生日の1か月前までに株券提出公告かつ通知をしなければなりません（会法219①七）。ただし、当該株式の全部について株券を発行していない場合は、この限りではありません（会法219①ただし書）。従って、手続開始前に株券不所持の申出（会法217）により、株券を回収しておくのがベターです。

6　登記

効力発生日までに1～5の手続を了したら、効力発生日から2週間以内に登記を行わなければなりません（会法915①）。

① 　株式交換完全親会社

発行済株式の総数の変更登記を行います。登録免許税の額は、3万円です。

また、資本金の額を増加させるときは、その旨の変更登記も必要です。登録免許税の額は、資本金の増加額×1,000分の7（ただし、3万円に満たないときは3万円）です。

添付書面は、通常の場合次のとおりです（商登法89）。

　　a　株式交換契約書（1号）
　　b　両当事会社の株主総会議事録（商登法46②）
　　c　株式交換完全子会社の登記事項証明書（5号）
　　d　株式交換完全子会社が株券発行会社であるときは、株券提出公告をしたことを証する書面又は当該株式の全部について株券を発行していないことを証する書面（株主名簿等）（8号）
　　e　債権者保護手続を要した場合は、公告及び催告をしたことを証する書面（3号）
　　f　資本金の額を増加させたときは、資本金の額の計上を証する書面（4号）

② 　株式交換完全子会社

原則として登記は必要ありません。ただし、新株予約権を発行しており、その承継が行われる場合には変更登記の必要が生じます。

Q XVI 5 ■持分会社が組織変更を行う際の手続

持分会社が組織変更により株式会社となる際に、会社法上必要となる手続には、どのようなものがありますか。

A
会社法上必要となる手続は次のとおりです。

解説

組織変更とは、会社がその組織を変更することにより株式会社が持分会社（以下、「組織変更後持分会社」ていいます。）に、又は持分会社が株式会社（以下、「組織変更後株式会社」といいます。）になることをいいます（会法2二十六）。旧商法においては、社員の責任が異なるため手続が複雑になるとの理由から認められていませんでしたが、会社法では制度自由化の一環として認められるようになりました。なお、スケジュールについては、その他組織再編行為と同様に、各手続の時間的な前後は定められていないため、各手続を並列的に行うこと等も可能となっています。以下では、持分会社が株式会社になる場合の会社法上の手続について、解説することにします。

1 組織変更計画の作成

(1) 組織変更計画の作成

組織変更をする場合には、その持分会社は組織変更計画を作成しなければなりません（会法743）。この組織変更計画は、原則社員の過半数において意思決定を行い、持分会社を代表する社員が会社を代表して締結することになります。

(2) 組織変更計画の内容

組織変更計画は、書面又は電磁的記録による作成が義務付けられていません。また、組織変更前の社員以外の者を組織変更後株式会社の株主とすることはできず、持分会社の社員の少なくとも1人は組織変更後株式会社の株主となる必要があります。その他、交付する株式数（下記③④）については、持分会社の出資の価額にかかわらず事由に定めることができるとされています。

(郡谷大輔他著「会社法の計算詳解」中央経済社)
① 組織変更後株式会社の定款（1号、2号）
② 組織変更後株式会社の役員の氏名又は名称（3号、4号）
③ 持分会社の社員に対して、組織変更後株式会社の株式を交付するときには、当該株式の数（種類株式発行会社にあっては、株式の種類及び種類ごとの数）又はその数の算定方法（5号）
④ 前号の株式の割当てに関する事項（6号）
⑤ 持分会社の社員に対して交付される金銭等の額（7号）
　イ　持分会社の社員に対して、組織変更後株式会社の社債（新株予約権付社債についてのものを除く。）を交付するときには、当該社債の種類及び種類ごとの各社債の金額の合計額又はその算定方法（7号イ）
　ロ　持分会社の社員に対して、組織変更後株式会社の新株予約権（新株予約権付社債に付されたものを除く。）を交付するときには、当該新株予約権の内容及び数又はその算定方法（7号ロ）
　ハ　持分会社の社員に対して、組織変更後株式会社の新株予約権付社債を交付するときには、当該新株予約権付社債についてのイに規定する事項及び当該新株予約権付社債に付された新株予約権についてのロに規定する事項（7号ハ）
　ニ　持分会社の社員に対して、組織変更後株式会社の上記イないしニ以外の財産を交付するときには、当該財産の内容及び数若しくは額又はこれらの算定方法（7号ニ）
⑥ 持分会社の社員に対して交付する金銭等の割当に関する事項（8号）
⑦ 組織変更効力発生日（9号）

2　組織変更計画に関する書面等の事前備置

持分会社が株式会社に組織変更する場合には、不要です。

3　組織変更計画の承認

持分会社は、効力発生日の前日までに、総社員の同意を受ける必要があります（会法781）。

4　債権者への公告及び催告

(1)　債権者の異議

　組織変更をする場合、持分会社の債権者は、持分会社に対し、組織変更について異議を述べることができます（会法781②、779）。

(2)　公告及び催告

　持分会社は、以下の事項を官報に公告し、かつ、知れている債権者には、各別にこれを催告する必要があります（会法781②、779②）。ただし、合同会社が官報のほか、定款の定めに従い、時事に関する事項を掲載する日刊新聞紙に掲載する方法又は電子公告の方法によってこの公告をするときには、個別催告の手続を省略することができます（会法781③、779③）。

　① 組織変更をする旨
　② 持分会社の債権者が一定の期間内（この期間は1か月を下ることができません。）に異議を述べることができる旨

5　登記

(1)　登記期間

　組織変更をする持分会社は、組織変更計画に定めた効力発生日に株式会社となります（会法747）。持分会社が株式会社となる組織変更をしたときは、その効力が生じた日から2週間以内に、その本店所在地において、持分会社については解散の登記をし、株式会社については設立の登記を行う必要があります（会法920）。

(2)　株式会社の登記手続き

　①　登記すべき事項

　組織変更による設立の登記は、会社成立の年月日、組織変更により解散する持分会社の商号並びに組織変更をした旨及びその年月日を登記する必要があります（商登法107②、114、123、76）。その他、株式会社の設立に関しては、会社法第911条第3項各号に定める事項を登記する必要があります。

　②　登記の添付書類

　組織変更による設立の登記の申請書には、下記に掲げる書面を添付する必要があります（商登法107、114、123）。

　　イ　組織変更計画書（1号）

ロ　組織変更後株式会社の定款（2号）（公証人による認証は不要）
　　ハ　総社員の同意書（商登法93）
　　ニ　組織変更後株式会社の役員等の就任承諾書（3号、4号）
　　ホ　株式会社の会計参与又は会計監査人を定めたときは、その資格証明書等（4号）
　　ヘ　株主名簿管理人を置いたときにはその者との契約書（5号）
　　ト　債権者保護手続関係書類（6号）
　　チ　合名・合資会社にあっては、資本金の額が会社法及び会社計算規則に従って計上されたことを証する書面（合同会社にあっては登記簿から組織変更の直前の合同会社の資本金の額を確認することができるため、添付不要とされています。）
　③　登録免許税
　資本金の額の1,000分の1.5となります。ただし、組織変更後の資本金の額のうち900万円を超える金額（組織変更をした会社が合同会社の場合には、組織変更直前における資本金の額）については1,000分の7となります。また、この計算によって算出した税額が3万円未満であるときは、3万円となります（印紙税法9別表第一第24号㈠ホ）。
(3)　持分会社の登記手続
　①　登記すべき事項
　組織変更による解散の登記は、解散の旨並びにその事由及び年月日を登記する必要があります（商登法71）。なお、この登記の申請は、組織変更による設立の登記の申請と同時に行う必要があります（商登法107②、114、123、78①）。
　②　登記の添付書類
　組織変更による解散の登記の申請書における添付書類は不要です（商登法107②、114、123、78②）。
　③　登録免許税額
　3万円となります（印紙税法9別表第一第24号㈠ソ）。

XVI　組織再編成と会社法上の手続　　599

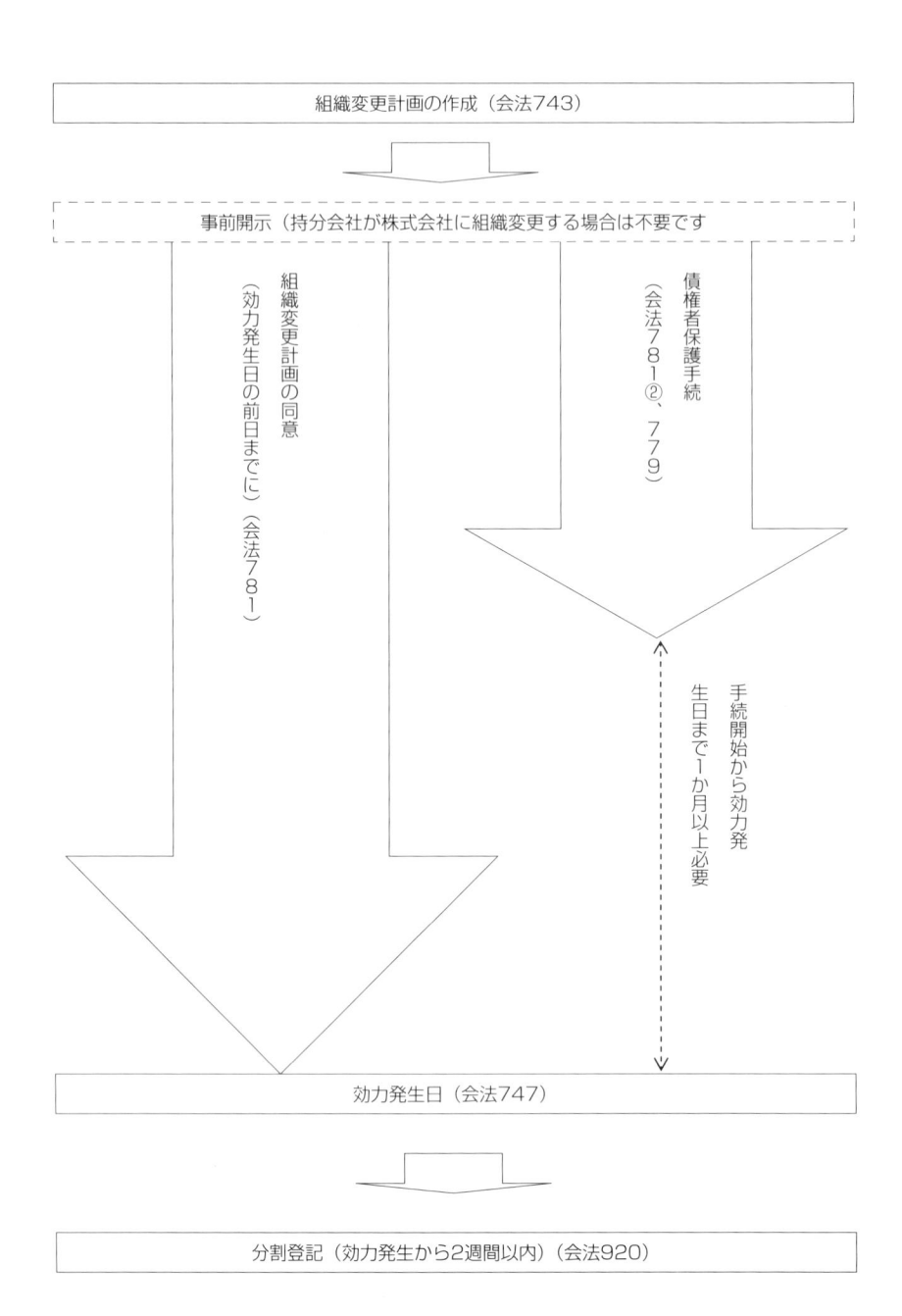

```
┌─────────────────────────────────────────────────┐
│         組織変更計画の作成（会法743）            │
└─────────────────────────────────────────────────┘
                        ↓
┌ ─ ─ ─ ─ ─ ─ ─ ─ ─ ─ ─ ─ ─ ─ ─ ─ ─ ─ ─ ─ ─ ─ ─ ┐
  事前開示（持分会社が株式会社に組織変更する場合は不要です
└ ─ ─ ─ ─ ─ ─ ─ ─ ─ ─ ─ ─ ─ ─ ─ ─ ─ ─ ─ ─ ─ ─ ─ ┘
```

- 組織変更計画の同意（効力発生日の前日までに）（会法781）
- 債権者保護手続（会法781-②、779）
- 手続開始から効力発生日まで1か月以上必要

```
┌─────────────────────────────────────────────────┐
│              効力発生日（会法747）               │
└─────────────────────────────────────────────────┘
                        ↓
┌─────────────────────────────────────────────────┐
│    分割登記（効力発生から2週間以内）（会法920）   │
└─────────────────────────────────────────────────┘
```

（編　者）

緑川　正博（みどりかわ　まさひろ）　公認会計士・税理士　東京都千代田区有楽町1－9－1
　　　　　　日比谷サンケイビル2F
　　　　　　TEL　03－5220－7791　FAX　03－5220－7794

竹内　陽一（たけうち　よういち）　税理士　大阪市中央区谷町2－7－4　谷町スリースリーズビル5F
　　　　　　TEL　06－6945－5766　FAX　06－6945－5799

（著者代表）

掛川　雅仁（かけがわ　まさひと）　税理士　大阪市北区芝田2－1－18　西阪急ビル9F
　　　　　　TEL　06－6375－3364　FAX　06－6375－1139

神谷　紀子（かみや　のりこ）　税理士　名古屋市中区丸の内1－4－12　AREXビル2F
　　　　　　TEL　052－205－9800　FAX　052－205－9801

長谷川敏也（はせがわとしや）　公認会計士・税理士　名古屋市中区丸の内1－4－12　AREXビル3F
　　　　　　TEL　052－218－9603　FAX　052－218－9606

（共著者）

浅野　洋（あさの　ひろし）　税理士　名古屋市西区上小田井2－302
　　　　　　TEL　052－504－1133　FAX　052－504－1134

小林磨寿美（こばやしますみ）　税理士　神奈川県厚木市中町2－13－14　サンシャインビル401
　　　　　　TEL　046－225－3114　FAX　046－225－3158

武地　義治（たけち　よしはる）　税理士・CFP®　大阪市北区西天満5－1－9　南森町東洋ビル4F
　　　　　　TEL　06－6311－6000　FAX　06－6311－6001

中尾　健（なかお　たけし）　公認会計士・税理士　東京都中央区八重洲2－1－6　八重洲kビル4F
　　　　　　TEL　03－3510－1011　FAX　03－3510－1066

内藤　卓（ないとう　たかし）　司法書士　京都市上京区河原町通荒神口東入る荒神町120番地
　　　　　　平田ビル3階　はるかぜ総合司法書士事務所
　　　　　　TEL　075－229－3310　FAX　075－229－3311

尾方　宏行（おがた　ひろゆき）　司法書士　福岡市博多区中呉服町1－22　吉田善平商店ビル2F
　　　　　　ライブ司法書士事務所
　　　　　　TEL　092－261－2019　FAX　092－261－2029

〔参考文献〕

財務省広報「ファイナンス」別冊「平成18年度　税制改正の解説」
郡谷　大輔 他　編著「会社法の計算詳解」中央経済社
郡谷　大輔 他　編著「論点解説　新会社法 ― 千問の道標」商事法務
佐藤　信祐　著「組織再編における税制適格要件の実務Q＆A」中央経済社
緑川　正博　著「非公開株式の評価」ぎょうせい
尾崎　三郎　監修「詳説　自社株評価Q＆A」清文社
郡谷　大輔　著『図解でわかる法務省令講座』「T＆A　master」新日本法規出版
江頭　憲治郎　著「株式会社法」有斐閣
郡谷　大輔　監修「会社法関係法務省令逐条実務詳解」清文社
緑川　正博 他　編「Q＆A　株主資本の実務」新日本法規出版

組織再編税制と株主資本の実務

2007年2月20日　発行

編　　者	緑川　正博／竹内　陽一
著者代表	掛川　雅仁／神谷　紀子／長谷川敏也
共 著 者	浅野　洋／小林磨寿美／武地　義治／中尾　健
	内藤　卓／尾方　宏行
発 行 者	小泉　定裕

発行所　株式会社　清文社
URL:http://www.skattsei.co.jp

大阪市北区天神橋2丁目北2-6（大和南森町ビル）
〒530-0041　電話06(6135)4050　FAX06(6135)4059
東京都千代田区神田司町2-8-4（吹田屋ビル）
〒101-0048　電話03(5289)9931　FAX03(5289)9917

亜細亜印刷株式会社

■本書の内容に関するご質問は、ファクシミリ (06-6135-4056) でお願いいたします。
■著作権法により無断複写複製は禁止されています。落丁本・乱丁本はお取り替えいたします。

ISBN978-4-433-31216-9

組織再編税制
申告書・届出書作成と記載例

公認会計士・税理士　佐藤信祐/税理士　鯉淵直子　著

別表四・五(一)を中心に組織再編に係る申告書の書き方、および申告書に添付すべき書類を事例ごとに記載例を掲げ解説し、関係する各種届出書のすべてを収録。

■B5判584頁/定価 4,725円(税込)

【改訂新版】 Q&A
会社税務事例270選

平居新司郎　監修/日本公認会計士協会 京滋会　編著

法人税を中心にして、法人住民税、法人事業税、消費税、源泉所得税、固定資産税の各種税目をとり上げ、図解や図表をまじえた事例問答式により実務解説。

■A5判624頁/定価 3,570円(税込)

【平成18年10月改訂】　問答式
法人税事例選集

公認会計士・税理士　森田政夫　著

最新の税制改正(会社法の施行に係る改正、同族会社に係る改正、役員給与に係る改正、有価証券に係る改正)をすべて織り込んで大幅に改訂。

■A5判1,184頁/定価 3,990円(税込)

【平成18年版】
法人税の
決算調整と申告の手引

今井和弘　編　　　★Web版の閲覧・検索サービス付

一般法人の確定申告のために、必要な各事業年度の所得の金額及び法人税額の計算並びに申告納付のための実務手引書として、法人税に関する法律・政令・省令及び通達を体系的に整理収録。

■B5判2,048頁/定価 4,410円(税込)